本书为2016年度教育部人文社科基金项目"出土简帛文献与中国早期术数信仰研究"（批号：16XJA770003）结项成果

本书获得2023年度陕西师范大学优秀学术著作出版基金资助

出土简帛文献与数术信仰研究

吕亚虎 ◎ 著

中国社会科学出版社

图书在版编目（CIP）数据

出土简帛文献与数术信仰研究／吕亚虎著.—北京：中国社会科学出版社，2024.7

ISBN 978-7-5227-3482-8

Ⅰ.①出… Ⅱ.①吕… Ⅲ.①简（考古）—研究—中国②帛书—研究—中国③方术—研究—中国 Ⅳ.①K877.5②K877.9③B992

中国国家版本馆 CIP 数据核字（2024）第 082739 号

出 版 人	赵剑英
责任编辑	李凯凯
责任校对	王佳玉
责任印制	王　超

出　版	中国社会科学出版社
社　址	北京鼓楼西大街甲 158 号
邮　编	100720
网　址	http://www.csspw.cn
发 行 部	010-84083685
门 市 部	010-84029450
经　销	新华书店及其他书店
印　刷	北京君升印刷有限公司
装　订	廊坊市广阳区广增装订厂
版　次	2024 年 7 月第 1 版
印　次	2024 年 7 月第 1 次印刷
开　本	710×1000　1/16
印　张	27.75
插　页	2
字　数	441 千字
定　价	139.00 元

凡购买中国社会科学出版社图书，如有质量问题请与本社营销中心联系调换
电话：010-84083683
版权所有　侵权必究

目 录

绪 论 ·· (1)
    第一节　选题意义 ··· (1)
    第二节　研究现状 ··· (5)
    第三节　研究思路及方法 ······································ (28)

第一章　守宫砂验贞术及相关俗信的流变 ············· (30)
    第一节　引言 ·· (30)
    第二节　守宫砂产生的时代 ·································· (33)
    第三节　守宫砂产生的社会背景 ··························· (39)
    第四节　守宫砂验贞的信仰原理 ··························· (45)
    第五节　守宫砂俗信的流传情况 ··························· (52)

第二章　"姅"的禁忌与月事布的迷信 ··················· (58)
    第一节　"姅"字字义辨析及相关禁忌 ··················· (58)
    第二节　出土简帛文献中的月事布迷信 ················· (65)

第三章　"字"字形义构建与古代产育禁忌俗信 ····· (79)
    第一节　引言 ·· (79)
    第二节　"字"字构形旧说辨析 ····························· (81)
    第三节　"字"字构形与古代产育禁忌俗信 ············ (88)
    第四节　"字"字文义演变探析 ····························· (95)

第四章　秦汉时期的命名趋向及名字巫术信仰 ………………（107）
  第一节　引言 …………………………………………………（107）
  第二节　秦汉时期常见人名与命名俗信 ……………………（109）
  第三节　秦汉时期的名字巫术信仰 …………………………（155）

第五章　秦汉简文所见疠病的诊辨防治与病因认知 …………（184）
  第一节　秦汉简文所见对疠病的诊断辨识 …………………（185）
  第二节　秦汉简文所见对疠病的防控措施 …………………（192）
  第三节　秦汉简文所见对疠病的医疗救治 …………………（196）
  第四节　秦汉时期对疠病病因及疠患者的认知 ……………（207）

第六章　秦汉律令中的俗禁问题 …………………………………（219）
  第一节　秦律允杀"有怪物其身"之新生儿 ………………（220）
  第二节　秦令禁以"秦"为名 ………………………………（230）
  第三节　秦令禁壬、癸哭临及葬以报日 ……………………（239）
  第四节　秦令禁"祠未阕而敢奸"者 ………………………（244）
  第五节　汉律禁戊己日兴土功 ………………………………（246）
  第六节　汉律禁伏日行及田作 ………………………………（249）

第七章　秦简中的浴蚕术及相关俗信 ……………………………（260）
  第一节　引言 …………………………………………………（260）
  第二节　蚕事生产中的时日、用物选择 ……………………（262）
  第三节　蚕事生产时日及用物选择的信仰原理 ……………（271）
  第四节　蚕事生产中的避忌俗信 ……………………………（281）
  第五节　蚕神及先蚕形象的流变 ……………………………（288）

第八章　秦简中的鼠害防除术及相关俗信 ………………………（311）
  第一节　秦简中的鼠害记录及相关法规 ……………………（312）
  第二节　秦简中的鼠害防除术及相关俗信 …………………（317）
  第三节　秦简中的鼠类活动与吉凶占卜 ……………………（329）

第九章　秦汉简帛文献中的"禹步"及其流变 ……………… (333)
　　第一节　秦汉简帛文献资料中的"禹步" ……………… (333)
　　第二节　"禹步"的源起 ……………………………… (349)
　　第三节　"禹步"的流变 ……………………………… (360)

第十章　秦简中的鬼神精怪及其相关俗信 ………………… (369)
　　第一节　引言 …………………………………………… (369)
　　第二节　秦简中的鬼神精怪 …………………………… (371)
　　第三节　秦简所见鬼神精怪活动的影响 ……………… (384)
　　第四节　秦简所见应对鬼神精怪的措施 ……………… (389)

参考文献 ……………………………………………………… (402)

后　记 ………………………………………………………… (435)

绪 论

第一节 选题意义

数术，又作术数，"术"指各种具有可操作性的方术，"数"则指历数、气数、运数、数理，内容既包括研究实际天象历数的天文历算之学，也包括用各种神秘方法因象求义、见数推理的占卜之术。[①] 数术作为古代的一种专门之学，自战国末期兴盛以来，就和经学主流思想以及民间信仰产生了不解之缘，有"经国之术"和"知道之术"之称。当然，其内涵也因时代不同而多有变异。[②] 最早对数术文献进行分类并录目的，为西汉末期刘向、刘歆父子所著《别录》和《七略》，其书虽早佚，但其所列书目为东汉学者班固《汉书·艺文志》所保存。《汉书·艺文志》"数术略"下分天文、历谱、五行、蓍龟、杂占、刑法六类。《后汉书》虽无《艺文志》，却有《方术列传》，传文提到的风角、遁甲、七政、元气、六日七分、逢占、日者、挺专、须臾、孤虚、望云省气、推处妖祥等则属数术类。唐宋以来，数术分类的变化较大，也较混乱。[③] 按后世文献记载和学者的研究归纳，广义上的数术，当包括天文、历法、数学、星占、卜筮、孤虚、须臾、占候、房中、养生、咒禁、符印、厌胜、杂占、六壬、奇门遁甲、相术、命术、风水、择日、

[①] 李零：《中国方术考》，东方出版社2001年版，第35页。
[②] 宋会群：《中国术数文化史》，河南大学出版社1999年版，第13—17页。
[③] 宋会群：《中国术数文化史》，河南大学出版社1999年版，第14页。

拆字、起课等。① 《汉书·艺文志》所列数术类书籍多达 190 种 2528 卷，占《艺文志》所录书目 596 种 13269 卷的 30% 以上，若将归于"兵书略"中的兵阴阳书算入，则其所占比重更大，② 足以反映出数术文化在当时社会流行程度之一斑。但遗憾的是，由于历史上的种种原因，致使《汉书·艺文志》著录的早期数术书籍早已亡佚殆尽，后世已难知其梗概，造成认识上的诸多误解和研究的局限，以至《四库全书总目》在论及数术时，竟谓"术数之兴多在秦汉以后，要其旨不出乎阴阳五行生克制化，实皆《易》之支流，傅以杂说耳"。③ 这种论断，显与我们今天所见到的战国秦汉简帛数术文献反映的数术兴起的时代信息和具体内容大为不符。可见，早期数术文献资料的亡佚，不仅造成相关史料上的匮乏和认识上的误解，也使后世对我国早期数术信仰问题的探讨难以深入而全面化。

庆幸的是，20 世纪初以来，由于考古事业的蓬勃发展，不仅在我国西北地区的甘肃、内蒙古等地发现大批汉简，而且还在湖北、湖南、河南、江苏等地发现大批战国秦汉时期的简牍帛书。目前我国境内 18 个省、市、自治区先后出土的战国秦汉乃至魏晋时期的简帛文献资料，④ 其总数不下 30 万枚。这些以简牍缣帛为书写载体的出土文献资料的内容相当丰富，对我们研究中国古代先民的思想文化和思维认知水平有着重要的史料价值。更为重要的是，其中所载大量战国秦汉时期的数术文献资料，不仅涵盖了《汉书·艺文志》所列"数术略"的所有门类，其实际内容，也更为丰富和充实。王国维曾言道："古来新学问起，

---

① 宋会群：《中国术数文化史》，河南大学出版社 1999 年版，第 17 页。
② 刘乐贤：《简帛数术文献探论》，湖北教育出版社 2002 年版，第 12 页。
③ （清）纪昀等：《钦定四库全书总目》（整理本），中华书局 1997 年版，第 1419 页。
④ 北京、河北、内蒙古、陕西、甘肃、青海、新疆、山东、江苏、安徽、江西、河南、湖北、湖南、广西、四川等 17 个省、市、自治区所发现的简帛文献资料，骈宇骞、段书安编著《二十世纪出土简帛综述》（文物出版社 2006 年版）与李零所著《简帛古书与学术源流》（生活·读书·新知三联书店 2007 年版）等对其均有较为详细的梳理，可参。另据山西晚报（2018 年 11 月 2 日）、新华网（2018 年 11 月 20 日）等媒体报道，由山西省考古研究所、太原市考古研究所、山西博物院、太原市博物馆、北京大学文博学院组成的考古队，对位于山西省太原市迎泽区郝庄街道办店坡社区西侧 700 余米处的一施工区域进行考古勘探时，发现汉、清时期墓葬 29 座，其中 M6 中出土了汉代木简残片，上有墨书文字。则目前我国境内发现简帛文献资料的省、自治区、直辖市多达 18 个。

大都由于新发见。"① 陈寅恪在为陈垣《敦煌劫余录》所写序中也论道："一时代之学术，必有其新材料与新问题。取用此材料，以研求问题，则为时代学术之新潮流。"② 战国秦汉时期简帛文献资料的大量面世，不但改变了早期数术文献史料匮乏的现状，也为学术界深入而全面研究我国早期的数术信仰提供了可能。

数术作为一种专门之学，不仅以其方术影响了当时的政治生活，而且以其数术理论和思想影响了中国传统文化的基本理论和思想。数术本身也是中国古代思想、哲学的文化背景，思想史、哲学史的演进始终和数术学的思想联系在一起。从出土战国秦汉简帛数术文献资料来看，盛行于战国秦汉及后世的阴阳理论以及五行学说的主要内容如五行生克、五行三合局、五行纳音、五行配物，以及五行与方位、季节、天干地支、数字、颜色相对应等均已产生，且广泛运用于星命、占卜、堪舆、相术、时日择吉、鬼神祭祷与祠禳攻解等数术活动中，成为古代先民推测人事和国家气数与命运，判定各项行事宜忌、避除各种凶祸灾异的重要依据。正如学者所说，战国末期到西汉中期，阴阳五行不仅是数术的"通用语言"，而且渗透到兵学、方技等领域，成为被广为接收的思维模式或一般性知识。可以说，当时人的世界是通过阴阳五行来描述的。③ 正因如此，作为中国早期数术信仰主要依据原理之一的阴阳五行学说，不但是中国人的思想律和中国特有的世界图式，也是中国古代民众认识世界和改造世界的最根本理论，深刻地影响着当时人们的认知观和日常行事。

数术信仰是中国古代文明特有的宇宙论的产物，其中的数理有一定的科学成分，我国古代的很多科学发明创造，大多受到数术思想或思维模式的影响，著名的中国科技史家李约瑟对此曾论道："正如所有其他古代文明一样，中国过去也曾同样强烈地盛行过各种迷信活动如占卜、星命、堪舆、骨相、时日吉凶的选择和鬼神传说等，是古代和中世纪一切中国思想家所共有的背景的一部分。科学史家不能简单地排斥这些理

---

① 王国维：《最近二三十年中中国新发见之学问》，《学衡》（第45期），1925年。
② 《陈寅恪集·金明馆丛稿二编》，生活·读书·新知三联书店2009年版，第266页。
③ 陈侃理：《儒学、数术与政治灾异的政治文化史》，北京大学出版社2015年版，第50页。

论和活动，因为它们使古代的宇宙概念得到不少说明。同时……某些方术活动曾经不知不觉地在实际考察自然现象方面导致一些重要的发现。由于方术和科学两者都离不开积极的手工操作，因之在中国的'原始科学'中决不能不含有经验的因素。"① 因此，数术信仰的研究对于我们研究中国科技史和中国古代科技思维有着重要意义。

数术作为中国早期一般性的知识和思想信仰，是上层精英思想和主流哲学之外的另一种认知观的体现。因此，如学者所说，在思想史中并不能抛开这一部分"一般知识与思想"，一方面，正是这些知识与思想才真正活生生地支配着我们的切实的生活；另一方面，正是这些知识与思想的水准，才是估定一个思想时代人们知识的基准。② 在认知水平较低与科技不发达的古代社会中，数术信仰贯穿整个社会民生领域的始终和各个层面，对当时社会的政治、经济、文化、科技、宗教、医学等领域产生过重大的影响，其余绪至今还在社会民众日常生活、生产中具有广泛的影响。因此，对出土简帛文献所载早期数术文化进行深入研究，不仅有助于我们正确了解中国古代先民的心理认知和行为动因，也能溯本清源，正确认识后世数术信仰的内在理论原理和思维模式，从而有效引导民间数术信仰向积极、健康的民俗文化方向发展。

基此，本书以战国秦汉数术简帛文献资料为主，结合其他出土文字资料（如玺印、封泥、金石等）及相关传世文献资料、民族志、民俗学史料，利用多重证据法及文化人类学、宗教学、民俗学等相关学科的理论，对此一时期简帛文献资料所反映的中国早期数术信仰如守宫砂验贞术、姅的禁忌与月事布的迷信、"字"字形义构建与古代产育禁忌俗信、秦汉时期的命名趋向与名字巫术、秦汉时期对疠病的诊辨防治与病因认知、秦汉律令中的俗禁，以及秦简中的浴蚕术、鼠害防治术、"禹步"的源起及流变、鬼神精怪及禳除术等问题，在已有研究成果的基础上，做进一步的梳理考辨，或探赜溯源，或考其流变，或发其动因，以期对当时社会民生信仰、后世巫道符咒文化和汉民族民生信仰习俗、民

---

① [英]李约瑟：《中国科学技术史》第2卷《科学思想史》，何兆武等译，科学出版社2018年版，第346页。

② 葛兆光：《中国思想史》第1卷《七世纪前中国的知识、思想与信仰世界》，复旦大学出版社1998年版，第14页。

族文化心理所产生的重要影响做较为深入的考察，并进一步探求中国早期数术思想和信仰在我国后世民俗文化发展中的传承性、时代性和变异性特点。

第二节 研究现状

对出土简帛文献资料的研究，大体上可分为基础研究和应用研究两个方面。前者是对出土简帛文献资料本身的整理研究，包括辨析字形、释文句读、考辨文义，以及残简缀合、简序编联、简帛保护等工作。后者则主要是运用新发现的简帛文献资料，结合传世文献资料来进行具体问题的研究。相对来讲，前者是微观的，后者是宏观的，前者是后者的前提，后者是前者的归宿，二者不可偏废，须相辅相成方可发挥出土简帛文献在相关研究中的史料价值。基此，目前对于出土简帛数术文献的研究现状也可大体上从以上两个方面着手分析。

一 出土简帛数术文献的发现及整理情况

出土简帛数术文献的发现及整理，可溯及20世纪初，最早为英籍匈牙利人斯坦因在我国新疆尼雅、楼兰及甘肃敦煌等汉代烽燧遗址掘得大批汉文及粟特文、佉卢文、婆罗迷文文书，并委托法国汉学家沙畹整理，后来我国学者罗振玉、王国维二人在沙畹整理基础上进一步考释，于1914年刊布《流沙坠简》一书，其中第一大类即为"小学术数方技书"，涉及《历谱》（如《元康三年历谱》《神爵三年历谱》《五凤元年八月历谱》《永光五年历谱》《永兴元年历谱》等）、《算术》（如《九九术》）、《阴阳》《占术》《相马法》《兽医方》等多种数术文献;[①] 1942年，几位土夫子在长沙子弹库战国楚墓中盗掘出一件楚帛书，其上内容涉及创世神话、人神关系、自然灾异以及十二月神像及历忌等。此件楚帛书先为文物收藏家蔡季襄所获，蔡氏著有《晚周缯书考证》

---

① 罗振玉、王国维编著：《流沙坠简》，中华书局1993年版，释文第82—95页。

一书,于1944年刊印,为最早披露及研究此件楚帛书的著作。①该件楚帛书出土后不久,即落入美国人考克斯手中,并被其带到美国,其后几度易手,现藏于美国纽约大都会博物馆。②自20世纪60年代始,饶宗颐、董作宾、陈梦家、李学勤、商承祚、曾宪通、严一萍、李零等对此件楚帛书多有研究,其中尤以李零用力最勤、成果最丰。徐在国编著《楚帛书诂林》一书,以逐字解诂的形式,对此件楚帛书发现以来至2007年的考释研究成果做了全面的梳理,将诸家看法汇于一编,③便于研究者翻检。以上是新中国成立前我国境内所出简帛数术类文献的大体情况。

新中国成立初期,简牍文献的出土相对较少,可归于数术类的有:1957年江苏高邮县邵家沟汉墓所出符咒木片,既有符画又有咒辞,对研究古代数术与早期道教信仰有着重要的史料价值;④1965年湖北江陵望山楚墓所出卜筮祭祷简,内容所记主要是为墓主治病驱祟的,对了解楚地先民的疾病认知观及宗教鬼神信仰十分重要。⑤20世纪70年代以来,随着各地基建工程的开展,地不爱宝,大批战国秦汉时期的简帛文献如雨后春笋般涌现,其中多含有数术类文献如日书、天文星占、天文气象杂占、历谱、算数书、蓍龟、杂占、刑法、兵阴阳等内容。如:

1972年4月山东临沂银雀山汉墓所出《元光元年历谱》,以及有关阴阳时令、占候之类的内容及《占书》《相狗方》等;⑥1973—1974年所出的居延汉简《日书》;⑦1973—1974年长沙马王堆3号汉墓所出《五星占》《天文气象杂占》《刑德》(甲、乙、丙种)、《阴阳五行》

---

① 蔡季襄:《晚周缯书考证·出版说明》,中西书局2013年版。

② 李零:《长沙子弹库战国楚帛书研究》,《楚帛书研究(十一种)》,中西书局2013年版,第1页。

③ 徐在国编著:《楚帛书诂林》,安徽大学出版社2010年版。

④ 江苏省文物管理委员会:《江苏高邮邵家沟汉代遗址的清理》,《考古》1960年第10期;王育成:《东汉道符释例》,《考古学报》1991年第1期。

⑤ 湖北省文物考古研究所、北京大学中文系编:《望山楚简》,中华书局1995年版,第68—85页。

⑥ 吴九龙释:《银雀山汉简释文》,文物出版社1985年版;银雀山汉墓竹简整理小组编:《银雀山汉墓竹简》(二),文物出版社2010年版。

⑦ 何双全:《汉简〈日书〉丛释》,《简牍学研究》(第2辑),甘肃人民出版社1998年版,第45—51页。

(甲、乙种)、《出行占》《木人占》《相马经》《宅位宅形吉凶图》《太一祝图》等；[1] 1975年12月湖北云梦睡虎地11号秦墓所出《日书》(甲、乙种)；[2] 1977年安徽阜阳双古堆1号汉墓所出《日书》《五星》《星占》《楚月》《天历》《算术书》《刑德》《向》《相狗》《汉初朔闰谱》《干支》《周易》等；[3] 1978年初湖北江陵天星观1号楚墓所出卜筮祭祷简；[4] 1981—1989年湖北江陵九店56号战国楚墓所出《日书》，内容包括楚系建除、丛辰等选择方法，以及巫祝为病人祷告谋神以求病愈的"告武夷"和讲修建住宅等的方位对人产生吉凶的"相宅"等非择日内容；[5] 1983—1984年湖北江陵张家山247号汉墓所出《历谱》《算术书》等；[6] 1986年甘肃天水放马滩1号秦墓所出《日书》(甲、乙种)；[7] 1986年湖北江陵岳山36号秦墓所出《日书》；[8] 1986—1987年湖北江陵秦家咀1、13、99号楚墓所出卜筮祭祷简；[9] 1987年1月湖北荆门包山楚墓所出卜筮祭祷简；[10] 1990年4月甘肃敦煌清水沟汉代烽

---

[1] 裘锡圭主编：《长沙马王堆汉墓简帛集成》(1—7册)，中华书局2014年版。其中第4册收《五星占》(第223—244)、《天文气象杂占》(第245—288页)，第5册收《刑德》(第1—64页)、《出行占》(151—160)、《木人占》(第161—168页)、《相马经》(第169—182页)、《宅位宅形吉凶图》(第183—186页)、《太一祝图》(第103—108页)等。

[2] 睡虎地秦墓竹简整理小组编：《睡虎地秦墓竹简》，文物出版社1990年版，释文注释第177—255页。

[3] 胡平生：《阜阳双古堆汉简数术书简论》，《出土文献研究》(第4辑)，中华书局1998年版，第12—30页。

[4] 湖北省荆州地区博物馆：《江陵天星观1号楚墓》，《考古学报》1982年第1期；晏昌贵：《天星观卜筮祭祷简释文辑校》，收入氏著《巫鬼与淫祀——楚简所见方术宗教考》，武汉大学出版社2010年版，第345—370页。

[5] 湖北省文物考古研究所编著：《江陵九店东周墓》，科学出版社1995年版，第506—511页；湖北省文物考古研究所、北京大学中文系：《九店楚简》，中华书局1999年版。

[6] 张家山二四七号汉墓竹简整理小组编：《张家山汉墓竹简[二四七号墓]》(释文修订本)，文物出版社2006年版，第1—4、129—158页。

[7] 甘肃省文物考古研究所编：《天水放马滩秦简》，中华书局2009年版；孙占宇：《天水放马滩秦简集释》，甘肃文化出版社2013年版。

[8] 湖北省江陵县文物局等 (王崇礼执笔)：《江陵岳山秦汉墓》，《考古学报》2000年第4期。

[9] 荆沙铁路考古队 (陈耀钧执笔)：《江陵秦家咀楚墓发掘简报》，《江汉考古》1988年第2期；晏昌贵：《秦家咀"卜筮祭祷"简释文辑校》，《湖北大学学报》(哲学社会科学版) 2005年第1期。

[10] 湖北省荆沙铁路考古队编著：《包山楚简》，文物出版社1991年版，第32—37页；吴郁芳：《〈包山楚简〉卜祷简牍释读》，《考古与文物》1996年第2期。

燧遗址所出《地节元年历谱》《地节三年历谱》《本始四年历谱》等;①1990—1992年甘肃敦煌汉代悬泉置遗址所出《日书》《相马经》等;②1993年2月江苏连云港尹湾6号汉墓所出《神龟占》《六甲占雨》《博局占》《刑德行时》《行道吉凶》《元延元年历谱》《元延三年五月历谱》等;③1993年湖北江陵王家台15号秦墓所出《日书》《归藏》等;④1993年湖北荆州关沮周家台30号秦墓所出《历谱》《日书》,以及运用祝由祭祷法疗治疾病的"病方"等;⑤1994年5月河南省驻马店市新蔡葛陵战国楚墓所出卜筮祭祷简;⑥1999年湖南沅陵虎溪山1号汉墓所出《日书》《阎氏五胜》等;⑦2000年1月湖北随州孔家坡8号汉墓所出《日书》;⑧2001年8月陕西西安市杜陵汉墓所出木牍

---

① 敦煌市博物馆:《敦煌清水沟汉代烽燧遗址出土〈历谱〉述考》,《简帛研究》(第2辑),法律出版社1996年版,第368—375页。

② 何双全:《汉简〈日书〉丛释》,《简牍学研究》(第2辑),甘肃人民出版社1998年版,第45—51页。

③ 连云港市博物馆等编:《尹湾汉墓简牍》,中华书局1997年版,释文第123—128页;刘乐贤:《尹湾汉墓出土数术文献初探》,载连云港市博物馆、中国文物研究所编《尹湾汉墓简牍综论》,科学出版社1999年版,第175—186页。

④ 王明钦:《王家台秦墓竹简概述》,载艾兰、邢文主编《新出简帛研究——新出简帛国际学术研讨会文集》,文物出版社2004年版,第26—49页。

⑤ 湖北省荆州市周梁玉桥遗址博物馆编:《关沮秦汉墓简牍》,中华书局2001年版,第93—137页。

⑥ 河南省文物考古研究所等:《河南新蔡平夜君成墓的发掘》,《文物》2002年第8期;河南省文物考古研究所编著:《新蔡葛陵楚墓》,大象出版社2003年版。

⑦ 湖北省文物考古研究所等:《沅陵虎溪山1号汉墓发掘简报》,《文物》2003年第1期。发掘简报将《阎氏五胜》内容原归入《日书》。刘乐贤先生认为,从其内容看,主要是讲五行相胜的原则及顺时的必要性与其结果的,其与《日书》主讲趋吉避凶之术者不类,故应归入《汉书·艺文志》诸子略阴阳家类文献,并提及其师李学勤先生曾指出,简文中的"阎昭"就是著录于《汉书·艺文志》数术略五行类的《猛子闾昭》。见刘乐贤《虎溪山汉简〈阎氏五胜〉及其相关问题》,《文物》2003年第7期。按,中国古代的数术之学即以阴阳五行为其主要理论依据,而《阎氏五胜》内容主讲五行相胜的原则以及顺时的必要性等,虽与《日书》性质不类,但与《汉书·艺文志》数术略五行类有着内在的密切关联。基此,本书乃从骈宇骞、段书安等学者的观点(见二氏编著《二十世纪出土简帛综述》,文物出版社2006年版,第262—263页),将《阎氏五胜》仍归于数术类文献。

⑧ 湖北省文物考古研究所、湖北省文物局(张昌平执笔):《随州市孔家坡墓地M8发掘简报》,《文物》2001年第9期;湖北省文物考古研究所、随州市考古队编:《随州孔家坡汉墓简牍》,文物出版社2006年版。

《日书》;① 2002—2004年湖北荆州印台汉墓所出《日书》;② 2007年岳麓书院藏秦简中的《质日》《占梦书》《数书》等;③ 2009年北大购藏汉简中有《日书》《日忌》《日约》《堪舆》《雨书》《六博》《荆决》《节》等;④ 2010年北大所藏秦简中有《日书》《质日》《算术书》《九九术》《祠祝之道》《杂抄》（其中含《制衣》《禹九策》《祓除》等数术内容）《白囊》等。⑤

此外，20世纪70年代初马王堆3号汉墓所出帛书《五十二病方》《房内记》《疗射工毒方》《胎产书》，以及木简《杂禁方》等虽非数术类文献，⑥然其内容多涉巫术性。如应归入《汉书·艺文志》"方技略"医方类的帛书《五十二病方》，其中所含祝由禁咒法疗疾的古医方近60方，约占该书所收283方的21.2%。⑦帛书《房内记》内容主要是讲性保健的，性质属于《汉书·艺文志》"方技略"类的房中书。但其中却夹杂一段与帛书《胎产书》所载埋藏胎胞的内容性质相合的"禹藏埋胞图法"，此又属于巫术性质。帛书《疗射工毒方》是疗治蜮毒的药方，其中既含有具体的方剂，也多见祝由禁咒术。⑧帛书《胎产书》内容涉及十月养胎的禁忌，以及产后胎胞埋藏时的时空方位宜忌等巫术性内容。木简《杂

---

① 张铭洽、王育龙：《西安杜陵汉牍〈日书〉农事篇考辨》，原载《陕西历史博物馆馆刊》（第9辑），三秦出版社2002年版，第107—113页。该文后收入《张铭洽学术论集》，三秦出版社2018年版，第323—339页。

② 郑忠华：《印台墓地出土大批西汉简牍》，见荆州博物馆编著《荆州重要考古发现》，文物出版社2009年版，第204—208页；刘乐贤：《印台汉简〈日书〉初探》，《文物》2009年第10期。

③ 此批秦简中的《质日》《占梦书》等数术类内容收入朱汉民、陈松长主编《岳麓书院藏秦简》（一），上海辞书出版社2010年版；《数书》内容收入朱汉民、陈松长主编《岳麓书院藏秦简》（二），上海辞书出版社2011年版。

④ 北京大学出土文献研究所（朱凤瀚等执笔）：《北京大学藏西汉竹书概说》，《文物》2011年第6期；李零：《北大汉简中的数术书》，《文物》2011年第6期；北京大学出土文献研究所编：《北京大学藏西汉竹书》（五），上海古籍出版社2014年版。

⑤ 北京大学出土文献研究所（朱凤瀚等执笔）：《北京大学藏秦简牍概述》，《文物》2012年第6期；陈侃理：《北大秦简中的方术书》，《文物》2012年第6期。

⑥ 裘锡圭主编：《长沙马王堆汉墓简帛集成》（1—7册），中华书局2014年版。其中第5册收《五十二病方》（第213—308页），第6册收《房内记》（第73—85页）、《疗射工毒方》（第87—92页）、《胎产书》（第93—102页）、《杂禁方》（第159—162页）等。

⑦ 吕亚虎：《战国秦汉简帛文献所见巫术研究》，科学出版社2010年版，第188页。

⑧ 裘锡圭主编：《长沙马王堆汉墓简帛集成》（六），中华书局2014年版，第87页。

禁方》多载禳治犬善嗥、夫妻相恶、多噩梦、姑妇善斗、与人争讼，以及媚道术等厌劾妖祥类巫术内容，也应归于数术类。又，在2008年7月清华大学入藏的一批战国竹简中，收有含梦占祓禳内容的《程寤》篇、巫术性质的《祝辞》《赤鹄之集汤之屋》、祭祷祈禳性质的《祷辞》，以及涉及五祀、五神与五行相配和五行各自特点的《八气五味五祀五行之属》等。① 这些简牍文献内容所涉，也应归入数术之"术"的范畴。

对以上发现的简帛数术文献资料进行初步的文字隶定、释文句读，以及残简缀合、简序编联、简帛保护等工作，为学术界利用这些资料展开相关研究打下了良好的基础。

二　出土简帛数术文献的应用研究情况

由以上赘列可知，百年来所出战国秦汉简帛数术文献数量不少，内容也极为丰富，这对我们考察《汉书·艺文志》"数术略"所列存书名而内容亡佚殆尽的中国早期数术信仰提供了可能。但在新中国成立后的很长一段时期内，由于国内特殊的社会政治文化背景，以及由来已久的对数术之学属性的认知偏见，② 使得这些地下所出早期数术文献内容在发现初期并未得到学术界的充分重视。③ 这种境况，在20世纪80年代

---

① 此批竹简的内容，《程寤》收入李学勤主编《清华大学藏战国竹简》（一），中西书局2010年版；《祝辞》《赤鹄之集汤之屋》收入李学勤主编《清华大学藏战国竹简》（三），中西书局2012年版；《八气五味五祀五行之属》收入李学勤主编《清华大学藏战国竹简》（八），中西书局2018年版；《祷辞》收入黄德宽主编《清华大学藏战国竹简》（九），中西书局2019年版。

② 如《四库全书总目·术数类》云："术数之兴，多在秦汉之后。要其旨，不出乎阴阳五行，生克制化。实皆《易》之支流，傅以杂说耳……中惟数学一家，为《易》外别传，不切事而犹近理。其余则皆百伪一真，递相煽动。"［见（清）纪昀等总纂《钦定四库全书总目》（整理本），中华书局1997年版，第1419页。］言外之意，数术多被同于迷信。

③ 如1975年年底云梦睡虎地秦墓所出秦简资料，其他部分简文内容释文先后在《文物》1976年第6、7、8期上刊布，唯独《日书》内容除外。其后，文物出版社于1977年出版了八开线装本的《睡虎地秦墓竹简》一书，1978年又出版了32开平装本的《睡虎地秦墓竹简》一书，二书仍均未收录这批秦简中的《日书》内容。直至1981年文物出版社出版《云梦睡虎地秦墓》一书时，才第一次公布了这批秦简资料中的《日书》部分的照片和释文，开始引起学术界关注。其后，1990年文物出版社又出版了16开精装本的《睡虎地秦墓竹简》一书，对其中的《日书》甲乙种简文做了释文和注释工作，为学术界充分利用这批秦简《日书》资料进行数术史、民俗史、天文史、宗教史等领域的广泛研究提供了便利，相关研究专著和论文也如雨后春笋般涌现，让人目不暇接。相关研究可参吕亚虎《睡虎地秦简〈日书〉研究著述目录（1976—2014）》，武汉大学简帛网2015年1月23日。

后，随着中国传统文化反思热潮的升温，才逐渐得以改观，相关资料迅速引起学术界的重视，相关研究成果也如雨后春笋般大量涌现。

纵观当前对出土简帛数术文献内容的应用研究，大体可分为以下三种情况：其一，是对相关数术简帛文献或其整理本做进一步的文字考释、字词注释、句意梳理等工作。这方面比较突出的是对睡虎地秦简《日书》、放马滩秦简《日书》，以及孔家坡汉简《日书》等内容丰富、保存较为完整的几批数术文献所做的工作，如饶宗颐和曾宪通《云梦秦简日书研究》、刘乐贤《睡虎地秦简日书研究》、吴小强《秦简日书集释》、王子今《睡虎地秦简〈日书〉甲种疏证》、孙占宇《天水放马滩秦简集释》、陈伟主编《秦简牍合集》（一）及（四）、陈炫玮《孔家坡汉简日书研究》等；[1] 其二，是对相关数术文献围绕某一问题（如巫术、宗教祭祀、民生信仰、图像、梦占、式占、语言等）进行专题研究，如晏昌贵《巫鬼与淫祀——楚简所见方术宗教考》、吕亚虎《战国秦汉简帛文献所见巫术研究》及《秦汉社会民生信仰研究——以出土简帛文献为中心》、黄儒宣《〈日书〉图像研究》、孙占宇和鲁家亮《放马滩秦简及岳麓秦简〈梦书〉研究》、程少轩《放马滩简式占古佚书研究》、王强《出土战国秦汉选择数术文献神煞研究——以日书为中心》、张国艳《简牍日书文献语言研究》、曲晓霜《简牍日书与秦汉社会》等；[2] 其三，是就出土简帛数术文献资料所涉内容，以单篇论文（或论文集）形式呈现的相关研究成果。可以说，每当一批新资料被发现，总

---

[1] 饶宗颐、曾宪通：《云梦秦简日书研究》，香港中文大学出版社1982年版；刘乐贤：《睡虎地秦简日书研究》，文津出版社1994年版；吴小强：《秦简日书集释》，岳麓书社2000年版；王子今：《睡虎地秦简〈日书〉甲种疏证》，湖北教育出版社2002年版；孙占宇：《天水放马滩秦简集释》，甘肃文化出版社2013年版；陈伟主编：《秦简牍合集》（1—4册），武汉大学出版社2014年版；陈炫玮：《孔家坡汉简日书研究》，硕士学位论文，"国立"清华大学历史研究所，2007年。

[2] 晏昌贵：《巫鬼与淫祀——楚简所见方术宗教考》，武汉大学出版社2010年版；吕亚虎：《战国秦汉简帛文献所见巫术研究》，科学出版社2010年版；吕亚虎：《秦汉社会民生信仰研究——以出土简帛文献为中心》，中国社会科学出版社2016年版；黄儒宣：《〈日书〉图像研究》，中西书局2013年版；孙占宇、鲁家亮：《放马滩秦简及岳麓秦简〈梦书〉研究》，武汉大学出版社2017年版；程少轩：《放马滩简式占古佚书研究》，中西书局2018年版；王强：《出土战国秦汉选择数术文献神煞研究——以日书为中心》，博士学位论文，吉林大学，2018年；张国艳：《简牍日书文献语言研究》，中国社会科学出版社2018年版；曲晓霜：《简牍日书与秦汉社会》，博士学位论文，中国社会科学院大学（研究生院），2020年。

会引起学术界的高度关注，相关研究成果迅疾发表。因此，以单篇论文形式的研究成果相当丰富。对此，已有学者撰文论及，① 此不赘述。而有些单篇论文，其后又以论文集形式刊出，如胡文辉《中国早期方术与文献丛考》、刘乐贤《简帛数术文献探论》及《战国秦汉简帛丛考》、晏昌贵《简帛数术与历史地理论集》、张铭洽《张铭洽学术论集》（其中"简牍研究"部分）等。② 此类成果，也包括将传世数术文献与出土简帛数术文献相结合进行综合性研究的，如李零《中国方术考》及《中国方术续考》等。③ 这些主要利用简帛数术文献进行的研究，对中国早期数术信仰的研究多所建树，影响深远，也颇多启发和借鉴意义。

三 与本书相关的研究情况

限于时间、精力和学识，本书所要讨论的，并非对中国早期数术信仰进行全面而系统化的考察，而是就若干目前关注不够，或相关研究仍有待进一步深化的问题进行专题性讨论。就此而言，对相关研究现状，也可做如下简要梳理。

关于守宫砂验贞术的讨论。对此问题，朱渊清《"戏"——流行于秦汉时期的方术》一文通过梳理《博物志》《太平御览》等多种传世文献，并辅之以出土简帛文献，论证了中国民间流传的检验女子贞洁的秘方——"戏"在秦汉时期是一种风行的方术，而在魏晋时期却逐渐转向了隐秘，并对其原因做了分析。④ 丘雅《"守宫"源流考辨》一文指

---

① 刘乐贤：《早期数术文献及研究成果概述》，载氏著《简帛数术文献探论》，武汉教育出版社 2002 年版，第 3—52 页；刘国忠：《中国古代数术研究综论》，《湖南科技学院学报》2005 年第 3 期；晏昌贵：《简帛数术史料的发现与研究三十年》，载冯天瑜主编《中国特色社会主义文化建设研究》，武汉大学出版社 2008 年版；晏昌贵、廉超：《简帛数术的发现与研究：1949—2019》，《华中师范大学学报》（人文社会科学版）2019 年第 3 期；李均明等：《简牍典籍与道家、数术研究》，见李均明等《当代中国简帛学研究（1949—2019）》，中国社会科学出版社 2019 年版，第 174—185 页。

② 胡文辉：《中国早期方术与文献丛考》，中山大学出版社 2000 年版；刘乐贤：《简帛数术文献探论》，武汉教育出版社 2002 年版；刘乐贤：《战国秦汉简帛文献丛考》，文物出版社 2010 年版；晏昌贵：《简帛数术与历史地理论集》，商务印书馆 2010 年版；张铭洽：《张铭洽学术论集》，三秦出版社 2018 年版。

③ 李零：《中国方术考》（修订本），东方出版社 2001 年版；李零：《中国方术续考》，中华书局 2006 年版。

④ 朱渊清：《"戏"——流行于秦汉时期的方术》，《古籍整理研究学刊》2004 年第 1 期。

出，古代称房屋为"宫"，而壁虎一般在房屋内栖息，自然就被称为"守宫"，取"留守宫内"之义，中古时期也多用此义。"守宫"一词本指壁虎，人们普遍认为这与"守宫砂"有关。宋朝以后，"守宫"得自于"守宫砂"的说法已流传开来。① 黄丽君《防闲托守宫——汉唐之间以守宫为方的验淫术》一文对汉唐时期守宫砂验淫俗信的流传情况做了较为细致的考察。②

这些讨论对我们考察守宫砂验贞术的流传情况有一定的启发，但对守宫砂产生的时代、社会背景、守宫砂验贞术的信仰原理以及流变等问题尚未见述及。拙作《守宫砂——一种民诉事象的信仰原理及流变考察》一文从以上几个方面对此问题做了较为全面的考察，指出守宫砂作为验视女子是否贞洁的巫术，其产生与我国古代男权社会下对子嗣血胤纯洁的诉求、战国末期以来方士炼丹长生之说的流行，以及秦代整饬社会风气的时代背景有关；古代方家从守宫生存环境与女子相合出发，结合守宫一词所蕴含的"能守其心"、可"防嫌淫逸"的意思，依据"同能致同"的相似律巫术法则，赋予该物具有验视女子是否有房室之事的特异灵力；守宫砂在秦汉时期主要载于方家神仙志怪之书，魏晋时期进入医典，隋唐时期为一般文人士子所识，宋明时期的流传呈现出多元的状态，并对后世民俗文化及文学创作产生深远的影响。③ 拙文的讨论文字，即构成本书第一章的内容。

关于"姅"的禁忌与月事布的迷信的讨论。汉律有"见姅变，不得侍祠"的律规，以往的讨论，多是对"姅"字字义的阐发，如余云岫《古代疾病名候疏义》、张舜徽《说文解字约注》等论著中对"姅"字字义的辨析，④ 申红玲《从〈说文解字〉"姅"看古代的月经和生育禁忌》一文从"姅"义论及古代对妇女经血或产育出血的禁

---

① 丘雅：《"守宫"源流考辨》，《现代语言》（语言研究版）2010 年第 8 期。
② 黄丽君：《防闲托守宫——汉唐之间以守宫为方的验淫术》，《史原》2012 年第 3 期。
③ 吕亚虎：《守宫砂——一种民俗事象的信仰原理及流变考察》，《中国俗文化研究》（第 14 辑），四川大学出版社 2017 年版，第 143—159 页。
④ 余云岫编著：《古代疾病名候疏义》，学苑出版社 2012 年版，第 204 页；张舜徽：《说文解字约注》，华中师范大学出版社 2009 年版，第 3096 页。

忌俗信等。① 这些研究均未涉及对"变"的字义认知，因此造成诸多意见分歧。值得注意的是，出土睡虎地秦简《封诊式·出子》与张家山汉简《二年律令·贼律》均载有涉及"变"，即孕妇因与人争斗导致小产出血的诉讼案例，这为我们考察姅、变的具体含义提供了重要的信息，目前除简文整理者对其做简要注释外，尚未见有其他学者对此专文讨论。至于对月事布的迷信的讨论，目前的研究多是对传世医籍、民俗学和民族志等所载相关信息的考察，如黄石《关于性的迷信与风俗》及《性的"他不"》，李金莲、朱和双《汉文化视野中的月经禁忌与民间信仰》，以及李金莲《女性、污秽与象征：宗教人类学视野中的月经禁忌》、张小红《污染力与女性：人类学视角下的月经禁忌——基于闽南山河村的考察》等文。② 而在出土秦汉简帛文献中，多载有女子月事布被广泛用于疗治"瘨而内扇，血不出者""人病马不痫者""婴儿间（痫）""癪（癫）""牝痔""□阑（烂）者""□蛊者"等疾的古医方，以及被作为助行、厌禳等巫术活动中的灵物等。

相对于传世医籍、民俗学和民族志等史料的记载，出土简帛文献中多条有关月事布的迷信的文字书写，对于我们考察中国早期先民对这一民俗文化事象的认知心理和信仰原理极为珍贵。这方面的研究，拙著《战国秦汉简帛文献所见巫术研究》一书第五章"战国秦汉简帛文献所见巫术灵物研究"下"女子月事布"条已做了初步的考察。③ 但限于当时相关史料的局限，此一问题目前仍有进一步考察的空间。本书第二章"'姅'的禁忌与月事布的迷信"以简帛文献相关记载为主，运用文化人类学、民俗学等学科理论方法，对相关问题进行较为深入的考察。

---

① 申红玲：《从〈说文解字〉"姅"看古代的月经和生育禁忌》，《江西中医学院学报》2007年第2期。

② 黄石：《关于性的迷信与风俗》及《性的"他不"》，收入高洪兴编《黄石民俗学论集》，上海文艺出版社1999年版，第1—31、48—70页；李金莲、朱和双：《汉文化视野中的月经禁忌与民间信仰》，《中国俗文化研究》（第3辑），巴蜀书社2005年版，第70—79页；李金莲《女性、污秽与象征：宗教人类学视野中的月经禁忌》，《宗教学研究》2006年第3期；张小红《污染力与女性：人类学视角下的月经禁忌——基于闽南山河村的考察》，《昌吉学院学报》2014年第2期。

③ 吕亚虎：《战国秦汉简帛文献所见巫术研究》，科学出版社2010年版，第337—342页。

关于"字"字形义建构问题的讨论。出土秦汉简帛文献中多见以"生育"为本义的"字"字。以往学术界对于"字"字形义构建的讨论，多从《说文》"字，乳也。从子在宀下"的说法入手，或驳或从。如马叙伦所著《说文解字六书疏证》一书中认为，"乳""字"本是一字，形误为"字"，① 夏渌在《古文字演变趣谈》一书中以为，"字"乃母体娩子之形，② 徐灏、林尹等认为，该字以示妇人乳子居室中，③ 李天虹在《楚简文字形体混同、混讹举例》一文中以为，"字"乃"娩"字误识衍变而来，④ 等等。这些讨论，有其合理处，但均未能解释何以宀下有子的"字"字本义为"生育"，以及引申出"爱""养"等义。出土秦汉简帛文献中载有多幅"人字图"，以及简文中用"生育"之本义的"字"字，而在传世文献如《左传》《周礼》《汉书》等中记载有古代孕妇临产移居侧室的礼俗，这些信息为我们从民俗学角度考察"字"字形义构建提供了线索。拙作《古文"字"形义构建的民俗学解读》一文在前人相关讨论基础上，将古代先民的产育禁忌俗信同"字"字"从子在宀下"构形相结合，指出古代妇女产育常被看作污秽之事而须加以避忌，古文"字"字"从子在宀下"，象房屋中有子之状，正是古人基于对妇女产育的避忌，特为孕妇设置待产场所——乳舍（或产舍）俗信在古文字构形中的反映。乳舍是孕妇待产之所，也是其产后与初生儿临时居住的场所。基此，本义为生育的古文"字"字又引申出爱、养，及孳乳增加之义。南宋以降，因学者对《礼记·曲礼上》"女子许嫁笄而字"文义的误解，及受当时八字命理术的影响，"字"字又衍生出"许嫁"之义。⑤ 拙文的讨论文字，构成本书第三章的内容主体。

关于秦汉时期的命名趋向及名字巫术信仰问题的讨论。秦汉时期，

---

① 马叙伦：《说文解字六书疏证》卷之廿八，上海书店1985年版，第71页。
② 夏渌：《古文字演变趣谈》，文物出版社2009年版，第259页。
③ （清）徐灏：《说文解字注笺》，《续修四库全书》（第227册），上海古籍出版社2002年版，第113页；林尹、高明主编：《中文大辞典》，台北：中国文化学院出版部1968年版，第3758页。
④ 李天虹：《楚简文字形体混同、混讹举例》，《江汉考古》2005年第3期。
⑤ 吕亚虎：《古文"字"形义构建的民俗学解读》，《陕西师范大学学报》（哲学社会科学版）2020年第2期。

由于受当时社会盛行的方士神仙不老之说，以及原逻辑思维等的影响，父母出于子嗣能健康无疾、延年益寿的期盼，多为孩子取长生久视、速病苦差、爱讳丑贱类名字。杨颉慧《从两汉人名看汉代的神仙信仰》一文指出，汉代人名中有大量反映长寿、长生观念的用语，而且其时代集中在西汉武、昭、宣三朝，这反映了神仙信仰的社会影响在武、昭、宣时期发展到顶峰，此后逐渐衰落。① 李芳娟《两汉人名的"字"与儒家思想》一文指出，儒学在西汉时期被确立为封建统治思想，其对当时社会各个方面都产生了重要影响，而两汉人名的"字"便以体现儒家思想的字眼入名，反映出人们取名的价值取向。② 李振宏、孙英民所撰《居延汉简人名编年》一书对居延汉简中所见人名内在关联做了钩沉梳理和年代编排。③ 闫华军的硕士学位论文《西汉"武昭宣元"时期人名研究》对受黄老养生思想影响的"长生久视"及"速差苦病"类人名、尚功利之名、儒家思想影响下的人名做了考察，杨晓宇的硕士学位论文《西汉时期人名称谓研究》则从西汉时期人名称谓类型、取字依据及缘由、总体特征及演变趋势几个方面进行了讨论，④ 等等。

　　这些研究，多就传世文献史料所涉而论，或就居延汉简资料所涉人名进行梳理，一则未能充分注意到出土秦汉玺印、封泥、简帛文献资料中存在的大量此类人名信息，二则讨论的关注点相对较为局限，对这些常见人名的命名趋向和所呈现出的信仰认知背景也缺乏深入的考察。此外，名字作为个体的符号，在原逻辑思维认知下，古代先民相信名字与其所代表的个体间存在着内在的交感关系。因此，只要知晓对方的名字，便可通过知名、书名、呼名的方式达到威胁驱除、控制或者役使对方的目的。出土秦汉简帛文献中，在祝祷疗疾、禳除邪魅、与人争讼等活动中，多见有此类民俗事象的文字记载。这一名字巫术思维对后世道教相关法术的影响又有着极为深远的影响。目前学术界对此一民俗事象的讨

---

① 杨颉慧：《从两汉人名看汉代的神仙信仰》，《西南大学学报》（人文社会科学版）2007年第1期。
② 李芳娟：《两汉人名的"字"与儒家思想》，《西安社会科学》2009年第3期。
③ 李振宏、孙英民：《居延汉简人名编年》，中国社会科学出版社1997年版。
④ 闫华军：《两汉"武昭宣元"时期人名研究》，硕士学位论文，陕西师范大学，2008年；杨晓宇：《两汉时期人名称谓研究》，硕士学位论文，哈尔滨师范大学，2014年。

论，多就传世文献资料所载相关而论，①而对早期简帛文献所涉相关民俗事象资料的考察，关注度不够。本书第四章所论，即就此而展开。

有关秦汉时期对疠病的诊辨防治与病因认知问题。睡虎地秦简《封诊式·疠》记载了一则当时验判诊断疠病病症的案例，《法律答问》记载了对于某些疠病患者采取迁往疠迁所进行隔离居处或直接投水淹死的防治措施，张家山汉简《脉书》中也有对疠病症状的描述，武威汉代医简中则有两条通过药物来疗治"大风"病的医方。根据简文中有关"疠"及"大风"的症状记载，学术界认为其即今所说的麻风病。其中，林富士《试释睡虎地秦简中的"疠"与"定杀"》一文指出，秦简中的"疠"释为医学上的麻风病之外，在古人观念中，其尚具有"恶疾"之义。而"定杀"作为一种刑罚方式之外，尚具有祭仪上的意义（祈与禳）。②王洪车《"疠迁所"的历史透视》一文认为，"疠迁所"是秦统治者为隔离麻风病患者而设置的地方，但疠迁所又不仅是一个传染病隔离场所，它的存在从侧面折射了疠疾自身的邪恶之至，"迁"作为一种历史的刑罚更是揭露了"疠迁所"曾是秦统治者惩处疠者的地方，也是秦残暴统治的产物。③梁其姿《面对疾病——传统中国社会的医疗观念与组织》一书第十一章"中国麻风病概念演变的历史"对上古至东晋时代的"大风"与"疠/癞"疾概念演变史做了很好的梳理。④马堪堪等

---

① 江绍原曾撰文讨论过《封神演义》中的"呼名落马"，以及胡朴安《中华全国风俗志》一书所载我国一些地方的"寄名""借名""偷名""撞名"等民俗事象，说见江绍原著、陈泳超整理《民俗与迷信》，北京出版社2003年版，第5—27页；胡新生《中国古代巫术》一书第二章"古代巫术灵物与一般辟邪法"下"呼鬼名"条讨论过传世文献所载的呼名驱邪的民俗事象，也征引到马王堆汉墓《杂禁方》所载疗治蛇虫蜇伤咒语、帛书《五十二病》祝由疗疾中的呼鬼名咒语等信息。详见胡新生《中国古代巫术》，山东人民出版社1998年版，第176—184页；高国藩《中国巫术史》一书第二十六章"敦煌脚印与姓名之魔力"下讨论过敦煌文献及《西游记》《封神演义》等明代神魔小说中的"姓名巫术"事象。详见高国藩《中国巫术史》，上海三联书店1999年版，第473—486页。
② 林富士：《试释睡虎地秦简中的"疠"与"定杀"》，《史原》1986年第15期。
③ 王洪车：《"疠迁所"的历史透视》，《黑龙江史志》2009年第22期。
④ 梁其姿：《面对疾病——传统中国社会的医疗观念与组织》，中国人民大学出版社2011年版，第252—287页。大体内容又见于梁其姿著《麻风：一种疾病的医疗社会史》（商务印书馆2013年版），朱慧颖译，一书第一章"疠/癞/大风/麻风：疾病/类别概念的演变史"所述。又，梁其姿《从癞病史看中国史的特色》（载李建民主编《从医疗看中国史》，中华书局2012年版，第303—338页）一文对中国传统医学论述中的"疠"/"癞"及患者的社会形象做了较为全面的分析。

《中国典籍中"麻风"一词的演变与典故》一文讨论了麻风一词的名称演变及历史上名人患麻风者的典故。① 段祯、王亚丽《〈武威医简〉68、86甲乙及唐以前麻风病用药特点讨论》一文认为武威汉代医简中的简68与牍86甲、乙皆与麻风病的诊治有关,结合《周礼》《本草图经》《备急千金要方》等传世文献对唐以前治疗麻风病的用药特点,可知自两汉以迄隋唐运用以石药为主的方剂攻治麻风病是医界通例,这为进一步研究武威汉代医简和古代麻风病的诊治方法提供了资料借鉴。②

这些研究,对我们了解秦汉简牍文献所载传染性"疠"病的诊辨防治及时人对"疠"病的认知观提供了可资借鉴之处。基此,拙作《秦汉时期对传染性疾病的认知发微——以出土简文所载疠病为例的探讨》一文通过对秦汉简牍文献所载"疠"病的诊断识别、隔离防控,以及药物疗治等方面内容的考察,指出当时秦统治者已在基层建立起一套应对疠病的日常监察、诊断识别、隔离防控机制,医家则从中医病理学入手尝试藉助药物或针刺等手段对疠病患者加以疗治。在疠病病因认知上,古代医家虽将其归于邪气客脉所致,然社会主流则将其视为厉鬼作祟所致,"疠"病之名亦与此认知有关,以致世俗对疠病患者多持歧视与排斥的情绪。而对简文所载此类传染性疠病相关信息的梳理分析,对于我们在面对突发性传染病时采取科学的预判、诊断辨识、隔离防控、对症疗治,以及加强宣介引导以消除社会恐慌与对感染者的排斥情绪等不无裨益。③ 拙文以上文字,即构成本书第五章的主体部分。

关于出土秦汉律令中的俗禁问题的讨论。此处所谓"俗禁",乃是指秦汉社会民俗信仰中的禁忌事象。此问题所涉,包括秦律允杀"有怪物其身"之新生儿、禁以"秦"为名、禁壬癸哭临及葬以报日、禁"祠未阕而敢奸"者,以及汉律禁戊己日兴土功、禁伏日行及田作等内容。这些为当时国家律令明文禁止的民俗事象,多是基于原逻辑思维的认知(如允杀"有怪物其身"的新生儿、禁以"秦"为名),或以五行

---

① 马矗矗等:《中国典籍中"麻风"一词的演变与典故》,《中国科技语》2013年第5期。
② 段祯、王亚丽:《〈武威医简〉68、86甲乙及唐以前麻风病用药特点讨论》,《中国中医基础医学杂志》2016年第12期。
③ 吕亚虎:《秦汉时期对传染性疾病的认知发微——以出土简文所载疠病为例的探讨》,《人文杂志》2020年第9期。

学说为原理的时日择吉而设（如禁丧事哭临以壬癸日以及葬以报日、禁戊己日兴土功），或因宗教鬼神信仰的禁忌而生（如禁"祠未阕而敢奸"、禁伏日行及田作），是以均可归于数术信仰的范畴。故第六章藉助秦汉简帛文献资料的记载，对此类数术文化事象专题论之。目前，此章内容所涉的相关研究，如游逸飞《里耶8—461号"秦更名方"选释》一文对岳麓秦简"秦更名方"释文做了进一步订正，并对文中所涉统一方言、书同文字、避讳、皇帝的神格化与游猎、先公先王称谓、边界与政区改革、汉承秦制等议题加以讨论。① 孙兆华《从岳麓简"秦更名令"看秦统一对人名的影响》一文认为，岳麓秦简"秦更名令"涉及的对象是平民、刑徒和奴婢。因此，秦统一后的"秦更名方"所见"诸官［名］为秦，尽更"法令当在"秦更名令"之前颁布。作为新政治形势下的更新制度、更新名物之举，上述两种有关人名法令的颁布从客观上维护了先秦礼制，这也许反映了秦统一后在制度更新的血液里含有旧的成分。② 陈松长认为，香港中文大学文物馆藏简牍中的"报日"当为报祭之日。而《居延新简》所载探方二七第2号简所记的"复日"干支与此相同。因此，"报日"可能就是"复日"，只是时代早晚不同，名称有异而已。③ 刘国胜则认为，"报日"可能是指凡得报应、反受报复之日，属凶日。④ 就以上讨论，拙作《出土秦律中的俗禁问题》一文认为，战国以来，建立在阴阳五行学说基础上的各种择吉文化蓬勃兴起。这种社会风习不仅对基层民众日常信仰习俗影响深远，也对统一前后的秦人上层意识领域产生了重要影响，以致在秦律中对一些社会民生俗信以法律明文予以保护或禁止，如秦律允杀有怪物其身及不全之新生儿、禁吏民以"秦"为名、禁壬癸日哭临及葬以报日等均属此类。从本质上讲，这种以国家律令形式规范社会民众俗信的行为，虽蕴

---

① 游逸飞：《里耶8—461号"秦更名方"选释》，载魏斌主编《古代长江中游社会研究》，上海古籍出版社2013年版，第68—90页。
② 孙兆华：《从岳麓简"秦更名令"看秦统一对人名的影响》，《鲁东大学学报》（哲学社会科学版）2016年第2期。
③ 陈松长编著：《香港中文大学文物馆藏简牍》，香港中文大学出版社2001年版，第39页。
④ 刘国胜：《港中大馆藏汉简〈日书〉补释》，《简帛》（第1辑），上海古籍出版社2006年版，第341—344页。

含着大一统王朝维护其政权合法性及政治威权之尊严的考量,但也不无受当时社会民众择吉文化信仰观的影响。①

此外,关于简牍文献所载"兴土功"的时日择吉俗信,以及"伏日"禁出行及田作的民俗事象,刘增贵《睡虎地秦简〈日书〉"土忌"篇数术考释》一文对睡虎地秦简《日书》"土忌"篇所反映的兴土功时的时日方位择吉的信仰原理做了精辟的分析;②魏永康《流变与传承——秦汉时期"伏日"考论》一文则对"伏日"习俗的流变及具体时日的变化进行了考察,指出秦德公"初伏"仅指秦国第一次举行祭祀活动。作为节令的"伏日",专指"初伏"那一天。"三伏"的具体时间受到夏至、立秋的日期和其所在"庚日"与夏至、立秋之时间间隔的影响,每年均不固定。虽然汉初和东汉都有"伏闭门"的习俗,但前者是当时政治环境与人口控制政策的产物,而后者则主要受阴阳五行思想的影响。③这些讨论,对于我们在考察汉律所载"禁戊己日兴土功"及"伏日"禁出土及田作等基于阴阳五行学说和鬼神认知之上的数术信仰,都有一定的启发意义。

关于秦简中的浴蚕术及相关俗信问题的讨论。有关我国早期先民的浴蚕术及相关俗信问题,随着睡虎地秦简《日书》甲种简文所载"蚕良日"、周家台秦简简文所载"浴蚕术"、北大藏秦简《祠祝之道》中入蚕于蚕室前的祝祷文、北大藏秦简《医方杂抄》中的"饲蚕法"及"浴蚕法",以及为蚕蚁顺利结茧生种的祝祷文等信息的渐次刊布,引起学术界的关注,如胡平生、李天虹撰文讨论了传世文献所载浴蚕术的操作法与周家台秦简牍所载浴蚕术的异同之处。④陈斯鹏从文体与内容等方面对战国秦汉简帛文献所载祝祷文进行全面考察,注意到周家台秦简所载浴蚕术中祝浴蚕之辞的潜在寓意。⑤笔者也曾对周家台秦简中的

---

① 吕亚虎:《出土秦律中的俗禁问题》,《江汉论坛》2020年第9期。
② 刘增贵:《睡虎地秦简〈日书〉"土忌"篇数术考释》,《"中研院"历史语言研究所集刊》(第78本,第4分册),2007年,第671—704页。
③ 魏永康:《流变与传承——秦汉时期"伏日"考论》,《古代文明》2013年第4期。
④ 胡平生、李天虹:《长江流域出土简牍与研究》,武汉教育出版社2004年版,第304页。
⑤ 陈斯鹏:《简帛文献与文学考论》,中山大学出版社2007年版,第120页。

浴蚕术的用物及时日选择等的俗信原理做了初步分析。①汪桂海《秦汉时期桑蚕业、禽畜养殖及狩猎活动中的信仰习俗》一文认为周家台秦简所载"已鼠方"可能与养蚕方术有关，并结合传世文献所载蚕事生产信息对该批简文中的浴蚕术所涉浴蚕方法做了考察。②方勇《谈关沮秦简所见秦代的浴蚕术》一文讨论了周家台秦简中所载秦代浴蚕种时的祝祷辞及具体的浴蚕方法。③田天《北大藏秦简〈祠祝之道〉初探》一文对北大藏秦简《祠祝之道》的命名、简文内容划分及简文相关释义（其中涉及为确保蚕事顺利而举行的祠祝活动）等问题进行了讨论，并指出北大秦简《祠祝之道》主要讲述祭祀的操作方法、祝祷之辞，而不涉及时日选择及行事宜忌，这使我们对秦代祠祭活动的对象与操作有更进一步的了解。④田天《北大藏秦简〈医方杂抄〉初识》一文对杂抄在这批医方中的两种与养蚕有关的祝祷辞做了简文释义和梳理工作。⑤

以上研究成果，或限于周家台秦简所涉资料的讨论，或仅是对北大藏秦简简文内容的初步梳理，均未能对已刊几批秦简所涉早期蚕事生产俗信进行较为全面的考察，因而所论也难免有一定的局限性。基此，拙作《秦简中的浴蚕术及其相关俗信发微》一文藉助目前已刊秦汉简帛文献所涉蚕事生产的相关记载，并结合相关传世文献资料，从蚕事生产中的时日及用物选择、蚕事生产时日及用物选择的俗信原理、蚕事生产中的避忌俗信等方面对早期先民的蚕事生产俗信做了较为全面的考察，指出蚕事生产是中国古代农业生产的重要组成部分，在陆续刊布的秦简中载有当时选浴蚕种的"浴蚕术"、出入蚕良日以及移蚕种入蚕室时的祝祷等内容，涉及蚕事生产中选育蚕种的具体时日、用物选择，以及蚕事生产中的避忌信仰。其中用磐石兑水洗桑叶饲蚕及浴蚕、移蚕种入蚕

---

① 吕亚虎：《战国秦汉简帛文献所见巫术研究》，科学出版社2010年版，第226—231页。
② 汪桂海：《秦汉时期桑蚕业、禽畜养殖及狩猎活动中的信仰习俗》，见卜宪群、杨振红主编《简帛研究2012》，广西师范大学出版社2013年版，第79—82页。
③ 方勇：《谈关沮秦简所见秦代的浴蚕术》，《社会科学战线》2018年第3期。
④ 田天：《北大藏秦简〈祠祝之道〉初探》，《北京大学学报》（哲学社会科学版）2015年第2期。
⑤ 田天：《北大藏秦简〈医方杂抄〉初识》，《北京大学学报》（哲学社会科学版）2017年第2期。

室前对蚕室的清理防护等内容是对古代民众长期蚕事生产中所积累的科学经验的再现，而用米泔水浸泡赤豆二七枚浴蚕、浴蚕与移蚕种入蚕室前的祷辞中所反映的蚕事避忌，以及出入蚕良日等信息则是对其基于巫术性思维原理下所产生的蚕事俗信的反映。① 此外，在拙文基础上，本书第七章内容还对蚕神及先蚕形象的流变问题做了较为详细的考察。

关于秦简中的鼠害防除术及相关俗信的讨论。鼠进入人类生活空间，或咬毁物事，或盗食仓粮，或引发疾病。其对人类危害至深，影响颇远，以天敌、公害视之，自不为过。在已刊布的睡虎地秦简、周家台秦简、放马滩秦简、里耶秦简、北大藏秦简等批简牍资料中，既有秦官方防治鼠害的规定和记录的记载，也有民间通过鼠的非正常活动现象卜问吉凶，以及利用法术手段驱除鼠患的信仰反映，为我们了解这一时期鼠害防治的措施及相关民俗信仰提供了弥足珍贵的第一手资料。目前对相关资料的研究，多停留于相关简文的释读和文意的梳理，如刘乐贤、吴小强、王子今等对睡虎地秦简《日书》甲种简文所载"鼠襄户"内容的注释疏证，② 宋华强、曹方向、孙占宇等对放马滩秦简《日书》中"竇（填）穴"、"墼（墾）困"等简文的释读讨论，③ 田天对北大藏秦简《医方杂抄》《祠祝之道》等篇简文中所载入蚕种于蚕室前对蚕室进行清理的祝祷辞的注释，④ 等等。

也有一些文章论及简文所涉早期的防治鼠害措施，如刘向明《从睡虎地秦简看秦代粮仓虫害、鼠害的防治》一文从睡虎地秦简所载，认为秦代十分重视粮食的储藏，尤其是在粮食仓储的虫害、鼠害防治上，不

---

① 吕亚虎：《秦简中的浴蚕术及其相关俗信发微》，《中国农史》2020年第5期。

② 刘乐贤：《睡虎地秦简日书研究》，文津出版社1994年版，第67—68页；吴小强：《秦简日书集释》，岳麓书社2000年版，第43—44页；王子今：《睡虎地秦简〈日书〉甲种疏证》，湖北教育出版社2002年版，第126—130页；陈伟主编：《秦简牍合集》（一），武汉大学出版社2014年版，第376—377页。

③ 宋华强：《放马滩秦简〈日书〉识小录》，《简帛》（第6辑），上海古籍出版社2011年版，第75页；曹方向：《读秦简札记（三则）》，武汉大学简帛网2008年11月11日首发；孙占宇：《天水放马滩秦简集释》，甘肃文化出版社2013年版，第92、95页。

④ 田天：《北大藏秦简〈杂祝方〉简介》，《出土文献研究》（第14辑），中西书局2015年版，第16页；田天：《北大藏秦简〈医方杂抄〉初识》，《北京大学学报》（哲学社会科学版）2017年第5期；田天：《北大藏秦简〈祠祝之道〉初探》，《北京大学学报》（哲学社会科学版）2015年第2期。

仅开展了防治技术和方法的探索，也制定了相关的防治法律规定，这说明古代农业的生产和管理，到秦代时已有了显著的发展。① 曹方向《试说秦简"垕穴"及出土文献所见治鼠措施》一文对周家台秦简、放马滩秦简等批简文中所载的治鼠措施（如烟熏、用毒药、修建房舍时择日等）做了考察。② 拙作《秦简中的鼠害防治及相关信仰发微》一文则从睡虎地秦简、放马滩秦简、周家台秦简、北大藏秦简等批秦简中有关防治鼠害、鼠占、择日灭鼠等的简文记载入手，对秦简中的鼠害记录及相关法规、秦简中的鼠害防治术及相关信仰、秦简中的鼠类活动与吉凶占卜等问题做了较为全面的考察。③ 拙文所论，亦构成本书第八章的内容主体。

关于出土简帛文献中的"禹步"及其流变的讨论。秦汉简帛文献资料中载有"禹步"被广泛应用于疗疾、出行、祠先农、禳除鼠害、导引养生、求子等民众日常生活、生产活动中，说明至迟在秦汉时期，"禹步"已是巫道术士甚至普通民众日常法术活动中常用的法步。过去学术界对禹步源起的讨论，多藉助《尸子》《帝王世纪》等传世文献对禹步的相关记载而论，如闻一多在其所著《伏羲考》一书中认为我国古代所谓"禹步"，在性质上属于图腾舞，是一种仿效蛇跳的独脚跳舞。④ 于平《"龙舞"臆断》一文发挥闻氏说认为，"禹步"是仿蛇步，说明独足之象——"夏"的舞步是"禹步"。禹乐《大夏》是仿效蛇跳的"龙舞"。由《大夏》之"禹步"而想到"夒一足"。也就是说，"禹步"实际上是"夒步"，而"夒步"也是"龙舞"。⑤ 赵国华在《生殖崇拜文化论》一书中认为，"禹步"就是"蜥蜴步"，是夏人先民以蜥蜴象征男根时，在祈求生殖繁盛的祭祀上，模拟蜥蜴动作的舞蹈。⑥

---

① 刘向明：《从睡虎地秦简看秦代粮仓虫害、鼠害的防治》，《农业考古》2008年第3期。
② 曹方向：《试说秦简"垕穴"及出土文献所见治鼠措施》，武汉大学简帛网2009年8月4日。
③ 吕亚虎：《秦简中的鼠害防治及相关信仰发微》，《东亚汉学研究》（第10号），2020年，第101—113页。
④ 闻一多：《伏羲考》，上海古籍出版社2006年版，第27页。
⑤ 于平：《"龙舞"臆断》，《民族艺术》1986年第1期。
⑥ 赵国华：《生殖崇拜文化论》，中国社会科学出版社1990年版，第288页。

周冰在《巫·舞·八卦》一书中认为,此鸟禁咒形式的舞蹈可能有模拟鸟行走和飞翔的动作,禹便将其模仿下来,经过加工再创造,就是司马贞所说的"今巫犹称禹步"。① 刘昭瑞《论"禹步"的起源及禹与巫、道的关系》一文认为,大禹因治水而导致"步不相过",这种步不相过的步法,为当时的巫师们所效仿。② 胡新生《禹步新探》一文认为,"禹步"一名不过是战国术士的假托,与夏禹毫无关系。它的首创者是那些腿脚有残疾的巫师,其直接渊源是跛脚巫师所跳的跛舞。③ 晁天义《禹步巫术与禹的神化》一文认为,禹步是战国术士之流创造的具有颇强规范性的模拟巫术,禹步巫术产生于当时大规模的历史人物神话化运动中的大禹崇拜思潮。大禹生理缺陷由简渐繁的过程与大禹的神话化以及大禹崇拜思想的形成同步进行并最终相契合,禹步巫术便形成了。④ 李剑国、张玉莲《"禹步"考论》一文指出,禹步作为巫特有的一种巫舞步法,不论是创自或传自大禹,还是巫借用禹的名义,或是说以禹来附会巫舞,分明都与禹有关。禹步是禹后巫觋的创造,对禹"偏枯"步式的模拟,大约出现于春秋战国时期。巫觋把禹步和大禹扯上关系,这与大禹铸鼎象物的传说有关。⑤ 夏德靠《"禹步"起源及其嬗变》一文认为,"步"最初是对百物的一种祀典仪式,而这种仪式的祭典化工作是由禹完成的。春秋战国之际,随着巫师阶层特权的丧失,部分流落民间的巫师对由大禹所创制的"步"祭进行改造,使之成为具有巫术功能的一套步法。⑥ 刘宗迪《禹步·商羊舞·焚巫尪——兼论大禹治水神话的文化原型》一文从原始舞蹈的角度考察禹步的起源,认为禹步为巫步,而巫源于舞,是以禹步不过是一种舞蹈步态。而禹步舞也就是屡见于典籍的商羊舞;⑦ 余健《卐及禹步考》一文通过对远古时期的壁

---

① 周冰:《巫·舞·八卦》,新华出版社1993年版,第84页。
② 刘昭瑞:《论"禹步"的起源及禹与巫、道的关系》,载中山大学人类学系编《梁钊韬与人类学》,中山大学出版社1991年版,第264—279页。该文后又收入氏著《考古发现与早期道教研究》,文物出版社2007年版,第223—234页。
③ 胡新生:《禹步新探》,《文史哲》1996年第1期。
④ 晁天义:《禹步巫术与禹的神化》,《陕西师范大学继续教育学报》2000年第3期。
⑤ 李剑国、张玉莲:《"禹步"考论》,《求是学刊》2006年第5期。
⑥ 夏德靠:《"禹步"起源及其嬗变》,《四川师范大学学报》(社会科学版)2010年第6期。
⑦ 刘宗迪:《禹步·商羊舞·焚巫尪——兼论大禹治水神话的文化原型》,《民族艺术》1997年第4期。

画及文献中的卍字符的考察,认为这个符号就是对北斗星围绕天心旋转的抽象模拟,周代宫廷舞蹈中的万舞即因舞步象卍字而名,万字步即"禹步"。"禹步"本乃酋长大巫之舞步,后世因大禹曾舞,而增治水之说以溢美之,实则是禹效巫步。① 禹步虽然并非一定就是商羊舞或万舞,但将其与舞蹈联系起来,倒是契合古代巫觋以舞通神、娱神至灵的职能。

以上诸说虽不尽相同,但都强调了禹步与大禹有关,以及禹步是春秋战国时巫觋对大禹神话化崇拜观念下的产物的文化背景。这纠正了以往将禹步看作后世道教徒创造的说法,也将禹步产生的时间上推至战国之世,这与秦汉简帛文献中大量记载的禹步信息在时代上也相吻合。虽然如此,限于当时史料的局限,这些讨论多未涉及后来不断刊布的秦汉简帛文献中记载的禹步信息,对禹步源起及其具体步法在后世典籍中的流变情况也未有较为深入的讨论。基此,通过对出土秦汉简帛文献资料所载禹步在疗疾、出行、祠先农、禳除鼠害、导引养生、媚道、求子等活动中广泛应用的信息的梳理,考察禹步在秦汉之世的流传情况,并结合传世文献的记载,对道教典籍所涉禹步的源起及步迹的演变情况进行分析,这有助于我们较为全面了解这一为战国巫师群体所创造、而为后世道教徒所改造的法步在后世的传承及变异情况。此部分的考察,构成本书第九章的内容。

关于秦简中的鬼神精怪及禳除术的讨论。在出土秦简《日书》等术数文献资料中,多载有早期先民对各种鬼神精怪的祠祀、避忌,甚至通过巫术手段予以禳除的信息,这为我们了解早期先民的鬼神信仰提供了非常珍贵的第一手史料。目前学术界已围绕睡虎地秦简《日书》甲种《诘》②篇简文所载,对此问题进行了一些有益的探索,如李晓东、黄晓芬撰《从〈日书〉看秦人鬼神观及秦文化的特征》及《秦人鬼神观与殷周鬼神观比较》二文,前者利用睡虎地秦简《日书》对秦人鬼神观做初步探索,试图揭示积淀在秦人社会心理深层的普遍的价值观,以及秦文化的基本精神;后者则运用睡虎地秦简《日书》资料,将秦

---

① 余健:《卍及禹步考》,《东南大学学报》(哲学社会科学版)2002年第1期。
② 睡虎地秦简《日书》甲种《诘》篇原篇题为《诘》,简文首句则云"诘咎,鬼害民罔(妄)行……"职是之故,有些研究者将此篇篇题称作《诘咎篇》。为保持研究者行文原貌,文中征引时,不做统一处理。

人鬼神观置于殷周时期广阔的文化背景中加以考察,并与殷、周人的鬼神观进行比较。①吴小强撰《论秦人宗教思维特征——云梦秦简〈日书〉的宗教学研究》及《论秦人的多神崇拜特点——云梦秦简〈日书〉的宗教学研究》二文,前者据睡虎地秦简《日书》及文献考古资料,指出鬼神世俗化乃是秦人宗教思维的最大特征,《日书》所反映的秦代民间宗教意识及思维特征在我国传统社会中具有广泛的代表性;后者则据睡虎地秦简《日书》资料对秦人多神崇拜的特点做了探索,指出秦人的宗教信仰体系可分为自然神崇拜、天神崇拜和鬼神崇拜,而祖先神在秦人的宗教信仰结构中处于无足轻重的地位,这些构成秦人多神崇拜的基本特征。②刘乐贤《睡虎地秦简日书〈诘咎篇〉研究》一文在对该批简文未见注释的词句进行注释,并对整理小组在释文、断句和注释方面存在的一些不足之处加以修订后,对《诘咎篇》所涉鬼神及对策做了较为全面的论述。③刘信芳《〈日书〉驱鬼术发微》一文从诘咎的文体、土木偶与鬼怪、驱鬼的操作用具等方面对《诘》篇内容所涉驱鬼术做了考察。④刘钊《谈秦简中的"鬼怪"》及《秦简中的鬼怪》二文主要对睡虎地秦简《日书》甲种《诘咎篇》中的鬼怪命名缘由做了分析,并对这些鬼怪做了初步分类。⑤徐富昌《睡虎地秦简〈日书〉中的鬼神信仰》一文对睡虎地秦简《日书》甲种《诘咎篇》所涉鬼神从天神、地祇、人鬼三个方面做了全面考察,指出秦人的宗教观是多神崇拜和泛灵崇拜,而祖先神似乎并未被赋予超人的能力,秦人观念中的鬼神多有人格化的倾向,鬼神精怪间的界限也不明显,这反映出睡虎地秦简《日书》乃是流行于中下层的民间宗教信仰,而非统治阶层的信仰。⑥连劭

---

① 李晓东、黄晓芬:《从〈日书〉看秦人鬼神观及秦文化的特征》,《历史研究》1987年第4期;李晓东、黄晓芬:《秦人鬼神观与殷周鬼神观比较》,《人文杂志》1989年第5期。
② 吴小强:《论秦人宗教思维特征——云梦秦简〈日书〉的宗教学研究》,《江汉考古》1992年第1期;吴小强:《论秦人的多神崇拜特点——云梦秦简〈日书〉的宗教学研究》,《文博》1992年第4期。
③ 刘乐贤:《睡虎地秦简日书〈诘咎篇〉研究》,《考古学报》1993年第4期。
④ 刘信芳:《〈日书〉驱鬼术发微》,《文博》1996年第4期。
⑤ 刘钊:《谈秦简中的"鬼怪"》,《文物季刊》1997年第2期;刘钊:《秦简中的鬼怪》,《中国典籍与文化》1997年第3期。
⑥ 徐富昌:《睡虎地秦简〈日书〉中的鬼神信仰》,载张以仁先生七秩寿庆论文集编辑委员会编《张以仁先生七秩寿庆论文集》,台湾学生书局1998年版,第873—926页。

名《睡虎地秦简〈日书〉及〈诘〉篇补正》及《云梦秦简〈诘〉篇考述》二文对该篇简文所涉鬼名做了补正,并分析了该篇简文所涉各种鬼怪的作祟方式及驱鬼方术。① 此外,郝振南《〈日书〉所见秦人鬼神观念述论》、刘伟《睡虎地秦简〈日书·诘咎〉篇中的鬼神和怪》、魏超《从睡虎地秦简〈日书〉看秦人的鬼神观念》等文也对睡虎地秦简《日书》甲种《诘咎篇》所反映的鬼怪信仰做了不同程度的考察。② 一些硕士学位论文也涉及这一主题的讨论,如杜牧君《睡虎地秦简〈日书〉甲种鬼神信仰研究》③、贾西周《秦简牍资料所见鬼神信仰研究》④ 等。拙著《战国秦汉简帛文献所见巫术研究》一书中也对睡虎地秦简《日书》甲种《诘》篇所涉鬼神之名的命名由来、其作祟方式对人类的影响,以及人类对这些作祟者的禳除之法做了初步的讨论。⑤

以上相关研究,对于我们了解秦人的鬼神观、宗教思维特征、驱除鬼怪的手段及其所依据的信仰原理等问题多有裨益。但目前的研究,多基于睡虎地秦简《日书》甲种《诘》篇所涉鬼神信息,而对后来刊布的其他几批秦简资料如放马滩秦简《日书》、周家台秦简、岳麓秦简等简文所涉相关信息,限于简文刊布的滞后性而关注不够,这使得目前的研究未能全面揭示出时人的鬼神世界和信仰观。此外,目前的研究对于简文所载早期先民禳除鬼神精怪之术所反映出的信仰原理的分析也不够深入。基此,对秦简所涉鬼神精怪及其禳除术等问题仍有进一步讨论的必要。本书第十章所论,即就此问题而发。

---

① 连劭名:《睡虎地秦简〈日书〉及〈诘〉篇补正》,《江汉考古》2001年第1期;连劭名:《云梦秦简〈诘〉篇考述》,《考古学报》2002年第1期。
② 郝振南:《〈日书〉所见秦人鬼神观念述论》,载葛志毅主编《中国古代社会与思想文化研究论集》(第3辑),黑龙江大学出版社2008年版,第53—69页;刘伟:《睡虎地秦简〈日书·诘咎〉篇中的鬼神和怪》,《通化师范学院学报》2008年第5期;魏超:《从睡虎地秦简〈日书〉看秦人的鬼神观念》,《华夏文化》2015年第1期。
③ 杜牧君:《睡虎地秦简〈日书〉甲种鬼神信仰研究》,硕士学位论文,中国人民大学,2008年。
④ 贾西周:《秦简牍资料所见鬼神信仰研究》,硕士学位论文,陕西师范大学,2016年。
⑤ 吕亚虎:《战国秦汉简帛文献所见巫术研究》,科学出版社2010年版,第166—185页。

第三节　研究思路及方法

本书以出土战国秦汉简帛数术文献资料为主,辅之以各种传世文献资料,将中国早期数术信仰放在当时特定的时空背景下进行分析,考察其对当时社会民生信仰的重要影响,并将其与后世民俗文化事象进行纵向的比较,在探赜溯源的同时,注重某一数术信仰的纵向演变情况,借此考察这一时期的数术思想和信仰对我国后世民俗文化以及民族文化心理产生的深远影响。

由于目前已刊布的战国秦汉简帛数术文献资料数目较多,内容也极为丰富,且每刊布一批简帛文献资料,学术界便会很快发表大量相关的研究成果,这在为我们研究出土简帛文献所展现出的早期数术信仰提供重要参考的同时,也极大地增加了对出土简帛数术文献所涉早期数术信仰问题进行全面而系统化的梳理与研究的难度。笔者学识有限,对天文、历法、数学、式法等领域的专门性知识少有接触,加之精力和课题时限所限,以致对本课题的研究,并非是对出土简帛文献所涉早期数术信仰进行全面化、系统性的考察,而是针对以往的相关研究中存在的问题或不足,或依据新刊布的相关资料所涉内容,对诸如守宫砂验贞术及其俗信流变、"姘"的禁忌与月事布的迷信、"字"字形义构建与古代产育禁忌俗信、秦汉时期的命名趋向与名字巫术信仰、秦汉时期的疠病诊辨防治与病因认知、秦汉律令中的俗禁、秦简中的浴蚕术、鼠害防治术、"禹步"的源起及流变、鬼神精怪及禳除术等问题试做专题性的考察。

本书的研究,拟从以下几方面着手:

第一,在传统的历史研究法基础上进行跨学科的综合研究,即充分利用出土简帛数术文献资料和传世文献史料,兼用文献学、历史学、民族学、民俗学、古文字学及考古学等相关学科的知识和学术研究的最新成果,加以分析、综合、归纳和演绎,采用史论结合的方法,既注重横向比较,又注重纵向贯通,探赜溯源,理清脉络,呈现其内在联系和外在价值。

第二，借鉴多种学科如文化人类学、宗教学、考古学、神话学、民俗学等的研究方法和相关理论，用科学的逻辑分析法进行推理和论证，并紧紧跟踪学术研究的前沿。

第三，及时汲取当前国内外学术界有关此一问题研究的新思路、新方法、新成果。但不拘泥于某家成说，而是将出土战国秦汉简帛文献资料所反映的早期数术思想和信仰放在当时的社会时空背景下去分析考察，力图给予其理性的阐释。

第四，本书所依据的出土简帛文献资料作为早期先民思维认知和信仰观念的文字记载，因其时代久远和文字的演化承变，致使部分字词漫漶不清或词义存在争议。因此，对缺字残词的订补和词义考证也是本课题研究中的基础性方法之一。

第一章

守宫砂验贞术及相关俗信的流变

第一节　引言

在中国数千年的男权社会中，封建礼教的束缚和由此而成的社会习俗观念严重桎梏着女子的性自由。对于女子婚前是否贞洁之身，婚娶之家尤为看重。此类观念，在我国汉民族的民生信仰习俗中流行久远，由此而形成了许多对女子性行为的禁锢和婚姻陋俗，许多地区旧式婚俗中的圆房验贞习俗，便是一例。清代学者俞洵庆《荷廊笔记》一书载当时广州此类婚俗云：

> 广州婚礼，于成礼后三日返父母家，必以烧猪随行，其猪数之多寡，视夫家之丰瘠，若无之，则妇为不贞矣！余有《岭南杂咏》，内一绝云："闾巷谁教臂印红，洞房花影总朦胧。何人为定青庐礼，三日烧猪代守宫。"①

诗中所说的"臂印红"，当取典于南唐张泌所撰《妆楼记·印臂》，其云：

> 开元初，宫人将进御者曰"印选"，以绸缪记印于臂上，文曰

---

① （清）俞洵庆：《荷廊笔记》卷2，清光绪乙酉年（1885年）刻本。

"风月常新"。印毕,渍以桂红膏,则水洗色不退。①

南宋诗人赵长卿《更漏子·烛消红》有"酒香唇,妆印臂,忆共人人睡"②句,"臂印红"即"妆印红"用典也。"代守宫"之"守宫",即是流传千百年的、用以标示女子贞洁之身的徽识——"守宫砂"的主要配制原料。俞诗说,新娘在婚后第三天回门时,婿家送完好烧猪随行,表示"娶妇得完璧",新娘不但会得到男家的尊重,女家亦为此感到骄傲;若无烧猪或所送烧猪破截去尾巴或剥掉猪皮,"则妇为不贞矣",即表示新婚女子不贞,非处身而嫁。若如此,不但男家耻之,新娘常被休弃,女家也会视为奇耻大辱,从此抬不起头。"吃烧猪"于是成了广州一带婚俗中新娘子是否贞洁的代名词。为了禁锢女子婚前性行为,使其得以完璧而嫁,封建礼教不仅从礼制上严加整饬女性,灌输给她们守身贞洁、从一而终的观念,社会上也因之兴发出各种护持和验视女子是否贞洁的经验方和迷信。下文所论的"守宫砂",便是流传久远的一种女子验贞方术。

守宫砂为何物?相信涉猎明清小说或金庸武侠小说者,对此一定不会陌生,如明人齐东野人编演《隋炀帝艳史》第 1 回"隋文皇带酒幸宫妃,独孤后梦龙生太子"载,隋文帝趁独孤后孕期待产之时,夜宿仁寿宫,临幸宫女尉迟回之孙女,次日文帝早起临朝,"尉迟女初经雨露,心下又惊又喜,梳洗毕,正在那里验臂上守宫退了多少"。③ 清人宣鼎所著《夜雨秋灯录》卷 4 "雪里红"载城南游荡儿问雪里红夜合之资,雪里红伸玉臂露守宫砂,曰:"六岁时遇吾师,以丹药点作贞验,至今身犹处子。不愿作夜合娘也。"④ 又,金庸所著《倚天屠龙记》中峨眉派弟子周芷若及纪晓芙、《侠客行》中石破天的养母梅芳姑、《神雕侠侣》中古墓派传人李莫愁及小龙女等女子,在她们的左臂上,原本都曾点有一颗殷红的、用以标示女子处子之身的徽识——守宫砂。《倚天屠

---

① (南唐)张泌:《妆楼记》(《丛书集成初编》本),商务印书馆 1939 年版,第 6 页。
② 唐圭璋编著,王仲闻参订,孔凡礼补辑:《全宋词》(三),中华书局 1999 年版,第 2344 页。
③ (明)齐东野人编演:《隋炀帝艳史》,上海古籍出版社 1990 年版,第 10 页。
④ (清)宣鼎:《夜雨秋灯录》,齐鲁书社 1986 年版,第 86 页。

龙记》第 40 回借峨眉派弟子贝锦仪之口述峨眉派门规时写道：

> 本派男女弟子，若非出家修道，原本不禁娶嫁，只是自创派祖师郭祖师以来，凡是最高深的功夫，只传授守身如玉的处女。每个女弟子拜师之时，师父均在咱们臂上点下守宫砂。每年逢到郭祖师诞辰，先师均要检视。当年纪师姊……就是这样……"她说到这里，含糊其词，不再说了。①

贝锦仪口中含混其词，不愿详说的纪师姊，即指原本作为峨眉派掌门人选的纪晓芙。她在遭明教光明左使杨逍所逼失身，守宫砂消失，被灭绝师太发觉而处死。下文接着写张无忌见到周芷若时道：

> 见她上衣已给荆棘扯得稀烂，脸上手上都有不少血痕，左臂半只衣袖也已扯落，露出一条雪藕般的白臂，上臂正中一点，如珊瑚、如红玉，正是处女的守宫砂。张无忌精通医药，知道处子臂上点了这个守宫砂后，若非嫁人或是失身，终身不退。②

又，《侠客行》中在描写梅芳姑的处女身份时写道：

> 芳姑左臂上袖子捋得高高的，露出她雪白娇嫩的皮肤，臂上一点猩红，却是处子的守宫砂。梅文馨尖声道："芳姑守身如玉，至今仍是处子，这狗杂种自然不是她生的。"③

守宫砂的功能，据说可以验视女子是否为处子之身。若女子为处子，则此标记终身不灭、殷红如血。倘若女子与男性有房室之事，则该印记会悄然褪却、荡然无存。《神雕侠侣》第 7 回在描写李莫愁与小龙女的处子之身时，对守宫砂的此一功能也做了交代：

---

① 金庸：《倚天屠龙记》，广州出版社 2002 年版，第 1401 页。
② 金庸：《倚天屠龙记》，广州出版社 2002 年版，第 1402 页。
③ 金庸：《侠客行》，广州出版社 2002 年版，第 567 页。

李莫愁伸出左手轻轻握住小龙女的手，右手捋起她衣袖，但见雪白的肌肤上殷红一点，正是师傅所点的守宫砂。李莫愁暗暗钦佩："这二人在古墓中耳鬓厮磨，居然能守之以礼，她仍是冰清玉洁的处女。"当下卷起自己衣袖，一点守宫砂也娇艳欲滴，两条白臂傍在一起，煞是动人。

而当小龙女遭欧阳锋点穴，被尹姓道士乘机玷污后，"小龙女卷起衣袖，露出一条雪藕也似的臂膀，但见洁白似玉，竟无半分瑕疵，本来一点殷红的守宫砂已不知去向"。[①] 金庸笔下屡次述及的处女印记——守宫砂，若检视出土秦汉简帛文献资料及传世文献典籍所载，可知其当非作者向壁虚构之物，而是有其久远来历和深刻影响之神秘物事。

第二节　守宫砂产生的时代

在出土秦汉简帛文献资料中，有关守宫砂的信息记载，目前所见共有三条。其中两条见载于马王堆汉墓帛书《养生方》中，原文字云：

【戲】：【以】七月七日取守【宫】，囗以囗囗囗其口，貍（埋）竈口下，深囗【囗囗】○【囗囗】水染其汁，以染女子辟（臂）。女子與男子戲侮，即被（破）缺；囗臥，即去。（59—60）
　　取守宫置新靡（甕）中，而置丹靡（甕）中，令守宫食之。須死，即冶，涂（塗）畫女子臂若身。節（即）與【男子】戲，即不明；☑[②]

上引帛书文字有所残缺，但文义较为明晰，其与传世文献如《淮南万毕术》《博物志》等所载守宫砂验贞法基本一致。关于这一点，我们在下文再加讨论。

[①] 金庸：《神雕侠侣》，广州出版社2002年版，第225、246页。
[②] 裘锡圭主编：《长沙马王堆汉墓简帛集成》（六），中华书局2014年版，第45页。

另一条资料则见载于周家台30号秦墓出土木牍上，原文字云：

　　　並命和之。即取守室二七，置楄中，而食以丹，各盡其復（腹），□（377）①

整理者以为此方与上引帛书《养生方》第二条文字相似，并指出"守室"即"守宫"，疑为误写。陈伟也认为，此方所说"守室"与《养生方》中的"守宫"都以丹为食，似即一事。不过，"守室"并不一定是"守宫"的误写，而可能是其异名。②按，《尔雅·释宫》云："宫谓之室，室谓之宫。"郭璞注："皆所以通古今之异语，明同实而两名。"邢昺疏："古者贵贱所居皆得称宫。是士庶人皆有宫称也。至秦、汉以来，乃定为至尊所居之称。"③又，《风俗通义·佚文》云："宫、室，一也。秦、汉以来，尊者以宫为常号，下乃避之云室耳，以前贵贱无别。"④《中华古今注》卷上云："宫谓之室，室谓之宫，皆所以通古今之语，明同实而两名之也。"⑤在同批简文及睡虎地秦简《日书》、马王堆汉墓帛书中，二十八宿中之"营室"亦多次写作"营宫"⑥。可知"宫""室"义同而通，此方之"守室"即"守宫"无疑，而其所说与上引帛书《养生方》所载亦应为一事，只是文略有异而已。

传世文献对于守宫砂验贞术的最早记载，见于传为西汉淮南王刘安所撰《淮南万毕术》一书中。该书久佚，其文字赖《艺文类聚》《初学记》《太平御览》等唐宋类书征引而得以传布，清代学者孙冯翼、茆泮

---

① 湖北省荆州市周梁玉桥遗址博物馆编：《关沮周家台秦墓简牍》，中华书局2001年版，第136页。按，《秦简牍合集》释文注释修订本将此条文字与简378文字相连，归为一篇，系联后的文字作"并命和之。即取守室二七，置楄中，而食以丹，各盈其复（腹），坚塞，毋令逝。置□后数宿。【期】之干，即出，冶，和合乐（药）□□【歙（饮）】食，即女子蚤已"，并以"女子蚤"称之，其读"蚤"为"瘙"，即疥疮，又以为其可能指体臭。说见陈伟主编《秦简牍合集释文注释修订本》（三），武汉大学出版社2016年版，第248页。可备一说。本文暂从原简文整理者说。
② 陈伟：《读沙市周家台秦简札记》，武汉大学简帛网2005年11月2日首发。
③ （晋）郭璞注，（宋）邢昺疏：《尔雅注疏》，上海古籍出版社2010年版，第227页。
④ （汉）应劭撰，王利器校注：《风俗通义校注》，中华书局2010年版，第575页。
⑤ （五代）马缟：《中华古今注》（《丛书集成初编》本），商务印书馆1939年版，第1页。
⑥ 陈伟：《读沙市周家台秦简札记》，武汉大学简帛网2005年11月2日首发。

林、丁晏、王仁俊、叶德辉等各有辑本，据之得窥该书内容大概。对守宫砂研制及用途的记载，《太平御览》卷31引《万毕术》云：

> 七月七日采守宫阴干之，合以井华水，和涂女身，有文章。即以丹涂之，不去者不淫，去者有奸。

同书卷736引《淮南万毕术》云：

> 取守宫虫，饵以丹，阴干，涂女人身，男合即灭。

又，同书卷946引《淮南万毕术》云：

> 守宫饰女臂，有文章。取守宫新合阴阳已，牝牡各一，藏之瓮中，阴干百日，以饰女臂，则生文章。与男子合阴阳，辄灭去。又曰：取七月七日守宫阴干之，治，合以井花水和，涂女人身，有文章。则以丹涂之，不去者不淫，去者有奸。①

《太平御览》卷31所引《万毕术》，即《淮南万毕术》之简省，这是传世文献所载最早有关用守宫砂验视女子贞洁的记载。其后，晋人张华《博物志》卷4"戏术"条下云：

> 蜥蜴或名蝘蜓。以器养之以朱砂，体尽赤，所食满七斤，治捣万杵，点女人支体，终年不灭。唯房室事则灭，故号守宫。《传》云："东方朔语汉武帝，试之有验。"②

旧本题晋张华所撰《感应类从志》亦云：

> 守宫涂臂，自有文章。五月五日取蝎虎虫，以刺血和牛羊脂食

---

① （宋）李昉等：《太平御览》，中华书局1960年版，第149、3266、4200页。
② （晋）张华撰，范宁校证：《博物志校证》，中华书局2014年版，第51页。

之，令其腹赤，乃取为水少许涂人臂，即有文章，揩拭不去，男女合后即灭。此东方朔法，汉武帝以验宫人，故曰守宫也。①

二说文字多异，然均认为此法乃东方朔荐之汉武帝者。《博物志》所说之《传》，或当为《汉武内传》之类，而非《汉书·东方朔传》。因《东方朔传》只言及东方朔在汉武帝面前猜中覆盆下之物是"非守宫即蜥蜴"②一事，并未言及用守宫砂验视女子是否有房室之事，而《汉武内传》却有与《博物志》类似之文字记载。《岁时广记》卷23"饲蜥蜴"条下引《汉武内传》云：

> 武帝以端午日取蜥蜴，置之器，饲以丹砂，至明年端五捣之，以涂宫人之臂。有所犯则消没，不尔，则如赤痣，故得守宫之名。③

《汉武内传》一书，旧题班固撰，《隋书·经籍志》载其书有三卷，今本仅存一卷，《四库全书总目》以为"殆魏晋间文士所为"，而今本"盖明人删窜之本，非完书矣"④，是以《岁时广记》上引文字已不见于今本。《博物志》乃是晋人张华博采历代四方奇物异事编撰而成，书中有关守宫砂的记载，抑或为其采自同时代人所撰之《汉武内传》。淮南王刘安与东方朔均为汉武帝时人，尽管《博物志》所载"守宫砂"的制作方法比《淮南万毕术》更为详尽，但却并不影响我们据此判断这一方术至迟在汉代中期以前即已广为流传的事实。

帛书《养生方》出土于下葬年代为西汉文帝前元十二年（前168年）的汉墓中，周家台30号秦墓的年代则应在秦二世胡亥二年（前208年）前后。依此，则守宫砂产生的时代至迟又可上溯至秦代末年，这与传世文献的相关记载亦大致相同。如《岁时广记》卷23引唐人张

---

① 转引自（清）蒋廷锡等编纂《古今图书集成·博物汇编·禽虫典》卷184《蜥蜴部》，上海文艺出版社1998年版，第19页。
② （汉）班固：《汉书》，中华书局1962年版，第2843页。
③ （宋）陈元靓撰，许逸民点校：《岁时广记》，中华书局2020年版，第476页。
④ （清）纪昀等：《钦定四库全书总目》，中华书局1997年版，第1874页。

楚金《翰苑名谈》云：

> 守宫，其形大概类蝎蜥，足短而加阔。亦有金色者，秦始皇时有人进之，云能守钥，人不敢窃发钥，故名"守宫"。或曰，以守宫系宫人之臂，守宫吐血污臂者，有淫心也，秦皇杀之。①

宋人彭乘《续墨客挥犀》卷4"守宫"条下亦有类似记载。② 又，宋人庞元英《文昌杂录》云：

> 守宫，其形大概类蜥蝎，足短而加阔，亦有金色者，秦始皇时，有人进之，云能守钥，人不敢窃发钥，故名之曰守宫，由此也。又云致于宫中，宫人之有异志者，即吐血污其衣。或曰：以守宫系宫人臂，守宫吐血污臂者有淫心也，秦皇则杀之。③

清人史梦兰《全史宫词》卷5引《文昌杂记》此条文字则作：

> 守宫，秦始皇时，有人进之，能守钥，故名。又曰：置于宫中，宫人有异志者，即吐血污其衣。

并云：

> 守宫，即壁虎。秦时碾丹砂饲之，长至五至七斤，杀之，取其

---

① （宋）陈元靓撰，许逸民点校：《岁时广记》，中华书局2020年版，第477页。
② （宋）彭乘撰，孔凡礼点校：《续墨客挥犀》，中华书局2002年版，第448页。
③ 《文昌杂录》此条文字引自（明）陶宗仪等编：《说郛三种》，上海古籍出版社1988年版，第2182页。此条文字又见于（清）蒋廷锡等编纂：《古今图书集成·博物汇编·禽虫典》第184卷（上海文艺出版社1998年版，第19页）。然不言何人所撰。按，北宋庞元英撰有《文昌杂录》一书，《雅雨堂藏书》《四库全书》《学津讨原》《丛书集成初编》等丛书本均作六卷，补遗一卷；《续百川学海》《古今说海》《学海类编》《说郛》（宛委山堂本）等丛书本则作一卷。陶宗仪等所编《说郛》（宛委山堂本）一书标注此书作者为宋人陈襄。检阅《丛书集成初编》本所收撰者为庞元英的六卷本《文昌杂录》一书，并无此条资料，恐二书虽同名，然非一人所撰者。清人史梦兰《全史宫词》一书所引《文昌杂记》文字，或即宋人所撰《文昌杂录》而误作《文昌杂记》了。

血,点宫女胸,经久不消,如有交媾,则去之。故曰"守宫痧",亦称"守宫痣"。①

二书所引文字略异,但均以守宫具有验视女子贞洁之功效。以上所引书籍虽为唐宋人所撰,其中有关守宫验女子贞洁之法的记载与上引文献所载也略有不同,但其所谓该法乃秦始皇时有人进之的时代信息则与上引周家台30号秦墓所出有关简牍资料的年代大体相合。而《文昌杂记》所载更是直接认为守宫砂(即"守宫痧")验贞术在秦时已产生了。其说虽后起,但与上引周家台30号秦墓所出相关简文时代亦基本一致。又,《西京杂记》卷3云:

高祖初入咸阳宫,周行库府,金玉珍宝,不可称言……有方镜,广四尺,高五尺九寸,表里有明,人直来照之,影则倒见。以手扪心而来,则见肠胃五脏,历然无碍。人有疾病在内,则掩心而照之,则知病之所在。又女子有邪心,则胆张心动。秦始皇常以照宫人,胆张心动者则杀之。②

清人史梦兰《全史宫词》有"宫娥入侍心常怯,照胆先防避镜难"③句,即述此说。以方镜检视宫人是否有邪心,此法虽与守宫砂验视女子贞洁法不同,但其亦透露出秦始皇时已有此类验视宫人是否有邪心的时代信息,这一点与上引秦汉简帛文献所载守宫砂验贞术的年代大体上也相合。

基上分析,我们推测,守宫砂产生的时代大体上应在秦始皇时期。而这一方术产生的原因,或应与周代以来出于对子嗣血胤纯洁的追求,以及秦始皇时期整饬世风、奖励贞洁,晚年又追求长生不死,致使方士之说大兴的社会背景有关。

---

① (清)史梦兰著,张建国校注:《全史宫词》,大众文艺出版社1999年版,第52页。
② (晋)葛洪撰,周天游校注:《西京杂记校注》,中华书局2020年版,第132—133页。
③ (清)史梦兰著,张建国校注:《全史宫词》,大众文艺出版社1999年版,第51页。

第三节 守宫砂产生的社会背景

一 男权社会中对子嗣血胤纯洁的重视

守宫砂的功能,在于其能验视女子是否贞洁。而在男权社会下,对女子贞洁的重视,主要出于对子嗣血胤纯洁的诉求,因为这关系家族财产的继承和对先祖神灵祭祀的圣洁。恩格斯在论及专偶制家庭的形成原因时论道:"它是建立在丈夫的统治之上的,其明显的目的就是生育有确凿无疑的生父的子女;而确定这种生父之所以必要,是因为子女将来要以亲生的继承人的资格继承他们父亲的财产。"因此,"为了保证妻子的贞操,从而保证子女出生自一定的父亲,妻子便落在丈夫的绝对权力之下了;即使打死了她,那也不过是行使他的权利罢了"。① 在周代宗法制下,对于女子贞洁显得更为重视,《礼记·昏义》述及古代婚姻的目的时开宗明义云:"昏礼者,将合二姓之好,上以事宗庙,而下以继后世也。"② 然而,不管是祭祀先祖的上事宗庙还是传承家族香火的下继后世行为,其前提都必须要确保子嗣血胤的纯洁不二。否则,不但祖先神灵不会享用祭礼,家族内部也会因血缘之故而引发继承上的不合与冲突,从而影响家族的兴旺,此即《左传·僖公十年》所说"神不歆非类,民不祀非族"③ 也。此种宗法血食观念不但在当时极为浓厚,其对后世民俗文化的影响也极为深远,如《左传·昭公七年》载,郑国流传被杀的伯有之鬼来,众人因而受惊乱跑。有人还梦到伯有披甲,说某日要杀了助子晳杀伯有的驷带和曾攻击伯有的公孙段。后来这两人均先后而亡,郑国人极为惊惧。于是郑国执政子产立伯有之后良止及被杀的子孔之后公孙泄为大夫,使得祭祀其父,事情才算平息。子大叔问其故,子产对其解释说:"鬼有所归,乃不为厉,吾为之归也。"④ "鬼有所归"即是有了子嗣血胤的祭祀。而只有后世血胤的祭品才会为祖先

---

① [德]恩格斯:《家庭、私有制和国家的起源》,人民出版社2018年版,第65、61页。
② (汉)郑玄注:《礼记》,《十三经古注》(五),中华书局2014年版,第1109页。
③ 杨伯峻编著:《春秋左传注》(修订本),中华书局1990年版,第334页。
④ 杨伯峻编著:《春秋左传注》(修订本),中华书局1990年版,第1291—1292页。

神灵所接受。基此，保持子嗣血胤的纯洁乃是"鬼有所归"的前提。《礼记·曲礼上》云："男女不杂坐，不同椸枷，不同巾栉，不亲授。""男女非有行媒，不相知名。非受币，不交不亲。"此所谓"以厚其别也"，①即防止男女两性之嫌也。是以《左传·襄公三十年》载，宋国发生火灾，宋共姬因拘泥"妇人之义，傅母不在，宵不下堂"而被烧死。时人不以宋共姬之行为贤，讥之曰："女而不妇，女待人，妇义事也"，②即谓其行乃女子所应遵守之准则而非妇人之道也。又，《左传·定公五年》载，楚昭王欲嫁其妹季芈，季芈以"所以为女子，远丈夫也。钟建负我矣"（意谓处女是亲近不得男子的，钟建已背过我了！）而拒之，楚昭王于是将其嫁于钟建。③可见，春秋时期，即使是在被中原华夏族视为南蛮的南方楚国，社会对于未婚女子的贞洁亦有诸多观念上的束缚和礼教上的谨严。

出于对子嗣血胤纯洁的诉求，先秦时期，人们对出嫁女子的贞洁自然极为重视，因为她们将担负起传承夫家家族香火的重任。《礼记·曾子问》云："三月而庙见，称来妇也。择日而祭于祢，成妇之义也。"郑玄认为"三月而庙见"乃是针对"舅姑没者也"所设。贾逵、服虔则认为大夫以上，无问舅姑在否，皆三月见祖庙之后，乃始成婚。④《公羊传·成公九年》"季孙行父如宋致女"何休《解诂》亦云："古者妇入三月而后庙见，称妇，择日而祭于祢，成妇之义，父母使大夫操礼而致之。必三月者，取一时足以别贞信，贞信著然后成妇礼。书者，与上纳币同义，所以彰其洁，且为父母安荣之。"⑤孔颖达则认为，若舅姑存者，于当夕同牢之后，明日妇执枣、栗、腶修见于舅姑，见讫，舅姑醴妇。醴妇讫，妇以特豚盥馈舅姑。盥馈讫，舅姑飨妇。更无三月庙见之事。此是《士昏礼》之文。若舅姑既没，虽昏夕同牢礼毕，明日无见舅姑盥馈之事，至三月，乃奠菜于舅姑之庙。⑥我们倾向于服虔、何休等将庙见看作新婚夫妇祭祖后始能同房的成婚之礼的观点。礼

---

① （汉）郑玄注：《礼记》，《十三经古注》（五），中华书局2014年版，第887页。
② 杨伯峻编著：《春秋左传注》（修订本），中华书局1990年版，第1174页。
③ 杨伯峻编著：《春秋左传注》（修订本），中华书局1990年版，第1554页。
④ （汉）郑玄注，（唐）孔颖达疏：《礼记正义》，上海古籍出版社2008年版，第773页。
⑤ （汉）何休：《春秋公羊经传解诂》，书目文献出版社1988年版，第687页。
⑥ （汉）郑玄注，（唐）孔颖达疏：《礼记正义》，上海古籍出版社2008年版，第773页。

何以如此？《白虎通义·嫁娶》云："妇人三月然后祭行，舅姑既殁，亦妇人三月奠采于庙。三月一时，物有成者，人之善恶可得知也。然后可得事宗庙之礼。"① 江永认为，古人之意，盖欲迟之一时，观其妇之性行，和于夫，宜于室人，克成妇道，然后可庙见而祭祢。大夫则有反马之礼，前此犹留其送马，不敢自安，有出道者，则出之。②《白虎通》"三月一时，物有成者，人之善恶可得知也"及江永"欲迟之一时，观其妇之性行"之说，义较隐晦。其实，古人于女子嫁入夫家后三月始祭于祖庙、以成妇之义的规制，乃是虑及子嗣血胤的纯洁而设。因为如果女子婚前有性行为而有孕致身，嫁入夫家后，至此三月时即可显形。若此时安然无恙，则说明婚前并无性行为，这样可确保其嫁入夫家后所孕乃为夫家之骨血，而不至于携带非夫家血脉而使祖先神灵受辱，故这里所谓"必三月者，取一时足以别贞信""三月一时，物有成者，人之善恶可得知也""观其妇之性行"，其目的乃在于观察其妇是否婚前有孕在身。若然，则会为夫家所出而难成妇也。《大戴礼记·本命》篇载"妇有七去"，即丈夫休弃妻子的七条理由。其"七去"之一即为"淫去"，因"淫，为其乱族也"。③《公羊传·庄公二十七年》何休注、《孔子家语·本命解》等亦载有"七弃"或"七出"之说，④其内容与《本命解》所载"七去"大体相同，只是在称呼或目次上略有差异而已。又，《左传·哀公八年》载，鲁季康子将其妹许配给齐悼公，齐悼公即位后即来迎娶，但其妹已与康子叔父季魴侯私通，"女言其情，弗敢与也"，致使齐侯怒而发兵伐鲁。⑤康子不敢嫁妹于齐侯者，乃在于怕其已非贞洁之身为齐所知也。这说明，先秦时期，人们对于未来传承家族香火的女子的贞洁是非常重视的。而对女子是否贞洁，社会需要产生类似的方术满足人们的此一需求，这应是守宫砂方术产生的时代背景之一。

---

① （清）陈立撰，吴则虞点校：《白虎通疏证》，中华书局1994年版，第464页。
② （清）江永：《礼记训义择言》，商务印书馆1937年版，第54页。
③ （清）王聘珍撰，王文锦点校：《大戴礼记解诂》，中华书局1983年版，第255页。
④ （汉）何休：《春秋公羊经传解诂》，书目文献出版社1988年版，第641页；（清）陈士珂辑：《孔子家语疏证》，上海书店1987年版，第170页。
⑤ 杨伯峻编著：《春秋左传注》（修订本），中华书局1990年版，第1650页。

二 秦始皇对社会风气的整饬

秦统一全国后，为了加强统治，整饬世风，秦始皇曾杀了与其生母赵太后私通的宦者嫪毐及二人所生的二子。他也曾大力表彰守节的巴寡妇清，并先后立石刻碑，以政府明令形式禁止淫佚、奖励贞洁。

据《史记·吕不韦列传》载，秦始皇九年，有人告发后宫阉人嫪毐实非宦者，常与赵太后私乱，并生子二人。于是秦始皇彻查此事，俱得实情，"九月，夷嫪毐三族，杀太后所生两子，而遂迁太后于雍"。① 秦始皇对于宦者嫪毐与其生母赵太后的淫乱私情，毫不留情，不但夷杀嫪毐三族，杀掉太后与嫪毐所生的、自己的两个同母异父弟弟，而且将生母赵太后迁居雍地，如此处理，除了有维护自身统治地位的诉求外，也不乏整饬世风的考量。为此之虑，秦始皇对能"用财自卫，不见侵犯"的巴寡妇清给予很高礼遇，不但以客礼待之，誉其为"贞妇"，以表彰其贞节，且为她修建了"怀清台"。《史记·货殖列传》对此记载道：

> 巴寡妇清，其先得丹穴，而擅其利数世，家亦不訾。清，寡妇也，能守其业，用财自卫，不见侵犯。秦皇帝以为贞妇而客之，为筑女怀清台。②

秦始皇对于能贞节自守的巴寡妇清之所以要这样做，其目的无非是想以巴寡妇清为示范，为天下树立女子贞洁之表率。

其后，秦始皇在东行郡县和南游江淮过程中，曾两次以立石刻文的形式下发整饬世风的政令，如《史记·秦始皇本纪》载，二十八年，始皇东行郡县，上邹峄山，刻所立石，其辞有"贵贱分明，男女礼顺，慎遵职事。昭隔内外，靡不清净，施于后嗣"。又南登琅邪，立石刻辞颂秦德，其文有"尊卑贵贱，不逾次行。奸邪不容，皆务贞良"。③ 又，三十七年十月，秦始皇出游，沿江而下，登会稽山。李斯奉命为文颂秦

---

① （汉）司马迁：《史记》，中华书局1959年版，第2511—2512页。
② （汉）司马迁：《史记》，中华书局1959年版，第3260页。
③ （汉）司马迁：《史记》，中华书局1959年版，第243、245页。

德、罪六国、明法规、正风俗，亲自以小篆书写，刻石立碑，其文有云：

> 饰省宣义，有子而嫁，倍死不贞。防隔内外，禁止淫泆，男女絜诚。夫为寄豭，杀之无罪，男秉义程。妻为逃嫁，子不得母，咸化廉清。①

上引几方刻石文字的意思很明了，其均是以国家法令的形式提倡女子贞节，禁止淫逸，以教化世风。顾炎武对此评曰："秦之任刑虽过，而其坊民正俗之意固未始异于三王也。"② 可见，秦代从整饬社会风气入手，对于女性贞洁的重视也是很明显的。

三 方士之说的盛行

战国末世以来，方士炼丹长生之说盛行。《史记·秦始皇本纪》载，秦始皇晚年，为追求长生不死，曾"悉召文学方术士甚众，欲以兴太平，方士欲练以求奇药"，还先后派方士徐市、卢生、韩终、侯生等出海为其寻求仙人和不死之药。《秦始皇本纪》又载，"三十一年十二月，更名腊曰'嘉平'"。裴骃《集解》引太原真人茅盈《内纪》曰："始皇三十一年九月庚子，盈曾祖父蒙，乃于华山之中，乘云驾龙，白日升天。先是其邑谣歌曰'神仙得者茅初成，驾龙上升入泰清，时下玄洲戏赤城，继世而往在我盈，帝若学之腊嘉平'。始皇闻谣歌而问其故，父老具对此仙人之谣歌，劝帝求长生之术。于是始皇欣然，乃有寻仙之志，因改腊曰'嘉平'。"司马贞《索隐》据《广雅》所说"夏曰'清祀'，殷曰'嘉平'，周曰'大蜡'，亦曰'腊'，秦更名曰'嘉平'"认为，此盖应歌谣之词而改从殷号也。③ 其实，在始皇二十八年东行郡县，南登琅琊时，即已有求仙之志。《秦始皇本纪》载：

---

① （汉）司马迁：《史记》，中华书局1959年版，第262页。
② （清）顾炎武著，（清）黄汝成集释，栾保群等校点：《日知录集释》，上海古籍出版社2006年版，第752页。
③ （汉）司马迁：《史记》，中华书局1959年版，第251页。

二十八年，始皇东行郡县……齐人徐市等上书，言海中有三神山，名曰蓬莱、方丈、瀛洲，仙人居之。请得斋戒，与童男女求之。于是遣徐市发童男女数千人，入海求仙人。①

其后，秦始皇曾多次派方士求仙人不死之药。如《秦始皇本纪》载，"三十二年，始皇之碣石，使燕人卢生求羡门、高誓"，"因使韩终、侯公、石生求仙人不死之药"。"羡门""高誓"，皆古仙人。② 又，始皇三十五年载：

卢生说始皇曰："臣等求芝奇药仙者常弗遇，类物有害之者。方中，人主时为微行以辟恶鬼，恶鬼辟，真人至。人主所居而人臣知之，则害于神。真人者，入水不濡，入火不爇，陵云气，与天地久长。今上治天下，未能恬倓。原上所居宫毋令人知，然后不死之药殆可得也。"于是始皇曰："吾慕真人，自谓'真人'，不称'朕'。"③

秦始皇晚年迷信方士之言，就在于他相信方士能为他寻找到灵丹仙药以满足其长生不死的需求。这一愿望最终虽未实现，却直接催化了方士大兴、方术流行的结果。

此外，从文献记载来看，当时的方士们除入海求取不死之药外，他们也常亲自炼制长生不老的仙丹。作为守宫砂的主要原料之一的丹砂，则是他们炼制仙丹的主要配料之一。而方士在炼丹求仙过程中，常需择取处子之身的童男童女为其炼丹求仙之辅助。对处子之身童女的甄别，也需要相关方术来验视。这一需求，无形中也增强了人们对丹砂功能的认知，同时推动了守宫砂验贞术的产生。

---

① （汉）司马迁：《史记》，中华书局1959年版，第242—247页。
② （汉）司马迁：《史记》，中华书局1959年版，第251—252页。清人梁玉绳、张文虎等以《封禅书》有"羡门子高"及《郊祀志》有仙人"羡门高"而疑分"羡门""高誓"为二人，误，并以"誓"字为错字或衍文。说详徐卫民、张文立编《史记研究集成·十二本纪·秦始皇本纪》（西北大学出版社2019年版）第174—175页讨论。
③ （汉）司马迁：《史记》，中华书局1959年版，第257页。

第四节　守宫砂验贞的信仰原理

由上引相关文献可知，此类验视女子贞洁的方术，帛书《养生方》称作"戏"，《太平御览》将所引《淮南万毕术》相关文字列入"术部"，《博物志》则归于"戏术"条下，而《医心方》卷26引《如意方》相关文字则称作"验淫术"。① 《方言》卷10云："江沅之间谓戏为媱，或谓之愓，或谓之嬉。"② "媱"字又有作"婬"者，《说文·女部》云："婬，私逸也。"段注："私，奸衺也。逸者，失也。失者，纵逸也。婬之字，今多以'淫'代之，淫行而婬废也。"③ 传世文献多有将男女房室嬉戏之事称作"戏"者，如《史记·万石张叔列传》云："景帝入卧内，于后宫祕戏。"司马贞《索隐》云："谓后宫中戏剧所宜祕也。"④ 《医心方》卷28引《玉房秘诀》云："交接侵饱，谓夜半饭气未消而以戏。"⑤ 古代还将与两性有关的物事以"戏"称之，如与性生活有关的药，古人称为"戏药"（如《金瓶梅》第19回云："初时蒋竹山图妇人喜欢，修合了些戏药……"⑥），而将男女淫秽嬉戏图称为"秘戏图"（如荷兰学者高罗佩将其研究中国古代性行为和性文学的书即名为《秘戏图考》⑦）。由此可知，上引帛书《养生方》所载的"戏"方，当指男女性行为中的嬉戏，引申为两性房事之方。

由上引相关文献资料来看，验视女子是否与男子有房事的守宫砂方术，其所用之物主要有二：一为守宫，一为丹砂。守宫，《博物志》作"蜥蜴，或名蝘蜓"。守宫与蜥蜴、蝘蜓的关系，文献记载颇为驳杂。如《尔雅·释鱼》云：

---

① ［日］丹波康赖：《医心方》，人民卫生出版社1955年版，第602页。
② （汉）扬雄：《方言》，中华书局2016年版，第113页。
③ （清）段玉裁：《说文解字注》，中华书局2013年版，第631页。
④ （汉）司马迁：《史记》，中华书局1959年版，第2772页。
⑤ ［日］丹波康赖：《医心方》，人民卫生出版社1955年版，第6页。
⑥ （明）兰陵笑笑生：《金瓶梅词话全本》，香港三联书局1986年版，第171页。
⑦ ［荷兰］高罗佩：《秘戏图考》，杨权译，广东人民出版社1992年版。

蝾螈，蜥蜴。蜥蜴，蝘蜓。蝘蜓，守宫也。①

《方言》卷 8 云：

守宫，秦、晋、西夏谓之守宫，或谓之蠦䗣，或谓之蜥易。其在泽中者谓之易蜴。南楚谓之蛇医，或谓之蝾螈。东齐海岱之间谓之蜥蜓。北燕谓之祝蜓。②

《说文·易部》云："蜥易，蝘蜓，守宫也，象形。"然从上引《东方朔传》所载东方朔曰"是非'守宫'则'蜥蜴'"一语来看，守宫与蜥蜴显非一物。梁医家陶弘景辨之云：

其类有四种：一大形，纯黄色，为蛇医母，亦名蛇舅母，不入药；次似蛇医，小形长尾，见人不动，名龙子；次有小形而五色，尾青碧可爱，名蜥蜴，并不蜇人；一种喜缘篱壁，名蝘蜓，形小而黑，乃言蜇人必死，而未常闻中人。案东方朔云："若非守宫则蜥蜴。"如此蝘蜓名守宫矣。以朱饲之，满三斤，杀，干末以涂女子身，有交接事便脱，不尔如赤志，故谓守宫。今此一名守宫，犹如野葛、鬼白之义也，殊难分别。③

唐医家苏敬等在陶说之上进一步辨析道：

此言四种者：蛇师，生山谷，头大尾短小，青黄或白斑者是。蝘蜓，似蛇师，不生山谷，在人家屋壁间，荆楚及江淮人名蝘蜓，河济之间名守宫，亦名蝾螈，又名蝎虎，以其常在屋壁，故名守宫，亦名壁宫，未必如术饲朱点妇人也，此皆假释尔。其名龙子及五色者，并名蜥蜴，以五色者为雄为良，色不备者为雌，劣尔，形

---

① 佚名：《尔雅》，中华书局 2016 年版，第 89 页。
② （汉）扬雄：《方言》，中华书局 2016 年版，第 101 页。
③ （梁）陶弘景编，尚志钧、尚元胜辑校：《本草经集注》，人民卫生出版社 1994 年版，第 427 页。

皆细长，尾与身相类，似蛇，著四足，去足便直蛇形也。蛇医则不然。案《尔雅》亦互言之，并非真说。①

《本草纲目》亦别"石龙子"与"守宫"为二物，征引诸说并辨析道：

> 诸说不定。大抵是水、旱二种，有山石、草泽、屋壁三者之异。本经惟用石龙，后人但称蜥蜴，实一物也。
>
> 生山石间者曰石龙，即蜥蜴，俗呼猪龙婆蛇……生草泽间者曰蛇医，又名蛇师、蛇舅母、水蜥蜴、蝾螈，俗亦呼猪婆蛇……生屋壁间者曰蝘蜓，即守宫也。
>
> 壁宫、壁虎、蝎虎、蝘蜓。②

李说辨析明白，可从。石龙子虽亦有守宫之名，但守宫砂所用者，非生长于山石间的石龙子，亦非生长于草泽间的蝾螈，而是常处于人家屋壁间的蝘蜓，即俗名壁虎、蝎虎者。蜥蜴与守宫虽同为蜥蜴目，但蜥蜴属石龙子科，守宫属壁虎科。二者与有尾目蝾螈科的蝾螈形体虽有类似处，但生活习性等完全不同，是以苏敬认为"《尔雅》亦互言之，并非真说"。

守宫砂之所以要以守宫作为主要成分，这应与守宫的命名由来有关。守宫之得名，向有二说：一说因其可防闲女子淫逸，故曰守宫。此说首倡者张华，其后陶弘景云："有交接事便脱，不尔如赤志，故谓守宫。"③《汉书·东方朔传》"置守宫盂下"颜师古注云："言可以防闲淫逸，故谓之守宫也。今俗呼为辟宫，辟亦御扞之义耳。"④ 一说因其经常守伏于宫墙屋壁间，故名守宫。如上引苏敬《新修本草》云："以其常在屋壁，故名守宫，亦名壁宫。"罗愿《尔雅翼》卷32亦云："所

---

① （唐）苏敬等撰，尚志钧辑校：《唐·新修本草》，安徽科学技术出版社1981年版，第412页。
② （明）李时珍：《本草纲目》（校点本），人民卫生出版社2004年版，第2388—2389页。
③ （梁）陶弘景编，尚志钧、尚元胜辑校：《本草经集注》，人民卫生出版社1994年版，第427页。
④ （汉）班固：《汉书》，中华书局1962年版，第2844页。

谓守宫者,亦以其常在屋壁间,有守之之象,如鸟有泽虞者,常在田中,俗呼为护田鸟之类,不必涂血而后为守也。"① 又,王先谦《汉书补注》引刘攽说云:"守宫生屋壁,如守宫然,故名之。"又引刘敞说云:"守宫即人家屋壁中蝘蜓,俗呼为蝎虎者是也。此物唯在屋壁窗户间,夜亦出,盖用此得名耳。"② 其实,古人名物,或以该物之叫声(如《山海经》中的"其名自呼""其名自号"等),或以其形状(如宋祁《益部方物略记》中的鸳鸯草、虞美人草、羞寒花、金星草等),或以其习性或性能(如《本草纲目》中的吉丁虫、媚蝶、巧妇鸟、无花果、桑寄生、车前等),③ 不一而足。但多是因认识了该物的某一方面特性而命名,非因其能满足人们的某种需要而命名。此诚如列维·斯特劳斯所说,对于原始人而言,"动植物不是由于有用才被认识的,它们之所以被看作有用或有益的,正是因为它们首先已经被认识了"。④ 因此,守宫之名,应是人们首先认识该物常生活于人家宫墙屋壁间的习性,而名其为守宫。其后,基于巫术的相似律法则,该物又为方家用以作为验视女子贞洁之方药的主要用物。由此而论,上述第二说更为合理。

由此来看,古代方家用守宫作为验视女子是否贞洁之物,主要出于以下几个方面的联想:

其一,守宫的活动场所常在人家宫墙屋壁间,有守之象,这与古代女子(尤其是宫廷及上层贵族家庭的女子)的生活环境大体一致;其二,宫有"中""心"之义。《玉篇·宫部》:"宫,中也。"《白虎通义·五行》:"宫者,中也。"《管子·心术上》:"宫者,谓心也。"又"洁其宫"下尹知章注:"宫者,心之宅,犹灵台也。"⑤ 是则"守宫"者,谓其能守其心而不乱也;其三,"宫"为五刑之一,又有淫刑、阴刑之称,古代对男女淫乱者多施此刑,如《尚书·吕刑》"宫辟疑赦"

---

① (宋)罗愿撰,石云孙校点:《尔雅翼》,黄山书社2013年版,第378页。
② (汉)班固撰,(清)王先谦补注:《汉书补注》,上海古籍出版社2008年版,第4507页。
③ 吕亚虎:《战国秦汉简帛文献所见巫术研究》,科学出版社2010年版,第62页。
④ [法]列维·斯特劳斯:《野性的思维》,李幼蒸译,商务印书馆1987年版,第13页。
⑤ 黎翔凤撰,梁运华整理:《管子校注》,中华书局2004年版,第764页。

孔安国传："宫，淫刑也。男子割势，妇人幽闭，次死之刑。"① 《礼记·文王世子》"公族无宫刑"郑玄注："宫、割，淫刑。"② 《白虎通义·五刑》："宫者，女子淫，执置宫中，不得出也；丈夫淫，割去其势也。"③ 依此，守宫便如《博物志》所言，又衍生出"防闲淫逸"之义。而古代方家从"守宫"的生存环境与女子相同出发，结合"守宫"一词所蕴含的"能守其心"、可"防闲淫逸"的意思，依据原逻辑思维中"同能致同"的相似律巫术法则，从而赋予该物具有可验视女子是否有房室之事的特异灵力。苏敬所谓"以其常在屋壁，故名守宫，亦名壁宫，未必如术饲朱点妇人也，此皆假释尔"，"假释"二字正揭示了古代术家以守宫作为制作验视女子贞洁之物的信仰原理。

守宫砂的另一种配料为"丹砂"，简称为"丹"。因其色赤，后人以丹为朱色之名，故又名朱砂、硃砂，或简称为"朱"。又以产于辰州（今湖南省怀化市沅陵县）者为最佳，故又名"辰砂"。④《神农本草经》列丹砂入上品，言其味甘，微寒，主治身体五脏百病，养精神，安魂魄，益气，明目，杀精魅邪恶鬼，久服通神明，不老。⑤ 丹砂所具如此药性，使其成为中国古代方士炼丹的主要原料，医家也常用其作药剂。又因其色泽鲜艳，可以经久不褪，很早便被古人用作颜料，"涂朱甲骨""八宝印泥"即为其证。丹砂的产地较为广泛，除生符陵（今重庆市涪陵区、长寿区、武隆区一带）山谷外，武陵、临漳、辰州、锦州、春州、融州、宜州、信州、柳州等地均有出产，而"凡砂之绝好者，为光明砂，其次谓之颗块，其次谓之鹿藪，其下，谓之末砂，而医方家惟用光明砂，余并不用"。⑥ 光明砂是指主产于湖南、四川、贵州、云南等地的天然辰砂矿石中的朱砂。古代术家以丹

---

① （汉）孔安国传，（唐）孔颖达正义：《尚书正义》，上海古籍出版社2007年版，第786页。
② （汉）郑玄注，（唐）孔颖达正义：《礼记正义》，上海古籍出版社2008年版，第859页。
③ （清）陈立撰，吴则虞点校：《白虎通疏证》，中华书局1994年版，第441页。
④ （宋）苏颂编撰，尚志钧辑校：《本草图经》，安徽科学技术出版社1994年版，第5页。
⑤ 尚志钧校注：《神农本草经校注》，学苑出版社2008年版，第16页。
⑥ （宋）苏颂编撰，尚志钧辑校：《本草图经》，安徽科学技术出版社1994年版，第6页。

饲守宫点女臂验贞淫之术的最早记载，见于湖北省荆州市沙市区周家台 30 号秦墓出土简牍与湖南长沙马王堆汉墓出土帛书上，这与辰砂产地大体一致。基此，古代术家用以饲守宫的丹砂，或即产于这一带辰砂矿石中的光明砂。

　　古代术家选用丹砂以饲守宫，究其原因，或当有二：其一，丹砂本身具有安静心神之功效。《神农本草经》"丹砂"条云："（丹砂）气味甘，微寒，主治身体五脏百病，养精神，安魂魄，益气，明目，杀精魅邪恶鬼。"① 叶天士《本草经辑要》云："心肾者，人身之水火也；天地之用在于水火，水火安，则人身之天地位矣。丹砂色赤质重，可以镇心火。"而"心者生之本，神之居也；肾者气之源，精之处也，心肾安则精神交相养矣。随神往来者谓之魂，并精出入者谓之魄，精神交养。则魂魄自安。""（丹砂）色赤，具南方阳明之色，阳明能辟阴幽，所以杀精魅邪恶鬼。"② 对于生活于宫室中的女子来说，违反礼规而生淫心，乃在于其心火太盛、神魂不宁之故。而丹砂正有安神魄、镇心火之功效。其二，丹砂以其色赤而被古人赋予辟邪之功能。因此，用它来饲养守宫，不但可将其安神魄、镇心火的药用功能传递给守宫，且其色泽鲜艳、可以经久不褪，点于女臂而更显醒目。

　　此外，对于守宫砂的研制，有些细节亦值得注意，如周家台秦简中的"取守室二七"、马王堆汉墓帛书《养生方》云"以七月七日取守宫"、《淮南万毕术》言"七月七日采守宫"、《博物志》言"食满七斤"、《汉武内传》云"以端午日取守宫……至明年端午捣之"、《本草经集注》云"以朱饲之，满三斤"、《如意方》云"以五月五日或七月七日"等，可以发现，在采取守宫的时间上，最早为"七月七日"，至魏晋时，则出现以"端午日"（五月五日）取或捣守宫之说，至梁代萧纲《如意方》，则综合两说，以"五月五日或七月七日"为取守宫的时间。其后唐人袁天罡等撰《万法归宗》所载"记女私法"亦云：

　　　　五月五日或七月七日，取守宫一枚，以竹筒盛之，以硃砂喂

---

① 尚志钧校注：《神农本草经校注》，学苑出版社 2008 年版，第 16 页。
② （清）郭汝聪纂集，黄杰熙评释：《〈本草三家合注〉评释》，山西科学技术出版社 1995 年版，第 113 页。

之，令腹赤为度，刺其血点妇人身上即不落，与男子交则落也。①

有研究者推测，取守宫时间上的这种选择可能跟这两个节日都有采药、制药的习俗有关。②此说若指汉魏以后，则有一定道理。如查核尚志钧等所辑魏医家吴普《吴普本草》一书所载231种本草药物，其中以五月五日或七月七日采者各仅2种，③而在梁代医家陶弘景所著《名医别录》一书所载700余种药物，以五月五日或七月七日采者则增加到各13种。④但若核之约成书于秦汉时期的《神农本草经》一书，可知"本草采药时月，皆在建寅岁首，则从汉太初后所记也。其根物多以二月、八月采者"⑤。若再联系采守宫的最早时间设置，以及饲食守宫的丹砂用量——"七斤"，我们认为，这种在取守宫时间和饲守宫的丹砂用量上的特殊设置，其先当是出于中国古代先民对数字"七"的崇拜观念。从出土简帛文献如睡虎地秦简《日书》甲种《诘》篇、周家台30号墓秦简"病方及其它"、马王堆汉墓帛书《五十二病方》等资料看，"七"不仅常被用作巫术性疗法中的象征性动作如摩擦、击打以及唾的动量标准，而且也常成为巫方用药的剂量、物量以及对不同性别患者进行象征性动作及用药多少的一个标准，说明至迟在战国秦汉之际，数字"七"已成为中国早期数文化中富含神秘性和巫术性的"模式数字"。而"七"之所以能具有"模式数字"的性质，这与早期先民对于宇宙空间、宇宙天体的运行规律以及人体生命节律的认知等因素有关。⑥正是在这种对数字"七"崇拜观念之下，在守宫砂的研制上，早期术家为了增加守宫砂的神秘性，不但设置了取守宫的时间"七月七日"，而且在饲养守宫的饵料上，也明确了"七斤"的剂量。至于陶弘

---

① （唐）袁天罡、李淳风撰，孙正治点校：《增补秘传万法归宗》，中医古籍出版社2012年版，第214页。
② 黄丽君：《防闲托守宫——汉唐之间以守宫为方的验淫术》，《史原》2012年第3期。
③ （魏）吴普撰，尚志钧等辑校：《吴普本草》，人民卫生出版社1987年版。
④ （梁）陶弘景集，尚志钧辑校：《名医别录》，人民卫生出版社1986年版。
⑤ （梁）陶弘景撰，尚志钧、尚元胜辑校：《本草经集注》（辑校本），人民卫生出版社1994年版，第35页。
⑥ 吕亚虎：《数字"七"的巫术性蠡测——以秦汉简帛文献为中心》，《历史教学问题》2012年第1期。

景《本草经集注》所说的"以朱饲之,满三斤",其说与《博物志》所载文字大同,或当本自《博物志》,则"三斤"或应为"七斤"之误。及至汉魏以降,随着七夕、端午节日的形成并广泛流行,在守宫的采取时间上,也就将其与两个节日相联系,最终出现《如意方》"以五月五日或七月七日取守宫"① 这样两说并存的情况。

第五节　守宫砂俗信的流传情况

守宫砂验贞术自秦产生以来,虽在唐代已有苏敬等以其说"殊为谬也"②,但这似乎并未影响此一俗信的广泛流传。纵观其流传情况,大体经历了秦汉魏晋、南北朝、隋唐、宋明至清四个不同时期的传承阶段。

具体来讲,秦汉魏晋时期,神仙方士之说因受到上层统治者的崇信而盛行一时,如秦皇、汉武等都曾崇信神仙方士之说;王莽曾用数术为改朝换代服务而大造符命;东汉光武帝刘秀迷恋方术和谶纬之学,身边有不少专门研究谶记和王气的术士;魏武帝好养性法,天下术士毕至。以上情况,文献多有记载,如《史记·秦始皇本纪》云:

> (始皇二十八年)齐人徐市等上书,言海中有三神山,名曰蓬莱、方丈、瀛洲,仙人居之。请得斋戒,与童男女求之。于是遣徐市发童男女数千人,入海求仙人。
>
> 三十二年,始皇之碣石,使燕人卢生求羡门、高誓……因使韩终、侯公、石生求仙人不死之药。③

《后汉书·方术列传》云:

---

① [日]丹波康赖:《医心方》,人民卫生出版社1955年版,第602页。
② (唐)苏敬等撰,尚志钧辑校:《唐·新修本草》,安徽科学技术出版社1981年版,第412页。
③ (汉)司马迁:《史记》,中华书局1959年版,第247、251—252页。

汉自武帝颇好方术，天下怀协道艺之士，莫不负策抵掌，顺风而届焉。后王莽矫用符命，及光武尤信谶言，士之赴趣时宜者，争谈之也。①

曹魏时，魏武帝好养性法，招引方士之徒甚多。曹植《辩道论》云：

世有方士，吾王悉所招致，甘陵有甘始，庐江有左慈，阳城有郄俭。始能行气导引，慈晓房中之术，俭善辟谷，悉号数百岁人。②

晋人张华《博物志》卷5亦云：

魏武帝好养性法，亦解方药，招引四方之术士，如左元放、华佗之徒，无不毕至。

魏王所集方士名：上党王真、陇西封君达、甘陵甘始、鲁女生、谯国华佗字元化、东郭延年、唐霅、冷寿光、河南卜式、张貂、蓟子训、汝南费长房、鲜奴辜、魏国军吏河南赵圣卿、阳城郄俭字孟节、庐江左慈字元放。右十六人魏文帝、东阿王、仲长统所说，皆能断谷不食，分形隐没，出入不由门户。

魏时方士，甘陵甘始，庐江有左慈，阳城有郄俭。始能行气导引，慈晓房中之术，善辟谷不食，悉号二百岁人。凡如此之徒，武帝皆集之于魏，不使游散。③

又，《晋书·艺术列传》亦载有陈训、戴洋、韩友、淳于智、步熊等方术之士数十人，④ 此皆可见这一时期神仙方术之说的盛行。受此侈谈鬼神、称道灵异的社会风气影响，守宫砂方术得以在汉淮南王刘安

---

① （南朝宋）范晔：《后汉书》，中华书局1965年版，第2705页。
② （魏）曹植著，赵幼文校注：《曹植集校注》，中华书局2016年版，第278页。
③ （晋）张华撰，范宁校证：《博物志校证》，中华书局2014年版，第61—62页。
④ （唐）房玄龄等：《晋书》，中华书局1974年版，第2467—2506页。

《淮南万毕术》、吴僧赞宁《感应类从志》①、晋张华《博物志》等神仙志怪书籍中保留下来。但其术的使用范围，早期似乎主要在宫廷及上层贵族社会内部，这也是《汉武内传》《翰苑名谈》等将其与秦皇、汉武相联系的原因所在。

南北朝时期，中国医学有了较大发展。这一时期不但产生了许多著名的医家如陶弘景、徐之才等，而且也推动了本草药物学的快速发展。作为现存最早的中药本草学著作《神农本草经》中所载的"石龙子"，其与守宫、蜥蜴、蝾螈等的关系，因《尔雅》《方言》《说文》等语辞训诂字书的解释驳杂歧异，而成为当时医家辨析本草药物的功效性能时亟须解决的问题，这为原本只见载于神仙志怪书籍中的守宫砂方术进入医学领域提供了可能。陶弘景在《本草经集注》一书中，为辨析石龙子、守宫、蜥蜴等物的不同，或当参考了晋人张华《博物志》等文献对守宫砂验贞术的记载文字。而比其时代略晚的梁人所撰《如意方》中，则综合《博物志》《汉武内传》等书的记载，对守宫砂的研制有了进一步的发挥。齐梁间乐府诗有"爱惜加穷袴，防闲托守宫"②句，也可反映此一俗信在当时渐及传播的情况。

隋唐时期，随着士族门阀的衰落和庶族地主的兴起，魏晋以来选官注重门第的九品中正制走到了尽头，代之而起的科举选才制度为隋唐王朝选拔人才开创了崭新的风气。唐代科举的主要科目为明经、进士两科，其基本精神是进士重诗赋，明经重帖经、墨义。为适应科举取士的要求，当时的文人士子除了要熟悉儒家经学典籍外，还要广泛博览其他各部典籍，这使得原载于神仙志怪、医籍中的守宫砂验贞术也藉此而进入他们的知识涉猎领域，以至唐人段公路所撰《北户录》、旧题李淳风所撰《感应经》③、《汉书·东方朔传》颜师古注都对此加以征引。而在当时文人士子的笔下，自然也见以守宫砂入诗者。如唐代诗人李贺《宫娃歌》云："蜡光高悬照纱空，花房夜捣红守宫。"杜牧《宫词二首》之一云："深宫锁闭犹疑惑，更取丹沙试辟宫。"李商隐《河阳诗》云：

---

① （明）陶宗仪等编：《说郛三种》，上海古籍出版社1988年版，第5055页。
② 逯钦立辑校：《先秦汉魏晋南北朝诗》，中华书局1983年版，第1488页。
③ （清）赵吉士：《寄园寄所寄》（下册），大达图书供应社1935年版，第61页。

"巴西夜市红守宫，后房点臂斑斑红。"① 此外，这一时期，中国医药学和医学教育有了长足的发展，唐王朝不仅在太医署主办专科性质的医学校，还在地方府、州、县设置医学院校。医学教育制度的完善，推动了对前代本草医籍进一步整理的工作，如唐显庆二年（657年）诏从名医苏敬重修本草之请，在陶弘景《本草经集注》一书基础上，吸收外邦新药编成《新修本草》。该书除抄引陶弘景《本草经集注》有关守宫砂的记载外，对守宫命名及守宫砂的信仰原理给出了"以其常在屋壁，故名守宫，亦名辟宫，未必如术饲朱点妇人也，此皆假释尔"，而"又云朱饲满三斤，殊为谬矣"的科学判断。但这种科学认识在后世医籍中只是被原样转录而并未得到进一步的发挥，以至明医家李时珍在《本草纲目》中虽已别石龙子与守宫为二物，认为"点臂之说，《淮南万毕术》、张华《博物志》、彭乘《续墨客挥犀》皆有其法，大抵不真"，但仍认为其说"恐别有术，今不传矣"。② 由此可见，守宫砂验贞术不但在我国古代本草医籍中流传之广且远，藉此亦可见我国古代医籍在传承中的因循相袭之特点。

宋明时期，守宫砂验贞术的流传呈现出较为多元的状态。一方面，学术分类体系的趋于完备，学术研究条件的改进，刻版印书事业的盛行，造纸技术的日益普及和提高，书籍流通量的扩大等推动了宋明学术文化的发展，使得原来见载于《淮南万毕术》《博物志》等汉晋神仙志怪之书中的守宫砂方术不但被《太平御览》《太平广记》等类书及罗愿《尔雅翼》、陆佃《埤雅》等训诂书所辑录，而且也被彭乘《续墨客挥犀》、陈元靓《岁时广记》、郎瑛《七修类稿》、张岱《夜航船》等文言逸事、笔记小说和民间岁时记等书所记载；③ 另一方面，宋儒在探索儒学的过程中，主张以心性义理阐发儒家经典，这使得儒学中义理化、伦理化的成分被凸显并张扬。义理之学的大兴，尤其是朱熹"饿死事

---

① （清）彭定求等编：《全唐诗》，中华书局1960年版，第4408、5997、6239页。
② （明）李时珍：《本草纲目》（校点本），人民卫生出版社2004年版，第2389页。
③ （宋）罗愿撰，石云孙校点：《尔雅翼》，黄山书社2013年版，第377—378页；（宋）陆佃撰，王敏红校点：《埤雅》，浙江大学出版社2008年版，第112页；（明）郎瑛：《七修类稿》，上海书店出版社2009年版，第282—283页；（明）张岱撰，李小龙整理：《夜航船》，中华书局2012年版，第322页。

小,失节事大"等观念的阐扬,对女子人身的禁锢以及贞节观的提升达到前所未有之状态。这种社会风气和环境,使守宫砂验贞术在当时文人士子的笔下被广泛提及,如宋人刘辰翁《谒金门》云:"娇点点,困倚春光欲软,滴尽守宫难可染。"① 元人元好问《秋风怨》云:"守宫一著死生休,狗走鸡飞莫为女。"许有壬《题友人所藏明妃图》云:"臂香骨沁守宫虐,金锁重门怨银钥。"宋无《汉宫》云:"三千嫔御无行幸,犹费丹砂饲守宫。"卢琦《秋蚊》云:"琼肌一哑雨梦回,玉腕斜批守宫血。"杨维桢《西湖竹枝歌》云:"床脚耆龟有时烂,臂上守宫无日销。"《吴下竹枝歌》云:"不信柳娘身不嫁,真珠长络守宫红。"② 雅琥《和韵王继学题周冰壶四美人图唐宫题叶》云:"秋期暗度惊催织,春信潜通误守宫。"郭翼《无题和袁子英二首》云:"守宫点臂斑斑血,结带同心寸寸丝。"郑洪《题冯叔才芭蕉仕女》云:"守宫血冷臂如削,豆蔻茧红愁正深。"③ 项炯《妾所安居》云:"守宫不灭腕痕香,蕙帐垂垂双锦带。"④ 明人王世贞《艳异编·续集》卷6云:"守宫落尽鲜红色,明日低头出洞房。"周清源《西湖二集》卷23云:"浙江潮信有时失,臂上守宫无日消。"⑤ 汤胤勋《守宫》诗云:"谁解秦宫一粒丹,记时容易守时难。鸳鸯梦冷肠堪断,蜥蜴魂销血未干。榴子色分金钏彩,茜花光映玉韝寒。何时试捲香罗袖,笑语东君仔细看。"⑥ 史梦兰《全史宫词》卷5云:"射鲛一去无消息,自碾丹砂饲守宫。"⑦ 又,清人文康《儿女英雄传》第25回"何小姐证明守宫砂,安老翁讽诵列女传"中的何玉凤及第27回"践前言助奁伸情谊,复故态怯嫁作娇痴"中的夏姑娘、夏敬渠《野叟曝言》第132回中的蛟吟、宣鼎《夜雨秋灯录》卷4中的薛一娘、王韬《淞隐漫录》卷7中的魏斐红等女子,书中述及

---

① 唐圭璋编:《全宋词》,中华书局1965年版,第3194页。
② (清)顾嗣立编:《元诗选·初集》,中华书局1987年版,第45、792、1291、1793、1998页。
③ (清)顾嗣立编:《元诗选·二集》,中华书局1987年版,第561、1015、1301页。
④ (清)顾嗣立编:《元诗选·三集》,中华书局1987年版,第237页。
⑤ (明)王世贞编辑:《艳异编·续集》,太白文艺出版社2000年版,第730页;(明)周清源:《西湖二集》,人民文学出版社1989年版,第370页。
⑥ 汤诗引自(明)何乔远辑:《皇明文征》卷18,明崇祯四年(1631年)自刻本。
⑦ (清)史梦兰著,张建国校注:《全史宫词》,大众文艺出版社1999年版,第52页。

她们以处子之身出现时,在其左臂上都有一颗殷红的守宫砂。① 守宫砂验贞术在这一时期的诗词、小说等文学作品中被大量提及,也从侧面反映出当时社会对处子贞节观的狂热追求和倡导。

综上,源于秦代的守宫砂验贞术最初只见载于养生、神仙志怪类书籍中。魏晋以后,随着本草学的发展,在辨析药物名称及功能过程中,守宫砂验贞术为医家所识而载入医籍,并被后世医家转相抄引。隋唐时期,科举选士制度的推行,文人士子在熟读儒家经典之外,须广泛涉猎各部典籍,这为守宫砂验贞术进入学者墨客视线提供了可能。而随着宋明时期学术文化的发展以及理学的大兴,守宫砂验贞术成为当时官修类书、诗词、文言小说等书籍中被普遍提及的文化事象,并进而对我国后世民俗信仰产生了较为深远的影响,以至在金庸笔下所刻画的处女形象,都被烙上了守宫砂的印记。由此而言,认为守宫砂验贞术这种"戏"在秦汉时期是一种风行的方术,而在魏晋时期却逐渐转向了隐秘的观点,② 显失偏颇。

---

① (清)文康:《儿女英雄传》,人民文学出版社2014年版,第459、518页;(清)夏敬渠:《野叟曝言》,人民文学出版社2006年版,第1612页;(清)宣鼎:《夜雨秋灯录》,齐鲁书社1986年版,第85页;(清)王韬:《淞隐漫录》,人民文学出版社1983年版,第333页。

② 朱源清:《戏——流行于秦汉时期的方术》,《古籍整理研究学刊》2004年第1期。

第二章

"姅"的禁忌与月事布的迷信

第一节 "姅"字字义辨析及相关禁忌

睡虎地秦简《封诊式·出子》云：

爰書：某里士五（伍）妻甲告曰："甲懷子六月矣，自晝與同里大女子丙鬭，甲與丙相捽，丙債庰甲。里人公士丁救，別丙、甲。甲到室即病復（腹）痛，自宵子變出。今甲裹把子來詣自告，告丙。"即令令史某往執丙。即診嬰兒男女、生髮及保之狀。有（又）令隸妾數字者，診甲前血出及癰狀。有（又）訊甲室人甲到室居處及復（腹）痛子出狀。·丞乙爰書：令令史某、隸臣某診甲所詣子，已前以布巾裹，如衊（衃）血狀，大如手，不可智（知）子。即置盎水中榣（搖）之，衃（衃）血子殹（也）。其頭、身、臂、手指、股以下到足、足指類人，而不可智（知）目、耳、鼻、男女。出水中有（又）衃（衃）血狀。·其一式曰：令隸妾數字者某某診甲，皆言甲前旁有幹血，今尚血出而少，非朔事殹（也）。某賞（嘗）懷子而變，其前及血出如甲□。（84—90）①

---

① 睡虎地秦墓竹簡整理小組編：《睡虎地秦墓竹簡》，文物出版社1990年版，第161—162頁。

整理者注云:"《说文》:'姅(音判),妇人污也……汉律曰:见姅变,不得侍祠。'《玉篇》:'姅,妇人污,又伤孕也。'桂馥《说文解字义证》指出'伤孕'就是小产,因此本条的变出或变意即流产。"① 据简文文意,此件爰书的内容是说,士伍妻甲怀孕已六月,因白天与同里大女子丙斗殴,两人互抓对方的头发。打斗中,丙将甲摔倒在地。同里的公士丁来救,把丙、甲分开。甲到家后就患腹痛,到晚上胎儿流产。现甲将胎儿包起,拿来自诉,并控告丙。后经官方派人验视,确证甲出血情况非月经,而是怀子流产的症状。此处的"变出"或"变",确如整理者所释,为流产之义,意即伤孕。

又,张家山汉简《二年律令·贼律》云:

鬬殴變人,耐爲隸臣妾。懷子而敢與人爭鬬,人雖殴變之,罰爲人變者金四兩。②

整理者注云:"变,流产。"其说与上引秦简《封诊式·出子》之"变"义相一致,可从。是"变"者,指妇女流产的情况。

《汉律》"见姅变,不得侍祠"的规定见于《说文·女部》"姅"字下所引:"姅,妇人污也。从女,半声。《汉律》曰:'见姅变,不得侍祠。'"③ 依上所论,"变"指妇女流产。而据《说文》所说,是"姅"者,"妇人污"也。然"妇人污"何所指呢?后世学者对此多有歧说,综诸家所论,大体有四:

其一,"伤孕"说。《广韵·换韵》云:"姅,伤孕也。"④《集韵·换韵》云:"姅,裹子伤也。"⑤《类篇》卷12云:"姅,《说文》:'妇人污也。'引《汉律》'见姅变不得侍祠'。一曰裹子伤也。又普半切,

---

① 睡虎地秦墓竹简整理小组编:《睡虎地秦墓竹简》,文物出版社1990年版,第162页。
② 张家山二四七号汉墓竹简整理小组编著:《张家山汉墓竹简[二四七号墓]》(释文修订本),文物出版社2006年版,第13页。
③ (汉)许慎撰,(宋)徐铉等校定,陶生魁点校:《说文解字》,中华书局2019年版,第414页。
④ (宋)陈彭年:《钜宋广韵》,上海古籍出版社2017年版,第310页。
⑤ (宋)丁度等编:《宋刻集韵》,中华书局2005年版,第158页。

伤孕也。"① 《龙龛手鉴》卷2《女部第八》"姅"字下亦云："伤孕也。"②《集韵》"裹子伤"，即《广韵》所谓的"伤孕"，桂馥《说文解字义证》按曰："今谓之小产，其污亦见。"③ 是伤孕或裹子伤之"姅"，仅指孕妇孕期小产或胎伤出血而言。

其二，月事说。《史记·五宗世家》载："景帝召程姬，程姬有所辟，不愿进。"司马贞《索隐》引姚氏按曰："《释名》云'天子诸侯群妾以次进御，有月事者止不御，更不口说，故以丹注面旳旳为识，令女史见之'。王粲《神女赋》以为'脱袿裳，免簪笄，施玄旳，结羽钗'。旳即《释名》所云也。《说文》云'姅，女污也'。《汉律》云'见姅变，不得侍祠'。"④ 此以月事释姅。又，《正字通·女部》"姅"字下云："《说文》：'妇人污也。'言月事至也。《汉律》：'姅变不得侍祠。'古者天子诸侯嫔妇以叙御于夫君，有月事者，以丹注面。王粲《神女赋》'免簪笄，施华旳⑤'，旧注泥孙愐旧说'伤孕'，误。又，姅变谓之'月客'，《神仙服食经》曰：'仙药有阳丹，有阴丹。阴丹，妇人乳汁也。妇人十五已上，下为月客。有身，月客绝，上为乳汁。'"⑥《康熙字典·女部》云："姅，《说文》：'妇人污也。'《汉律》：'姅变不得侍祠。'古者嫔妇以叙御夫君，有月事者，以丹注面。或曰'伤孕'，非。"⑦ 按，此处"有月事者，以丹注面"之说如上所引，当本自《释名·释首饰》"以丹注面曰勺。勺，灼也，此本天子诸侯群妾当以次进御，其有月事者止而不御，重以口说，故注此于面，灼然为识，女史见之，则不书其名于第录也"。⑧ 此言古代嫔妃进御程序及禁忌礼制，以女子月事释姅义而驳"伤孕"之说。桂馥《义证》引张泌《妆楼记》云："月运红潮，妇人之桃花癸水也。亦名曰汛，又名

---

① （宋）司马光等编：《类篇》，中华书局1984年版，第466页。
② （辽）行均：《宋刊龙龛手鉴》，中国书店2021年版，第217页。
③ （清）桂馥：《说文解字义证》，中华书局2017年版，第1102页。
④ （汉）司马迁：《史记》，中华书局1959年版，第2100页。
⑤ 原书作"的"，应为"旳"字误。
⑥ （明）张自烈，（清）廖文英编，董琨整理：《正字通》，中国工人出版社1996年版，第233页。
⑦ （清）张玉书等编撰：《康熙字典》（王引之校改本），上海古籍出版社1996年版，第208页。
⑧ （汉）刘熙撰，愚若点校：《释名》，中华书局2020年版，第70页。

姅变。"又引杨慎说曰："《汉律》'姅变',谓月事也。《续汉书·礼仪志》:斋日内有汗染,解斋。"① 陈继儒《群碎录》云："姅变,妇人有汗也;姅变,月事也。"② 田艺蘅《留青日札·月运红潮》云："月事,医书名月经,言按月而经脉行也,取以入药则名红铅。《汉律》谓之'姅变',妇人汗也。"③《聊斋志异·庚娘》云："既暮,曳女求欢,女托体姅,王乃就妇宿。"注云："体姅,正值月经期内。"④ 王筠云："见音现,如水忽伏忽见也,《释名》谓之'月事',《神仙服食经》谓之'月客',客亦见意,不常至也。"⑤ 是知月事即后世所谓月经,因其一月一行,故名之。王筠又云："段氏谓月事及免身及伤孕皆是。案'伤孕'见《玉篇》《广韵》。'免身'未详所本,或段氏类推之,以此三事皆有血污耳。然许君自谓月事,于'见'字知之。见者,非常事而有定期如水之忽伏忽见者然,且伤孕未有不卧床病者,岂待禁之而后不侍祠乎?段氏以忌产房说不得侍祠,殊支离。"⑥ 由此说,知其坚守姅为月事之观点,而驳段氏姅义含免身及伤孕之说。王力《古汉语字典·女部》亦云"姅,指女性月经",并引《说文》所引汉律及《聊斋志异·庚娘》条资料为证。⑦ 此皆以妇人月事释姅。

其三,月经、伤孕说。《字汇·女部》云："姅,妇人污也。又,伤孕也。"⑧《中华大字典·女部》云："姅,妇人污也,见《说文》。《汉律》曰:'见姅变不得侍祠。'案,《释名》谓之'月事'。《神仙服食经》谓之'月客',或谓之'天癸',或谓之'潮红',或曰'桃花癸水',或曰'入月'。"又云："伤孕,见《广韵》。"⑨《中文大辞典·

---

① (清)桂馥:《说文解字义证》,中华书局2017年版,第1101—1102页。
② (明)陈继儒:《群碎录》,《丛书集成初编》(第339册),商务印书馆1936年版,第6页。
③ (明)田艺蘅撰,朱碧莲点校:《留青日札》,浙江古籍出版社2012年版,第311页。
④ (清)蒲松龄著,朱其铠等校注:《全本新注聊斋志异》,人民文学出版社1989年版,第385—388页。
⑤ (清)王筠:《说文解字句读》,中华书局1988年版,第502页。
⑥ (清)王筠:《说文释例》,中华书局1987年版,第467页。
⑦ 王力主编:《王力古汉语字典》,中华书局2000年版,第190页。
⑧ (明)梅膺祚:《字汇》丑集,明万历乙卯(1615)刊本,第69页。
⑨ 徐元诰等主编:《中华大字典》寅集,中华书局1915年版,第47页。

女部》云:"姅,妇人污也,今曰月经。""姅变,女子月经也。"①《中华字海·女部》"姅"字下云:"月经。也指小产。《留青札记·月运红潮》:'姅,医书名月经,言按月而经脉行也。又伤孕也。'"② 按,核之《留青札记》,无"又伤孕也"四字,此处或系误引,或系标点错误。

其四,妇人月事、免身、伤孕皆为"姅"说。《说文·女部》"姅"字下段注云:"谓月事及免身及伤孕皆是也……按,见姅变,如今俗忌入产妇房也,不可以侍祭祀。《内则》曰'夫斋则不入侧室之门',正此意。《汉律》与《周礼》相为表里。"③ 余云岫按曰:"月事者,月经也;免身者,生子,谓有恶露也;伤孕者,若小产及胎盘剥离等是也。要之,皆子宫出血之候也。"④ 张舜徽云:"姅之言判也,谓内有破裂而血出也。凡妇人月经、生子或小产,皆出血为多,甚者沾污衣物,故谓之污。"⑤《汉语大字典》"姅"字条下亦云:"月经。妇人因分娩或小产出血也叫姅。"⑥ 等等。

古代有关女子月经的避忌习俗,传世文献多有所载,前贤时俊亦多有论及,⑦ 无须赘言。至于对孕妇分娩的禁忌,两汉文献亦多有载。如《论衡·四讳》云:

> 讳妇人乳子,以为不吉。将举吉事,入山林,远行,度川泽者,皆不与之交通。乳子之家,亦忌恶之,丘墓庐道畔,逾月乃入,恶之甚也。

---

① 林尹、高明主编:《中文大辞典》,台北:中国文化学院出版部1968年版,第3576页。
② 冷玉龙、韦一心主编:《中华字海》,中华书局、中国友谊出版公司1994年版,第685页。
③ (清)段玉裁:《说文解字注》,中华书局2013年版,第631—632页。
④ 余云岫编著:《古代疾病名候疏义》,学苑出版社2012年版,第204页。
⑤ 张舜徽:《说文解字约注》,华中师范大学出版社2009年版,第3096页。
⑥ 汉语大字典编辑委员会编纂:《汉语大字典》(九卷本),四川辞书出版社,崇文书局2010年版,第1114页。
⑦ 黄石:《关于性的迷信与风俗》及《性的"他不"》,收入《黄石民俗学论集》,上海文艺出版社1999年版,第1—31、48—70页;李金莲、朱和双:《汉文化视野中的月经禁忌与民间信仰》,《中国俗文化研究》(第3辑),巴蜀书社2005年版,第70—79页;李金莲:《女性、污秽与象征:宗教人类学视野中的月经禁忌》,《宗教学研究》2006年第3期。

黄晖按曰："产妇不吉，在月内，邻舍禁其往来。虽母家，亦忌之。俗习尚然。"① 崔寔《四民月令》"八月"条下云："祠岁时常所奉尊神，前期七日，举家毋到丧家及产乳家。"② 又，应劭《风俗通义·佚文》云：

> 颍川有富室，兄弟同居，两妇皆怀姙，数月，长妇胎伤，因闭匿之；产期至，同到乳舍，弟妇生男，夜因盗取之，争讼三年，州郡不能决。
>
> 汝南周霸，字翁仲，为太尉掾，妇于乳舍生女，自毒无男，时屠妇比卧得男，因相与私货易，裨钱数万。③

孕妇之所以要到乳舍待产，正是《论衡·四讳》所述"讳妇人乳子，以为不吉"习俗的真实反映。古人何以将妇人分娩之事看作不吉而恶之呢？晋医家陈延之《小品方》卷2《妇人门》对此解释道："妇人产后满月者，以其产生，身经暗秽，血露未净，不可出户牖，至井灶所也，亦不朝神祇及祠祀也。"④ 张舜徽《说文解字约注》一书载湖湘一带旧俗亦云："湖湘旧俗，妇人方产及月事已至，皆不令奉祭祀，盖即'汉律见姅变不得侍祠'遗意。"⑤ 我国汉族及许多少数民族均有对妇女分娩加以避忌的俗信。⑥ 无独有偶，在世界许多民族中，也都存在着对月经和分娩期的妇女加以禁忌限制的俗信。⑦ 究其原因，就在于认为妇女分娩如同来月事一样，是污秽不洁的。诚如弗雷泽所说，其理由显然是一样的，即妇女在此期间都被认为是处于危险的境况之中，他们可能

---

① 黄晖：《论衡校释》，中华书局1990年版，第975页。
② （汉）崔寔撰，石声汉校注：《四民月令校注》，中华书局2013年版，第60页。
③ （汉）应劭撰，王利器校注：《风俗通义校注》，中华书局2010年版，第590—591页。
④ （晋）陈延之原著，高文柱辑校：《小品方辑校》，天津科学技术出版社1983年版，第24页。
⑤ 张舜徽：《说文解字约注》，华中师范大学出版社2009年版，第3096页。
⑥ 杨筑慧：《中国西南民族生育文化研究》，中央民族大学出版社2006年版，第118—121页。
⑦ ［英］詹·乔·弗雷泽：《金枝——巫术与宗教之研究》，徐育新等译，中国民间文艺出版社1987年版，第313—314页；［美］玛格丽特·米德：《三个原始部落的性格与气质》，宋践等译，浙江人民出版社1988年版，第30—31页。

污染他们接触的任何人和任何东西。① 因此他们被隔绝起来，直到健康和体力恢复，想象的危险期度过为止。亦正因如此，月经期和分娩期的妇女，俗常以其秽物不洁而加以避忌。故妇女分娩之事自应属"姅"义之范畴。

以上各家的讨论，都只谈及"姅"字字义，却对姅字后承接的"变"字忽略未释。其实，"姅"与"变"二者字义有异。《说文》讲得很清楚，"见姅变，不得侍祠"，又云"姅，妇人污也"。是"见姅变"当句读作"见姅、变"。姅为妇人污，包括月事和分娩期出血两种情况。而"变"，基上简文所论，则指孕妇小产。但不管是月经期或分娩期的"姅"，还是流产状况下的"变"，因其均有出血，被看作污秽不洁，故均在汉律所规定的"不得侍祠"的范围内。若从泛义上讲，但凡妇女月事、分娩、流产出血均可归入"妇人污"的范畴，称为"姅"。然若析言之，则"变"指妇女流产出血的情况，即伤孕也。而"姅"当指妇女月事或分娩时的出血情况。由此而言，《说文》所谓"见姅、变，不得侍祠""姅，妇人污也"之"姅"，其义当指妇女月事、分娩出血的情况。

《汉律》规定"见姅、变，不得侍祠"，乃是将因月经、分娩或流产出血状况下的女子看作污秽不洁的缘故。因认为此种状况下的女子污秽不洁，恐因其污秽而亵渎神灵，故须加避忌，不得参与祠祀活动。当然，对于那些接触此种处于特殊状态下的女性者，自然也在禁忌之列，亦不得参与祠祀活动。若在祠祀期间，参与者有污染，则须通过"解斋"的仪式以祓除不祥。《后汉书·礼仪志》即载有主斋事者在斋戒期间若有污染，则须"解斋"的规定。②《后汉书·周泽传》亦载，周泽任太常之职时，"清洁循行，尽敬宗庙。常卧疾斋宫，其妻哀泽老病，窥问所苦，泽大怒，以妻干犯斋禁，遂收送诏狱谢罪"。③《本草纲目》卷52云："妇女入月，恶液腥秽，故君子远之，为其不洁，能损阳生病

---

① [英]詹·乔·弗雷泽:《金枝——巫术与宗教之研究》，徐育新等译，中国民间文艺出版社1987年版，第313页。
② （南朝宋）范晔:《后汉书》，中华书局1965年版，第3104页。
③ （南朝宋）范晔:《后汉书》，中华书局1965年版，第2579页

也。煎膏治药，出痘持戒，修炼性命者，皆避忌之，以此也。"① 周泽老病，其妻至斋宫窥问，干犯斋禁之由，应非伤孕或分娩期，或正当月事在身之故。由此而论，两汉时期，律法明文禁止特殊生理期的女子不得侍祠的规定，在当时社会民众日常行事中被较好地执行着。当然，这种效果，除了当时律法外在强制性禁止作用外，更多是基于世俗民众出于对宗教鬼神敬畏心理及相关信仰的约束。

第二节 出土简帛文献中的月事布迷信

由上所论可知，古代常将处于月事、小产、分娩期的妇女看作污秽不洁而须加以避忌。但在出土秦汉简帛文献中，却多见有将各种不同生理时段的女子月事布用作疗治某些疾病的灵药的古医方，体现出古人对于秽物不洁的禁忌与迷信的矛盾心态，如北大藏秦简所载"瘨而内扁，血不出者"方云：

瘨而内扁，血不出者，以女子月事布，水一桮（杯）濯之而歓。（4-248）②

陈侃理对此方的用药原理分析说，瘨，指腹胀。扁，同漏，内漏在此即内出血。该方认为体内瘀血腹胀，需要下血，故用经血治疗，这实际上是利用了"相似律"的顺势巫术。③ 其说甚确。

在马王堆汉墓所出帛书《五十二病方》中，女子月事布又有"女子布""女子初有布""女子未尝丈夫者布"等不同称呼，并被广泛用作治疗某些疾病的灵药，如帛书《五十二病方》载"【人】病马不间【痫】者"方云：

【□□□□□】□。治：以酸枣根三【□□□□□□】□以

---

① （明）李时珍：《本草纲目》（校点本），人民卫生出版社2004年版，第2953页。
② 陈侃理：《北大秦简中的方术书》，《文物》2012年第6期。
③ 陈侃理：《北大秦简中的方术书》，《文物》2012年第6期。

浴病=者=（病者。病者）女子【□】男子【□□□□】男子令女子浴之，即以□【□□□□】□即以女子初有布燔【□□□□□□】㝡（最-撮）者一桮（杯）酒中，歙（飲）病者☒（146-148）

【人病□不癎：□□□□□】奉，治以□鸡、抉，病者【□□□□□】歙（饮）以布如【□□□□□】□者【□】艮，治以□蜀焦（椒）一委（捼），燔【□□□□】置酒中，歙（饮）。（149-150）①

第一条医方中的"女子初有布"，整理者注："女童初次的经衣。"② 周一谋、萧佐桃释作"女子初次来潮的月经布"，③ 魏启鹏、胡翔骅释为"少女初次月经来潮时所用布"，④ 马继兴释作"童女月经衣"。⑤ 各家所释略异，当以女子初次月经来潮时所用布为确。第二条医方中的"布"，由"歙（饮）以布"及"燔【□□□□】置酒中，歙（饮）"等文字推测，亦当为女子月事布。

值得注意的是，四川成都老官山汉墓所出医方《六十病方》第37方所载医方称作"婴儿间（癎）方"，原医简文字云：

治婴兒間（癎）方：漬黍米取□汁六斗，漬月布其中令色如赤叔（菽）汁，泥去布，因莝穀（谷）莖五斗、术三罷（把），父且（咀）、段，並内汁（270）中炊，如孰（熟）羹狀，汁可四斗，灑去莘（滓）。置新煎麔膏一升斗半汁中，撓，適寒溫以浴嬰兒，道（導）顛上灌摩下至足，以孰（熟）（190）爲故，已□□□下齒，燔冶，三指㝡（撮），溫所浴汁半杯，置其中以會（歙）嬰兒，溫衣臥，汗出畢，起。病未已，復溫故汁（206）浴、

---

① 裘锡圭主编：《长沙马王堆汉墓简帛集成》（五），中华书局2014年版，第242—243页。
② 马王堆汉墓帛书整理小组编：《五十二病方》，文物出版社1979年版，第65页。
③ 周一谋、萧佐桃主编：《马王堆医书考注》，天津科学技术出版社1988年版，第115页。
④ 魏启鹏、胡翔骅：《马王堆汉墓医书校释》（一），成都出版社1992年版，第82页。
⑤ 马继兴：《马王堆古医书考释》，湖南科学技术出版社1992年版，第442页。

畲（歙），如此不过三，必已。汗不出，不可已。(210)①

此方中也用到"月布"，即女子月事布。使用方法是将月事布浸入六斗黍米汁中令汁液色如赤菽，然后取出月事布，将谷茎五斗、□三把细切、锤碎后纳入汁液中煮成羹状，取其汁液四斗，并去除其中的渣滓，再将新煎熬的猪油一升斗半倒入汁液中搅动，待温度适中后以洗浴婴儿全身。其后将某种药物燔冶后，取三指撮的剂量加入洗浴婴儿的汁液中加温以饮婴儿，然后让婴儿温衣躺卧，待汗出毕，婴儿病愈而起。若病未痊愈，再加温原来的汁液以浴、饮婴儿，如此不过三遍，病定会痊愈。若汗不出，病不会愈。此方疗治婴儿痫，以月事布浸治成的药物先洗浴病患者，然后让病患者饮用其汁，其法与上引帛书《五十二病方》所载"【人】病马不间【痫】者"的疗法相一致。

除"人病马不痫"外，帛书《五十二病方》尚载有"人病□不痫""人病羊不痫""人病蛇不痫"②等疾名，《千金要方》卷5将其与牛痫、羊痫、猪痫、犬痫、鸡痫并称六畜痫。③马继兴、李学勤以为此类疾名是根据发病时所呈异常的体位姿态与某种动物相似而命名的。④整理者认为该疾系据患者发作时所发声音及所呈形态而命名。⑤刘瑞明则认为此处"不"应读为"丕"，即"大也"。"人病马不痫"应为"人病马丕痫"，即"人病马大痫"，是人大马痫病的倒序：人患大病即痫病。而马痫、牛痫、羊痫、猪痫、犬痫、鸡痫等名，各是谐音：麻、扭、样、搐、蜷、急，即癫痫紧急发作的症状。⑥刘说可从。此疾病症，俗称羊癫风、羊角风等，属于精神失常性质的疾病，即现代医学上

---

① 梁繁荣、王毅主编：《揭秘敝昔遗书与漆人：老官山汉墓医学文物文献初识》，四川科学技术出版社2016年版，第134页；陈星：《老官山汉墓简外治法研究》，硕士学位论文，成都中医药大学，2018年。
② 裘锡圭主编：《长沙马王堆汉墓简帛集成》（五），中华书局2014年版，第242—243页。
③ 李景荣等校释：《备急千金要方校释》，人民卫生出版社1997年版，第158—159页。
④ 钟益研、凌襄：《我国现已发现的最古医方——〈五十二病方〉》，《文物》1975年第9期。
⑤ 马王堆汉墓帛书整理小组：《五十二病方》，文物出版社1979年版，第65页。
⑥ 刘瑞明：《帛书〈五十二病方〉"人病马不痫"考证》，《中医文献杂志》2007年第4期。

的痉挛。而据发病者年龄不同，此疾又有"癫"与"痫"的区别。《诸病源候论》卷45云："痫者，小儿病也。十岁以上为癫，十岁以下为痫。"①《玉篇·疒部》亦云："痫，小儿瘨病。""瘨"古同"癫"，老官山汉墓《六十病方》第37方称"婴儿间（痫）方"，与此相一致。

癫痫发病时较突然，致有不及救治者，《千金要方》卷5云："夫痫，小儿之恶病也，或有不及求医而致困者也。"② 且该病发作时症状怪异非常，"癫疾始发，意不乐，僵仆直视"③，或"卒然仆地，不省人事，口吐白沫"，或"发时反目口噤，手足相引"。④ 因此疾突发，且发病者症状较为怪异，是以在古代一般民众观念中，常将其病因归于鬼魅作祟所致。如《淮南子·氾论训》载世俗之言云："枕户橉而卧者，鬼神跖其首。"《太平御览》卷739引东汉应劭《风俗通义》佚文亦云："俗说卧枕户砌，鬼陷其头，令人病癫。"⑤ 此实际上是"夫户牖者，风气之所从往来，而风气者，阴阳相搆者也，离者必病，故托鬼神以伸诫之也"。之所以如此，乃在于"为愚者之不知其害，乃借鬼神之威以声其教，所由来者远矣"。⑥ 正因世俗将此疾缘起看作鬼神所祟而致，故以女子月事布作为疗治人病马不痫等疾的用药，显是基于秽物驱邪的巫术思维认知。

又，帛书《五十二病方》载疗"癄（癫）"方云：

一，渍女子布，以汁亨（烹）肉，食之，歠（歠）其汁。（214）

【一，□取】女子月事布，渍，炙之令温，以傅☑（245）⑦

---

① 丁光迪主编：《诸病源候论校注》，人民卫生出版社2013年版，第860页。
② 李景荣等校释：《备急千金要方校释》，人民卫生出版社1997年版，第151页。
③ 凌耀星主编：《难经校释》，人民卫生出版社2013年版，第96页。
④ （汉）华佗撰，（唐）孙思邈编集：《华佗神方》，中医古籍出版社1992年版，第59—60页。
⑤ （宋）李昉等：《太平御览》，中华书局1960年版，第3280页。
⑥ 刘文典撰，冯逸、乔华点校：《淮南鸿烈集解》，中华书局1989年版，第459—460页。
⑦ 裘锡圭主编：《长沙马王堆汉墓简帛集成》（五），中华书局2014年版，第253、259页。

癪（癩），即癩疝。女子布，即女子月事布的简称。魏启鹏、胡翔骅以为此疾即后世医家所称的狐疝，症状为小肠坠入阴囊，时上时下，平卧或用手推时肿物可缩入腹腔，站立时又坠入于阴囊。① 癩疝又名狐疝者，因其症状与狐溺相似之故。《华佗神方》卷4"治狐疝神方"言此疾症状及病名缘起云："狐疝者，其状如瓦，卧则入小腹，行立则出腹入囊中。狐昼出穴而溺，夜入穴而不溺，此疝出入上下往来，正与狐类，故名。"②《黄帝内经·太素》卷8"丈夫㿉疝……殨泄狐疝遗溺闭癃"杨上善注亦云："狐夜不得尿，至明始得，人病与狐相似，因曰狐疝。有本作㿉疝，谓偏㿉病也。"③ 值得注意的是，帛书《五十二病方》所载疗治癩疝疾的26条医方中，有13条疗方明确属巫术性疗法。其中两处咒辞提及"狐父"，一处提及"狐麃"。原医方文字云：

　　一，以辛巳日，由曰："贲（喷），辛巳日。"三；曰："天神下干疾，神女依序聽神吾（语）。某狐父非其處所。巳（已），不巳（已），斧斩若。"即操布叕之二七。（218）
　　令癩（癩）者北首臥北鄉（嚮）庑中，禹步三，步嘑（呼）曰："吁！狐麃。"三；"若智（知）某病狐父☐"（223）④

此两条禁咒方，其咒辞一以天神、神女相威胁，并伴以用布作模拟性的攻击驱除动作。一则直呼作祟者姓名，并以知晓其底细相威胁。由该病病名、症状及疗治咒辞内容看，古人显然是以此疾乃"狐父"或"狐麃"等邪物作祟所致，是以帛书《五十二病方》所载疗治该疾的医方多直接采用禁咒法或模拟巫术的手段。上引两方则均用女子月事布为药，一法以浸泡女子布之汁液烹煮肉，然后服食其肉及汁；一法将女子月事布经浸泡后加热以敷患病部位。之所以以女子月事布为药者，显然仍是基于作祟致疾之鬼魅怕污秽之物的错误联想。

---

① 魏启鹏、胡翔骅：《马王堆汉墓医书校释》（一），成都出版社1992年版，第96页。
② （汉）华佗撰，（唐）孙思邈编集：《华佗神方》，中医古籍出版社1992年版，第93页。
③ （隋）杨上善：《黄帝内经太素》，中医古籍出版社2016年版，第96—97页。
④ 裘锡圭主编：《长沙马王堆汉墓简帛集成》（五），中华书局2014年版，第254—255页。

又，帛书《五十二病方》载疗"【牝】痔"方云：

一，牝庤（痔）有空（孔）而𤷍（膿）血出者方：取女子布，燔，置器中，以熏痔，三日而止。令。(266)①

此方又见于北大藏汉简医方中：

五十六·治牝痔有空（孔）而𤷍（膿）血出者方：取女子布，燔，置器中，以熏痔，三日而止。(2707)②

𤷍，整理者原释作"欒"，义为弯曲。陈剑以后世医书中讲到"痔"时常出现"脓血"而疑此字当从"𤷍"省声、用为"脓"，或其甚至就是"从血从𤷍省声"之字的讹写。③李家浩、杨泽生通过对两条医方文字比较，指出被帛书整理者释为"欒"的那个字，其实从"血"从《说文》籀文"𤷍"省声，即《说文》"脓"字正篆的异体。④看来此方是将女子布作为疗治牝痔有空而脓血出者之药，具体疗法是将女子布燔烧后放置于器物中以熏痔，熏满三日。帛书《五十二病方》所载该方文字末有一"令"字，是说此方是经过实践使用后有真实疗效的医方。然女子布的疗治牝痔功效，后世本草医籍并未见有记载。牝痔有孔脓出，其状极为秽恶，而女子布亦为古人观念中之秽恶物。则此方用女子布作为疗治牝痔有孔脓出者症的药物，仍是基于以秽厌秽的相似律巫术思维观念。

又，帛书《五十二病方》所载疗治"□阑（烂）者"方云：

一，漬女子布，以汁傅之。(324)⑤

---

① 裘锡圭主编：《长沙马王堆汉墓简帛集成》（五），中华书局2014年版，第262页。
② 李家浩、杨泽生：《北京大学藏汉代医简简介》，《文物》2011年第6期。
③ 陈剑：《马王堆帛书〈五十二病方〉〈养生方〉释文校读札记》，《出土文献与古文字研究》（第5辑），上海古籍出版社2013年版，第487页。
④ 李家浩、杨泽生：《北京大学藏汉代医简简介》，《文物》2011年第6期。
⑤ 裘锡圭主编：《长沙马王堆汉墓简帛集成》（五），中华书局2014年版，第272页。

"阑（烂）"，原注："烂，烧伤。"是此方主疗治烧伤之疾。需要提及的是，疗治烂者方中，除此方用女子布外，尚有一方则是采用了禁咒疗法。原医方文字云：

　　一，热者，由曰："胅=（胅胅）䶝=（䶝䶝），從竃（竈）出毋延，黄神且與言。"即三涶（唾）之。(318)①

此处的"黄神"，也见于疗治"身疕"之疾的禁咒方中：

　　一，其祝曰："浸浸熇熇蟲，黄神在竃（竈）中，【□□】遠，黄神興☒"（437）②

此两方咒辞中的"黄神"何指？有以为黄帝者，③又以为灶神者，④也有认为应指灶神，也是火神者。⑤传世文献有黄帝作灶并为灶神的记载，如《太平御览》卷186引《淮南子》云："黄帝作灶，死为灶神。"⑥《资治通鉴》卷10"王者以民为天"注引谯周《古史考》云："黄帝时始有釜甑，火食之道成矣。"⑦《事物纪原》卷8引《续事始》亦云："灶，黄帝所置。"⑧至于灶神形象，《风俗通义·祀典》云"《汉记》：'南阳阴子方积恩好施，喜祀灶，腊日晨炊，而灶神见……其后子孙常以腊日祀灶以黄羊。'"王利器校注云："李贤注引《杂五行书》云：'灶神名禅，字子郭，披发，从灶中出，知其名呼之，可除

---

① 裘锡圭主编：《长沙马王堆汉墓简帛集成》（五），中华书局2014年版，第271页。
② 裘锡圭主编：《长沙马王堆汉墓简帛集成》（五），中华书局2014年版，第293页。
③ 周一谋、萧佐桃主编：《马王堆医书考注》，天津科学技术出版社1988年版，第177页；刘增贵：《天堂与地狱——汉代的泰山信仰》，《大陆杂志》（第94本第5分册），1999年。
④ 马继兴：《马王堆古医书考释》，湖南科学技术出版社1992年版，第551页。
⑤ 《五十二病方》，[日]赤堀昭、山田庆儿译，载山田庆儿编《新发现中国科学史资料の研究·译注篇》，京都大学人文科学研究所1985年版，第246页。
⑥ （宋）李昉等：《太平御览》，中华书局1960年版，第903页。
⑦ （宋）司马光编著，（元）胡三省音注：《资治通鉴》，中华书局1956年版，第338页。
⑧ （宋）高承撰，（明）李果定，金圆、徐沛藻点校：《事物纪原》，中华书局1989年版，第420页。

凶恶.'"①《艺文类聚》卷80亦云:"灶君名禅,字子郭,衣黄衣,披发,从灶中出。知其名呼之,可得除凶恶、贾市。"②此虽汉代以来所形成之灶神形象,然其"衣黄衣"之特征,却与此处在灶中之"黄神"不无相似处。而"知其名呼之,可得除凶恶"的神性也与此方中的"从灶出毋延,黄神且与言"及"黄神在灶中,□□远"的咒辞所展现出的黄神性能相一致。由黄帝作灶死为灶神到灶神名禅衣黄衣,这一变化也符合古代神灵由抽象化渐而具体人形化的演化过程。因此,此处的黄神或即《淮南子》所说曾"作灶,死为灶神"的黄帝之神。

"阑(烂)"为烧伤之疾,病因与火有关。而灶主饮食,为五祀之一,与火亦极为密切。是以施术者欲借作灶的黄神威灵以达到去除邪魅的目的,从而使烧灼之伤得以愈合。女子布为女子月经期所用之物,"女子,阴类也,以血为主。其血上应太阴,下应海潮",③是女子布自亦属阴类之物,且是污秽之物。而"烂者"为烧伤之疾,基于阴阳相克的原理,以及鬼神厌恶秽物的观念,古人用浸泡过女子布的汁液敷裹烧伤处,自然认为可以起到疗治"烂者"之疾的功效。

又,疗治"□蛊者"方云:

一,燔女子布,以歙(饮)。(446)

一,蛊,渍女子未尝丈夫者布【□□】音(杯),冶桂入中,令毋(无)臭,而以□歙(饮)之。(451)④

"□蛊者"所缺字,或有以为是"病"字者。⑤"蛊"之类可分为四:一曰蛊毒,二曰疾蛊,三曰鬼蛊,四曰蛊灾。⑥按,《说文·虫部》云:"蛊,腹中虫也。《春秋传》曰:'皿虫为蛊。''晦淫之所生也。'

---

① (汉)应劭撰,王利器校注:《风俗通义校注》,中华书局2010年版,第362页。
② (唐)欧阳询撰,汪绍楹校:《艺文类聚》,上海古籍出版社1999年版,第1375页。
③ (明)李时珍:《本草纲目》(校点本),人民卫生出版社2004年版,第2952页。
④ 裘锡圭主编:《长沙马王堆汉墓简帛集成》(五),中华书局2014年版,第295页。
⑤ 严健民编:《五十二病方注补译》,中医古籍出版社2005年版,第202页。
⑥ 此为商承祚说,转引自白玉峥《契文举例校读》,《中国文字》(第52册),1974年,第5899页。

枭磔死之鬼亦为蛊。"①《左传·昭公元年》载,晋侯有疾,求医于秦,秦伯使医和视之,曰:"疾不可为也,是谓近女,室疾如蛊。非鬼非食,惑以丧志。"② 此以晋侯之疾乃因房事不节、女色过度而致使"淫则生内热惑蛊之疾",乃属上述四类中的"疾蛊",所谓"晦淫之所生也"。鬼蛊者,即所谓"枭桀死之鬼"为祟所致者。《说文》"枭磔死之鬼亦为蛊"段注:"枭磔,各本作'枭磔'。'枭'当作'悬',断首倒悬。磔,辜也。杀人而申张之也。强死之鬼,其魂魄能冯依于人以为淫厉,是亦以人为皿而害之也。"③《史记·秦本纪》"以狗御蛊"张守节《正义》云:"蛊者,热毒恶气为伤害人,故磔狗以御之。"《史记·封禅书》"磔狗邑四门,以御蛊灾"司马贞《索隐》云:"枭者之鬼亦为蛊。故《月令》云'大傩,旁磔',注云:'磔,禳也。厉鬼为蛊,将出害人,旁磔于四方之门。'"④ 白玉峥云:"《山海经》每言'食之不蛊',郭注:'令人不逢妖邪之气。'以妖邪释淫厉之鬼可通也,以妖邪释热毒恶气之鬼亦可通也。"⑤ 此是以狗所御之"蛊"与大傩旁磔所禳之"蛊",均为鬼蛊也。蛊灾者,当指《左传·昭公元年》所谓"谷之飞亦为蛊"者,杜预注:"谷久积则变为飞虫,名曰蛊。"⑥《周礼·秋官·翦氏》"凡庶蛊之事"郑玄注:"蛊,蠹之类。"至于"蛊毒"者,多以为人所为,即以蛊物病害人也。《周礼·地官·土训》"道地慝,以辨地物而原其生"郑玄注:"地慝,若障蛊然也。"贾公彦疏:"蛊,即蛊毒,人所为也。"⑦《慧琳音义》卷22引"蛊毒"注引《声类》说云:"蛊,谓蛊物病害人也。"⑧ 张亮采认为,庶氏掌除蛊,以攻说禬之嘉草攻之,是周时已有蛊毒也。而由蛊之有惑义,可推知伏羲重卦之

---

① (汉)许慎撰,(宋)徐铉等校定,陶生魁点校:《说文解字》,中华书局2020年版,第446页。
② 杨伯峻编著:《春秋左传注》(修订本),中华书局1990年版,第1221页。
③ (清)段玉裁:《说文解字注》,中华书局2013年版,第683页。
④ (汉)司马迁:《史记》,中华书局1959年版,第184、1360页。
⑤ 白玉峥:《契文举例校读》,《中国文字》(第52册),1974年,第5899页。
⑥ 《春秋左传集解》,上海人民出版社1977年版,第1204页。
⑦ (汉)郑玄注,(唐)贾公彦疏:《周礼注疏》,上海古籍出版社2010年版,第588页。
⑧ 徐时仪校注:《一切经音义(三种校本合刊)》,上海古籍出版社2008年版,第882页。

蛊，即蛊毒之蛊，而蛊毒不自周时始矣。① 殷墟卜辞多见有将疾病之因归于蛊者，是知蛊毒之说，自殷人已信之。② 基此，此处"【病】蛊者"，或当为中蛊毒而患病者。

人为的蛊毒，文献多有所载，如顾野王《舆地志》卷15载："江南数郡有畜蛊者，主人行之以杀人。行食饮中，人不觉也。其家绝灭者，则飞游妄走，中之则毙。"③ 巢元方《诸病源候论》卷25《蛊毒候》载畜蛊及蛊毒之法云："凡蛊毒有数种，皆是变惑之气。人有故造作之，多取虫蛇之类，以器皿盛贮，任其自相噉食，唯有一物独在者，即谓之为蛊。便能辨惑，随逐酒食，为人患祸。患祸于他，则蛊主吉利，所以不羁之徒而畜事之。又有飞蛊，去来无由，渐状如鬼气者，得之卒重。凡中蛊病，多趋于死。以其毒害势甚，故云蛊毒。"④ 王筠《说文解字句读》亦云："苗人行蛊者，聚诸毒虫于一器中，互相噉食，所余一虫即蛊矣。"⑤ 尽管现代医学上将因感染虫毒疫气所致的恙虫病、急慢性血吸虫病、重症肝炎、肝硬化、重症菌痢、阿米巴痢疾等称作"蛊毒"，⑥ 但在古代医学尚未发达的情况下，时人常将蛊疾的发生归于邪气恶灵作祟之鬼蛊或人为畜蛊为祸之蛊毒相联系。帛书《五十二病方》载有五条疗治蛊疾的医方，其中四条医方明显属于巫术性的疗方，如第一条医方的用药是"燔扁（蝙）辐（蝠）以荆薪，即以食邪者"。这里的"邪者"即指中蛊者，说明在当时人们的观念中，的确是把蛊疾的产生归于不正、邪恶之力量所致。古人用燔烧女子布入水饮服，或将桂等药材溶入浸泡过女子未尝丈夫者布的水中以饮服的方法来疗治蛊疾，显然亦是基于邪魅之物亦惧秽物的错误联想。

此外，这里用作疗治蛊疾的"女子未尝丈夫者布"，乃是指处女的月事布。在马王堆汉墓帛书《养生方》中，尚载有一条增强脚力的巫

---

① 张亮采：《中国风俗史》，东方出版社1996年版，第24—25页。
② 胡厚宣：《殷人疾病考》，《甲骨学商史论丛初集》，齐鲁大学国学研究所1944年版，第442—443页。
③ （梁）顾野王著，顾恒一等辑注：《舆地志辑注》，上海古籍出版社2011年版，第255—256页。
④ 丁光迪主编：《诸病源候论校注》，人民卫生出版社2013年版，第476页。
⑤ 王筠：《说文解字句读》，中华书局1988年版，第542页。
⑥ 严世芸、李其忠主编：《新编简明中医辞典》，人民卫生出版社2007年版，第837页。

方，其所用物事为"女子未尝男子者布"。原方文字云：

> 【一曰】：走疾欲善先者，取女子未嘗男子者【布】縣枲，懷之，見旋風以投之。風止，即□□帶之。(192—193)[①]

女子"未尝丈夫者"与"未尝男子者"语义相同，均是指未有过两性关系的女子。是以此处的"女子未尝男子者布"与疗治蛊疾方中的"女子未尝丈夫者布"，均指处女月事布而言。之所以要强调使用处女月事布，与上文所引疗治人病马不痫疾时用女子初有布为药一样，均是古代先民出于对处女经血的特殊认知有关。弗雷泽对此类观念的认知原理分析道，"原始人对于月经出血总是害怕，特别是第一次月经来潮"，而"对于第一次月经来潮的姑娘特别小心严格隔离的原因，就在于人们认为其危险性特大"。[②]或基于此一认知观，我国古代方家术士在炼制方药时，强调对童女初潮的采集，谓之"先天红铅"，《本草纲目》卷52对此批评道："今有方士邪术，鼓弄愚人，以法取童女初行经水服食，谓之先天红铅，巧立名色，多方配合，谓《参同契》之金华，《悟真篇》之首经，皆此物也。"[③]作为名医的李时珍，其对服用童女初行经水的邪术虽嗤之以鼻，在其所著《本草纲目》中，"凡红铅方，今并不录"，但对月经布的疗疾医方却多所采录。如其在"月经衣"条下言其主治"金疮血涌出[④]，炙热熨之。又主虎狼伤及箭镞入腹"，并于【附方】下广征各家医籍所载以女子月经布疗治各种病疾之

---

① 马王堆汉墓帛书整理小组编：《马王堆汉墓帛书》（四），文物出版社1985年版，第116页。

② ［英］詹·乔·弗雷泽：《金枝——巫术与宗教之研究》，徐育新等译，中国民间文艺出版社1987年版，第856、860页。

③ （明）李时珍：《本草纲目》（校点本），人民卫生出版社2004年版，第2953页。

④ 四川成都老官山汉墓所出医简《六十病方》中收有疗治"金伤"之方，其所禁忌者，即有"女子布"。原医方文字云："治金伤……燔冶鲋鱼头二分，人发一分，以傅（139）伤。裹以蘁生膏，月（肉）生半，伤即干矣。干者冶龙骨以傅伤，毋以蘁膏而用羊煎脂，以黍米为糜，(317)而以裹伤，禁鱼、蘁、马月（肉）、韰、生月（肉）、□节、翼人、女子布。(143)"参见陈星《老官山汉墓医简外治法研究》，硕士学位论文，成都中医药大学，2018年，第24页。此则是将女子布看作污秽不洁之物，故于疗治金属兵刃所致外伤时，须加以避忌，以免影响医方疗效。

方,所涉疾病计有热病劳复、女劳黄疸、霍乱困笃、小儿惊痫、令妇不妒、痈疽发背、男子阴疮、解药箭毒、箭镞入腹、马血入疮、剥马刺伤、虎狼伤疮等十二种。① 此足见月事布在古代疾病疗治中的广泛使用。

古人将女子经期出血等看作污秽不洁而须加避忌,而对于月事布则又赋予其特殊的疗疾灵力,这种看似矛盾的现象,实际上正是古人基于错误联想的巫术思维认知的反映。恩格斯在《反杜林论》中指出,一切宗教都不过是支配着人们日常生活的外部力量在人们头脑中的幻想的反映,在这种反映中,人间的力量采取了超人间的力量的形式。② 神灵鬼魅本是宗教信仰的产物,但它们又是对现实世界的反映,只不过这种反映是以被扭曲的形态再现世俗生活而已。因此,人同此心,心同此理,人类所厌恶避忌的物事,必然也就是人们信仰中的鬼神所厌恶和惧怕的物事。英国著名的语言学家E. H. 利奇指出:"人体的排泄物与分泌物普遍地构成严格禁忌的对象,尤其是粪便、尿、精液、经血、剪刀剪下的头发、指甲屑、体垢、唾液、母乳等。这是符合这一禁忌的原理的。这些物质在最根本的方面是模棱两可的……既是自己的又不是自己的,由此形成的禁忌极为强烈……当时我们要弄清楚一点,人们并非简单地把这些东西看作污秽之物——它们都是强有力的、遍及世界各地的,这些物质却是都是巫术药品的基本部分。"③ 英国著名的文化人类学家弗雷泽亦指出:"在原始人的思想里,女子月经之不洁(所谓的不洁)同神人的圣洁两者之间实质上并无差别,不过是同一神秘力量的不同表现而已。这种神秘力量,跟一般的力量一样,其本身无所谓好,也无所谓坏,只是如何应用从而造福或贻祸于人而已。"④ 而古代先民对于疾病病因的认知,"以为鬼神或妖魔之所为,不用诊断及服药,而欲以祈祷及符咒疗之者颇多。诸病中如疫、疟、癫痫,其他诸精神病,全

---

① (明)李时珍:《本草纲目》(校点本),人民卫生出版社2004年版,第2953—2954页。
② [德]恩格斯:《反杜林论》,人民出版社2018年版,第340页。
③ [英]E. H. 利奇:《语言的人类学:动物范畴和骂人话》,载史宗主编《20世纪西方宗教人类学文选》(上),上海三联书店1995年版,第343页。
④ [英]詹·乔·弗雷泽:《金枝——巫术与宗教之研究》,徐育新等译,中国民间文艺出版社1987年版,第861页。

信为鬼神，或狐狸之所凭依。至其治疗，用种种奇怪之方法，是愚民治病上之迷误"。① 基此，被古代先民看作污秽不洁的月事布，在厌恶避忌的同时，又看似很矛盾地被人们当作具有禳治作祟致疾的鬼神的特殊灵力之物而加以迷信。

此外，秦汉时期，月事布因其曾为女子所用物而常被术家用作厌禳灵物。如《太平御览》卷736引《淮南万毕术》云："赤布在户，妇人留连。取妇人月事布，七月七日烧为灰，置楣上，即不复去。勿令妇人知。"②《博物志》佚文则作"月布在户，妇人留连。注谓'以月布埋户限下，妇女入户则自淹留不去'"。③ 两相比较可知，此二条引文中的赤布、月布，即女子月事布。"赤布在户，妇人留连"为正文，其余文字当为注文。《博物志》此条佚文，或当本自《淮南万毕术》。④ 对月事布的使用之法，一者谓于七月七日烧为灰，放置于门楣上，即可达到让妇女留连不再离开的效果。一者谓将月事布埋于户限下，即可令入户之妇女淹留不去。二者用法虽不同，但都以月事布作为令女子淹留不去之灵物。又，《博物志》佚文云："取妇人月水布，裹虾蟆，于厕前一尺入地埋之，令妇不妒。"⑤ 月事布何以具有如此效力？这是古人基于交感巫术原理而产生的俗信。弗雷泽在《金枝》一书中论及巫术的原理时指出，巫术赖以建立的思想原则，可以归纳为两个方面：第一是"同类相生"或果必同因；第二是"物体一经互相接触，在中断实体接触后还会继续远距离的互相作用"。前者可称为"相似律"，后者可称作"接触律"或"触染律"……从第二个原则出发，巫师能通过一个

---

① ［日］井上圆了：《妖怪学讲义录（总论）》，蔡元培译，东方出版社2014年版，第19—20页。
② （宋）李昉等：《太平御览》，中华书局1960年版，第3265页。
③ （晋）张华撰，范宁校证：《博物志校证》，中华书局1980年版，第141页。
④ 按，《博物志校证》附录二云："此条见《物理小识》卷12、褚人获《广集》卷1引。《说郛》卷109下引宋僧赞宁《感应类从志》中载，明人引《感应类从志》多误作张华《博物志》，或张华《物类志》。范宁《佚文》辑之，误。"依此，则此条应出《感应类从志》而非《博物志》。然觅此条文字本原，显来自《淮南万毕术》无疑。
⑤ （晋）张华撰，范宁校证：《博物志校证》，中华书局1980年版，第141页。此条文字，《本草纲目》卷52"月经衣"条下引作"令妇不妒。取妇人月水布，裹蛤蟆，于厕前一尺，入地五寸埋之"。见（明）李时珍《本草纲目》（校点本），人民卫生出版社2004年版，第2954页。

物体来对一个人施加影响,只要该物体曾被那个人接触过,不论该物体是否为该人身体之一部分……"接触巫术"所犯的错误是把互相接触过的东西看成为总是保持接触的。① 门户是人所出入的通道,月事布则是女子在月事期间所用之物。根据交感巫术之"接触律"法则,月事布与女子间自然就有着某种内在的关联。因此,只要将女子使用过的月事布烧灰置于门楣上,或直接将其埋于户限下,便可达到使妇人淹留于户而不复离开的奇效。我们虽然尚不清楚,蝦蟆在此一厌禳巫术方中的特殊功效,但令妇人不妒所用物事,仍与月事布有关这一点来看,这种利用女子月事布所行之厌禳法术,无不是古人构建于交感巫术的错误联想认知之上的产物。

---

① [英]詹·乔·弗雷泽:《金枝——巫术与宗教之研究》,徐育新等译,中国民间文艺出版社1987年版,第19—20页。

第三章

"字"字形义构建与古代产育禁忌俗信

第一节 引言

在已刊布的秦汉简帛文献资料中，载有五幅将人体的首、颈、肩等不同部位与十二辰相配，以具体时日和方位相类比来占测某日所生者未来之命运的"人字图"，① 其中睡虎地秦简《日书·人字》篇简文云：

人字。(150正壹)
人字，其日在首，富難勝殹（也）。(150正贰)
……
女子以巳字，不復字。(150正叁)

此数处"字"字，整理者皆释为"生子"之义。②
又，睡虎地秦简《封诊式·出子》云：

即診嬰兒男女、生髮及保之狀。有（又）令隸妾數字者，診甲前血出及癱狀……其一式曰：令隸妾數字者某某診甲。

---

① 吕亚虎：《秦汉社会民生信仰研究——以出土简帛文献为中心》，中国社会科学出版社2016年版，第122—125页。
② 睡虎地秦墓竹简整理小组编：《睡虎地秦墓竹简》，文物出版社1990年版，第206页。

整理者注:"字,生育,《说文》:'乳也。'段注:'人及鸟生子曰乳。'"①

又,睡虎地秦简《日书》甲种《诘》篇简文云:

一宅之中毋(无)故室人皆疫,多曹(梦)米(寐)死,是是匋鬼貍(埋)焉,其上毋(无)草,如席處。屈(掘)而去之,则止矣。(40背壹—42背壹)

整理者认为,"匋,疑即'包'字。一说,即'孕'字"。②郑刚则释"匋"为"字"字。③近来刊布的胡家草场汉简《诘咎》篇,其内容与睡虎地秦简《日书》甲种《诘》篇内容基本一致,此处"匋"字正作"字"。④而由本条简文末"其鬼徙矣,必或梦之抱子而出"语义来看,此处"字"字亦为生育之义。

又,马王堆汉墓帛书《胎产书》文字云:

凡治字者,以清【水】澣(澣)包(胞)☒(14)
字而多男毋(无)女者而欲女……(19)
字者且垂字,先取市土濡请(清)者……(30)
字者巳(已),即燔其蓐,置水中……(32)⑤

此外,四川老官山汉墓所出医方《六十病方》中有"字难"病名。⑥"字难"者,即难产也。

以上数处"字"字,亦均为生子、生育之义。"字"字何以有生

---

① 睡虎地秦墓竹简整理小组编:《睡虎地秦墓竹简》,文物出版社1990年版,第161—162页。
② 睡虎地秦墓竹简整理小组编:《睡虎地秦墓竹简》,文物出版社1990年版,第216页。
③ 郑说转引自刘乐贤《睡虎地秦简日书研究》,文津出版社1994年版,第236页。
④ 李天虹、华楠、李志芳:《胡家草场汉简〈诘咎〉篇与睡虎地秦简〈日书·诘〉对读》,《文物》2020年第8期。
⑤ 裘锡圭主编:《长沙马王堆汉墓简帛集成》(六),中华书局2014年版,第95、96、98页。
⑥ 和中浚等:《老官山汉墓〈六十病方〉与马王堆〈五十二病方〉比较研究》,《中医药文化》2015年第4期。

子、生育之义呢？要了解此一问题，须从该字的形体建构本源谈起。

甲骨文未见"字"字，商代金文有 ![] （字父己觯）、![] （字父己觯）、![] （字瓯）等形，① 两周金文有 ![] （善夫梁其簋）、![] （善夫梁其簋）、![] （叔夷镈）、![] （余贎儿钟）、![] （吴王光鉴）等形，② 秦简牍文字有 ![] （睡封86）、![] （睡甲150正叁）、![] ［里J1（16）1正］等形，③ 战国秦汉玺印文字有 ![] 、![] 、![] 等形。④ 以上字形，从![] 从 ![] （或 ![] ），诸家皆释作"字"字。从以上赘列该字字形来看，其与《说文·子部》所说"字，乳也。从子在宀下，子亦声"⑤ 之"从子在宀下"的构形正相一致。

目前学术界有关古文"字"字形义的探求，有以《说文》"从子在宀下"为依据而申言者，也有驳《说文》所述而另创新说者。但无论哪种观点，多就其字形而略论其义，未能进一步分析古文"字"字构形所蕴含的上古民众的思维认知和相关文化信仰。就此而论，对古文"字"字形义的认知仍有进一步探讨的必要。

第二节 "字"字构形旧说辨析

对古文"字"字形义的讨论，驳《说文》"字，乳也。从子在宀下"之说者，主要有马叙伦、夏渌等先生，如马叙伦认为古文"字"字："从子在宀下为乳，于义不可通。伦谓古书言'字'者，若《易·

---

① 严志斌编著：《商金文编》，中国社会科学出版社2016年版，第447页。
② 江学旺编著：《西周文字字形表》，上海古籍出版社2017年版，第602页；吴国升编著：《春秋文字字形表》，上海古籍出版社2017年版，第633页。
③ 汤余惠主编：《战国文字编》，福建人民出版社2001年版，第966页；方勇编著：《秦简牍文字编》，福建人民出版社2012年版，第415页。
④ 方介堪编：《玺印文综》，上海书店1989年版，第859页；罗福颐编：《汉印文字征》第14卷，文物出版社1978年版，第16页。
⑤ （汉）许慎撰，（宋）徐铉等校定，陶生魁点校：《说文解字》，中华书局2020年版，第485页。

屯》之'女子贞不字，十年乃字'，《墨子·节用》'若纯三年而字子'。'字'实皆'孕'之讹。《书·尧典》'鸟兽孳尾'，《史记·五帝纪》作'字微'。《史记·平准书》'乘字马者'，《说苑》'臣故蓄牸牛，生子而大'，'牸'即'字'字，以牛故而加牛旁，是诸'字'字亦当作'孕'。《山海经·中山经》'苦山有木，服之不字'，'不字'明谓'不孕'也。故郭璞注曰'生也'，此训'乳'也。'乳'为卵孚之'孚'本字，见'乳'字下，义亦与孕将毋不同。然从'宀'必不能会意，而宀亦非声。以音言之，似从'子'得声，则从宀为何义耶？伦以为'乳'、'字'本是一字，形误为'字'，声同之类，而转入从纽为疾置切。古读从纽多同于定，孕音喻纽四等，古读喻四亦归定纽也。"① 夏渌则云："'字'，《说文》释为'乳也'，是'生孩子'的意思。析形谓'从子在宀下'就比较牵强。宀，实际是'文'和'大'的下半部，代表母亲大人的下肢，'人'为'腿'的象形初文。甲骨文有 形，金文《王子申匜》作 形，很明显上部为下肢形，中为产儿，下部双手表助产者接生之意。甲骨文 即'娩'初文，也是母体娩子（头顶先出）之形……'字'相当由大人孳生的子女。"② 李义海亦有类似观点云：字，会意兼形声字。字在周代金文中像妇人产子形，外部的" "，实像产妇下体双腿形，至小篆形讹为"宀"，以至许慎解该字为"从子在宀下，子亦声"。"字"的本义为妇人孕育。③ 田望生则云："'字'字上面的这个部首'宀'，如金文该是子宫，一个宫颈张开的子宫，婴儿从那里生出来了。'字'与'孕'义近，孕是怀孩子，还没有出生，生孩子是'字'。字，'宀'下方的'子'和'孕'字下面的那个'子'是同一个形象，都是一个两只小手在活动的婴儿形，两只脚绞在一起，没有分开，一分开可就要难产了。"④

以上诸说中，马氏以"乳""字"本是一字，"字"为"乳"字之

---

① 马叙伦：《说文解字六书疏证》卷之廿八，上海书店1985年版，第71页。
② 夏渌：《古文字演变趣谈》，文物出版社2009年版，第259页。
③ 李氏说见李学勤主编《字源》，天津古籍出版社、辽宁人民出版社2012年版，第1279页。
④ 田望生：《字里乾坤——汉字文化随笔》，华文出版社2004年版，第325页。

形误。核之古文"乳"字，甲骨文作☒形，① 商周金文未见，马王堆汉墓简帛文字作☒（足011）、☒（谈045）、☒（合107）、☒（周026）等形。②《说文》所收"乳"字小篆作☒形，与上引简帛文字字形同。此字之甲骨文形体，李孝定以为象怀子哺乳之形，从母，但著一乳。③ 其说可从。至简帛文字，"爪"形与母形分离，母形又截取踞跪之人体部分而作☒形，《说文·乞部》谓"乳"乃"从孚、从乞。乞者，玄鸟也"，④ 显误。从上引字、乳二字构形及形体演化看，明非一字之形误而分者。另，《说文·子部》所谓"字，乳也"之"乳"，乃是生育之义，而非乳哺也。《说文·乞部》释"乳"字即云："人及鸟生子曰乳。"《说文·子部》"㝅，乳也"段注云："上文之乳，谓生子也。此乳者，谓既生而乳哺之也。"⑤ 段氏所谓的"上文之乳"，即《说文·子部》所谓"字，乳也"之"乳"。可见，字、乳二字均有生子之义，故《说文》释其义而互见。此亦明字、乳本为二字，而非"乳"字形误而生"字"字。夏、李二位先生以"字"字上所从非"宀"而是产妇下肢形，其说与"字"字形体不符。夏先生所引释作"字"字的甲骨文"☒"，各家甲骨文字编均未收录，恐是对甲骨文"孕"（作☒）字的误摹误读。而其所引并释作"字"字的金文☒形，乃是鸟虫书的"子"字。⑥ 虽然"子""字"二字可相通假，但在此处应释读为"子"，而非"字"字。因此，其据鸟虫书的"子"字来解读"字"字的形体构造蕴意，显然不妥。至于其所引释作"娩"字的甲骨文☒，商代卜辞中多见，该字又有☒、☒、☒等不同写法，李宗焜

---

① 李宗焜编著：《甲骨文字编》（上），中华书局2012年版，第13页。
② 陈松长编著：《马王堆简帛文字编》，文物出版社2001年版，第471页。
③ 李孝定编述：《甲骨文字集释》，"中研院"历史语言研究所1970年版，第3493页。
④ （汉）许慎撰，（宋）徐铉等校定，陶生魁点校：《说文解字》，中华书局2020年版，第247页。
⑤ （清）段玉裁：《说文解字注》，中华书局2013年版，第750页。
⑥ 裘锡圭：《文字学概要》（修订本），商务印书馆2013年版，第53页。

将其统归于▯形符下。① 郭沫若释▯为冥，认为"盖㝱之古文，从▯、从▯（攀），▯亦声也"。② 金祥恒释为挽，认为"甲骨文▯象分娩之形，分娩乃妇女之事，故字又从女"。③ 李瑾析其形云："冥字甲骨文雏形（▯、▯、▯），上部象妇女下肢，中部棱形、半月形、口形或省作一竖画者，则象阴道孔开口处，后来'口'形在发展中取得优势，又衍一羡画讹变为日形；其下从▯者，象助产者背反两手向左右用力撑开产妇两腿以导产之状。"④ 其说可从。商代金文有▯（《铭图》08330）、▯（《铭图》01176）等形，吴镇烽释作"字"，⑤ 严志斌释作"挽"，⑥ 夏大兆则将二字附于"字"字下。⑦ 按，二字上部构形▯与上引释作"冥"、读为"挽"的卜辞文字▯、▯、▯相同，均为产妇下肢之形。加下部之"子"，其形正象产妇下肢有子产出之状，故释其为"挽"字至确。而"字"字所从之"宀"，甲骨文作▯、▯、▯等形，徐中舒释其构形云："象宫室外围轮廓形……▯为具有两坡顶之简易棚舍，为临时寄居之处，因其外露部分较多，故名为庐。故▯、▯形近而其当初有别，卜辞皆混用不复区别。合体字中或简化为▯形。"⑧ 邹晓丽指出，宀字为屋子的象形，▯为屋顶，两边为墙，即王筠所谓"一极两宇两墙之形"，于省吾释作"宅"的初文。卜辞中独用，金文始作偏旁，多为义符。卜辞中"宀""宅"互见，但用法有别。"宀"是名词，"宅舍"；"宅"是动词，与"居"意同。后

---

① 李宗焜编著：《甲骨文字编》，中华书局2012年版，第798页。
② 郭沫若：《甲骨文字研究·骨臼刻辞之一考察》，《郭沫若全集·考古编》（第1卷），科学出版社1982年版，第424页。
③ 金祥恒：《说㝱》，《中国文字》（第45册），1972年，第5031页。
④ 李瑾：《"冥"字与"黾勉"词两者音义关系分析》，《华中师范大学学报》（哲学社会科学版）1987年第3期。
⑤ 吴镇烽编：《商周青铜器铭文暨图像集成》，上海古籍出版社2012年版。
⑥ 严志斌编：《商金文编》，中国社会科学出版社2016年版，第447页。
⑦ 夏大兆编著：《商代文字字形表》，上海古籍出版社2017年版，第585页。
⑧ 徐中舒主编：《甲骨文字典》，四川辞书出版社2006年版，第797—798页。

来"宅"通行而"宀"只作偏旁用。① 宀字在金文中用作偏旁，形体作 ⌒、⌒等，与甲骨文大体一致。据张再兴对殷周金文中从"宀"形字的统计，"宀"的形体有九种类型，而最为常见的类型有三种：01A ⌒、01B ⌒、01C ⌒，02A ⌒、02B ⌒、02C ⌒，03 ⌒。这三种类型共 3752 个，占总字形数的 98.2%。其中 01A ⌒ 形在殷商及周中期最为常见，有 667 个，03 ⌒ 形则在西周晚期最为常见，多达 1198 个。② 宀字早期形体书写上的这种变化，裘锡圭曾有精辟的分析："西周春秋时代一般金文的字体，大概可以代表当时的正体。一部分写得比较草率的金文，则反映了俗体的一些情况……铭文中的'宀'旁，规整的一件作 ⌒，草率的一件作 ⌒，应是正体和俗体的不同。在比痶簋晚一点的铜器上，就是那些字体很规整的铭文，也大都把'宀'旁写作 ⌒，俗体就变成正体了……春秋时期已经出现把'宀'旁简化为 ⌒。'宀'旁的这种写法，显然是当时相当流行的一种俗体（战国文字里这种写法也时常可以看到）。"③ 在古文字中，凡是从"宀"的字，本义大多与房屋、居室、寝处、寄栖、止息、安宁等相关。④ 如表示建筑类型的宫、室、牢、宇、宋等，表示建筑空间状态或部位的宽、宏、向等，表示人与建筑的起居行为的安、宿、寝、定等。"字"字之构形，亦如《说文》所说，乃是"从子在宀下""宀，交覆深屋也。象形"。而从卜辞及金文"冥（挽、娩）"字构形，其上部表示产妇下肢的 ⌒ 形来看，与"字"上部所从之 ⌒（房屋之形）显然不同。夏、李等所释者，揆之文义，乃是"冥（挽、娩）"字之构形，而非"字"字，其说自难从信。

此外，出土战国楚简中有 𡨄、𡨄 等字形⑤。𡨄，李零指出，此

---

① 邹晓丽编著：《基础汉字形义释源——〈说文〉部首今读本义》，中华书局 2007 年版，第 127 页。
② 张再兴：《殷商西周金文中构字符素"宀"的形体演变》，载中国文字学会、河北大学汉字研究中心编《汉字研究》（第 1 辑），学苑出版社 2005 年版，第 440—449 页。
③ 裘锡圭：《文字学概要》（修订本），商务印书馆 2013 年版，第 53—54 页。
④ 董莲池：《说文部首形义新证》，作家出版社 2007 年版，第 197 页。
⑤ 李守奎编著：《楚文字编》，华东师范大学出版社 2003 年版，第 846 页。

即"挽"字的古写。① 赵平安认为此即从甲骨文所谓的"冥"发展演变而来，所谓"冥"，其实就是"挽"。② 二氏说可从。至于 [字形]字，见于郭店楚简《六德》28号简，整理者释为"字"字，裘锡圭先生或疑该字为"免"字误写，③ 李零则认为它就是"娩"字初文。④ 李天虹从李说，指出"娩"字初文的写法有时确实和"字"相混，而不是误为"字"字。但她又认为："'字'为什么会有生育、妊娠的意思却不好解释。现在看来，古书中'字'字的这类用法，或许是'娩'（按：指[字形]字）的误识；也可能是由'娩'的误识衍变而来，即由于将'娩'误识为'字'，而导致人们后来直接用'字'来表示生育、妊娠的意思。"⑤ 禤健聪指出，就文献中个别用例而言，"误识"之说自有可能，但"字"的语义体系完整，从生育、妊娠到养育、抚爱，意义相因，而"娩"只表分娩这一具体动作的意义，与文献中"字"所承担的生育、妊娠等义并不相等；将"娩"代入表生育、妊娠等义的"字"字文例，亦多不能讲通。因此，不太可能因误识而致全部改读。⑥ 他从字形演变上将[字形]、[字形]二字均释为"娩"字。我们认为，这一认识是对的。但他又认为，"字"（生育）与"娩"（分娩）两个音义的书写符号均源于甲骨文的"[字形]"，其后经历了同形分化的演变过程。这一认识，从"娩"（[字形]）字早期形体上部表示产妇下肢的[字形]形与"字"（[字形]）字上部所从为房屋之形的[字形]形来看，自亦不妥。

认同许慎《说文》"字，乳也。从子在宀下"之说者，多将"宀"

---

① 李零：《郭店楚简校读记》，北京大学出版社2002年版，第65页。
② 赵平安：《从楚简"娩"的释读谈到甲骨文的"娩㝃"》，载李学勤、谢桂华主编《简帛研究二〇〇一》（上），广西师范大学出版社2001年版，第57页。
③ 荆门市博物馆编：《郭店楚墓竹简》，文物出版社1998年版，第189—190页。
④ 李零：《郭店楚简校读记》，北京大学出版社2002年版，第137页。
⑤ 李天虹：《楚简文字形体混同、混讹举例》，《江汉考古》2005年第3期。
⑥ 禤健聪：《战国楚系简帛用字习惯研究》，科学出版社2017年版，第483页。

理解为房屋之形并依之立说。如清人徐灏即云："从子在宀下,指事兼会意,妇人乳子居室中也。"① 林尹、高明等按曰："字之本义训乳子,从子在宀下,会意。宀,交覆深屋也,象屋两下四注之形。从子在宀下者,谓妇人居室中乳子也,引申为文字孳乳之称。"② 焦传生云："字之本义为乳,动词。从子在宀下,谓婴儿在屋中也。引申有抚爱之义。文字义,实由孳乳衍生而渐多引申而来,此引申义大兴于后世,而本义渐晦。"③ 张儒甫云："字,以表屋子的宝盖头和表小儿的'子'会意,'子'亦兼读声。本指女子生育后在室内给孩子哺乳,引表女子已许嫁。今文借表记录语言的符号。"④ 陈炜湛云："'字'的本义是妇女生子,以'子'代表婴儿,置之室内(宀),以示妇女分娩得子(古不分男女皆可曰子)而哺乳之意。"⑤ 蔡连章云："字,会意字。金文从子、宀。'宀'为房屋,'子'为初生的婴儿。两形相合,表示家中添丁生子……故'字'的本义为家中生子。引申为抚育、教育,如字民之道……犹如两人(一男一女)结合而生子一般,汉字中所谓'字'就是指由两'文'结合而孳乳出来的新字。此外,古人有名有字。其'字'含义与其'名'大致相当,因为它是由名'乳'生出来的。"⑥ 许进雄则云："金文的'字'字,作一个婴儿于家庙之中(🈳),表示介绍婴儿于祖先之前,成为家族的一员。给予名字的小孩才是可计数的下代子孙,故而引申以称滋生越来越多的文字。"⑦ 王祥之云："字,古文为生育、抚养的意思,文字之字是借音字。金文字(🈳),会意兼形声字,以屋(⌂)内有子(子)会意为生育或抚养之'字'。古文

---

① (清)徐灏:《说文解字注笺》,《续修四库全书》(第227册),上海古籍出版社2002年版,第113页。
② 林尹、高明主编:《中文大辞典》,台北:中国文化学院出版部1968年版,第3758页。
③ 焦传生:《说文释例举要》,青岛出版社1997年版,第382页。
④ 张儒甫:《汉字解惑》,青海人民出版社2002年版,第545页。
⑤ 陈炜湛:《古文字趣谈》,上海古籍出版社2005年版,第312页。
⑥ 蔡连章:《古文字基础》,百家出版社2006年版,第49页。
⑦ 许进雄:《中国古代社会——文字与人类学的透视》,中国人民大学出版社2008年版,第404页。

中，'字'与'子'通用，子又兼做声符。"①林志强云："'字'未见于甲骨文材料。金文从宀，从子，子亦声。表示屋里有孩子，本义为生育。《说文》以'乳'释之，段注云：'人及鸟生子曰乳。'林氏云'抚子'，当为引申义。"② 等等。

以上诸家据《说文》"字，乳也。从子在宀下"之说来探析"字"字构形及文义，抓住了"字"字上部"宀"形为房屋、下部"子"为初生儿的构字特点，有其合理性。但均未能深入分析何以宀下有子的"字"字本义为生育，并引申为爱、养也，孳乳增加等义。要正确把握古文"字"字构形所蕴含的此等义项，须从早期先民对处于特殊生理期女性的诸多禁忌观念谈起。

第三节 "字"字构形与古代产育禁忌俗信

在早期先民的观念中，常把处于月经期、产育期的女子看作污秽的，故须加以避忌，这一习俗至今在我国许多民族中仍有保留。从古文"字"字形体构造上看，其从"宀"从"子"，象房屋中有子之状，正是古人基于将妇女生育看作污秽之事而须加避忌，故特为孕妇设置待产之场所——乳舍（或产舍）的形体构建及相关俗信在古文字构形中的反映。

由于认知水平的有限，古代先民对处于特殊生理期的女性产生诸多禁忌的观念，有时甚至上升为国家律令的禁制。如《说文·女部》引《汉律》"见姅、变，不得侍祠"，并谓"姅，妇人污也"。《史记·五宗世家》"景帝召程姬，程姬有所辟，不愿进"《索隐》引《汉律》此条内容同。③ 何谓"妇人污"？如前文所述，乃是指妇女因月事、分娩或小产出血。是以《汉律》"见姅变不得侍祠"的规定，乃是基于姅为"妇人污"的观念。正因古人将妇女月事、伤孕出血、分娩等看作极为

---

① 王祥之：《图解汉字起源》，北京大学出版社2009年版，第27页。
② 林志强、田胜男、叶玉英：《〈文源〉评注》，中国社会科学出版社2017年版，第242页。
③ （汉）司马迁：《史记》，中华书局1959年版，第2100页。

污秽之事，故常须对此一特殊生理状态下的妇女加以避忌。段注所谓"《汉律》与《周礼》相为表里"的《周礼》，其内容即见于《礼记·内则》："妻将生子，及月辰，居侧室。夫使人日再问之，作而自问之。妻不敢见，使姆衣服而对。至于生子，夫复使人日再问之。夫齐，则不入侧室之门。""公庶子生，就侧室。三月之末，其母沐浴朝服见于君，摈者以其子见……庶人无侧室者，及月辰，夫出居群室。"孔颖达疏曰："此论国君以下至庶人生子之礼，及嫡庶差别，妻妾异等，所生男女养教之法。""夫正寝之室在前，燕寝在后，侧室又次燕寝，在燕寝之旁，故谓之侧室。妻既居侧室，则妾亦当然也。""生子不于夫正室及妻之燕寝，必于侧室者，以正室、燕寝尊故也。""庶人以无侧室，妻在夫寝，妻将生子，故夫出辟之。若有侧室，则妻在侧室，夫自居正寝，不须出居群室也。"①孔疏的意思，大致有二：其一，上至国君，下到庶人，在其妻妾生子时，必须要加以避忌，不能与其同居。其二，国君、士大夫等贵族上层有条件者，则其妻妾须移居侧室以待产；庶人因条件所限而无侧室者，则在其妻待产时，则须出而避之。这反映出古代先民对于待产之孕妇，无论贵贱，皆须避忌的礼俗。在这里，侧室成为贵族孕妇待产的特定场所。

《礼记·内则》所载孕妇临产移居侧室的礼俗，在《左传·昭公二十九年》亦有记载："公衍、公为之生也，其母偕出。公衍先生，公为之母曰：'相与偕出，请相与偕告。'三日，公为生。其母先以告，公为为兄。""相与偕出"者，杜预云："出之产舍。"孔颖达疏引《礼记·内则》"妻将生子，及月辰，居侧室"认为，产舍即侧室也。②杨伯峻亦据《礼记·内则》此条文字认为，侧室即"产舍"，亦即《大戴礼记·保傅》所谓的"宴室"。"相与偕告"者，"谓一同出居产舍，生子便一同向公报告"。③可知在当时，国君妻妾生子，确须至侧室（即产舍）进行。值得注意的是，殷墟出土卜辞云：

---

① （汉）郑玄注，（唐）孔颖达正义：《礼记正义》，上海古籍出版社2008年版，第1156—1166页。
② （晋）杜预注，（唐）孔颖达正义：《春秋左传正义》，北京大学出版社2000年版，第1729页。
③ 杨伯峻编著：《春秋左传注》（修订本），中华书局1990年版，第1500页。

> 令㽙宅正，叀延宅正。（《合集》22324）
> ……三妇宅新寝◇宅。十月。（《合集》24951）

彭邦炯先生指出，卜辞中的"㽙"为人名，"宅"为居处，"正"即征，为治理、整治之义。"延"有延后、延缓之义。"寝"后不识之"◇"字可能是新寝名或宅名。前条卜辞，乃是关于收拾整理住宅以备孕妇居住的记录。而后条卜辞"宅新寝"之卜说明，古者王后怀孕而"出居别宫"之事是有据的，而且商代已存在。① 若其说可据，则古代贵族妇女出居别室待产之俗，至晚可上溯至商代后期。

古代妇女临产别居的产育禁忌礼俗，在两汉时期，尚有专为孕妇待产而设置的"乳舍（或称'产舍'）"以为资证，如《风俗通义·佚文》所载两则故事，即言及此俗：

> 颍川有富室，兄弟同居，两妇皆怀姓，数月，长妇胎伤，因闭匿之；产期至，同到乳舍，弟妇生男，夜因盗取之，争讼三年，州郡不能决。
> 汝南周霸，字翁仲，为太尉掾，妇于乳舍生女，自毒无男，时屠妇比卧得男，因相与私货易，裨钱数万。②

此两条文字中的"乳舍"，就是当时颍川、汝南等地专用于孕妇待产生育的场所。两则故事所涉人物身份，一为富室，一为太尉掾，皆非一般民众，说明在当时，即使是官宦或富贵人家的妇女，在其妊娠将生时，也要到专为她们修建的乳舍中待产。何以要如此呢？王充《论衡·四讳》载当时之俗及因由云：

> 讳妇人乳子，以为不吉。将举吉事，入山林，远行，度川泽者，皆不与之交通。乳子之家，亦忌恶之，丘墓庐道畔，逾月乃入，恶之甚也。

---

① 彭邦炯：《甲骨文医学资料释文考辨与研究》，人民卫生出版社2008年版，第182—183页。

② （汉）应劭撰，王利器校注：《风俗通义校注》，中华书局2010年版，第590—591页。

黄晖按曰："产妇不吉，在月内，邻舍禁其往来。虽母家，亦忌之。俗习尚然。"① 崔寔《四民月令》"八月"条下亦云："祠岁时常所奉尊神，前期七日，举家毋到丧家及产乳家。"② 是知时俗以妇女分娩为不洁而须加避忌。

类似的生育禁忌俗信也流行于汉代上层社会中，史载汉代宫廷后妃临产前，亦须迁居其他宫馆，史称"任（妊）身就馆"③。《史记·外戚世家》"孝景帝即位，王夫人生男"《索隐》引《汉武故事》云："帝以乙酉七月七日生于猗兰殿。"④ 猗兰殿，《三辅黄图》未见记载，《长安志》卷3列其于未央宫下，具体位置则未述及。⑤《汉书·外戚传》载，宣帝许皇后生子时居于长定宫，"女医淳于衍……即捣附子，赍入长定宫。皇后免身后，衍取附子并合大医大丸以饮皇后"。⑥ 长乐宫有长定殿，何清谷疑其即宣帝许皇后所居的长定宫。长乐宫在汉长安城的东南部，自惠帝时，皇帝移居未央宫，长乐宫供太后居住。因长乐宫在未央宫之东，故又称东宫。⑦ 又，《汉书·成帝纪》"元帝在太子宫生甲观画堂"李贤注引应劭曰："甲观在太子宫甲地，主用乳生也。画堂画九子母。"又引如淳曰："甲观，观名。画堂，堂名。《三辅黄图》云'太子宫有甲观'。"⑧ 沈钦韩曰："应所言指产舍也。画九子母，盖应所目知。"⑨ 周寿昌云："《汉宫阁疏》曰：'未央宫有画堂甲观、非常室。'盖汉制多以干支立名，如律令则有甲令乙令丙令……此名甲观，可类推。"⑩ 据《三辅黄图》所载，"太子宫甲观画堂"在北宫中。学者指出，应劭乃东汉人，对两汉宫廷事颇熟悉，其说当有所据。甲观画

---

① 黄晖：《论衡校释》，中华书局1990年版，第975页。
② （汉）崔寔撰，石声汉校注：《四民月令校注》，中华书局2013年版，第60页。
③ （汉）班固：《汉书》，中华书局1962年版，第4020页。
④ （汉）司马迁：《史记》，中华书局1959年版，第1976页。
⑤ （宋）宋敏求：《长安志》，三秦出版社2013年版，第171页。
⑥ （汉）班固：《汉书》，中华书局1962年版，第3966页。
⑦ 何清谷：《三辅黄图校释》，中华书局2005年版，第108、190页。
⑧ （汉）班固：《汉书》，中华书局1962年版，第301页。
⑨ （清）沈钦韩：《汉书疏证（外二种）》，上海古籍出版社2006年版，第44页。
⑩ （清）周寿昌：《汉书注校补》，上海：商务印书馆1936年，第63页。

堂是太子宫的产房,绘一母九子壁画取多生贵子之义。① 是汉成帝出生时的甲观画堂,乃是太子所居未央宫中主用乳生之事的产舍所在。此外,《汉书》多载有后宫妃嫔产子时须"就馆"之事,如《汉书·元后传》云:"闻张美人未尝任身就馆也。"《汉书·外戚传》载,汉元帝冯昭仪"始为长使,数月至美人,后五年就馆生子生男,拜为倢伃"。而汉成帝班倢伃产子时,"居增成舍,再就馆,有男,数月失之"。"就馆",师古注引苏林曰:"外舍产子也。"又引晋灼曰:"谓阳禄与柘观。"②《汉书·外戚传》载班倢伃自作伤悼赋辞亦云:"痛阳禄与柘馆兮,仍繈褓而离灾。"师古注引服虔曰:"二馆名也,生子此馆,皆失之也。"师古曰:"二观并在上林中。"③ 据此可知,班倢伃平时居后宫增成舍,待其两次产子时,则先后移居城外上林苑之阳禄、柘馆二处。又,《后汉书·王昌传》云:"王昌一名郎……初,王莽篡位,长安中或自称成帝子子舆者,莽杀之。郎缘是诈称真子舆,云'母故成帝讴者,尝下殿卒僵,须臾有黄气从上下,半日乃解,遂妊身就馆。赵后欲害之,伪易他人子,以故得全'。"④ 此处"妊身就馆",自是指移居外舍待产而言。由上赘举,可知汉代即使是贵为宫廷后、妃者,其临产时亦均须由日常居所而移居外舍。

宋杰认为,汉代后妃临产时的"就馆"与《论衡·四讳》所载江南民间孕妇"产痛在庐"之风俗具有相似的形态,都属于"外舍产子",即妇女在临产前离开常居的房屋,到某种临时住所分娩,然后再返回故居。此一礼俗实施的原因,可能主要是出于保护孕妇及婴儿生命安全免受宫内他人妒害的考虑。但溯其源起,当与原始社会对行经、分娩妇女的禁忌观念有着内在的必然联系,是原始禁忌的残存或流变。⑤ 可见,在汉代,上至天子后妃,下到庶民百姓,虽然身份、地位和居住条件不一样,但妇女分娩常被看作污秽之事,以至要把她们移至它处完成生育的过程,甚至逾月方允许其返回原居所。晋代医家陈延之对此一

---

① 何清谷:《三辅黄图校释》,中华书局2005年版,第186页。
② (汉)班固:《汉书》,中华书局1962年版,第3984页。
③ (汉)班固:《汉书》,中华书局1962年版,第3986页。
④ (南朝宋)范晔:《后汉书》,中华书局1965年版,第491页。
⑤ 宋杰:《汉代后妃"就馆"与"外舍产子"风俗》,《历史研究》2009年第6期;宋杰:《汉代产育风俗探析》,《史学集刊》2010年第4期。

生育禁忌俗信的文化背景直言道："妇人产后满月者，以其产生，身经暗秽，血露未净，不可出户牖，至井灶所也，亦不朝神祇及祠祀也。"[1] 林素娟在谈及此类产育禁忌俗信时亦指出，孕妇生产的不洁并不是指一般的肮脏，而是不祥。这种不祥从人类学的角度来看，主要来自三个方面，一是妇女经血的不洁，二是原有的秩序遭受破坏，三是事件的发生者身份处于转变的中介状态，难以透过定义而得到约束和定位，所以被视为危险的存在。由于产育不洁的特质，因此必须加以隔离。[2] 在此类认知下，这种生育禁忌观念在我国后世的一些民族中曾长期得以流传，如我国西南地区的佤、藏、哈尼、基诺、纳西、彝、普米、独龙、珞巴等族均有视妇女分娩为不洁的习俗，[3] 而藏、哈尼、仫佬、鄂温克、独龙、鄂伦春、赫哲、基诺等族仍保留着妇女在分娩时，须离开常居之室，在专门准备的产室中分娩的遗俗。胡朴安《中华全国风俗志》下编卷1"黑龙江"下载道："俄伦春妇临产，夫为搭棚寮数里外，送妇居之。既生儿，乃迎归。"[4] 方素梅主编的《中国少数民族禁忌大观》一书中载鄂伦春族旧时生育俗信亦云："当孕妇临产时，另搭'斜仁柱'作产房，将其移居哪里分娩，禁止在家人住的、供有神像的屋内生小孩。在产房，一般头胎住29天，二胎住28天，以此类推。从游猎生活转为定居生活后，鄂伦春自治旗在各村盖了公共产房，产妇到那里去分娩。"[5] 独龙族也十分忌讳产妇在室内分娩，认为其"不洁"之体会冲犯室内的弓弩等狩猎用具，致使狩猎无获。因此，产妇分娩时必须到室外，待生下婴儿洗净后方可抱回室内。[6] 这些少数民族的生育禁忌习俗与《礼记·内则》所载孕妇移居"侧室"待产及汉代孕妇移居"乳舍"或"就馆"产育的习俗，二者所依据的信仰原理是相同的。

---

[1] （晋）陈延之著，高文柱辑校：《小品方辑校》，天津科学技术出版社1983年版，第25页。
[2] 林素娟：《空间、身体与礼教规训——探讨秦汉之际的妇女礼仪教育》，台湾学生书局2007年版，第56页。
[3] 杨筑慧：《中国西南民族生育文化研究》，中央民族大学出版社2006年版，第118—121页。
[4] 胡朴安编：《中华全国风俗志》下编卷1，上海书店1986年版，第141页。
[5] 方素梅主编：《中国少数民族禁忌大观》，广西民族出版社1996年版，第364页。
[6] 方素梅主编：《中国少数民族禁忌大观》，广西民族出版社1996年版，第356页。

无独有偶，在世界许多民族中，对于分娩期的妇女都有与上述相似的禁忌，其理由显然也是一样的，即妇女在此期间都被认为是处于危险的境况之中，她们可能污染与她们接触的任何人和物。因此她们被隔绝起来，直到健康和体力恢复，危险期度过为止。例如，在塔希提岛上，妇女分娩以后要住在圣洁地方的临时小屋里隔离半个月或三个星期，在此期间，她们不得自己进用饮食，必须由别人喂食。另外，这期间如果任何人接触了婴儿，也必须像母亲一样遵守那些限制，直到母亲举行"满月"仪式之后。同样，在阿拉斯加附近的卡迪亚克岛上，临产的妇女无论什么季节，都得住进用芦苇搭起的简陋茅舍，在那里养下孩子住满二十天。在此期间，她被认为是最不洁净的，谁也不接近她，她吃的食物都是用棍子挑着送给她的。布赖布赖印第安人认为妇女分娩的污秽亵渎比月经来潮更为严重。妇女感觉快要临盆时，便告诉自己的丈夫，丈夫赶忙在偏僻无人的地方为她搭起一所小屋，让她一人独自居住，除了她母亲和另外一位妇人外，不得同任何人说话。在南非人眼里，产育婴儿所流的血比月事来潮的污秽更为危险，妇女坐月子期间丈夫必须隔离八天，不得在家居住，主要是恐怕受污染。[①] 阿拉佩什人孩子出生的时刻，父亲是不能露面的。因为他们相信，妇女的生育功能同男人带有魔力的获取食物的功能在本质上是势不两立的。分娩时流的血与月经时流的血一样是危险的，因此孩子必须降生在寨子外面……当清洗好婴儿并把胎衣、脐带处置完毕，母亲和婴儿被带回寨子里，暂时在一间小房子里栖身。这间小屋通常建在正常的居住区域之外。[②] 在日本的古代人生礼俗中，"生育曾经是在村落共有的产屋进行的，这是由于生育被人们视为不洁，因此产妇被隔离开来。大多数的情况是，产妇的禁忌日是75天"。[③] 以上虽反映的是域外民族对于生育进程中的妇女的避忌习俗，但其所遵循的信仰原理与我国妇女临产须移居侧室或乳舍的习俗并无二致，都是基于认为生育期的妇女与产血一样，是污秽的，因而须加避忌

[①] [英]詹·乔·弗雷泽：《金枝——巫术与宗教之研究》，徐育新等译，中国民间文艺出版社1987年版，第313—314页。

[②] [美]玛格丽特·米德：《三个原始部落的性格与气质》，宋践等译，浙江人民出版社版1988年版，第30—31页。

[③] [日]宫冢准：《日本的民俗宗教》，赵仲明译，南京大学出版社2008年版，第74页。

的观念。因此，当妇女即将生育时，她们常受到非常的对待，不但要移住到为她们生育专门搭建的房舍中，而且在生育之事结束后，还会有一段时期的隔离期，甚至要通过一定的祓除仪式，以免其污秽不洁亵渎神灵或影响他人。

古人造字有"六书"之说，其中会意者，"比类合谊，以见指㧑"。古文"字"字构形"从子在宀下"，象房屋中有子之状，会意兼形声，指产妇用来进行生育之事的场所，故本义即生也。这也正是古人基于将妇女生育看作污秽之事而须加避忌，故特为孕妇设置待产之场所——乳舍（或产舍）习俗在古文字构形中的反映。

第四节 "字"字文义演变探析

一 字，生也

因"字"字是古代孕妇临产时移居用于生育之事的特殊场所——乳舍（或产舍）习俗在古文字中的反映，是以"字"字便有了生子、产育的本义。如《汉书·严安传》"五谷蕃熟，六畜遂字"颜师古注："字，生也。"[①]《说文·子部》云："字，乳也。"《说文·乞部》云："人及鸟生子曰乳，兽曰产。"又，《说文·子部》"穀，乳也"段注："上文之乳谓生子也，此乳者，谓既生而乳哺之也。"[②] 这里的"上文之乳"，即《说文·字部》所说"字，乳也"之"乳"。《论衡·气寿》云："妇人疏字者子活，数乳者子死。""疏字"与"数乳"对文，正是字、乳皆为"生也"之义的例证。又，《山海经·中山经》云："（苦山）上有木焉，名曰黄棘，黄华而员叶，其实如兰，服之不字。"郭璞云："字，生也；《易》曰：'女子贞不字。'"[③]《易·屯》"女子贞不字，十年乃字"李鼎祚《集解》引虞翻说曰："字，妊娠也。"王念孙《广雅疏证》卷1"字、乳……育、孚，生也"条下辨之云：

---

① （汉）班固：《汉书》，中华书局1962年版，第2810页。
② （清）段玉裁：《说文解字注》，中华书局2013年版，第750页。
③ （晋）郭璞注：《宋本山海经》，国家图书馆出版社2017年版，第126页。

字者,《说文》:"字,乳也。"《尧典》"鸟兽孳尾",传云:"乳化曰孳。"《史记·五帝纪》作"字"。《说文·序》云:"形声相益谓之字,字者,孳乳而寖多也。"亦生之义也。引之云:《屯》六二:"女子贞不字,十年乃字。"虞翻训"字"为"妊娠",后人多不用其说。今案:《广雅》:"字,生也。"《墨子·节用》篇:"十年若纯,三年而字,子生可以二三年矣。"《太玄·事》次四"男女事,不代之字"范望注云:"男而女事,犹为不宜,况于字育?故不代也。"《中山经》"苦山有木,名曰黄棘,其实如兰,食之不字"郭璞注云:"字,生也。"引《易》"女子贞不字"。然则"不生"谓之"不字",必不孕而后不生,故"不字"亦兼不孕言之。①

"乳"字的生育之义,在传世文献中也多有用例。如《吕氏春秋·季夏纪·音初》"夏侯氏孔甲田于东阳萯山,天大风晦盲,孔甲迷惑,入于民室,主人方乳"高诱注:"乳,产。"②《史记·扁鹊仓公列传》"菑川王美人怀子而不乳……以酒饮之,旋乳"司马贞《索隐》曰:"乳,生也。""旋乳者,言回旋即生也。"③《汉书·刑法志》"年八十以上,八岁以下,及孕者未乳"颜师古注:"乳,产也。"《汉书·外戚传》"妇人免乳大故,十死一生"师古曰:"免乳谓产子也。"又云:"其十月中,宫乳掖庭牛官令舍。"师古曰:"乳,产也。"④《说文·生部》云:"产,生也。"周家台秦简简文有"产子占",⑤马王堆汉墓帛书《胎产书》有"我欲殖人产子""故人之产殹(也)""欲产男""欲产女""必产男""怀子产男""女子鲜字者产"等语,⑥香港中文大学文物馆所藏汉简《日书·生子》篇有"产一日""产二日""产三

---

① (清)王念孙著,张其昀点校:《广雅疏证》(点校本),中华书局2019年版,第68页。
② (汉)高诱注,(清)毕沅校:《吕氏春秋》,上海古籍出版社2014年版,第119页。
③ (汉)司马迁:《史记》,中华书局1959年版,第2806页。
④ (汉)班固:《汉书》,中华书局1962年版,第1108、3967、3992页。
⑤ 湖北省荆州市周梁玉桥遗址博物馆编:《关沮秦汉墓简牍》,中华书局2001年版,第121页。
⑥ 裘锡圭主编:《长沙马王堆汉墓简帛集成》(六),中华书局2014年版,第93—98页。

日""产五日"等,① 北京大学藏汉简载有"占产子图",其篇题作"占产子"。② 此数处"产"字皆作"生""生育"之义,是人生子也可曰"产"。是以《广雅·释诂一》云:"字、乳……生也。"③

"字""乳"皆为生子、生育之义,这在出土文字资料中也有用例。如《吴王光鉴》铭文有"隹王五月,既字白期,吉日初庚",郭沫若隶"字"字为"子",后孙稚雏改为"字"字。④ 郭氏虽误释 ![字] (字) 为"子",但他以为"子"与"孳"通,训生,白乃古伯字,与霸通。"此乃初吉之后,既生霸期中第一庚日","既子白期,当即既生霸"。⑤ 其说甚确。周家台秦简医方"长发方"云:"取新乳狗子,尽煮之,即沐,取一匕以殽沐,长发。"⑥ 马王堆汉墓帛书《养生方》载"去毛"方云:"欲去毛,新乳始沐。"⑦ 此两处"乳"字皆为"生"义。

二 字,爱也,养也

由上引相关文献可知,妇女在侧室或乳舍分娩后,因其被认为不洁,故常须在用于孕妇生产的地方留居一段时间方可回归原居处。至于需要留居多长时间,各家记载似并不一致。如前文所述,《礼记·内则》为"三月之末",《论衡·四讳》为"逾月乃入",《小品方》为"产后满月",所谓"满月者,非为数满三十日,是跨月故也。若是正月产,跨二月入三月,是跨月耳"。⑧ 如此,则产妇在分娩后短者月余,

---

① 陈松长编著:《香港中文大学文物馆藏简牍》,香港中文大学文物馆2001年版,第41—42页。
② 北京大学出土文献研究所编:《北京大学藏西汉竹书墨迹选粹》,人民美术出版社2012年版,第37页。
③ (清)王念孙著,张其昀点校:《广雅疏证》(点校本),中华书局2019年版,第68页。
④ 孙稚雏:《蔡侯墓器摹本》,《古文字研究》(第8辑),中华书局1983年版,第39—42页。
⑤ 郭沫若:《由寿县蔡器论到蔡墓的年代》,《考古学报》1956年第1期。
⑥ 湖北省荆州市周梁玉桥遗址博物馆编:《关沮秦汉墓简牍》,中华书局2001年版,第127页。
⑦ 裘锡圭主编:《长沙马王堆汉墓简帛集成》(六),中华书局2014年版,第45页。
⑧ (晋)陈延之撰,高文柱辑校:《小品方辑校》,天津科学技术出版社1983年版,第24页。

长者则须三月方可允许其回归原居处，恢复正常的生活状态。基此，孕妇待产的地方也就成为产妇与初生婴儿临时共处之所。在这里，产妇要照看、喂养初生儿一段时间。乳舍也就成为产妇对初生儿表达母爱的初始之所。而作为分娩场所的建筑形体反映——"字"也就引申出"爱""养"之义。

古文"字"字的此一义项，在古代文献中也多有例证，如《尚书·康诰》"于父不能字厥子"孙星衍云："字，爱也。"① 《左传·成公四年》"又不能字人之孤而杀之"杜预注："字，爱也。"② 《资治通鉴·魏纪八》"若皆从死，谁当字孤"胡三省注引《说文》云："字，乳也，爱也。"③ 张舜徽《说文解字约注》卷28云："字之言慈也，谓爱之所由生也。物之相爱，始于养子，鸟兽尽然，唯人为甚。《诗·生民》篇'牛羊腓字之'毛传云：'字，爱也。'是已。推之成公四年《左传》：'其肯字我乎？'十一年《传》：'又不能字人之孤。'皆用此义。小徐《系传》'乳也'下有'爱也'二字，疑许书原文本有二训，大徐本误脱其一矣。"④ 又，《左传·昭公十一年》"其僚无子，使字敬叔"杜注："字，养也。"《左传·昭公十六年》"侨闻为国，非不能事大字小之难"服虔注云："字，养也。"孔颖达则以为此处"字"当为"爱"义。⑤ 是以上"字"字，又有爱、养之义。故《玉篇·子部》云："字，爱也，养也，生也。"⑥

三 字，孳乳增加也

正因"字"字为古代产妇待产及对初生儿养育的场所，本义为生育的"字"字也就引申出爱、养之义，进而又增生出孳乳增加之义。《说文·序》云："仓颉之初作书，盖依类象形，故谓之文；其后形声

---

① （清）孙星衍撰，陈抗、盛冬铃点校：《尚书今古文注疏》，中华书局2004年版，第367页。
② 《春秋左传集解》，上海人民出版社1977年版，第673页。
③ （宋）司马光撰，（元）胡三省音注：《资治通鉴》，中华书局1956年版，第2413页。
④ 张舜徽：《说文解字约注》（第4册），华中师范大学出版社2009年版，第3598页。
⑤ （晋）杜预注，（唐）孔颖达正义：《春秋左传正义》，北京大学出版社2000年版，第1557页。
⑥ （梁）顾野王撰，吕浩校点：《大广益会玉篇》，中华书局2019年版，第1006页。

相益，即谓之字。字者，言孳乳而浸多也。"王安石《字说序》云：
"字者始于一，一而生于无穷，如母之字子，故谓之字。"① 林尹、高明
等云："字之本义训乳子……引申为文字孳乳之称，盖独体为文，合体
为字，指事、象形多属原始之初文，是谓之文。其后形与声相益，形与
形相益，是为形声与会意，皆合二体而成，是孳乳而浸多者，故谓之
字。"② 此均言"字"乃是由"文"孳乳而生者。

古文"字"字的孳乳之义，亦可由古人幼名冠字礼俗进一步申论
之。古人有名有字，先名后字。于子生三月而"名"之，及其行成年
礼后又加"字"。如《礼记·曲礼》云："男女异长。男子二十，冠而
字……女子许嫁，笄而字。"③《仪礼·士昏礼记》云："女子许嫁，笄
而醴之，称字。"④ 又，《礼记·檀弓上》"幼名，冠字，五十以伯仲，
死谥，周道也"孔疏："人年二十，有为人父之道，朋友等类，不可复
呼其名，故冠而加字。"⑤《公羊传·僖公九年》云："妇人许嫁，字而
笄之。"⑥ 此即《礼记·冠义》所谓"已冠而字之，成人之道也"。古
代于"名"外有"字"之用意，一则以示其成人，二则乃在于敬名之
故。《仪礼·士冠礼记》云："冠而字之，敬其名也。"《礼记·冠义》
"已冠而字之"郑玄注："字，所以相尊也。"《白虎通义·姓名》云：
"人所以有字何？所以冠德明功，敬成人也。"⑦《颜氏家训·风操》云：
"古者，名以正体，字以表德。"⑧ 朱熹云："人必有名何？所以吐情自
纪，尊事人者也。子生三月，则父名之于祖庙。于祖庙者，谓子之亲庙
也，明当为宗庙主也……人所以有字何？冠德明功，敬成人也。"⑨《周

---

① （宋）王安石著，唐武标校：《王文公文集》，上海人民出版社1974年版，第428页。
② 林尹、高明主编：《中文大辞典》，台北：中国文化学院出版部1968年版，第3758页。
③ （元）陈澔注：《礼记集说》，上海古籍出版社2016年版，第16页。
④ （汉）郑玄注：《仪礼》，《十三经古注》（四），中华书局2014年版，第651页。
⑤ （汉）郑玄注，（唐）孔颖达疏：《礼记正义》，上海古籍出版社2008年版，第296页。
⑥ （汉）何休解诂，（唐）徐彦疏：《春秋公羊传注疏》，上海古籍出版社2014年版，第414页。
⑦ （清）陈立撰，吴则虞点校：《白虎通疏证》，中华书局1994年版，第415页。
⑧ 王利器：《颜氏家训集解》（增补本），中华书局1993年版，第92页。
⑨ （宋）朱熹：《仪礼经传通解》，《朱子全书》（二），上海古籍出版社2010年版，第229页。

礼·春官·外史》"掌达书名于四方"郑注:"古曰名,今曰字。"贾公彦疏:"古者之文字少,直曰名,后代文字多则曰字。字者,滋也,滋益而名,故更称曰字。"①《册府元龟·总录部》"名字"条下云:"古称:孩而名之,冠而字之。盖以名者,义之制;字者,名之饰。"② 王引之云:"名字者,自昔相承诂言也。《白虎通》曰:'闻名既知其字,闻字即知其名。'盖名之与字,义相比附,故叔重《说文》屡引古人名字,发明古训,莫著于此。"③ 高田忠周云:"《说文·叙》'仓颉之初作书,盖依类象形,故谓之文;其后形声相益,即谓之字。字者,孳乳而浸多也',又《礼记·冠义》'已冠而字之'注:'字所以相尊也。'皆谓增加之义,即'字'字转义也。"④

正因古人之"字"由"名"而生,故古人的字与名常相应,即其"字"由"名"孳乳而来。关于此点,史多有载,前人亦多有论及。如孔子之孙孔伋字子思,《说文·人部》云:"伋,人名。"朱骏声云:"伋,当训急思也。"⑤ 张澍云:"伋与急通。《左传》'急子',小序作'伋子'也。思,忧思也。急则忧思……燕级字思,级与伋通,取义与孔伋同。"⑥ 是"伋""思"义通。又,周秦时期,名"嘉"而以"孔"为字者,有宋公孙嘉字孔父(《左传·桓公二年》)、楚成嘉字子孔(《左传·文公十二年》)、郑公子嘉字子孔(《春秋经·襄公十九年》)等。许慎《说文·乙部》训"嘉""孔"字义云:"孔,通也。从乙从子。乙,请子之候鸟也。乙至而得子,嘉美之也。古人名嘉字子孔。"⑦ 王引之云:"'孔'、'好'一声之转。空谓之孔,亦谓之好。

---

① (汉)郑玄注,(唐)贾公彦疏:《周礼注疏》,上海古籍出版社2010年版,第1028页。
② (宋)王钦若等编著,周勋初等校订:《册府元龟》(第10册),凤凰出版社2006年版,第9580页。
③ (清)王引之撰,虞思征等校点:《经义述闻》,上海古籍出版社2016年版,第1451页。
④ [日]高田忠周:《古籀篇》(第3册),台北:大通书局1982年版,第1146页。
⑤ (清)朱骏声:《说文通训定声》,中华书局1984年版,第114页。
⑥ (清)张澍:《春秋时人名字释》,《养素堂文集》卷32,道光十七年(1837)枣华书屋刻本,第23页。
⑦ (汉)许慎撰,(宋)徐铉校定,陶生魁点校:《说文解字》,中华书局2020年版,第385页。

嘉美者谓之好，亦谓之孔，义相因也。"① 又有名"偃"字"子游"者。如郑公子偃字子游（《左传·成公六年》）、驷偃字子游（《左传·昭公十四年》）、颜成偃字子游（《庄子·齐物论》）、言偃字子游（《史记·仲尼弟子列传》）等，《说文·㫃部》云："㫃，旌旗之游㫃蹇之皃……读若偃。古人名㫃，字子游。"张澍云："游，一作㫃，旌旗之游也。偃，卧也，取偃旗息鼓之义。"② 等等，皆是。此外，清人王引之、王萱龄、张澍、俞樾、胡元玉、陶方琦，今人于省吾、周法高、吉常宏等，③ 汇诠古人名、字之相应关系，钩沉索隐，触类引申，论述甚详，藉之足见古人名、字相应，字由名孳乳而生之关系。文烦不赘引。

四 "字"字"许嫁"衍义析源

南宋以来，"字"字又衍生出"许嫁"之义。如朱熹赞同两宋之际学者耿南仲之说云："耿氏解《易》'女子贞不字'，作嫁笄而字。'贞不字'者，谓未许嫁也，却与婚媾之义相通，亦说得有理……'十年乃字'，耿南仲亦如此说。"④ 清人王引之《经义述闻》卷1"女子贞不字"条下则驳之云：

宋耿南仲《周易新讲义》乃解之以《曲礼》"女子许嫁笄而

---

① （清）王引之撰，虞思征等校点：《经义述闻》，上海古籍出版社2016年版，第1298页。

② （清）张澍：《春秋时人名字释》，《养素堂文集》卷32，道光十七年（1837）枣华书屋刻本，第21—22页。

③ （清）王引之：《春秋名字解诂》，收入氏著《经义述闻》，上海古籍出版社2016年版，第1287—1452页；（清）王萱龄：《周秦名字解诂》（《丛书集成初编》本），中华书局1991年版；（清）张澍：《春秋时人名字释》，《养素堂文集》卷32，道光十七年（1837）枣华书屋刻本；（清）俞樾：《春秋名字解诂补义》，《续修四库全书》（第128册），上海古籍出版社2002年版，第417—434页；（清）胡元玉：《驳春秋名字解诂》，《续修四库全书》（第128册），上海古籍出版社2002年版，第443—456页；（清）陶方琦：《春秋名字解诂补谊》，《汉孳室文钞》卷1，《丛书集成续编》（第15册），台北：新文丰出版有限公司1989年版；于省吾：《春秋名字解诂商谊》，《考古》1936年第2期；周法高：《周秦名字解诂汇释》，中华丛书委员会1958年版；周法高：《周秦名字解诂汇释补编》，中华丛书委员会1964年版；吉常宏、吉发涵：《古人名字解诂》，语文出版社2003年版。

④ （宋）黎靖德编，王星贤点校：《朱子语类》（第5册），中华书局1986年版，第1744—1745页。

字"曰:"贞不字者,未许嫁也。"案:《曲礼》"男子二十冠而字,女子许嫁笄而字",则"字"为"名字"之"字",《士昏礼记》"女子许嫁,笄而醴之,称字"是也。许嫁而后字,"字"非即许嫁明矣。《杂记》:"女虽未许嫁,年二十而笄,礼之,妇人执其礼。"女子之笄犹男子之冠,男子之冠有字辞,则女子亦当然。未许嫁者,年二十而亦笄而字之,则不得以"不字"为未许嫁也……遍考经传及唐以前书,无以"字"为许嫁者,而自南宋至今,相称谓许嫁为"许字",甚矣其谬也。①

王氏所驳甚确。然耿、朱二氏训"字"有"许嫁"之义的观点在后世影响颇为深远,以至后世研《周易》者,多有附和此说者。如清人李道平云:"'字'为'许嫁'之义,二不许初,故'不字'。"② 宋祚胤云:"不字,不许嫁给人。"③ 黄寿祺、张善文云:"字,谓女子许嫁,《礼记·曲礼上》:'女子许嫁笄而字。'"④ 楼宇烈云:"'字',女子许嫁。"⑤ 高亨甚至反驳王引之说云:

其说似是而非。盖《周易》妇、女二字,截然有别。本爻云:"女子贞不字,十年乃字。"《蒙》六三云:"勿用取女。"《观》六二云:"利女贞。"《大过》九二云:"老夫得其女妻。"《咸》云:"取女吉。"《家人》云:"利女贞。"《姤》云:"女壮,勿用取女。"《渐》云:"女归吉。"《归妹》上六云:"女承筐无实。士刲羊无血。"诸女字皆指未嫁者也。《蒙》九二云:"纳妇吉,子克家。"《小畜》上九云:"妇贞厉。"《大过》九五云:"老妇得其士夫。"《恒》六五云:"贞妇人吉,夫子凶。"《家人》九三云:"妇子嘻嘻。"《渐》九三云:"妇孕不育。"九五云:"妇三岁不孕。"《既济》六二云:"妇丧其茀。"唯《蒙》九二妇字谓子之妻,余皆

---

① (清)王引之撰,虞思征等校点:《经义述闻》,上海古籍出版社2016年版,第14页。
② (清)李道平:《周易集解纂疏》,中华书局1994年版,第100页。
③ 宋祚胤注译:《周易》,岳麓书社2001年版,第27页。
④ 黄寿祺、张善文:《周易译注》,上海古籍出版社1989年版,第43页。
⑤ (魏)王弼撰,楼宇烈校释:《周易注》,中华书局2011年版,第29页。

指已嫁者也。然则女子决不能言不妊娠，不生育，而字为许嫁之义，明矣。女子贞不字十年乃字者，谓筮遇此爻，若占问女子不许嫁之事，则十年乃克许嫁也。①

可知高氏亦持耿说，足见其说影响之深远。至于高氏谓"《周易》妇、女二字，截然有别"之说，此细言也。若泛论之，古代妇女也可称女子。如下文王氏驳耿说所引《内则》《大戴礼·本命篇》即是其证。且如王氏所言，唐前确无"字"训"许嫁"之例。单以《易·屯》"女子贞不字，十年乃字"之"字"训"许嫁"之义略显突兀。

诚如王引之所说，唐前文献无以"字"为"许嫁"之说者，而南宋至今则多有之。除上引耿、朱二氏外，如南宋叶适《林伯和墓志铭》云："邻女将字而孤，养视如己子，择对嫁之。"② 明人张自烈《正字通·子部》云："女子许嫁曰字。"③ 王世贞《艳异编·续集》卷5云："时生未议聘，而女亦未字人，因阴有所属。"④ 清人黄世仲《廿载繁华梦》第2回云："养成一个如珠似玉的女儿，不特好才貌，还缠得一双小足儿，现年十七岁，待字深闺。"⑤ 钮琇《觚賸》卷7云："有女长而未字，以哭父成疾，逾且亦夭。"⑥ 闲斋氏《夜谭随录》卷1云："小女未字，以归君家，何如？"⑦ 乐钧《耳食录》卷4云："公固未室耶？某甥女尚待字，如公者诚佳婿也！"⑧ 王韬《淞隐漫录》卷1云："眉史固未议聘，而闻姑亦未字人，特终惮于启齿，未敢径白高堂。"⑨ 又，该

---

① 高亨：《周易古经今注》（重订本），中华书局1984年版，第171页。
② （宋）叶适：《水心先生文集》卷15，《四部丛刊初编·集部》（第1235册），商务印书馆1922年版，第18页。
③ （明）张子烈、（清）廖文英编，董琨整理：《正字通》，中国工人出版社1996年版，第259页。
④ （明）王世贞编集：《艳异编》，太白文艺出版社2000年版，第724页。
⑤ （清）黄世仲：《廿载繁华梦》，华夏出版社1995年版，第9页。
⑥ （清）钮琇：《觚賸》，《笔记小说大观》（第17册），江苏广陵古籍刻印社1983年版，第54页。
⑦ （清）闲斋氏：《夜谭随录》，《笔记小说大观》（第22册），江苏广陵古籍刻印社1983年版，第260页。
⑧ （清）乐钧：《耳食录》，《笔记小说大观》（第27册），江苏广陵古籍刻印社1984年版，第36页。
⑨ （清）王韬：《淞隐漫录》，人民文学出版社1983年版，第1页。

书卷4云:"女颇识字知书。年已及笄,犹待字焉。"① 袁枚《子不语》卷12云:"某村方氏女也,行二,年十九岁,待聘未字,因病死。"② 曹去晶《姑妄言》卷11云:"其女初改许贵婿,贵婿又殇,犹在闺中待字。"③《清史稿·列女传》云:"耿恂女……尝议婚某氏子,未聘而某氏子夭,女闻泣曰:'我得终事父母矣!'遂矢不字。"④ 茅盾《蚀·动摇》云:"甚至于说,待字的大姑娘,也得拿出来抽签。""方太太的朋友张小姐、刘小姐也都是未字的姑娘。"⑤ 以上数处"字"字皆"许嫁"之义。此外,清以来所编字书如《康熙字典》《辞源》《汉语大字典》等,于"字"字条下亦均有"女许嫁曰字"之义项。⑥ 此亦以"字"为许嫁之义。

自宋以降,"字"训"许嫁"之义,王引之认为其误盖有二焉:

> 一曰女子未嫁之称,可言"受爱",可言"许嫁",不可言"孕妊"也。案:《内则》曰:"道路,男子由右,女子由左。"《大戴礼·本命篇》:"男子谓之丈夫,女子谓之妇人。"是妇人亦称"女子"也。一曰上言"昏媾",故以为受爱,又以为许嫁也。案:一爻数象,类相近而事则殊。《贲》六四曰"匪寇昏媾",而其上曰"白马翰如";《睽》上九曰"匪寇昏媾",而其下曰"往遇雨则吉"。不必皆为一事也。自解者承上"昏媾"言之,而其义始不可通矣。⑦

除王说之因由外,宋以降多以"字"有许嫁之义的另一原因,恐

---

① (清)王韬:《淞隐漫录》,人民文学出版社1983年版,第16页。
② (清)袁枚:《子不语》,上海古籍出版社1986年版,第300页。
③ (清)曹去晶:《姑妄言》,中国文联出版公司1999年版,第571页。
④ 赵尔巽等:《清史稿》卷508,中华书局1977年版,第14307页。
⑤ 茅盾全集编辑委员会编:《茅盾全集》(第1卷),人民出版社1984年版,第186—187页。
⑥ (清)张玉书等编撰:《康熙字典》(王引之校改本),上海古籍出版社1996年版,第229页;何九盈等主编:《辞源》(第3版),商务印书馆2015年版,第1058页;汉语大字典编辑委员会编:《汉语大字典》(九卷本),四川辞书出版社、崇文书局2010年版,第1083页。
⑦ (清)王引之撰,虞思征等校点:《经义述闻》,上海古籍出版社2016年版,第14页。

与唐宋以来术士所造八字命理术的流布有关。

用人的生辰年月日干支生克来论命之贵贱寿夭的八字命理术，由宋人徐大升据东海徐子平论命成果所编《渊海子平》卷1"论日为主"所云"予尝观唐书所载，有李虚中者，取人所生年、月、日、时干支生克论命之贵贱、寿夭之说，已详之矣。至于宋时，方有子平之说，取日干为主，以年为根，以日为花，以时为果，以生旺死绝，休囚制化决人生休咎"，① 以及明人万民英主编《三命通会》卷2"凡论人命，年月日时排成四柱，遁月从年，则以年为本。遁时从日，则以日为主。古法以年看，子平以日看，本此……唐李虚中独以日干为主，却以年月时合看生克制化、旺相休囚，取立格局……此发前贤所未发，故今术家宗之"② 推之，其说首创者为唐人李虚中。至五代宋初，术士徐子平在李虚中三柱法（年、月、日推算法）基础上发明了四柱法（年、月、日、时推算法），以四柱的干支为八字，以八字中的生克制化关系来预测人生命运，以至成年男女谈婚论嫁，先须推算双方八字命理是否相合。此术对世俗影响较大，明清学人笔下多有论及。如《三遂平妖传》第36回云："张鸾道：'贫道在东京时，多闻文彦博之名。曾有异人推他八字，说他出将入相，一生富贵无比。年近八旬，再为朝廷建大功劳，安邦定国，寿近百岁而终。此乃天上福神，不可轻也！'"③《初刻拍案惊奇》卷5云："张尚书闻得李老许多神奇灵应，便叫人接他过来，把女儿八字与婚期，教他合一合看，怕有什么冲犯不宜。李老接过八字，看了一看，道：'此命喜事不在今年，亦不在此方。'"④《三刻拍案惊奇》第24回云："蔡婆便说了八字，他把手来轮一轮，道：'婆婆，莫怪我直嘴，此造生于庚日，产在申时，作身旺而断。只是目下正交酉运，是财、官两绝之乡。子平叫做'身旺无依'，这应离祖。'"⑤ 以上均是时人以八字命理术预测人生命运的例证。

至于成年男女以八字论婚嫁适否，时人笔下亦多有载，如《剪灯余

---

① （宋）徐子平：《渊海子平》，海南出版社2002年版，第89页。
② （明）万民英：《三命通会》，《景印文渊阁四库全书》（第810册），台湾商务印书馆1986年版，第89页。
③ （明）罗贯中：《三遂平妖传》，中华书局2004年版，第270页。
④ （明）凌濛初：《初刻拍案惊奇》，中国文联出版社2001年版，第52页。
⑤ （明）凌濛初：《三刻拍案惊奇》，北京大学出版社1987年版，第257页。

话》卷3云:"女见生来,喜气溢面,辍纺叙礼,与生对坐,且纺且谈。因以己年庚告生,使生推算,卜其谐否。"①《二刻拍案惊奇》卷9云:"员外闲在家里,偶然一个牙婆走来卖珠翠,说起钱塘门里冯家有个女儿,才貌双全,尚未许人。员外叫讨了他八字来,与外甥合一合看。那看命的看得是一对上好到头夫妻,夫荣妻贵,并无冲犯。员外大喜,即央人去说合。"②《儿女英雄传》第26回云:"张金凤道:姐姐方才又道是'三无庚帖'。这庚帖,姐姐自然讲究的就是男女两家八字儿了。要讲玉郎的八字儿,就让公婆立刻请媒人送到姐姐跟前,请问交给谁?还是姐姐自己会算命啊,会合婚呢?讲到姐姐的八字儿,从姐姐噶拉的一声,我公公、婆婆就知道,不用再向你家要庚帖去。姐姐要说不放心,此时必得把俩八字儿合一合,实告诉姐姐,我家合了不算外,连你家也早已合过了。"③ 可见,成年男女在谈婚论嫁之前,常须推算其"八字"是否相合。基此,"八字"之"字"也就与"许嫁"相联系,以至产生"待字闺中""待字深闺"等俗语。而耿、朱等解《易·屯》"女子贞不字"之"字"为"许嫁"之义,虽是基于对《礼记·曲礼上》"女子许嫁笄而字"经义的误解。然其误解经文之由,或与当时社会流行的八字命理术推算男女是否适婚的俗信不无关系。后人沿其误说而不加申辩,又受时俗八字命理术的影响,以至多有以"字"为"许嫁"之义者。此显为"字"字后世之衍生义,非古文"字"字形体所蕴含之本义及引申义了。

---

① (明)李昌祺:《剪灯余话》卷3,天一出版社1985年版,第3页。
② (明)凌濛初:《二刻拍案惊奇》,中华书局2009年版,第114页。
③ (清)文康:《儿女英雄传》,中华书局2013年版,第304页。

第四章

秦汉时期的命名趋向及名字巫术信仰

第一节 引言

《礼记·内则》载,子生三月,父咳而名之。① 及其成年,则冠而字之,所谓"幼名,冠字"也。《左传·桓公六年》载鲁桓公问名于大夫申繻时,申繻答道:

> 名有五:有信,有义,有象,有假,有类。以名生为信,以德命为义,以类命为象,取于物为假,取于父为类。不以国,不以官,不以山川,不以隐疾,不以畜牲,不以器币。周人以讳事神,名,终将讳之。故以国则废名,以官则废职,以山川则废主,以畜牲则废祀,以器币则废礼。晋以僖侯废司徒,宋以武公废司空,先君献、武废二山,是以大物不可以命。②

在《礼记》《论衡》等文献中,亦有类似的命名礼俗信息。如《礼记·曲礼上》云:"名子者,不以国,不以日月,不以隐疾,不以山川。"又,《内则》云:"凡名子不以日月,不以国,不以隐疾。"③《论衡·诘术》对此段话进一步阐释道:

---

① (汉)郑玄注:《礼记》,《十三经古注》(五),中华书局2014年版,第986页。
② 杨伯峻编著:《春秋左传注》(修订本),中华书局1990年版,第115—116页。
③ (汉)郑玄注:《礼记》,《十三经古注》(五),中华书局2014年版,第887、986页。

其立名也，以信、以义、以像、以假、以类。以生名为信，若鲁公子友生，文在其手曰"友"也。以德名为义，若文王为昌，武王为发也。以类名为像，若孔子名丘也。取于物为假，若宋公名杵臼也。取于父为类，有似类于父也……其立姓则以本所生，置名则以信、义、像、假、类。①

以上文献所载的这一套命名原则，应是当时相沿已久、约定俗成的命名习惯，也是对当时人们命名的用意所在的反映。② 学者指出，名字反映了两个方面的内容，一是心理的，二是文化的。命名者的心理因素如好尚、愿望、期许等，总是特定社会价值取向的反映，说到底，还是一个文化的问题。③ 当然，时代不同，名字所赋予的时代性特征自然也大为不同。彭卫、孟庆顺在论及两汉时期的民族心理对姓名称谓的影响时即指出，两汉时代的民族心理与唐宋之后的一个很大不同在于，"魄力究竟雄大，人民有不至于为异族奴隶的自信心，或者竟毫未想到，凡取用外来事物的时候，就如将彼俘来一样，自由驱使，绝不介怀"（引鲁迅《看镜有感》语）。这种"汉开边，功名万里"的博大胸怀，在当时人们的姓名称谓中也得到反映。汉代各阶层中，"奉世""奉汉""安汉""广汉""勇""超""雄""猛"，甚至以"豨"（野猪）等猛兽为名的频率是相当高的，即使在知识阶层中也不例外。这种状况与后世形成了鲜明对照。④

值得注意的是，秦汉时期，除"功名万里"之类反映当时中原民众在抵御周边族群入侵过程中寻求功名的时代特征的名字外，受战国以来神仙方士之说及宗教鬼神信仰的影响，基于原逻辑思维的认知，一些赋予特殊文化心理和期许的常见人名，对我们了解秦汉时期的命名俗信和民俗文化心理不无裨益。

---

① 黄晖：《论衡校释》，中华书局1990年版，第1033—1035页。
② 赵瑞民：《姓名与中国文化》，中央编译出版社2016年版，第77页。
③ 赵瑞民：《姓名与中国文化·小引》，中央编译出版社2016年版，第4页。
④ 彭卫、孟庆顺：《历史学的视野——当代史学方法概述》，陕西人民出版社1987年版，第112页。

第二节　秦汉时期常见人名与命名俗信

文献所及，秦汉时期（尤其是汉代）常见人名，可归纳为"长生久视""速差苦病""爱讳丑贱"类等。若析言之，"长生久视"类常见人名有千秋、万岁、延年、益寿、彭祖、终古等，"速差苦病"类常见人名有毋害、何伤、去疾、病已等，"爱讳丑贱"类常见人名则有以畜类及相关者为名和以奴、弃等丑贱类字为名，等等。

一　"长生久视"类

"长生久视"一词最早见于《老子》59章："有国之母，可以长久，是谓深根固柢，长生久视之道。"① 又，《黄帝内经·灵枢·本神第八》云："故智者之养生也，必顺四时而适寒暑，和喜怒而安居处，节阴阳而调刚柔。如是，则僻邪不至，长生久视。"②《荀子·荣辱》云："孝弟原悫，軥录疾力，以敦比其事业，而不敢怠傲，是庶人之所以取暖衣饱食，长生久视，以免于刑戮也。"③《吕氏春秋·重己》亦云："世之人主贵人，无贤不肖莫不欲长生久视。"高诱注："视，活也。"④《神仙传》卷6云："王之所好，神仙度世，长生久视之道。"⑤ 是知"长生久视"为当时通行语。久视，谓耳目不衰，形容长寿。长生久视，即谓长生不老，永久生存。

秦汉时期，"长生久视"类人名主要有千秋、万岁（或万年）、延年、寿、延寿、益寿、长寿、寿王、未央等。此外，一些上古时期的高寿者或名字有长寿之义者，如彭祖、终古等，亦可归于此类。在汉元帝时黄门令史游所撰童蒙识字教材《急就篇》卷1"姓名"所列132个姓名中，属于"长生久视"类的常见名字就有宋延年、卫益寿、周千秋、

---

① 朱谦之：《老子校释》，中华书局1984年版，第242页。
② （清）张志聪集注：《黄帝内经灵枢集注》，上海卫生出版社1957年版，第52页。
③ （清）王先谦撰，沈啸寰、王星贤点校：《荀子集解》，中华书局1988年版，第59页。
④ 许维遹撰，梁运华整理：《吕氏春秋集释》，中华书局2009年版，第22页。
⑤ （晋）葛洪撰，胡守为校释：《神仙传校释》，中华书局2010年版，第201页。

邓万岁、龙未央、许终古、萧彭祖等。①

1. 千秋、万岁

（1）千秋

以"千秋"为名者，居延汉简有周千秋（562.7）、朱千秋（5.2/387.4）、訾千秋（40.27/143.7/E. P. T65.430）②，居延新简有傅千秋（E. P. T53：192）；③ 尹湾汉简有辛千秋（3B.1）；④ 悬泉汉简有益光里张千秋（I90DXT0110②：50）、千乘里张千秋（I90DXT0111①：59）、遮要御张千秋（I90DXT0114②：25）、敦煌太守张千秋（I90DXT0114③：140）、成千秋（I90DXT0114②：37），⑤ 以及田千秋（Ⅱ90DXT0115③：115）、罢军候丞赵千秋（Ⅱ90DXT0213③：6）、玉门都尉千秋（Ⅴ92DXT1311③：272）；⑥ 肩水金关汉简有孙千秋（73EJT4：111，亭长）、张千秋（73EJT9：323）、虞千秋（73EJT10：176）、许千秋（73EJT10：287）、龙千秋（73EJT21：149）、孙千秋（73EJT21：323，戍卒东郡离狐邑富聚里不更）、高千秋（73EJT26：9）、戴千秋（73EJT27：26）、汲千秋（73EJT28：36）、赵千秋（73EJT30：209）、梁千秋（73EJT31：159）、彭千秋（73EJT34：6A）、李千秋（73EJT37：1246）、夏千秋（73EJT37：1589），以及姓氏不详的故长公主盖卿大奴千秋（73EJT1：1）、居延右尉千秋（73EJT22：111A）、桓军隧长千秋（73EJT23：308）等。⑦

---

① 见（汉）史游撰，（唐）颜师古注，（宋）王应麟补注《急就篇》，中华书局1985年版，第35、37、38、41、52、63、69页。
② 中国社会科学院考古研究所编：《居延汉简》，中华书局1980年版。后文征引该批资料，只随文标注简号，不另出注。
③ 甘肃省文物考古研究所等编：《居延新简》，文物出版社1990年版。后文征引该批资料，只随文标注简号，不另出注。
④ 连云港市博物馆等编：《尹湾汉墓竹简》，中华书局1997年版。后文征引该批资料，只随文标注简号，不另出注。
⑤ 甘肃简牍博物馆等编：《悬泉汉简》（一），中西书局2019年版。
⑥ 郝树声、张德芳：《悬泉汉简研究》，甘肃文化出版社2009年版。
⑦ 按，肩水金关汉简目前已整理出版全5册，其中第1册所收简牍编号为T1—T10，见甘肃简牍保护研究中心等《肩水金关汉简》（一），中西书局2011年版；第2册所收简牍编号为T1—T24.500，见甘肃简牍保护研究中心等《肩水金关汉简》（二），中西书局2012年版；第3册所收简牍编号为T24.501—T32，见甘肃简牍博物馆等编《肩水金关汉简》（三），中西书局2013年版；第4册所收简牍编号为T33—T37，以及H1、H2、F1，见甘肃简牍博物馆等编《肩水金关汉简》（四），中西书局2015年版；第5册所收简牍编号为F2、F3、T4H、73EJD、72EJC、73EJC、72EDAC、72ECC、72EDIC、72EBS7C、72EBS79C，见甘肃简牍博物馆等编《肩水金关汉简》（五），中西书局2016年版。为行文方便计，后文所引该批简牍资料，只标注简牍编号，不再出注。

秦汉私印名"千秋"者有老千秋、孙千秋、邪千秋、卫千秋、王千秋、郑千秋、杨千秋、宋千秋、田千秋、侯千秋、朱千秋、李千秋、程千秋、张千秋、曹千秋、嬽千秋,① 孟千秋、史千秋、贾千秋,② 怀千秋、陶千秋,③ 嫄千秋。④ 另外,洛阳西汉昭宣时期的卜千秋墓出土有"卜千秋印"一枚。⑤

《急就篇》卷1"周千秋"下颜师古注曰:"千秋,亦欲长生久视也。汉有张千秋、田千秋。"王应麟补曰:"又有韩千秋、鄂千秋、夏侯千秋、蔡千秋、在千秋。《战国策》云:'为千秋之祝。'"⑥ 按,"张千秋"在《汉书》中有两人,一为张汤孙(见《张汤传》),一为张良六世孙(见《高惠高后文功臣表》);"田千秋",即富民定侯车千秋,原本姓田,昭帝时,"千秋年老,上优之,朝见,得乘小车入宫殿中,故因号曰'车丞相'"(见《车千秋传》);"韩千秋",颍川郏县人,成安侯韩延年之父(见《李广传》);"夏侯千秋",夏侯胜从父子建之子,曾任少府、太子少傅(见《儒林传》及《夏侯胜传》);"蔡千秋",沛人,曾从鲁荣广王孙、皓星公二人受《穀梁春秋》,宣帝时,蔡以善说《穀梁》,先后任谏大夫给事中、郎中户将等职(见《儒林传》及《瑕丘江公传》);"鄂千秋"即汉高祖六年所封之安平侯(见《高祖功臣侯年表》及《萧何曹参传》);"在千秋",当为任千秋,⑦ 即弋阳侯任宫之子任千秋(见《元帝纪》)。《汉书·冯奉世传》载其生平云:"奋武将军任千秋者,其父宫,昭帝时以丞相征事捕斩反者左将军上官桀,封侯,宣帝时为太常,薨。千秋嗣后,复为太常。成帝时,乐昌侯王商代奉世为左将军,而千秋为右将军,后亦为左将军。子

---

① 赵平安、李婧、石小力编著:《秦汉印章封泥文字编》,中西书局2019年版,第619页。
② [日]关正人监修,[日]佐野荣辉、裘毛政雄编:《汉印文字汇编》,李忻译,西泠印社出版社2020年版,第486页。
③ 罗福颐编:《汉印文字征》,文物出版社1978年版,第十(17页)、第十四(11页)。
④ 罗福颐编:《汉印文字征补遗》,文物出版社1980年版,第三(1页)。
⑤ 洛阳博物馆:《洛阳西汉卜千秋墓壁画墓发掘简报》,《文物》1977年第6期。
⑥ (汉)史游撰,(唐)颜师古注,(宋)王应麟补注:《急就篇》,中华书局1985年版,第39页。
⑦ 曾仲珊认为,"在"当作"任"。说见(汉)史游著,曾仲珊校点《急就篇》,岳麓书社1989年版,第39页;张传官从曾氏说,并以"在"当为"任"之形近误字,元刊玉海本即作"任"。说见张传官撰《急就篇校理》,中华书局2017年版,第23页。

孙传国，至王莽乃绝云。"①

此外，《汉书》尚有南安严侯宣虎之孙宣千秋、槁祖侯陈锴玄孙陈千秋、纪信匡侯陈仓六世孙长安公士陈千秋、便顷侯吴浅曾孙吴千秋（并见《高惠高后文功臣表》）、赵敬肃王孙康侯刘千秋（见《王子侯表上》）、清河纲王孙修市顷侯刘千秋（见《王子侯表下》），以及"昌邑王谒者千秋"（见《王吉传》）等。可见，"千秋"为汉代常见人名之一。

（2）万岁

秦汉时期，以"万岁"为名者，秦印有"万岁"印五枚；②汉印有尹万岁、祭万岁、任万岁、单万岁、李万岁、陈万岁，③以及朱万岁、救万岁、杨万岁等。④

《汉书》有中山靖王子曲成侯刘万岁（见《王子侯表上》）、后汉有光宗王万岁（见《后汉书·和帝纪》）等。

"万岁"一词，首见春秋早期的"为甫人"铜盨，该器铭云："□□为甫（夫）人行盨，用征用行，迈（万）岁用尚（常）。"⑤但这里的"万岁"，其含义仅局限在它的本意上，即说明这件铜器非常坚固，可以历时万年。⑥自战国始，该词始流行开来，其义亦稍宽泛。赵翼在论"万岁"一词词义演变时说："'万岁'本古人庆贺之词……古人饮酒必上寿称庆曰'万岁'，其始通用为庆贺之词，犹俗所云万福、万幸之类耳。因殿陛之间用之，后乃随为至尊之专称，而民间口语相沿未改，故唐末犹有以为庆贺者，久之遂莫敢用也。"⑦当代学者多围绕"万岁"一词何时成为皇帝之代称展开讨论，如王春瑜撰文指出，自战国至汉武帝之前，"万岁"之义可分为两类：其一，是说死期；其二，是表示欢呼，与俄语中的"乌拉"颇相近。随着儒家被皇帝定于一尊，"万岁"也被儒家定于

---

① （汉）班固：《汉书》，中华书局1962年版，第3300页。
② 许雄志主编：《秦印文字汇编》，河南美术出版社2001年版，第275页。
③ ［日］关正人监修，［日］佐野荣辉、蓑毛政雄编：《汉印文字汇编》，李忻译，西泠印社出版社2020年版，第565—566页。
④ 分见罗福颐编《汉印文字征》，文物出版社1978年版，第二（10页）、第三（21页）、第六（3页）。
⑤ 中国社会科学院考古研究所编：《殷周金文集成（修订增补本）》（第4册），中华书局2007年版，第13页。
⑥ 李零：《放虎归山》，山西人民出版社2008年版，第215页。
⑦ （清）赵翼：《陔余丛考》，中华书局1963年版，第409—411页。

皇帝一人。从此，"万岁"成了最高封建统治者的代名词。稽诸史籍，这是汉武帝精心炮制的政治谎言的产物。① 刘远钊认为，自孙叔通制汉仪后，万岁遂渐为帝后专用。② 朱立平认为，第一个把"万岁"作为臣下朝拜皇帝礼仪的是秦始皇。但汉朝以后人臣称万岁的事例不胜枚举。只有到宋朝，除了皇帝，才绝对不允许任何人称"万岁"。③ 白芳认为，秦汉以前，"万岁"用法主要体现在三个方面：其一，祝寿用语；其二，庆贺欢呼语；其三，"死"的讳称。至秦汉时期，"万岁"一词又增加了"皇帝代称"的用法。白文赞成汉武帝时"万岁"始成为皇帝代称的说法。并指出，虽说"万岁"成为皇帝代称始于汉武帝，但称谓的流演有其自身规律，也受当时历史条件与风俗习惯的影响。在汉代，以"万岁"为人名、地名、职官名的事例不胜枚举，这时"万岁"词仍是民众寄托美好夙愿的一种文化载体和标识。④

如白文所说，"万岁"一词虽在汉代开始成为最高统治者之代称。但当时并未形成绝对禁忌性的词汇。故不但地名可用之，就连人名也多有用之者。如《汉书·武帝纪》"在庙旁吏卒咸闻呼万岁者三"颜师古注引应劭曰："嵩高县有上中下万岁里。"⑤ 汾阴筑有"万岁宫"（见《宣帝纪》），出土铜器有汉成帝元延二年造"万岁宫高镫"，⑥ 在今洛州故嵩阳县西北则筑有"万岁亭"；⑦ 汉代有千秋万岁殿、万岁亭等建筑，而以千秋、万岁为中心文词的瓦文在汉代亦很常见，如"千秋""千秋万岁""千秋万世""千秋万岁富贵""千秋万岁乐未央""千秋万岁乐无极""千秋万岁与天毋极""千秋万岁与地毋极""千秋万岁与天地毋极""千秋利君""千秋利君常延年""千秋长安""千秋万岁为大年""千秋万岁宜富安世""千秋万岁世利宜富""千秋万岁长未央""千秋万世长乐未

---

① 王春瑜：《"万岁"考》，《历史研究》1979年第9期。
② 刘远钊：《"万岁"考》，《青海师专学报》1985年第2期。
③ 朱立平：《也谈"万岁"》，《历史研究》1980年第1期。
④ 白芳：《秦汉时期"万岁"的社会内涵》，《史学月刊》2008年第8期。
⑤ （汉）班固：《汉书》，中华书局1962年版，第190页。
⑥ 孙慰祖、徐谷富编著：《秦汉金文汇编》，上海书店出版社1997年版，第234页。
⑦ 《后汉书·黄琼传》注云："武帝元封元年，幸缑氏，登太室，闻山上呼万岁声者三，因以名焉。"

央昌""天子千秋万岁常乐未央""千利万岁""万岁""万岁万岁",①"千秋长安""千秋万世""安世万岁""永保千秋""长乐万岁""寿昌万岁""延寿万岁""千秋万万岁""千秋万岁余未央""千秋万年""千年万岁",②"万岁""万岁未央""千秋利君",③以及"千秋万岁安乐无极""千秋万寿"等。④西汉铜镜铭亦多见"千秋万岁""万岁未央""万岁未央""延年千岁""千秋万世""万岁寿"等文字者。⑤说明"千秋""万岁"不仅为当时常用人名,亦是常见吉语。宋人王楙《野客丛书》卷3"东汉呼万岁"条云:"东汉臣下多呼万岁。冯鲂既降群盗,赦其罪,各返农桑,皆称'万岁'。耿恭于疏围中拜井得泉,众皆称'万岁'。马援曰:'今赖士大夫之力,蒙被大恩,纡佩青紫。'吏士皆称'万岁'。岁旦,门下掾王望请上太守寿,掾史皆称'万岁'。臣下往往若此,不以为僭,此犹可也。观汉刻中有故民吴仲山碑,其铭中有'子孙万岁'之语。民犹称'万岁',官吏可知,鲜有非之者。惟窦宪为将军,至长安,尚书以下议欲拜之,伏称'万岁'。韩棱正色曰:'礼,无臣下称万岁之制。'议者皆惭。所避忌者,惟此语。此语在当时不无讳避,但不至如后世之切耳。"⑥基此而论,即使到东汉时,"万岁"一语还常被用作称颂、欢呼语,而尚无后世专用作最高统治者之代称的讳忌。

用作人名的"万岁",其义如《急就篇》卷1"邓万岁"下颜师古注所云:"'万岁'犹'千秋'耳。"⑦

2. 延年、益寿

延年类人名,除"延年"外,尚有"万年";"益寿"类人名,较

---

① 陈直:《秦汉瓦当概述》,收入氏著《摹庐丛著七种》,齐鲁书社1981年版,第359—363页。
② 分见华非编著《中国古代瓦当》,人民美术出版社1983年版,图83、138、139、150、152、170、171、172、273、189、190、202。
③ 分见陕西省考古研究所秦汉研究室编《新编秦汉瓦当图录》,三秦出版社1986年版,第225、226、239页。
④ 韩天衡主编,张炜羽、郑涛编:《古瓦当文编》,世界图书出版公司1996年版,第18—19页。
⑤ 王刚怀编著:《汉镜铭文图集》,中西书局2016年版,第21、23、47、88、103、104、105、126、131、148、154、186、202、203、214、217、231、239、255、261、264、278页。
⑥ (宋)王楙撰,王文锦点校:《野客丛书》,中华书局1987年版,第30页。
⑦ (汉)史游撰,(唐)颜师古注,(宋)王应麟补注:《急就篇》,中华书局1985年版,第41页。

常见者尚有"寿""延寿""长寿""寿王"等。此外，尚有"未央"等与延年、益寿蕴意相类的人名。

(1) 延年

在居延汉简中，"延年"简有30多枚，如张延年（10.22）、魏延年（51.530）、张掖太守延年（52.96）、赵延年（58.3）、赵延年（112.23）、田延年（116.6）、庄延年（497.21）、丁延年（521.26）、史延年（555.4）、杜延年（562.26）、初元元年的令史【魏】延年（见E.P.T51：193、E.P.T51：359、E.P.T51：528、E.P.T51：530），以及不具姓氏的居延丞延年（后任觻得令，见213.28A、213.44AB、E.P.T51：373、97.10A）、守啬夫延年（57.10AB）等；居延新简有敦煌汉简有魏延年（848）；[①] 尹湾汉简有郎延年（3A.1）；地湾汉简有丁延年（86EDHT：16）、平乐隧长延年（86EDHT：41）；[②] 悬泉汉简有狄道作者延年（I91DXT0109S：251A）、悬泉置佐延年（I91DXT0110①：22）、悬泉厩佐延年（I91DXT0110①：25）、县掾延年（I91DXT0112③：61）、乐延年（I91DXT0112③：104）、孙延年（I91DXT0116②：109B）、董延年（I91DXT0111②：50），[③] 以及杜延年（Ⅱ0214③：5）、王延年（Ⅰ91DXT0309③：275）、令史延年（I91DXT0309③：277）；[④] 肩水金关汉简有丁延年（73EJT5：39）、吕延年（73EJT9：127）、庄延年（73EJT21：40）、戎延年（73EJT21：202）、邓延年（73EJT21：430）、段延年（73EJT23：772）、曹延年（73EJT23：973）、陶延年（73EJT24：766）、胜延年（73EJT26：27）、吾延年（73EJT26：59）、充延年（73EJT30：7+19）、张延年（73EJT30：185）、王延年（73EJT21：40、73EJH1：56）、陈延年（73EJT37：699）、程延年（73EJT37：993），以及不具姓氏的候史延年（73EJT23：849A）、居延丞延年/掾延年（73EJT22：240A）、尉史延年/居延丞延年/掾延年（73EJT37：519A）、张掖太守延年（73EJT37：686）、□史延年

[①] 甘肃省文物考古研究所编：《敦煌汉简》（下），中华书局1991年版，第252页。

[②] 甘肃简牍博物馆等编：《地湾汉简》，中西书局2017年版，第152、156页。后文所引地湾汉简均据此书，只随文注明简号，不再出注。

[③] 甘肃简牍博物馆等编：《悬泉汉简》（一），中西书局2019年版。

[④] 郝树声、张德芳：《悬泉汉简研究》，甘肃文化出版社2009年版。

(73EJT4H：32)等。此外，尚有徐延年。①

汉印有成延年、沈延年、次延年、袁延年、万延年、张延年、王延年、朱延年、斩延年、任延年、田延年、于延年、贾延年、吾丘延年、鞠延年、辛延年、李延年、姚延年，②蓻延年、蒋延年、郝延年、楼延年、湿延年、公孙延年、丧延年、陈延年、魏延年、秦延年、廉延年、蔡延年、褚延年、向延年、耿延年、训延年，③许延年、梁延年、吴延年、藐延年、栎阳延年、牟延年、赵延年、苏延年、高延年等。④

《急就篇》卷1"宋延年"下颜师古注："延年之义，取于寿考无疆也。汉有李延年、杜延年、田延年。"王应麟补注："《方言》：'延，永长也。凡施于年者谓之延。'又有严延年、孔延年、乘马延年、解延年、东郭延年。"⑤按，"李延年"有二：一为曾任协律都尉者（见《汉书·礼乐志》），一为方士李延年（见《郊祀志下》）；"杜延年"有二：一为杜周之子杜延年，曾任谏大夫、封列侯，即《宣帝纪》中的"太仆建平侯延年"，亦即《百官公卿表》中的西河太守杜延年、《苏武传》中的御史大夫建平侯杜延年。一为谒者杜延年（见《昭帝纪》）；⑥"田延年"，曾任大司农之职，封阳城侯（见《宣帝纪》及

---

① 扬州博物馆、邗江县图书馆：《江苏邗江胡场五号汉墓》，《文物》1981年第11期。
② ［日］关正人监修，［日］佐野荣辉、蓑毛政雄编：《汉印文字汇编》，李忻译，西泠印社出版社2020年版，第245—246页。
③ 分见罗福颐编《汉印文字征》，文物出版社1978年版，第一（12页）、第一（14页）、第六（7页）、第七（10页），以及罗福颐编《汉印文字征补遗》，文物出版社1980年版，第一（5页）、第二（5页）、第三（2页）、第五（5页）。
④ 赵平安、李婧、石小力编著：《秦汉印章封泥文字编》，中西书局2019年版，第177—179页。
⑤ （汉）史游撰，（唐）颜师古注，（宋）王应麟补注：《急就篇》，中华书局1985年版，第35页。
⑥ 按，《汉书·昭帝纪》云："冬十月，诏曰：'左将军安阳侯桀、骠骑将军桑乐侯安、大夫弘羊皆数以邪枉干辅政，大将军不听，而怀怨望，与燕王通谋，置驿往来相约结。燕王遣寿西长、孙纵之等赂遗长公主、丁外人、谒者杜延年、大将军长史公孙遗等，交通私书，共谋令长公主置酒，伏兵杀大将军光，征立燕王为天子，大逆毋道。故稻田使者燕仓先发觉，以告大司农敞，敞告谏大夫延年，延年以闻。丞相征事任宫手捕斩桀，丞相少史王寿诱将安入府门，皆已伏诛，吏民得以安。封延年、仓、宫、寿皆为列侯。'"颜师古于"谒者杜延年"下注曰："此杜延年自别一人，非下谏大夫也。"其于"谏大夫延年"下又注曰："杜延年，杜周之子。"是知参与谋杀大将军霍光的谒者杜延年，其与谏大夫、因平乱有功而封列侯的杜周之子杜延年名虽同而人非一。

《外戚恩泽侯表》）。又，《汉书·尹翁归传》有河东太守田延年，不知二者是否为一人？"严延年"见《宣帝纪》，曾任河南太守。《昌邑哀王髆传》又有执金吾严延年；"孔延年"见《孔光传》，即孔光祖父；"乘马延年"见《沟洫志》，曾任谏大夫，应即《毛公传》中的将作大匠乘马延年；"解延年"见《儒林传》；"东郭延年"见《方术传》。

除《急就篇》所言名"延年"者外，见于《汉书》者，尚有夏阳男子张延年（见《昭帝纪》）、怀昌胡侯刘延年、安阳穰侯刘延年、歙安侯刘延年、祝兹侯刘延年、安定顷侯刘延年、复阳严侯刘延年、中乡侯刘延年、乐都侯刘延年（并见《王子侯表》）、臧马康侯雕延年、成安侯韩延年、周承休侯姬延年（并见《景武昭宣元成功臣表》），以及"史不得其姓"的齐人延年（见《沟洫志》），赋家、东施令延年（见《艺文志》）等15人。此外，《史记·建元以来侯者年表》尚有博望侯许延年。

从上述所引文献资料可见，在汉代上迄诸侯，下至平民均有大量以"延年"为名者。"延年"的命名蕴意，如颜师古所说，在于"取于寿考无疆也"。

（2）万年

居延汉简有解万年（258.7）、王万年（E.P.T51：193、44.11）、纪万年（E.P.T51：103）、钱万年（227.8）、王万年（33.18、44.11、159.4）等；敦煌汉简有敦煌玉门丞万年（1741）；[①] 肩水金关汉简有杜万年（73EJT2：99）、岁万年（73EJT9：136）、王万年（73EJT21：449）、韩万年（73EJT9：180）、吕万年（73EJT24：252）、习万年（73EJT37：1076A、73EJT37：1081）、田万年（73EJT37：1413），以及不具姓氏的守尉万年（73EJT24：517A）、给事佐万年（73EJC：522）等。

秦汉印有过万年、任万年，[②] 皇万年、项万年、郯万年等。[③]

《汉书》有解万年（见《成帝纪》）、临乐节侯刘万年（见《王

[①] 甘肃省文物考古研究所编：《敦煌汉简》（下），中华书局1991年版，第287页。
[②] 赵平安、李婧、石小力编著：《秦汉印章封泥文字编》，中西书局2019年版，第617页。
[③] 分见罗福颐编《汉印文字征》，文物出版社1978年版，第七（10页）、第九（2页），及罗福颐编《汉印文字征补遗》，文物出版社1980年版，第一（5页）。

子侯表上》）、柳众节侯强孙炀侯刘万年（见《王子侯表下》）、襄平侯纪通玄孙长安簪袅纪万年（见《高惠高后文功臣表》）、博阳侯周聚曾孙长陵公乘周万年（见《高惠高后文功臣表》）、昌武靖信侯单究玄孙之孙阳陵公乘单万年（见《百官公卿表》）、广陵太守陈万年（见《陈万年传》）、莎车王万年（见《冯奉世传》）、乌孙公主小子万年（见《西域传》）等。可见，"万年"在汉代亦是一常见人名。

《宋书·乐志四》云："舞杯槃，何翩翩，举坐翻覆寿万年……人命长，当结友，千秋万岁皆老寿。"① 是知作为人名的"万年"一词，如同千秋、万岁一样，也是父母希冀子嗣将来能长生久视，寿考无疆。

（3）益寿

金关汉简有吕益寿（73EJT1：178B）、亓益寿（73EJT14：19）、孔益寿（73EJT37：622）等。

汉印有翟益寿、苏益寿、杨益寿、田益寿、丁益寿、徐益寿。②

《汉书》有萋原侯刘益寿（见《王子侯表上》）、阳河齐侯其石玄孙之子其益寿（见《高惠高后文功臣表》）、桃安侯刘襄玄孙之子长安上造刘益寿（见《高惠高后文功臣表》）、御史属公孙益寿（见《匈奴传上》）等。

"益寿"，《急就篇》卷1"卫益寿"下师古注曰："亦延年之义也。"③《汉书·李寻传》云："成帝不应天命，故绝嗣。今陛下久疾，变异屡数，天所以谴告人也。宜急改元易号，乃得延年益寿，皇子生，灾异息矣。"④ 此以"延年"与"益寿"并连而语，亦可知"延年"与"益寿"同义。

（4）其他"寿"字名

其他"寿"字名，除以"寿"字为名外，尚有延寿、长寿、寿王等。如：

---

① （梁）沈约：《宋书》，中华书局1974年版，第635页。
② 分见罗福颐编《汉印文字征》，文物出版社1978年版，第四（第4页）、第五（8页）、第五（10页）、第八（16页）。
③ （汉）史游撰，（唐）颜师古注，（宋）王应麟补注：《急就篇》，中华书局1985年版，第37页。
④ （汉）班固：《汉书》，中华书局1962年版，第3192页。

① 寿

居延汉简有黄寿（284.12）、储寿（560.27）、孟寿（E.P.T51：193、8.6、173.15）、杨寿（E.P.T53：109AB）、李寿（26.21、173.7、E.P.T53：25）、韩寿（E.P.T43：107A）、孙寿（E.P.T51：303）；敦煌汉简有徐寿（822）；地湾汉简有主寿（86EDT7：7）、梁寿（86EDHT：38）；肩水金关汉简有范寿（73EJT1：119）、乐寿（73EJT2：39）、雍寿（73EJT2：64）、狗寿（73EJT7：109）、侯寿（73EJT9：28）、桓寿（73EJT10：326）、庄寿（73EJT26：136）、石寿（73EJT37：156）、张寿（73EJT37：952）、段寿（73EJT37：969）、王寿（73EJT37：1465）、辛寿（73EJF3：471+302）、赵寿（73EJC：414），以及不具姓氏的守令史寿（73EJT6：72A、73EJT10：441）、东乡守啬夫寿（73EJT10：61）、居延丞掾寿（73EJT10：207）、居延令佐寿（73EJT10：210A）等。

秦印有赵寿、主寿、亯寿、安寿、王寿、咸亭沙寿等；① 汉印有尹寿、夏寿、秦寿、梁寿、贯寿、庞寿、韩寿、公孙寿、行寿、邹寿、宋寿、朹寿、张寿、傅寿、费寿、向寿、杨寿、檀寿、高寿、殷寿、陈寿、戴寿、郝寿、夏侯寿、贾寿、田寿、爰寿、五寿、阳寿、中黄寿、淳于寿、冬寿、毛寿、徐寿、李寿、公寿、虞寿、牛寿、永寿、弦寿、莒寿、谭寿、桃寿、孔寿、赵寿、跣寿、丁寿、郁阳寿、秘寿、邵寿，② 以及唯寿、隽寿、雏寿、龙寿、范寿、平寿、亯寿、翟寿、鉏寿、刘寿等。③

《汉书》有郎中令贾寿（见《高后纪》）、齐懿王刘寿（见《高五王传》）、茂陵公乘陈寿（见《高祖功臣表》）、商利侯王寿（见《昭帝纪》）、乐昌侯张寿（见《平帝纪》）、平定敬侯齐寿（又作齐受，见《高惠高后文功臣表》）、顷侯刘寿、翟侯刘寿（并见《王子侯表上》）、合意侯孔寿、功明公王寿（并见《王莽传》）、沛国太子李寿、

---

① 许雄志主编：《秦印文字汇编》，河南美术出版社2001年版，第165页。
② ［日］关正人监修，［日］佐野荣辉、蓑毛政雄编：《汉印文字汇编》，李忻译，西泠印社出版社2020年版，第140—145页。
③ 分见罗福颐编《汉印文字征》，文物出版社1978年版，第二（6页）、第四（7页）、第四（17页）、第四（18页）、第五（2页）、第五（6页）、第五（14页）、第八（16页）、第十四（2页）、第十四（4页）。

钜鹿太守淮阳朱寿（并见《百官公卿表》）、新安令史李寿（见《戾太子传》）、平阳侯曹寿（见《卫青传》）、太守何寿（见《何武传》）、亢父人甯寿（见《两龚传》），以及宣帝时不知姓氏而名"寿"者（见《艺文志》）等。可见"寿"亦是当时极为常见的人名。

②延寿

居延汉简有王延寿（56.33）、李延寿（20.12A）、石延寿（104.19）、牛延寿（3.6、20.12A）、刑延寿（306.7）、孟延寿（26.21、157.2、E.P.T50：34、E.P.T50：85、E.P.T51：239）、徐延寿（26.21、E.P.T51：63、E.P.T56：24），以及居延都尉丞延寿（159.14、E.P.T56：199）等；敦煌汉简有尤延寿（1870）、士吏延寿（1077）；地湾汉简有刑延寿（86EDT7：31）、士吏延寿（86EDT10：6）；金关汉简有王延寿（73EJT6：65）、杨延寿（73EJT6：149）、殷延寿（73EJT23：176）、申延寿（73EJT23：481B）、孙延寿（73EJT23：774）、白延寿（73EJT24：250）、解延寿（73EJT24：872A）、马延寿（73EJT28：50）、刑延寿（73EJT30：23）、王延寿（73EJF3：357），以及不具姓氏的都尉府属延寿（E.P.T58：58B）、给事佐延寿（73EJT7：58）、☐长延寿（73EJT3：106）、肩水仓丞延寿（73EJT23：772）、☐延寿（73EJT32：53）、居延丞延寿（73EJT37：782）、期门侍郎臣延寿（73EJT37：1225）等。

汉印有李延寿、韩延寿、赵延寿、杨延寿、繁延寿、苏延寿、张延寿、孙延寿、朱延寿、王延寿、曏延寿、田延寿、俱延寿、侯延寿，[①]盖延寿、阎延寿、尹延寿、毕延寿、编延寿，[②]屈延寿[③]，程延寿、于延寿等。[④]

《汉书》有光禄大夫、强弩将军许延寿（见《宣帝纪》）、公丘炀侯刘延寿、陆侯刘延寿（并见《王子侯表上》）、刘纯之子刘延寿（见

---

① ［日］关正人监修，［日］佐野荣辉、襄毛政雄编：《汉印文字汇编》，李忻译，西泠印社出版社2020年版，第140—145页。

② 分见罗福颐编《汉印文字征》，文物出版社1978年版，第一（17页）、第二（18页）、第三（16页）、第四（10页）、第十三（5页）。

③ 罗福颐编：《汉印文字征补遗》，文物出版社1980年版，第八（6页）。

④ 赵平安、李婧、石小力编著：《秦汉印章封泥文字编》，中西书局2019年版，第178—179页。

《楚元王传》）、富平侯张延寿（见《杨恽传》）、义成侯甘延寿（见《甘延寿传》）、燕人韩延寿（见《韩延寿传》）、廷尉范延寿（见《翟方进传》）、焦延寿（见《京房传》）、繁延寿（颜师古注："即李延寿也。"见《谷永传》），以及昭帝时执金吾延寿、昭帝时左冯翊延寿、五原太守延寿、钜鹿太守延寿（并见《百官公卿表》）等。此外，尚有不见于《汉书》所载的杜周之子杜延寿。①

《史记·封禅书》云："已视之，果有献玉杯者，刻曰'人主延寿'。"②晋人干宝《搜神记》卷11云："若得鲤鱼食之，其病即差，可以延寿。"③阮籍《大人先生传》云："养性延寿，与自然齐光。"④《宋书·乐志四》云："仙人下来饮，延寿千万岁。"⑤是知"延寿"者，延长寿命，即长寿也，与延年、益寿同义。

③长寿

居延汉简有左长寿（28.16、28.21B）及不具姓氏的"居延令史长寿"（28.21B）；悬泉汉简有酒泉库令长寿（Ⅱ90DXT0213③：96）；肩水金关汉简有白长寿（73EJT37：17+384）、被长寿（73EJT37：1002），以及不具姓的令史长寿（73EJD：44）、从吏长寿（73EJT30：153A）等。

汉印有左长寿、武长寿、王长寿、綦长寿、其长寿、张长寿，⑥以及祭长寿、𠃊长寿、邓长寿、栗长寿，⑦壄长寿等。⑧

《汉书·王子侯表下》有顷侯刘长寿。

---

① 王楙《野客丛书》卷1"张杜酷恶之报"条云："班固传杜周，但言二子夹河为郡守，治皆酷暴，而不言所终，非逸之也，无乃隐恶之意乎？仆考《唐·世系表》，杜周三子：延寿、延考、延年。则知本传所谓二子夹河为郡守者，即延寿、延考。本传惟载少子延年，而不载前二子之名，因表而出之。"见（宋）王楙撰，王文锦点校：《野客丛书》，中华书局1987年版，第7页。依此，则杜周之子有名"杜延寿"者。
② （汉）司马迁：《史记》，中华书局1959年版，第1383页。
③ （晋）干宝撰，汪绍楹校注：《搜神记》，中华书局1979年版，第135页。
④ 郭光校注：《阮籍集校注》，中州古籍出版社1991年版，第95页。
⑤ （梁）沈约：《宋书》，中华书局1974年版，第641页。
⑥ ［日］关正人监修，［日］佐野荣辉、蓑毛政雄编：《汉印文字汇编》，李忻译，西泠印社出版社2020年版，第140—145页。
⑦ 分见罗福颐编《汉印文字征》，文物出版社1978年版，第一（3页）、第一（17页）、第六（23页）、第七（8页）。
⑧ 罗福颐编：《汉印文字征补遗》，文物出版社1980年版，第十三（5页）。

《管子·内业》云："平正擅匈，论治在心，此以长寿。"① 晋人傅玄《菊赋》云："服之者长寿，食之者通神。"② 是"长寿"者，亦父母冀望子嗣寿命长久也。

④ 寿王

居延汉简有李寿王（26.21、260.2、311.34）；肩水金关汉简有吕寿王（73EJT37：844），以及不具姓氏的☐尉寿王（73EJT1：88）、寿王（73EJT24：409）等。

汉印有中山寿王、李寿王、颜寿王、钟寿王、司马寿王、徐寿王、王寿王、寒寿王、泽寿王、强寿王，③ 以及苏寿王、爽寿王、公其寿王、伊寿王等。④

《汉书》有彭简侯秦同玄孙费公士秦寿王（见《高惠高后文功臣表》）、吾丘寿王（见《吾丘寿王传》）、太史令张寿王（见《律历志》）等。

此外，以上延年、益寿类人名也常作为吉语，见于建筑物及铜镜铭文上，如汉瓦文有"飞鸿延年""延年益寿""延年益寿昌""延寿长久""延寿万岁""延寿长宜""延寿千年""延寿长相思""延寿万岁常与天久长"等。⑤《史记·封禅书》及《孝武本纪》载，汉武帝在"甘泉则作益延寿观"，《汉书·郊祀志》则谓汉于甘泉作益寿、延寿馆。⑥ 汉代尚筑有"云中益寿塞"（见《汉书·匈奴传下》）、"鼎胡延寿宫"等。⑦ 汉代铜镜铭文则常见"延年益寿""千秋万岁，延年益

---

① 黎翔凤撰，梁运华整理：《管子校注》，中华书局2004年版，第945页。

② 赵光勇、王建域：《〈傅子〉〈傅玄传〉校注》，陕西师范大学出版社2014年版，第275页。

③ ［日］关正人监修，［日］佐野荣辉、蓑毛政雄编：《汉印文字汇编》，李忻译，西泠印社出版社2020年版，第140—145页。

④ 分见罗福颐编《汉印文字征》，文物出版社1978年版，第一（9页）、第三（23页）、第五（4页）、第八（2页）。

⑤ 陈直：《秦汉瓦当概述》，载氏著《摹庐丛著七种》，齐鲁书社1981年版，第360页。

⑥ 颜师古从《汉书》说，解"益延寿观"为"益寿""延寿"二馆名。宋人黄伯思引汉代"益延寿"瓦文以纠颜氏说之误，认为当以《史记》"益延寿观"之说为是。见（宋）黄伯思：《宋本东观余论》，中华书局1988年版，第129页。黄氏说可从。

⑦ 陈直：《秦汉瓦当概述》，《摹庐丛著七种》，齐鲁书社1981年版，第381页。按：传世汉代铜器尚有汉成帝元延二年造"延寿宫高镫"，见孙慰祖、徐谷富编著《秦汉金文汇编》，上海书店出版社1997年版，第235页。此亦可为汉有"延寿宫"之佐证。

寿""延年千岁""延年益寿而去不羊（祥）""长年益寿去不羊（祥）"等吉语。① 此外，尚有"寿如山""与天相寿""寿未央""寿敝金石""万岁寿""寿万年"等希冀寿数无极类铭文，② 说明"寿""延年""益寿""延寿"等不但是当时常用人名，也是当时极常见的吉祥语，反映出这一时期人们冀予子嗣能长生久视、益寿延年的美好愿望。

这种对子嗣未来寿命久长的美好希冀，在马王堆汉墓帛书《胎产书》所载"南方禹臧（藏）图"及同墓所出帛书《房内记》所载"禹臧埋胞图法"所反映的埋胞俗信中也有体现，如"南方禹臧图"上不但标示出各月埋胞时所应避忌的大时、小时两个神煞所在的位置，还标示出从"廿"到"百廿"的数字。③"禹臧埋胞图法"则明确指出，埋胞时，除要避开大时、小时所在外，还应"视数多者貍（埋）包（胞）"。④ 之所以如此，就在于如《医心方》卷23引《产经》所云："凡欲藏胞胎者，可先详视十二月图，算多处者有寿，算少处者不寿。"⑤ 此处的"算"，即数，亦代指人的寿命。《说文·竹部》："算，数也。"《抱朴子内篇·对俗》："凡人之受命得寿，自有本数，数本多者，则纪、算难尽而迟死；若所禀本少，而所犯者多，则纪、算速尽而早死。"⑥ 清人臧庸《拜经日记》卷9云："纪、算，谓年寿也，十二年谓纪，百日为算。"⑦《尚书·洪范》"五福，其一曰寿"孔传云："百二十年。"孔颖达正义云："人之大期，百年为限。世有长寿云百二十年者，故传以最长者言之。"⑧《养生经》云："上寿百二十岁，中寿百，

---

① 王刚怀编著：《汉镜铭文图集》，中西书局2016年版，第23、24、47、103、128、129、155、156、202、217、218、219、220、221、225页。
② 王刚怀编著：《汉镜铭文图集》，中西书局2016年版，第52、54、63、84、220、239、247页。
③ 裘锡圭主编：《长沙马王堆汉墓简帛集成》（六），中华书局2014年版，第100页。
④ 裘锡圭主编：《长沙马王堆汉墓简帛集成》（六），中华书局2014年版，第82页。
⑤ ［日］丹波康赖：《医心方》，人民卫生出版社1955年版，第515页。
⑥ 王明：《抱朴子内篇校释》（增订本），中华书局1985年版，第53页。
⑦ （清）臧庸：《拜经日记》，国家图书馆出版社2011年版，第381页。
⑧ （汉）孔安国传，（唐）孔颖达正义：《尚书正义》，上海古籍出版社2007年版，第478—479页。

下寿八十。"① 又,《太平经·解承负诀》云:"凡人有三寿……上寿一百二十,中寿八十,下寿六十。"② 埋胞图上的数最大者为"百廿",此与上引传世文献所载人之寿数最长者为百二十年的认知正合。而埋胞时,之所以要选埋胞图上数多者处,乃在于相信数多处者有寿。这种把人的寿命"算"与埋胞图中具体的"数"相对应的观念,也正是古人在同类相感的原逻辑思维认知下,对后嗣未来寿命的美好希冀与预设。

(5) 未央

以"未央"为名者,居延汉简有吕未央(15.20)、张未央(258.3、E.P.T52:452)、工未央(334.13)、朱未央(336.19)、曲未央(E.P.T65:207)、冯未央(E.P.T59:3)、杜未央(E.P.T59:3),及不知姓氏的"掾未央"(18.5);敦煌汉简有王未央(838A);尹湾汉简有张未央(3A.1);悬泉汉简有□御未央(I92DXT0116S:68)、③ 解未央(V92DXT0309③:121);④ 肩水金关汉简有寿未央(73EJT2:61)、郑未央(73EJT8:33A)、范未央(73EJT8:62)、王未央(73EJT21:15,觻得常利里/73EJC:50,□白里)、李未央(73EJT22:56,河内郡野王东乐里大夫/73EJT33:53A,驿北亭卒)、韩未央(73EJT22:135)、捕未央(73EJT24:708)、庄未央(73EJT30:189)、阳城未央(73EJT37:767)、冯未央(73EJT37:802)、段未央(73EJT37:829)、陈未央(73EJT37:1499A)、吕未央(73EJD:61),以及不具姓氏的公乘□未央(73EJT6:142)、□未央(73EJT10:197)、□当隧卒未央(73EJT21:237)、卒未央(73EJT28:60)、居延丞未央(73EJT33:39)、觻得关亭里公乘未央(73EJT37:70A)、临泽隧卒□未央(73EJT37:967)等。

---

① 《左传·僖公三十二年》"中寿,尔墓之木拱矣"孔颖达《正义》云:"上寿百二十岁,中寿百,下寿八十。"杨伯峻以为此说盖本《养生经》(见《文选》孙楚《征西官属送于涉阳侯作》李善注引)。说见杨伯峻编著《春秋左传注》(修订本),中华书局1990年版,第491页。今据引。又,明人谢肇淛撰《五杂组》卷5《人部》云:"人寿不过百岁,数之终也,故过百二十不死,谓之失归之妖。"此亦以百二十岁为人寿之极者。见(明)谢肇淛撰,韩梅、韩锡铎点校:《五杂组》,中华书局2021年版,第150页。

② 王明编:《太平经合校》,中华书局1960年版,第22—23页。

③ 甘肃简牍博物馆等编:《悬泉汉简》(一),中西书局2019年版。

④ 郝树声、张德芳:《悬泉汉简研究》,甘肃文化出版社2009年版。

秦汉印有高未央、靳未央、苏未央、殷未央、王未央、朱未央、霍未央、臣未央、路未央、间虚未央、时未央、阳未央、翟未央、张未央、作未央、高未央、郝未央、上官未央、荣未央、牟未央、乐未央、周未央，① 宋未央、华未央、公孙未央、马未央、吕未央、尹未央、桓未央、赵未央、李未央、冯未央，② 以及谭未央、焦未央、杜未央、狗未央、孟未央，③ 郑未央等。④

《汉书》有薪馆侯刘未央（见《王子侯表上》）、顷侯刘未央（见《王子侯表下》）、新昌哀侯刘未央（《王子侯表下》）、临都节侯刘未央（见《王子侯表》下）、不更摇未央（《高惠高后文功臣表》）、郝宿王刑未央（见《匈奴传》）等。

此外，汉有未央宫，太仆属官有未央令。出土汉瓦当多见以"未央"为中心词的瓦文。如"芹乐未央延年永寿昌""长乐未央延年益寿昌""万岁未央""安乐未央""万年未央""昌利未央""永年未央""富昌未央"，⑤ 以及长生未央、长乐未央、长乐未央延年永寿昌、永年未央等。⑥ 西汉铜镜铭亦多见将乐、富乐、长乐、常乐、安乐、寿、福嗣、贵、贵乐、洞乐等与"未央"相连，期望能长乐未央、寿未央、福嗣未央、贵乐未央、洞乐未央者。⑦ 这些吉语铭文，反映出时人对长寿、康乐、富贵等人生追求能延绵不尽的强烈希冀。

《汉书·礼乐志》载郊祀歌云："延寿命，永未央。"《汉书·艺文志》"代诏臣安成未央术一篇"应劭注曰："道家也，好养生事，为未央之术。"《急就篇》卷1"龙未央"条下颜师古注："言益寿无极也。"

---

① 赵平安、李婧、石小力编著：《秦汉印章封泥文字编》，中西书局2019年版，第1271—1272页。

② ［日］关正人监修，［日］佐野荣辉、裘毛政雄编：《汉印文字汇编》，李忻译，西泠印社出版社2020年版，第338—339页。

③ 分见罗福颐编《汉印文字征》，文物出版社1978年版，第一（9页）、第三（第14页）、第四（4页）、第五（14页）、第八（5页）、第十（5页）、第十四（16页）。

④ 罗福颐编：《汉印文字征补遗》，文物出版社1980年版，第五（5页）。

⑤ 陈直：《秦汉瓦当概述》，《摹庐丛著七种》，齐鲁书社1981年版，第360—361页。

⑥ 分见陕西省考古研究所秦汉研究室编《新编秦汉瓦当图录》，三秦出版社1986年版，第253、261、268、298页。

⑦ 王刚怀编著：《汉镜铭文图集》，中西书局2016年版，第36、39、41、49、64、66、70、80、81、96、113、153、190、195、209、214、217、220、222、231、243、246、276页。

王应麟补注引王逸注《楚辞》云:"央,尽也。"① 是"未央"者,未尽也,作为人名,则希冀子嗣能益寿无极也。

3. 彭祖、终古

(1) 彭祖

以"彭祖"为名者,岳麓书院藏秦简有狱史彭沮(0422/0511);②居延汉简有张彭祖(49.2)、成功彭祖(564.6);敦煌汉简有郭彭祖(2425);尹湾汉简有武彭祖(3A.1)、夏彭祖(3B.1)、薛彭祖(4A.2);地湾汉简有田彭祖(86EDHT:24);肩水金关汉简有赵彭祖(73EJT10:251)、石彭祖(73EJT25:49)、张彭祖(73EJT30:6)、乏彭祖(73EJT33:41A)、侯彭祖(73EJT37:1123),以及不知姓氏之"□彭祖"(73EJT6:99、73EJT9:233)、彭祖(73EJT10:396A)、令史彭祖(73EJT28:65A)、游徼彭祖(73EJT30:170)等。

秦汉印有胡彭祖、段彭祖、郝彭祖、左彭沮、任彭沮、李彭祖、樊彭祖、张彭祖,③石彭祖、申彭祖、魏彭祖、曹彭祖,④以及藩彭祖、邵彭祖等。⑤

《汉书》有周阳侯田彭祖(见《高帝纪》)、戴敬侯祕彭祖(见《高惠高后文功臣表》)、广川王刘彭祖(见《景帝纪》)、张汤孙阳都侯张彭祖(见《宣帝纪》)、景帝子赵景肃王刘彭祖(见《景十三王传》)、中尉蔡彭祖(见《景十三王传》)、南皮侯窦彭祖(见《外戚传》)、真定太傅邓彭祖(见《儒林传》)、太子太傅严彭祖(见《儒林传》)、轪侯黎朱苍孙黎彭祖(见《高惠高后文功臣表》)、信侯直不疑孙直彭祖(见《直不疑传》)、河内太守平原赵彭祖、京兆尹彭祖(并见《百官公卿表》)13人。

---

① (汉)史游撰,(唐)颜师古注,(宋)王应麟补注:《急就篇》,中华书局1985年版,第52页。

② 朱汉民、陈松长主编:《岳麓书院藏秦简》(三),上海辞书出版社2013年版,第185—186页。按,《大戴礼记·帝系》"季连产付祖氏",《史记·楚世家》作"季连生附沮",裴骃集解引孙检曰:"沮,一作祖。"是沮、祖二字可通假。则用作人名的"彭沮"即"彭祖"。

③ 赵平安、李婧、石小力编著:《秦汉印章封泥文字编》,中西书局2019年版,第397—398页。

④ [日]关正人监修,[日]佐野荣辉、蓑毛政雄编:《汉印文字汇编》,李忻译,西泠印社出版社2020年版,第259—260、396、475页。

⑤ 分见罗福颐编《汉印文字征》,文物出版社1978年版,第一(17页)、第六(22页)。

"彭祖"作为上古时期的长寿者,在上博简、张家山汉简、马王堆汉墓医书中也曾出现,如上博三《彭祖》篇云"狗(耇)老昏(问)于彭祖",张家山汉简《引书》云"春产、夏长、秋收、冬臧(藏),此彭祖之道也",马王堆医书《十问》云:"王子巧父问于彭祖。"① 这里的"彭祖",即《庄子》一书中所说的"彭祖",亦即《论语·述而》"窃比于我老彭"中的"老彭",也即《列仙传》和《神仙传》中所载教商王学地仙之术的"彭祖"。②《汉书·王褒传》"何必偃卬诎信若彭祖"颜师古注引如淳曰:"《五帝纪》彭祖,尧舜时人。《列仙传》彭祖,殷大夫也,历夏至商末,寿年七百。"③《神仙传》载:"彭祖者,姓篯名铿,帝颛顼之玄孙。至殷末世,年七百六十岁而不衰老。"④《庄子·逍遥游》"彭祖乃今以久特闻"成玄英疏云:"彭祖者……善养性……历夏经殷,至周年八百岁矣。以其年长寿,所以声名独闻于世。"《庄子·大宗师》载,彭祖得道,"上及有虞,下及五伯"。成玄英疏云:"彭祖,帝颛顼之孙也。封于彭城,其道可祖,故称彭祖,善养性得道者也……而彭祖得道,所以长年,上至有虞,下及殷周,凡八百年也。"⑤《楚辞·天问》"彭铿斟雉,帝何飨?受寿永多,夫何久长"王逸注:"彭铿,彭祖也……彭祖至八百岁,犹自悔不寿,恨枕高而唾远也。"⑥ 则彭祖寿及八百,在当时是普遍的认识。⑦ 可见,在神仙方士信仰极为盛行的战国秦汉时期,彭祖已被看作老寿星和活神仙了。因此,秦汉时期多见以"彭祖"为名者,这与当时社会流行的彭祖乃"声名独闻于世"的长寿者的认知密不可分。

---

① 分见马承源主编《上海博物馆藏战国楚竹书》(三),上海古籍出版社 2003 年版,第 304 页;张家山二四七号汉墓竹简整理小组编著:《张家山汉墓竹简[二四七号墓]》(释文修订本),文物出版社 2006 年版,第 171 页;周一谋、萧佐桃主编《马王堆医书考注》,天津科学技术出版社 1988 年版,第 381 页。

② 李零:《丧家狗——我读〈论语〉》,山西人民出版社 2007 年版,第 142—143 页。

③ (汉)班固:《汉书》,中华书局 1962 年版,第 2828 页。

④ (晋)葛洪撰,胡守为校释:《神仙传校释》,中华书局 2010 年版,第 15 页。

⑤ (晋)郭象注,(唐)成玄英疏:《庄子注疏》,中华书局 2011 年版,第 8、138 页。

⑥ (宋)洪兴祖撰,白化文等点校:《楚辞补注》,中华书局 1983 年版,第 116 页。

⑦ 彭祖年寿及时代问题,传世文献记载多所歧异,然各家均以其为古代之长寿者则无异议。相关讨论可参俞正燮《彭祖长年论》一文,载(清)俞正燮撰,于石等校点《俞正燮全集》(一),黄山书社 2005 年版,第 713—718 页。

时人以"彭祖"为子嗣名者，诚如《急就篇》卷1"萧彭祖"下颜师古注所说，乃是"追慕彭铿，尚其长年也"，① 即希冀子嗣亦能如古之老寿星"彭祖"一样，成为高年长寿者。

值得注意的是，汉武帝时酷吏张汤之子张安世有子三人，分别名千秋、延寿、彭祖，可谓是当时希冀子嗣能长生久视、益寿无极而最为典型之命名。

(2) 终古（冬古）

江陵凤凰山汉简有终古、王终古。②

秦汉印有刘冬古、牟冬古、张冬古、臣冬古、周终古、狐冬古，③董冬古、贱子冬古等。④

《汉书》有菑川王刘终古（见《诸侯王表》）、博阳侯刘终古、柏畅侯刘终古、釐侯刘终古（并见《王子侯表上》），御儿侯辕终古（见《功臣表》）等。

"终""冬"二字古通，"冬"常读作"终"，⑤ 如殷墟卜辞云："辛未卜，内，翌壬申启，冬日雾。"（《合集》13140）"贞，不其冬夕雨。"（《合集》12998正）⑥ 是"冬日""冬夕"即"终日""终夕"。西周金文多见"霝冬"，如《殳季良父壶》铭云："其万年霝冬难老。"（《集成》09713）《善夫山鼎》铭云："克其日用鼎朕辟鲁休，用介康穌、纯右、眉寿、永命霝冬。"（《集成》02825）⑦ "霝冬"亦即"霝终"。出土战国秦汉简帛文献中，"终"也常写作"冬"，如郭店楚简《五行》篇简文云："【君】子之为善也，又（有）与司（始），又（有）与冬

---

① （汉）史游撰，（唐）颜师古注，（宋）王应麟补注：《急就篇》，中华书局1985年版，第70页。

② 湖北省文物考古研究所编：《江陵凤凰山西汉简牍》，中华书局2012年版，第118、123页。

③ 赵平安、李婧、石小力编著：《秦汉印章封泥文字编》，中西书局2019年版，第196页。

④ 罗福颐编：《汉印文字征》，文物出版社1978年版，第十一（16页）。

⑤ 高亨纂著，董治安整理：《古字通假会典》，齐鲁书社1989年版，第23页；王辉编著：《古文字通假字典》，中华书局2008年版，第490—491页；白于蓝编著：《简牍帛书通假字字典》，福建人民出版社2008年版，第246页。

⑥ 郭沫若主编：《甲骨文合集》，中华书局1982年版。

⑦ 《集成》，即中国社会科学院考古研究所编《殷周金文集成》（修订增补本），中华书局2007年版。

(终)也。"① 上博简《缁衣》篇简文云："古（故）言则虑丌（其）所冬（终）。"② 睡虎地秦简《日书》甲种《生子》篇简文云："癸亥生子，毋（无）冬（终）。"（149 正伍）③ 马王堆汉墓帛书甲本《老子·道经》云："飘风不冬（终）朝，暴雨不冬（终）日。"④ 帛书《经法·论约》云："一立一废，一生一杀，四时代正，冬（终）而复始。"⑤ 帛书《易·系辞》云："君子见几而作，不位冬日。《易》曰：'介于石，不冬日，贞吉。'介如石，安用冬日，断可识矣。"⑥ 两处"冬"，通行本均作"终"。又，银雀山汉简《孙子兵法·埶》云："冬（终）而复始，日月是【也】。"⑦ 是以《广雅·释诂》云："冬，终也。"王念孙云："冬者，《说文》：'冬，四时尽也；从仌，夂声。夂，古文终。'《广韵》引《尸子》云：'北方为冬。冬，终也。'《汉书·律历志》云：'冬，终也，物终藏乃可称。'"⑧ 基此而言，汉印中的"冬古"，即"终古"，乃汉代常见人名。

《急就篇》卷 1"许终古"条下师古注云："终古，言不废绝也。"王应麟补注曰："《考工记》注：'终古，常也。'《离骚集注》：'古之所终，谓来日之无穷也。'"⑨ 则以"终古"为子嗣名者，也是父母希冀他们将来能够长寿。

好生恶死是人之本性，我国古代先民对于长寿的渴望由来已久，《尚书·洪范》所言"五福"，其一即曰"寿"。⑩ 西周金文中亦多见"用旂眉寿""用旂匃眉寿""用匄眉寿""用祓寿"等祈"寿"类嘏

---

① 荆门市博物馆编：《郭店楚墓竹简》，文物出版社 1998 年版，第 150 页。
② 马承源主编：《上海博物馆藏战国楚竹书》（一），上海古籍出版社 2001 年版，第 193 页。
③ 睡虎地秦墓竹简整理小组编：《睡虎地秦墓竹简》，文物出版社 1990 年版，第 204 页。
④ 马王堆汉墓帛书整理小组编：《老子》，文物出版社 1976 年版，第 25 页。
⑤ 马王堆汉墓帛书整理小组编：《经法》，文物出版社 1976 年版，第 38 页。
⑥ 邓球柏：《帛书周易校释》（增订本），湖南出版社 1996 年版，第 445 页。
⑦ 银雀山汉墓竹简整理小组编：《银雀山汉墓竹简》（一），文物出版社 1985 年版，释文注释第 10 页。
⑧ （清）王念孙著，张其昀点校：《广雅疏证》（点校本），中华书局 2019 年版，第 324 页。
⑨ （汉）史游撰，（唐）颜师古注，（宋）王应麟补注：《急就篇》，中华书局 1985 年版，第 64 页。
⑩ 《尚书·洪范》云："五福：一曰寿，二曰富，三曰康宁，四曰攸好德，五曰考终命。"说见（汉）孔安国传，（唐）孔颖达正义：《尚书正义》，上海古籍出版社 2007 年版，第 478 页。

辞，而金文中最普遍的嘏辞，即为寿考。所谓眉寿、寿老、黄耇，皆寿考之异辞。万年、万寿、无疆、无期，即所冀寿考之极致。① 西周时期，人们要求生命的延续，主要是通过向祖先等神灵祷请的方式。② 《墨子·明鬼下》所谓"周代祝社方，岁于祖若考，以延年寿"③ 是也。这一时期，人们也只祈求有限的长寿和得享天年。但到春秋时期，人们变得更为贪心，开始祈求"难老"和"毋死"。④ 求延年不死更成为此后战国时期的风尚，以致屈原《楚辞·天问》发出"延年不死，寿何所止"之问。这种对寿考无疆、长生不朽的执念，随着战国以来方士神仙之说的流行，特别是秦皇汉武时期对长生不老的执着渴望和追求行为而对社会普通民众信仰产生重大而深远的影响。以上"长生久视"类人名在秦汉时期的普遍化，即与此一社会文化背景密不可分。

兴起于东方齐国威、宣时期的方士神仙不老之说，在秦皇汉武时期得到统治者极大的推崇。对此，《史记·封禅书》中有着较为详尽的叙述，其云：

> 自齐威、宣之时，邹子之徒论著终始五德之运，及秦帝而齐人奏之，故始皇采用之。而宋毋忌、正伯侨、充尚、羡门高最后皆燕人，为方仙道，形解销化，依于鬼神之事。邹衍以阴阳主运显于诸侯，而燕齐海上之方士传其术不能通，然则怪迂阿谀苟合之徒自此兴，不可胜数也。
>
> 自威、宣、燕昭使人入海求蓬莱、方丈、瀛洲。此三神山者，其传在勃海中，去人不远。患且至，则船风引而去。盖尝有至者，诸仙人及不死之药皆在焉……及至秦始皇并天下，至海上，则方士

---

① 徐中舒：《金文嘏辞释例》，《"中研院"历史语言研究所集刊》（第6本，第1分册），1936年，第15页。

② 杜正胜：《从眉寿到长生——中国古代生命观念的转变》，《"中研院"历史语言研究所集刊》（第66本，第2分册），1995年，第385页；又见氏著《从眉寿到长生——医疗文化与中国古代生命观》，三民书局2005年版，第159页。

③ （清）孙诒让撰，孙启治点校：《墨子间诂》，中华书局2001年版，第242—243页。按，"岁于祖若考"原作"岁于社者考"，语义扞格，孙诒让以为"社者"当为"祖若"。"岁于祖若考"，言荐岁事于祖及考也。《少牢馈食礼》云："用荐岁事于皇祖伯某。"其说可从，故据改。

④ 余英时：《东汉生死观》，侯旭东等译，上海古籍出版社2005年版，第23页。

言之不可胜数。始皇自以为至海上而恐不及矣,使人乃斋童男女入海求之。①

秦始皇一统天下后,"悉召文学方士甚众,欲以兴太平,方士欲练以求奇药",其对方士神仙不老之说的痴迷,《史记·秦始皇本纪》中对此也有较为详尽的记载:

> (始皇二十八年)齐人徐市等上书,言海中有三神山,名曰蓬莱、方丈、瀛洲,仙人居之。请得斋戒,与童男女求之。于是遣徐市发童男女数千人,入海求仙人。
>
> 三十二年,始皇之碣石,使燕人卢生求羡门、高誓……因使韩终、侯公、石生求仙人不死之药。
>
> (三十五年)卢生说始皇曰:"臣等求芝奇药仙者常弗遇,类物有害之者。方中,人主时为微行以辟恶鬼,恶鬼辟,真人至。人主所居而人臣知之,则害于神。真人者,入水不濡,入伙不爇,陵云气,与天地久长。今上治天下,未能恬倓。愿上所居官毋令人知,然后不死之药殆可得也。"于是始皇曰:"吾慕真人,自谓真人,不称'朕'。"乃下令咸阳之旁二百里内宫观二百七十复道甬道相连,帷帐钟鼓美人充之,各案署不移徙。

后来侯生、卢生因怕事败而逃走,秦始皇闻知后大怒而坑杀在咸阳之诸生犯禁者四百六十余人。但即使如此,当方士徐市等入海求神药,数岁不得,费多,恐遣而诈曰:"蓬莱药可得,然常为大鲛鱼所苦,故不得至,愿请善射与俱,见则以连弩射之。"秦始皇仍令入海者赍捕巨鱼具,而自以连弩候大鱼出射之。② 可见,在一统天下后,秦始皇所致力之事,一在兴太平,传万世而不灭,一在觅仙药,求长生而不死。然前者在其身后,至二世短祚而亡,后者则虽终未能实现,流风却及于域

---

① (汉)司马迁:《史记》,中华书局1959年版,第1368—1370页。按,此段内容亦见载于《汉书·郊祀志上》,文字表述略有不同处,详见(汉)班固《汉书》,中华书局1962年版,第1203—1205页。

② (汉)司马迁:《史记》,中华书局1959年版,第247—263页。

内,对历代封建统治者存长盛而不衰之信念影响。这其中,不乏英明神武、盖世雄主若汉武、唐宗者,如汉武帝在位期间,对于蓬莱不死之药与长生不老的渴望与向往之情,全然不亚于秦始皇的痴迷程度。

《史记·封禅书》载,汉武帝"初即位,尤敬鬼神之祀"。及六年后,把持朝政的窦太后崩,汉武帝真实执政,"是时李少君亦以祠灶、谷道、却老方见上,上尊之"。在李少君蛊惑下,"于是天子始亲祠灶,遣方士入海求蓬莱安期生之属,而事化丹沙诸药齐为黄金矣"。及李少君病死,"天子以为化去不死,而使黄锤史宽舒受其方。求蓬莱安期生莫能得,而海上燕齐怪迂之方士多更来言神事矣"。其后,齐人少翁以鬼神方见武帝,武帝乃拜少翁为文成将军。少翁诈伪事败被杀后,尝与少翁同师的胶东人栾大以方见武帝,武帝拜栾大为五利将军,佩六印,并以卫长公主妻之。大见数月,贵震天下,引得燕齐间方士"莫不搤捥而自言有禁方,能神仙矣"。后五利妄言见其师,其方尽,多不雠,于是武帝诛杀五利。然当公孙卿候神河南,言见仙人迹缑氏城上时,武帝仍亲临缑氏城视迹。齐人上疏言神怪奇方者以万数而无验者,武帝仍增发船只令言海中神山者数千人求蓬莱神人。而宿留海上,予方士传车及间使求仙人以千数。后公孙卿言见神人东莱山,若云"欲见天子"。武帝于是幸缑氏城,复遣方士求神怪采芝药以千数。公孙卿又言仙人好楼居,于是武帝令长安作蜚廉桂观,甘泉作益延寿观,并筑通天茎台,以招来仙神人之属。其后武帝"东至海上,考入海及方士求神者,莫验,然益遣,冀遇之","临勃海,将以望祀蓬莱之属,冀至殊廷焉"。在方士候祠神人、入海求蓬莱终无有验的情况下,武帝对方士怪迂之言亦多有厌怠。然即使如此,仍"羁縻不绝,冀遇其真",以至"自此之后,方士言神祠者弥众"。① 此足见英明如汉武帝,也无法避免对长生不老的执着希冀与追求。《墨子·兼爱中》云:

昔者晋文公好士之恶衣,故文公之臣皆牂羊之裘,韦以带剑,练帛之冠,入以见于君,出以践于朝。是其故何也?君说之,故臣为之也。昔者楚灵王好士细腰,故灵王之臣皆以一饭为节,胁息然

---

① (汉)司马迁:《史记》,中华书局1959年版,第1384—1404页。

后带，扶墙然后起，比期年，朝有黧黑之色。是其故何也？君说之，故臣能之也。昔越王勾践好士之勇，教驯其臣，和合之焚舟失火，试其士曰："越国之宝尽在此！"越王亲自鼓其士而进之。士闻鼓音，破碎乱行，蹈火而死者左右百人有余。越王击金而退之。①

正所谓"上好是物，下必有甚者矣"。② 秦皇汉武迷恋方士神仙之说，耗费大量人力财力寻求神仙不老之药，在上者这种行为对社会风习产生了极为广泛的影响，陆贾《新语·慎微》论及当时社会民众的求仙盛况云：

（世人多）苦身劳形，入深山，求神仙，弃二老，捐骨肉，绝五谷，废《诗》《书》，背天地之宝，求不死之道。③

《汉书·艺文志》"方技略"类列神仙凡十家，并论曰：

神仙者，所以保性命之真，而游求于其外者也。聊以荡意平心，同死生之域，而无怵惕于胸中。然而或者专以为务，则诞欺怪迂之文弥以益多，非圣王之所以教也。④

扬雄《法言·君子》载当时神仙说者之嚣嚣世情亦云：

或曰："世无仙，则焉得斯语？"曰："语乎者，非嚣嚣也与？惟嚣嚣为能使无为有。"或问"仙之实"。曰："无以为也，有与无，非问也。"⑤

---

① （清）孙诒让撰，孙启治点校：《墨子闲诂》，中华书局2001年版，第105—106页。
② 《礼记·缁衣》。见（汉）郑玄注《礼记》，《十三经古注》（五），中华书局2014年版，第1088页。
③ 王利器：《新语校注》，中华书局1986年版，第93页。
④ （汉）班固：《汉书》，中华书局1962年版，第1780页。
⑤ 汪荣宝撰，陈仲夫点校：《法言义疏》，中华书局1987年版，第518页。

王利器对此论道："扬子言当世为神仙说者之嚣嚣，即有以见求神仙者之非寥寥矣。"① 诚如研究者所说，对生的普遍重视，最终会自然导向对个体生命的特别关注。② 在上层社会对方士神仙不老的热切欲望风习影响下，追求长生不老、延年益寿自然成为当时社会民众普遍的心愿，以至这种对生命的眷恋和执着而难以企及的愿望，成为天下父母对子女美好的希冀，从而使得千秋万岁、延年益寿、彭祖终古等长生久视类的名字成为这一时期颇具时代特征的常见人名。余英时先生对居延汉简中出现得非常频繁的长寿类人名做了初步统计后指出，带有这类名字的人多数为边塞烽燧的官吏与士卒，这一事实表明普通人与皇帝同样渴望长寿或成仙。而如此命名的人来自帝国的各个郡，这种分布从地理角度给出了求仙流行程度的一些信息，这进一步说明该观念已经传播得既广且快。③ 此虽是就居延汉简简文所涉人名而论，然由我们上文对秦汉时期各种文字资料中所见"长生久视"类人名的梳理来看，其说却是十分中肯的。

二 "速差苦病"类

1. 毋害何伤、去疾病已

（1）毋害（不害）

里耶秦简有不具姓氏的毋害（Ⅱ8-209、④ Ⅱ9-2318⑤）、不害（9-2276）；居延汉简有邹毋害（160.15、E.P.T51：112 等）及不具姓氏的守城尉毋害（216.3）、候长毋害（160.15）、甲渠候长毋害（E.P.T52：148）等；地湾汉简有杨毋害（86EDHT：52）；肩水金关汉简有宋毋害（73EJT23：970）、陈毋害（73EJT24：837）、郭毋害

---

① 王利器：《新语校注》，中华书局1986年版，第94页。
② 余英时：《东汉生死观》，侯旭东等译，上海古籍出版社2005年版，第22页。
③ 余英时：《东汉生死观》，侯旭东等译，上海古籍出版社2005年版，第48—49页。
④ 陈伟主编：《里耶秦简牍校释》（第1卷），武汉大学出版社2012年版，第114页。按，后文所引里耶秦简牍编号为第八层者，均引自此书，若无特殊必要，仅随文标明简号，不再加注。
⑤ 陈伟主编：《里耶秦简牍校释》（第2卷），武汉大学出版社2018年版，第471页。按，后文所引里耶秦简牍编号为第九层者，均引自此书，若无特殊必要，仅随文标明简号，不再加注。

（73EJT25：231）、庞毋害（73EJT37：15）、李毋害（73EJC：440），以及姓氏不详之□毋害（73EJT24：661）、城尉毋害（73EJT26：176）等。

秦汉印有女不害，① 陈不害、滕毋害、戚毋害、公孙毋害、任不害、王毋害、樃不害、暴不害，② 祁不害、张不害、杨不害、焦毋害、徐不害、随毋害、桓毋害，③ 厬毋害、般毋害、缭毋害、刘不害，④ 潞毋害等。⑤

《汉书》有终陵齐侯华毋害、赤泉严侯杨喜孙杨毋害、敬市侯阎无害（并见《高惠高后文功臣表》）、骝丘侯刘毋害、俞闾炀侯刘毋害、浮丘节侯刘不害、阴安康侯刘不害（并见《王子侯表上》）、金乡侯刘不害（见《王子侯表下》）⑥、哀侯刘不害、武原靖侯卫胠孙卫不害、须昌贞侯赵衍孙赵不害、汲绍侯公上不害（并见《高惠高后文功臣表》）、当涂康侯魏不害（见《景武昭宣元成功臣表》）、左冯翊韩不害、守卫尉不害（并见《百官公卿表》）、淮南王安孽子刘不害（见《淮南王传》）、河间献王刘德子共王刘不害（见《景十三王传》）等。

《急就篇》卷1有"审母妨"下颜师古注曰："母防，言勿有所妨害也。"钱保塘补音云："母音无，一作无。妨，敷方反，害也。"王应麟补注曰："古人云'母'犹今人言'莫'也，与父母字不同。《楚辞》'敬而无妨'，《汉·王子侯表》'安众缪侯母妨'，长沙定王曾孙，若韩申不害、汉华母害、合传胡害、阎母害、杨毋害之类。"⑦ 曾仲珊指出，以上引文中的"合传"当作"合博"，"合博"为姓，而"母"

---

① 许雄志主编：《秦印文字汇编》，河南美术出版社2001年版，第143页。
② 赵平安、李婧、石小力编著：《秦汉印章封泥文字编》，中西书局2019年版，第652页。
③ ［日］关正人监修，［日］佐野荣辉、裘毛政雄编：《汉印文字汇编》，李忻译，西泠印社出版社2020年版，第191页。
④ 分见罗福颐编《汉印文字征》，文物出版社1978年版，第八（18页）、第八（19页）、第十三（2页）、第十四（4页）。
⑤ 罗福颐编：《汉印文字征补遗》，文物出版社1980年版，第十一（1页）。
⑥ 按，同《表》尚载有思王孙就乡侯刘不害。此二刘不害均为东平思王宇之孙，且二人均为元始元年二月丙辰日封侯，于八年免。如此巧合，应系一人而重出，其中必有一误。
⑦ （汉）史游撰，（唐）颜师古注，（宋）王应麟补注：《急就篇》，中华书局1985年版，第75页。

字均应作"毋"。① 是毋害、不害、毋妨者,言无有所妨害也。

(2) 何伤(毋伤、胡伤、去伤)

居延汉简有李何伤(157·2)、郝毋伤(334.36);敦煌汉简有张无伤(2093B);悬泉汉简有张毋伤(I90DXT0116S:42)、令史毋伤(I90DXT0112③:102A);② 肩水金关汉简有董毋伤(73EJT1:175)、孟毋伤(73EJT2:35)、朱毋伤(73EJT37:672)、许毋伤(73EJT37:987)等。居延汉简尚有"函何阳"(13.6),陈直指出,"何阳"即"何伤"之假借字,西汉何伤、毋伤,皆通常之人名。③

秦汉印有何伤、薛毋伤、胡伤、④ 长毋伤、公孙去伤、陈毋伤、董胡伤、范去伤、肥奚伤、胡何伤、孔去伤、兒毋伤、孙毋伤、攸何伤、张毋伤、上官毋伤、苦成胡伤、⑤ 杜何伤、狗毋伤、左毋伤、徐毋伤、侮毋伤、田毋伤、王毋伤、俱毋伤、⑥ 鞠毋伤、兑毋伤等。⑦

《急就篇》卷1"孔何伤"下颜师古注曰:"何伤,言无所伤害也。"王应麟补注曰:"取《论语》'何伤于日月'。沛公左司马曹毋伤,《诸侯王表》梁贞王毋伤,《王子侯表》斯侯胡伤,《灌婴传》齐有华毋伤。"⑧ 按,"梁贞王毋伤"即梁孝王武曾孙梁贞王刘毋伤(又作刘无伤,见《诸侯王表上》),"斯侯胡伤"即赵敬肃王子封斯戴侯刘胡伤(见《王子侯表上》)。"华毋伤",《史记·田儋列传》又作"华无伤"。此外,尚有秦末沛公左司马曹无伤(见《史记·项羽本纪》)。《大戴礼记·武王践阼》云:"楹之铭曰:'毋曰胡残,其祸将然;毋曰胡害,其祸将大;毋曰胡伤,其祸将长。'"王聘珍解诂云:"胡,何

---

① (汉)史游撰,曾仲珊校点:《急就篇》,岳麓书社1989年版,第75页。
② 甘肃简牍博物馆等编:《悬泉汉简》(一),中西书局2019年版。
③ 陈直:《居延汉简研究》,中华书局2009年版,第293页。
④ 许雄志主编:《秦印文字汇编》,河南美术出版社2001年版,第158页。
⑤ 赵平安、李婧、石小力编著:《秦汉印章封泥文字编》,中西书局2019年版,第714—715页。
⑥ [日]关正人监修,[日]佐野荣辉、蓑毛政雄编:《汉印文字汇编》,李忻译,西泠印社出版社2020年版,第48页。
⑦ 分见罗福颐编《汉印文字征》,文物出版社1978年版,第三(14页)、第八(20页)。
⑧ (汉)史游撰,(唐)颜师古注,(宋)王应麟补注:《急就篇》,中华书局1985年版,第50页。

也。残，坏也。"① 田炜指出，"胡残""胡害""胡伤"对文，知"伤""害""残"是一组近义词。汉印中有"无残""伤已"和"去伤"等人名，结合《大戴礼记》所载的楹铭材料，可知"毋伤""毋害"当解作不受伤害之义。② 是秦汉时期"毋伤"（无伤）、"何伤""胡伤"类人名与"毋害"之义大同，言无所伤害也。

（3）去疾（弃疾、去病、去疢等）

岳麓书院藏秦简有士伍去疾（1217 正）；③ 里耶秦简有御史丞去疾（8-159）、御史丞臣去疾（Ⅰ9-644+9-732），其或即《史记·秦始皇本纪》所记之"右丞相去疾"；④ 张家山汉简有狱史去疢；⑤ 悬泉汉简有效谷守长疾去（Ⅰ90DXT0111②：26A）、乐成侯去疾（Ⅰ90DXT0116②：4）；⑥ 肩水金关汉简有童去疾（73EJT5：78）、万去疾（73EJT37：1125）、陶去疾（73ETC：588），以及不具姓名的"去疾"（73EJT9：29A）、啬夫去疾（73EJT34：4B）等。

秦印有江弃疾、江去疾、去疢、李去疢、张去疢、癸去疢、癸去疾等；⑦ 出土秦代瓦文有"博昌去疾"；⑧ 汉印有苟去病、臣去病（不知姓者）、东门去病、司马去疢、周去病、孔去伤、鲁去疾、临去病、邯郸去病、公孙去病、吴去病、韩去疢、司马去疾、东门去疾，⑨ 赵去疢、申去疢、匡去疾、赵遂疾、李去疾、晁不疾、江去疾，⑩ 另有司马

---

① （清）王聘珍撰，王文锦点校：《大戴礼记解诂》，中华书局1983年版，第105页。
② 田炜：《玺印人名考（两篇）》，载复旦大学出土文献与古文字研究中心编《出土文献与传世典籍的诠释：纪念谭朴森先生逝世两周年国际学术研讨会论文集》，上海古籍出版社2010年版，第141—148页。
③ 朱汉民、陈松长主编：《岳麓书院藏秦简》（三），上海辞书出版社2013年版，第120页。
④ 陈伟主编：《里耶秦简牍校释》（第1卷），武汉大学出版社2012年版，第96—97页。
⑤ 张家山二四七号汉墓竹简整理小组编著：《张家山汉墓竹简［二四七号墓］》（释文修订本），文物出版社2006年版，第109页。
⑥ 甘肃简牍博物馆等编：《悬泉汉简》（一），中西书局2019年版。
⑦ 分见许雄志主编《秦印文字汇编》，河南美术出版社2001年版，第72、147、149、297页。
⑧ 袁仲一编著：《秦代陶文》，三秦出版社1987年版，第28页。
⑨ 分见罗福颐编《汉印文字征》，文物出版社1978年版，第三（1页）、第五（9页）、第六（22页）、第七（19—20页）、第十二（2页）。
⑩ ［日］关正人监修，［日］佐野荣辉、蓑毛政雄编：《汉印文字汇编》，李忻译，西泠印社出版社2020年版，第456—457页。

远疾、戎去疾、许去疾、张去病等。①

另外，秦汉私印尚有"择疢""绎疢"②"遂疢"③等人名。"释"在秦简中多写作"择"或"绎"，如睡虎地秦简《日书》甲种简文云："牵牛，可祠及行，吉。不可杀牛。以桔（结）者，不择（释）。"（76 正壹）"虚，百事【凶】。以结者，易择（释）。"（78 正壹）"凡有大票（飘）风害人，择（释）以投之，则止矣。（64 背贰）"人有恶薔（梦），覍（觉），乃绎（释）发西北面坐。"（13 背）"野兽若六畜逢人而言，是票（飘）风之气，毄（击）以桃丈（杖），绎（释）鄜（屦）而投之，则已矣。"（52 背壹—53 背壹）"凡有大票（飘）风害人，择（释）【屦】以投之，则止矣。"（64 背贰）又，睡虎地秦简《日书》乙种简文云："凡人有恶梦，觉而择（释）之，西北乡（向）择（释）发而駟（呬）……"（194 壹）等。以上简文中的"择"或"绎"字，秦简整理小组认为均应作"释"。其说可从。则秦汉私印中的"择疢"和"绎疢"亦当读为"释疢"，即祛除疢病之意。而"遂疢"之"遂"可训为去，"遂疢"与"择疢""绎疢"皆同义。④

《汉书》有鲁安王孙节侯刘去疾（见《王子侯表下》）、吴房严后杨武子杨去疾、梧齐侯阳城延子敬侯刘去疾（并见《高惠高后文功臣表》）、平阿侯谭子王去疾（见《佞幸传》）、广平敬侯薛欧玄孙长安大夫薛去病（见《高惠高后文功臣表》）、乐成康侯许去病、冠军景桓侯霍去病（并见《外戚恩泽侯表》）、宗正刘弃疾（见《汲黯传》）等。是知去疾、去病等人名亦为秦汉时期极常见者。

（4）病已（疾已、病去、疾去等）

里耶秦简有不具姓氏的疾已（GⅡ9-19 背、BⅡ9-20 背、Ⅲ9-487）；⑤居延汉简有马病已（262.32），以及不具姓氏的第十二亭长病已（14.843）、第十亭长病已（275.20）、病已（513.17、

---

① 赵平安、李婧、石小力编著：《秦汉印章封泥文字编》，中西书局 2019 年版，第 666 页。
② 许雄志主编：《秦印文字汇编》，河南美术出版社 2001 年版，第 234、251 页。
③ 罗福颐编：《汉印文字征》，文物出版社 1978 年版，第七（20 页）。
④ 田炜：《古玺探研》，华东师范大学出版社 2010 年版，第 156 页。
⑤ 陈伟主编：《里耶秦简牍校释》（第 2 卷），武汉大学出版社 2018 年版，第 26、31 页。

第四章　秦汉时期的命名趋向及名字巫术信仰　139

303.15）等；① 疏勒河北三墩所出汉简有赵疾去（90D8：4）；② 悬泉汉简有佐病已（I90DXT0112 ④：9）；③ 肩水金关汉简有吴疾去（73EJT1：43）、刑疾去（73EJF1：117）、肥病去（73EJT24：649），以及不具姓氏的莫当卒疾去（73EJT28：60）等。

汉印有王疾已、淳于疾已、侯疾已、长疾已、炅疾已、李病已、马病去、王病已、李病已、徐病已、张病去，④ 虇病已，⑤ 以及高疾已、孟疾已、淳于疾已、张病已、杜病去等。⑥ 因"已"与"以"通，故西汉人名"病已"有时又有写作"病以"者。如"西汉马病以家钫利"铭文中的"马病以"即是。⑦

《汉书》有襄城侯桀龙子病已（见《景武昭宣元成功臣表》）、汉宣帝病已（见《宣帝纪》）等。

汉代名"病已"而最受注目者，自莫若原名病已的汉宣帝刘询。《汉书·宣帝纪》云："孝武皇帝曾孙病已。"颜师古注云："盖以夙遭屯难而多病苦，故名病已，欲其速差也。后以为鄙，更改讳询。"⑧《汉书·丙吉传》"曾孙病，几不全者数焉"周寿昌校补云："宣帝之初名病已，即以此也。"⑨ 师古以汉宣帝原名"病已"，其义盖"欲其速差也"，甚是。至于颜氏又云"后以为鄙，更改讳询"，其说恐不确。清

---

① 李振宏、孙英民认为，"病已的名字用字偏冷，重名的可能性不大"，由此"推测简262·32中马病已即是前两简（按，即简275·20及148·43）中的'第七亭长病已'当不会有误"。说见二氏著《居延汉简人名编年》（中国社会科学出版社1997年版，第5页）。按，二氏以三简所言"病已"为一人，因乏相关资料，其说确否尚不得知，但其认为病已之名用字偏冷，重名的可能性不大，此说似不妥。据下文所引元康三年诏所示，可知"病已"之名乃当时民间普遍习用之命名，并非偏冷不常用者，以故百姓多有触讳犯禁者，以致宣帝不得不下诏改己名"病已"曰"询"。

② 白军鹏：《敦煌汉简校释》，上海古籍出版社2018年版，第354页。

③ 甘肃简牍博物馆等编：《悬泉汉简》（一），中西书局2019年版。

④ ［日］关正人监修，［日］佐野荣辉、蓑毛政雄编：《汉印文字汇编》，李忻译，西泠印社出版社2020年版，第457页。

⑤ 分见罗福颐编《汉印文字征》，文物出版社1978年版，第四（17页）。

⑥ 赵平安、李婧、石小力编著：《秦汉印章封泥文字编》，中西书局2019年版，第665—666页。

⑦ 田炜：《新见西汉马病以家钫铭文考释》，载中国古文字研究会、中华书局编辑部编《古文字研究》（第28辑），中华书局2010年版，第557页。

⑧ （汉）班固：《汉书》，中华书局1962年版，第238页。

⑨ （清）周寿昌：《汉书注校补》，商务印书馆1937年版，第781页。

人何焯云："宣帝因人有以触讳犯罪者，故更其名。"① 陈槃亦驳颜说曰："案师古谓'欲其速差'，是也。又云后以为鄙而更讳询，此非也。《帝纪》，元康三年，诏曰：'闻古天子之名，难知而易讳也。今百姓多上书触讳以犯罪者，朕甚怜之。其更讳询。诸触讳在令前者，赦之。'是宣帝更名询者，以前名病已，此民间普遍习用之命名，甚难回避，至多犯罪，故可怜悯。不谓鄙也。"② 由是而知"病已"在汉代亦是常见人名。俗喜以"病已"命名，盖兼具厌胜之义。③ 而去疾、去病、去疢、疾已、疾去、病去等人名蕴意，亦与以"病已"为名者相类。胡新生指出，古人使用这类名称，除了像现代人那样表达良好的祝愿以外，还包含着一种更深微更带功利性的压服邪祟的意思，时代越早越是如此。④ 其说甚是。

2. 以疾病为名

除以上去疾、去病、病已等具厌胜之义的人名外，尚有大量直接以某种疾病之病名为人名者。《急就篇》卷4云："寒气泄注腹胪胀，痂疕疥疠痴聋盲。痈疽瘛瘲痿痹痕，疝瘕癫疾狂失响。疟瘀瘀痛瘘温病，消渴欧逆欬懑让。瘅热瘘痔眵䁾眼，笃癃寖废迎医匠。"《急就篇》所言疾病，与当时人们的生活密切相关。其中疾、疕、疥、痈、瘛、癃、痤、疢、瘳、癀、疵等疾病也是当时常用人名，这些信息对我们了解秦汉时期的命名趋向和相关信仰极为珍贵。

（1）疾

《说文·疒部》云："疾，病也。"又云："病，疾加也。"《玉篇·疒部》："病，疾甚也。"是"病"相对"疾"而言，其程度更重。而疾病乃是对一切病征的总称。

以"疾"为名者，秦印有杨疾、孔疾、䓕疾、秦疾、弁疾，汉印

---

① （清）何焯著，崔高维点校：《义门读书记》，中华书局1987年版，第251页。
② 陈槃：《汉简賸义再续》，载氏著《汉晋遗简识小七种》，上海古籍出版社2009年版，第215页。
③ 陈槃：《汉简賸义再续》，载氏著《汉晋遗简识小七种》，上海古籍出版社2009年版，第215页。
④ 胡新生：《中国古代巫术》，山东人民出版社1998年版，第177页。

有樊疾、宋疾、容疾、王疾、尹疾、陈疾等。①

（2）疕

《说文·疒部》云："疕，头疡也。"《周礼·天官·医师》"疕疡者造焉"郑玄注："疕，头疡，亦谓秃也。"贾公彦疏："疕，谓头上有疮含脓血者。"孙诒让《正义》云："盖疕为头创专名。"是"疕"疾或即今小儿头上所患腊疮一类。② 然如前所引张家山汉简《脉书》所载，疕除生于头外，尚可生于四肢、身、面。③ 则疕亦可泛指体表疮痂之薄者。

以"疕"为名者，秦印有医疕、贾疕、都船工疕、徐疕，汉印有宋疕、臣疕等。④

《汉书》有煇渠慎侯应疕（见《景武昭宣元成功臣表》）等。

（3）疥

疥字有二释：一说读为本字，即指疥疮。《说文·疒部》："疥，搔也。"《急就篇》卷4"痂疕疥疠痴聋盲"颜师古注："疥，小虫攻啮皮肤灌错如鳞介也。"⑤《释名·释疾名》："疥，龂也，痒搔之，齿龂龂也。"⑥ 一说认为"疥"通"痎"。《左传·昭公二十年》"齐侯疥，遂痁"陆德明《经典释文》云："疥，旧音戒，梁元帝音该。依字则当作'痎'。《说文》云：两日一发之疟也。痎又音皆。后学之徒妄以'疥'

---

① 许雄志主编：《秦印文字汇编》，河南美术出版社2001年版，第147页；赵平安、李婧、石小力编著：《秦汉印章封泥文字编》，中西书局2019年版，第665—666页；[日] 关正人监修，[日] 佐野荣辉、蓑毛政雄编：《汉印文字汇编》，王忻译，西泠印社出版社2020年版，第457页。

② 陈直：《玺印木简中发现的古代医学史料》，《科学史集刊》1958年第1期。收入氏著《文史考古论丛》，天津古籍出版社1988年版，第284—299页。

③ 张家山二四七号汉墓竹简整理小组编著：《张家山汉墓竹简[二四七号墓]》（释文修订本），文物出版社2006年版，第115页。

④ 许雄志主编：《秦印文字汇编》，河南美术出版社2001年版，第148页；赵平安、李婧、石小力编著：《秦汉印章封泥文字编》，中西书局2019年版，第667页；[日] 关正人监修，[日] 佐野荣辉、蓑毛政雄编：《汉印文字汇编》，王忻译，西泠印社出版社2020年版，第456页。按，《汉印文字汇编》的"臣疕"之"疕"隶作"疈"，此从罗福颐编《汉印文字征》（第七，19页）释文，不确，此字应作"疕"。

⑤ （汉）史游撰，（唐）颜师古注，（宋）王应麟补注：《急就篇》，中华书局1985年版，第266页。

⑥ （汉）刘熙撰，愚若点校：《释名》，中华书局2020年版，第116页。

字为误。案《传》例,因事曰遂,若痎已是疟疾,何为复言遂痁乎。"①《广雅·释诂一》"疥,病也"王念孙《疏证》云:"疥与痎通。"② 不管"疥"作何种解释,其为疾病名则无疑。③

以"疥"为名者,秦印有乐疥、司马疥,汉印有解疥。④

《汉书》有顷侯温疥、高梁共侯郦疥(并见《高惠高后文功臣表》)等。

(4) 癰

《说文·疒部》云:"癰,肿也。"《释名·释疾病》云:"癰,壅也,气壅否结裹而溃也。"又云:"肿,钟也,寒热气所钟聚也。"王先谦补云:"毕沅曰:《说文》:'肿,癰也。''癰,肿也。'《灵枢》云:'寒邪客于经络之中,则血泣,血泣则不通,不通则卫气归之,不得复反,故癰肿。'据此则癰、肿一也。"叶德炯曰:《说文》肿、癰转注。余案肿、癰亦微别。肿者,疽之未发者也;癰者,疽之已溃者也……明是两义,毕说以许书绳之,则固也。"⑤ 可知"癰"为疮疖一类病症。又,癰、雍同。

以癰或雍为名者,里耶秦简有书手癰(Ⅱ9-23背、Ⅳ9-1861背)。⑥

秦汉印有冯癰、李癰、谯癰、魏雍。⑦

(5) 瘛

《素问·玉机真藏论》"病筋脉相引而急,病名曰瘛"王冰注:"阴

---

① (唐)陆德明撰,张一弓点校:《经典释文》,上海古籍出版社2012年版,第435页。
② (清)王念孙著,张其昀点校:《广雅疏证》(点校本),中华书局2019年版,第30页。
③ "疥"是否可通"痎",历来争议颇多,详参王利器撰《颜氏家训集解》(增补本),中华书局1993年版,第428—430页注[12]。另,张光裕、陈伟武所撰《战国楚简所见病名辑证》(载《中国文字学报》第1辑,商务印书馆2006年版,第88页)一文对"疥"之病症亦有较详之讨论,可参。
④ 许雄志主编:《秦印文字汇编》,河南美术出版社2001年版,第148页;赵平安、李婧、石小力编著:《秦汉印章封泥文字编》,中西书局2019年版,第668页;罗福颐编:《汉印文字征》,文物出版社1978年版,第七(20页)。
⑤ (汉)刘熙撰,(清)毕沅疏证,(清)王先谦补:《释名疏证补》,中华书局2008年版,第279页。
⑥ 陈伟主编:《里耶秦简牍校释》(第2卷),武汉大学出版社2018年版,第36、374页。
⑦ 许雄志主编:《秦印文字汇编》,河南美术出版社2001年版,第148页;罗福颐编:《汉印文字征》,文物出版社1978年版,第七(20页)。

第四章　秦汉时期的命名趋向及名字巫术信仰 143

气内弱,阳气外燔,筋脉受热而自跳掣,故名曰瘈。"① 《急就篇》卷4颜师古注曰:"瘈瘲,小儿之疾,即今痫病也。"《说文·疒部》"瘈,小儿瘈瘲病也"段注:"瘈,今小儿惊病也。"② 帛书《五十二病方》载有治疗"婴儿瘈"方一条,并言其症状曰:"婴儿瘈者,目繲䀉然,胁痛,息瘿（嘤）瘿（嘤）然,戾（矢）不化而青。"③ 帛书文字所言"瘈"症与文献可相印证。

以"瘈"为名者,张家山汉简《奏谳书》有公卒瘈。④

汉印有杨瘈、冯瘈、其毋瘈。⑤

《汉书》有宋子惠侯许瘈（见《高惠高后文功臣表》）等。

（6）癃

癃,字又作"癃"。《说文·疒部》:"癃,罢病也。从疒,隆声。癃,籀文癃省。"段注:"'病'当作'癃'。罢者,废置之意。凡废置不能事事曰罢癃。《平原君传》'蹩者自言不幸有罢癃之病'。然则凡废疾皆得谓之罢癃也。"⑥ 出土秦汉简帛文献多见"癃"疾,如睡虎地秦简《法律答问》有"罢癃守官府"（133）,里耶秦简有"☐罢癃齮当追☐"（9-358）、"☐迁陵丞罢癃☐"（9-1541）、"安成罢癃臧受令"（9-2263）等。罢癃即罢癃,有时又省作"癃（癃）",义为废疾。⑦ 如睡虎地秦简《秦律杂抄》云:"匿敖童,及占癃（癃）不审,典、老赎耐。"（32）整理者注:"癃,即罢癃,意为废疾。"另,《为吏之道》有"老弱癃（癃）病"（30叁）,睡虎地秦简《日书》乙种《室忌》篇有"大主死、癃（癃）"（110）,《失火》篇有"己失火,有癃（癃）子"（250）。帛书《五十二病方》载有27条

---

① 郭霭春主编:《黄帝内经素问校注》,人民卫生出版社2013年版,第195页。
② （清）段玉裁:《说文解字注》,中华书局2013年版,第356页。
③ 马王堆汉墓帛书整理小组编:《马王堆汉墓帛书》（四）,文物出版社1985年版,第32页。
④ 张家山二四七号汉墓竹简整理小组编著:《张家山汉墓竹简［二四七号墓］》（释文修订本）,文物出版社2006年版,第110页。
⑤ ［日］关正人监修,［日］佐野荣辉、裘毛政雄编:《汉印文字汇编》,王忻译,西泠印社出版社2020年版,第458页；赵平安、李婧、石小力编著:《秦汉印章封泥文字编》,中西书局2019年版,第669页。
⑥ （清）段玉裁:《说文解字注》,中华书局2013年版,第355页。
⑦ 陈伟主编:《里耶秦简牍校释》（第2卷）,武汉大学出版社2018年版,第113页。

治疗"瘅"疾的医方,所涉"瘅"名有血瘅、石瘅、膏瘅、女子瘅等。① 武威汉代医简第9、10号简所载医方亦为"治诸瘅"方,此方"诸瘅"则包括石瘅、血瘅、膏瘅、泔瘅等,整理者注曰:"'诸瘅'即'诸癃'。"② "癃"俗写作"瘅"。《慧琳音义》卷77"癃残"下云:"癃,谱作瘅,俗字也。"③ 是以《集韵·东韵》云:"癃,或作瘅、瘧。"④

以"瘅"为名者,里耶秦简有都乡守瘅(9-128+9-204)、书手瘅(Ⅱ9-255)等。

秦汉印有牛瘅、陈瘅。⑤

(7)痤

《说文·疒部》:"痤,小肿也。"《山海经·中山经》"金星之山多天婴,其状如龙骨,可以已痤"郭璞注:"痤,痈痤也。"⑥《素问·生气通天论》"汗出见湿,乃生痤痱"注引《外科大成》卷4云:"痤者,痤疖也,大如酸枣,赤肿而有脓血。"⑦ 知"痤"为人体皮肤上的肿疮之症名。

里耶秦简有徒养痤(CⅪ8-145、DⅪ9-2289)、书手痤(8-145、EⅣ8-478、Ⅰ9-2289背)、城父西中痤(Ⅰ8-902、Ⅲ8-1517背)、令史痤(Ⅱ8-2275)、司空守痤(Ⅱ8-838+9-68)、佐痤(Ⅰ9-2289背),以及不具姓氏的痤(8-1032、BⅠ9-758)等。

秦汉印有张痤、王痤、黄痤、黎痤、李痤。⑧

---

① 马王堆汉墓帛书整理小组编:《马王堆汉墓帛书》(四),文物出版社1985年版,第44—48页。
② 甘肃省博物馆、武威县文化馆合编:《武威汉代医简》,文物出版社1975年版,释文注释第2页。
③ 徐时仪校注:《一切经音义(三种校本合刊)》,上海古籍出版社2008年版,第1873页。
④ (宋)丁度等编:《宋刻集韵》,中华书局2005年版,第4页。
⑤ 赵平安、李婧、石小力著:《秦汉印章封泥文字编》,中西书局2019年版,第669页;罗福颐编:《汉印文字征》,文物出版社1978年版,第七(20页)。
⑥ (晋)郭璞注:《宋本山海经》,国家图书馆出版社2017年版,第106页。
⑦ 郭霭春主编:《黄帝内经素问校注》,人民卫生出版社2016年版,第32页。
⑧ 许雄志主编:《秦印文字汇编》,河南美术出版社2001年版,第148页;赵平安、李婧、石小力编著:《秦汉印章封泥文字编》,中西书局2019年版,第668页;罗福颐:《汉印文字征》,文物出版社1978年版,第七(20页)。

(8) 疢

《说文·疒部》："疢，热病也。"段玉裁注："其字从火，故知为热病。《小雅》'疢如疾首'笺云：'疢，犹病也。'此以疢为烦热之偁。"①

以"疢"为名者，秦汉印有王疢、厨疢、张疢、咸沙里疢、遂疢、绎疢、择疢、霍疢、焦疢。②

(9) 瘳

《说文·疒部》："瘳，疾愈也。"瘳字，出土简文多作"翏"，如睡虎地秦简《日书》乙种《人日篇》简文云："以女子日病，病翏（瘳），必复之。"（108）又，《见人篇》所附简文云："以有疾，辰少翏（瘳），午大翏（瘳）。"（157）

里耶秦简有城旦瘳（AV8-533）、书手瘳（8-783、Ⅱ8-785、8-790、Ⅱ8-811+8-1572、Ⅱ8-2202、8-984、8-1361、8-1933、Ⅱ8-2186、Ⅱ8-2200、Ⅱ8-838+9-68）、隶臣瘳（I8-1247）、佐瘳（8-1398）、沮守瘳（I8-1516）、司空佐瘳（9-226）、吏养瘥（BⅠ9-2297），以及从事"求羽"者的瘳（Ⅱ8-2034）和不具姓氏的瘳（8-539、8-660背）。

秦汉印有焦瘳、杨瘳、王瘳、和瘳、任瘳、昇瘳。③

(10) 穨

《说文·疒部》："穨，秃皃。从秃，貴声。"段注："穨者，病也。秃者，病之状也……此从貴声，今俗字作颓。"④ 然帛书《五十二病方》载有23条治疗"穨"疾的医方，⑤ "穨"字用作"癩"。《说文》无"癩"字，《集韵·灰韵》云："癀，或作癩。"《广韵·灰韵》及《集韵·灰韵》引《仓颉篇》云："癀，阴病。"《素问·至真要大论》云：

---

① （清）段玉裁：《说文解字注》，中华书局2013年版，第355页。
② 许雄志主编：《秦印文字汇编》，河南美术出版社2001年版，第149页；赵平安、李婧、石小力编著：《秦汉印章封泥文字编》，中西书局2019年版，第668—669页。
③ 赵平安、李婧、石小力编著：《秦汉印章封泥文字编》，中西书局2019年版，第669—670页。
④ （清）段玉裁：《说文解字注》，中华书局2013年版，第411—412页。
⑤ 马王堆汉墓帛书整理小组编：《马王堆汉墓帛书》（四），文物出版社1985年版，第49—53页。

"丈夫癩疝，妇人少腹痛。"《诸病源候论·妇人杂病·癀候》："此或因带下，或举重，或因产时用力，损于胞门，损于子藏，肠下乘而成癀。"《本草纲目·疝溃》："腹病曰疝，丸病曰癀。"从帛书所载医方有关"癀"疾的用药及症状来看，"癀"义与《仓颉篇》所说同，当指癩疝之疾，而非《说文》所说的"秃兒"之症。释作"秃兒"之义的"癀"，其俗字则作"頹"。

里耶秦简有鬼薪癀（I8-683）、令史癀（Ⅲ9-1120）。

秦印有王癀、郝癀、杨工癀、左癀、宫癀等。①

（11）疵

《说文·疒部》："疵，病也。"《尔雅·释诂下》"疵……病也"邢昺疏："疵者，瑕衅小病也。"② 《广韵·支韵》："疵，黑病。"③《字汇·疒部》："疵，黑类疾。"④

出土简文多见疵疾。如睡虎地秦简《日书》甲种《生子》篇简文云："丙辰生子，有疵于膿（体）而恿（勇）。"（142正伍）"丁卯生子，不正，乃有疵前。"（143正陆）《盗者》篇在描述盗贼形体面貌时则提及"疵在耳"（69背）、"疵在目"（70背）、"大疵在辟（臂）"（71背）、"疵在鼻"（72背）、"要（腰）有疵"（73背）、"疵在足"（74背）、"疵在肩"（75背）、"疵在肩"（76背）、"疵在面"（78背）、"疵在頰"（79背）、"疵在纍〈要〉"（80背）等。又，睡虎地秦简《日书》乙种《生》篇简文有"必有疵于前"（238）、"必有疵于膿（体）"（245-246）。《盗》篇简文有"其疵其上得□□□□□其女若母为巫"（253）、"疵而在耳"（255）、"疵在尾□□□"（256）等。上引简文中的"疵"即指体表皮肤上的黑斑、痣、胎记等较为明显的"黑类疾"。

以"疵"为名者，里耶秦简有士五疵（Ⅳ8-657背）、大隶妾疵（Ⅰ8-1177）、武陵疵（A8-1472）、治船者疵（BI8-2008）、仓厨□疵（Ⅰ9-345）等。

---

① 许雄志主编：《秦印文字汇编》，河南美术出版社2001年版，第168页。
② （晋）郭璞注，（宋）邢昺疏：《尔雅注疏》，上海古籍出版社2010年版，第49页。
③ （宋）陈彭年：《钜宋广韵》，上海古籍出版社2017年版，第18页。
④ （明）梅膺祚编：《字汇》午集，明万历乙卯（1615）刊本。

地湾汉简有仓南隧长疵（86EDHT：25）。

汉印有阎疵、程疵、柏士疵、马疵、张疵、徐疵、赵疵、陈疵、王疵、请疵、监疵、刘疵等。①

《汉书》有煇渠侯雁疵（见《景武昭宣元成功臣表》）、成侯刘得疵（见《王子侯表》下）。

在前文所引《左传》《礼记》《论衡》等文献所载当时命名礼俗中，均有"不以隐疾"的规定。何为"隐疾"？郑玄以为即衣中之疾，若黑臀、黑肱。疾在外者，虽不得言，尚可指擿，此则无时可避。杜预以为，隐，痛；疾，患。辟不祥也。②孔颖达认为即体上幽隐之处疾病。③周寿昌以为当如秦公孙痤（《玉篇》："痤癅也。"《广雅》："癕也。"）、汉郦疥（《史记·陆贾传》）、温疥（《汉书·功臣表》）之类。④日人竹添光鸿认为，隐疾之"隐"者，亦疾也。隐疾同义连用，犹畜牲之例。不以隐疾，为其名称不雅耳，非独辟不祥也。郑注隐疾为衣中之疾。然疾之不可以为人名，何止衣中之疾？恐非。⑤杨伯峻亦主此说，以为隐疾犹言疾病。疾病，人所不免，口难以避讳，故不以为名。⑥是隐疾者，当泛指疾病而言。

周人有讳名之俗，若以疾病为名，一来名称不雅，二来疾病人所不免，口难避讳，是以有命名"不以隐疾"之礼俗。然在秦汉时期常见的人名中，如上文所列，却出现大量以疾病为名的现象。这种"违礼"的命名现象所反映的文化心理及名字信仰又作何解呢？《尚书·洪范》所言"五福"，其三曰康宁。孔传："无疾病。"又有"六极"，其二曰疾。孔传："常抱疾病。"孔颖达疏云："'五福'者，谓人蒙福祐有五事也……'六极'，谓穷极恶事有六。"⑦"五福"是人之所欲，而"六

---

① [日]关正人监修，[日]佐野荣辉、蓑毛政雄编：《汉印文字汇编》，王忻译，西泠印社出版社2020年版，第456页；赵平安、李婧、石小力编著：《秦汉印章封泥文字编》，中西书局2019年版，第667页。
② 《春秋左传集解》，上海人民出版社1977年版，第93页。
③ （汉）郑玄注，（唐）颜师古正义：《礼记正义》，上海古籍出版社2008年版，第68页。
④ （清）周寿昌撰，许逸民点校：《思益堂日札》，中华书局1987年版，第16页。
⑤ [日]竹添光鸿：《左氏会笺》，巴蜀书社2008年版，第180页。
⑥ 杨伯峻编著：《春秋左传注》（修订本），中华书局1990年版，第116页。
⑦ （汉）孔安国传，（唐）孔颖达正义：《尚书正义》，上海古籍出版社2007年版，第478—479页。

极"乃人之所恶。由孔疏可知,古人以无疾病为福,而以常抱疾病为恶。诚如前言,以上去疾、去病、去疢、病已、疾已、疾去等人名,是父母希望子嗣能健康成长,无病痛困扰,兼具厌胜之义。而以疾、疟、疥、癃、癌等疾病名为名者,亦是此类认知观之反映。因为人人皆希望子嗣能健康成长,无疾病之痛。而在古人的疾病认知观中,疾病是由鬼神作祟所致。对于正常个体而言,疾病又是人们所痛恶而避忌的东西。依照原逻辑思维的认知观,人所厌恶避忌的物事,自然也是鬼神所痛恶避忌的。故以此类被人类所痛恶的疾病为名,也就为鬼神所痛恶而不予侵扰,以此确保子女能无病无灾,健康长寿。基此而言,以疾病为名,与下文所述以丑贱类为名,其所秉持的信仰原理相同,都是基于原逻辑的思维认知。而由不以隐疾为名到时俗喜以疾病为名,此一现象,也正反映不同时期人们认知观的变异和时代性特征,非"乱世而不能如礼"的解释可涵盖者。

三 "爱讳丑贱"类

1. 以牲畜及相关者为名

以猪及其同义字如豕、豷、豚、豨,[①] 以及狗、犬等为名者,岳麓书院藏秦简有上造狗(1201正)[②]、狱史猪[③];里耶秦简有士五豕(Ⅰ8-4)、士五狗(Ⅰ8-247)、书手狗(Ⅱ8-1094)、佐狗(13-598);居延汉简有王狗(15.24);张家山汉简有大夫犬;[④] 敦煌汉简有钱豬

[①] 里耶秦简牍"秦更名方"云:"毋敢曰猪曰豷。"(Ⅱ8-461)此即是说,过去称"猪"者,现须改称"豷"。《急就篇》卷3"六畜蕃息豚豕猪"颜师古注:"豚谓豕之始生者也;豕者,豷之总名也;豕之三毛聚者曰猪而〈也〉。"而《春秋左氏传》曰:'既定尔娄猪。'《尔雅》曰:'豕,子猪。'然则亦其通称也。"王应麟补曰:"《尔雅注》:'豕,今亦曰豷,江东呼豨。'《方言》:'关东西或谓豷或谓豕,南楚谓之豨,其子或谓之豚。'"《说文·豕部》:"猪,豕而三毛丛居者。从豕,者声。"又云:"豕,豷也。"《史记·汉高祖本纪》有赵国相"陈豨",《集解》引邓展说曰:"东海人名猪曰豨。"又,《汉书·五行志》"推其眼以为人豷"颜师古注:"凡言豷者,皆豕之别名。"是猪、豕、豷、豚、豨名虽异而实一物也。

[②] 朱汉民、陈松长主编:《岳麓书院藏秦简》(三),上海辞书出版社2013年版,第156页。

[③] [德]陶安:《岳麓秦简〈为狱等状四种〉释文注释》(修订本),上海古籍出版社2021年版,第91页。

[④] 张家山二四七号汉墓竹简整理小组编著:《张家山汉墓竹简[二四七号墓]》(释文修订本),文物出版社2006年版,第96页。

(1462)、张豬（1463）;① 肩水金关汉简有不知姓氏的子男小狗（73EJT6：75）等。

秦印有李豬、段豚、牛犬、求犬、熊狗;② 汉印有王犬、田犬、尹犬、左狗、张厌狗、赵豬、訾豬、马豬、长豬、程豬子、齐厌豨、臣豨、李豨、贾豨、春豨、淮豨,③ 牛犬、并王犬、尹豕、汝豕、原豕、翟豕、周豕、史豚、庐豚、治豚,④ 以及吕豬、华狗大、筍狗子等。⑤

此外，里耶秦简有士五圂（I8-78）、令佐圂（CI8-149+8-489、Ⅱ8-1267、Ⅱ9-1438+9-2199）、令史圂（8-880、Ⅱ9-2501、Ⅱ9-3261）、书手圂（Ⅲ8-904+8-1343、8-1514背、Ⅱ9-48背）、护圂（8-1692）、司空守圂（Ⅰ9-2289背），以及不知姓氏的圂（Ⅲ9-30背、9-45、9-368背）等。

秦印有遽圂、阎圂、羣圂,⑥ 汉印有石圂、秦圂、李圂、刑圂等。⑦ "圂"在古代是指厕所或猪圈，如《说文·口部》云："圂，豕厕也。从口，象豕在口中也。"段注："圂从口、豕，会意……谓豕厕为圂，因谓豕犬为圂耳。引申之义，人厕或曰圂，俗作溷。或曰清，俗作圊。或曰轩。"⑧《广雅·释宫》云："圂，厕也。"⑨《玉篇·口部》云："圂，厕也，豕所居也。"⑩ 睡虎地秦简《日书》乙种所载"圂忌日"下简文即以"圂厕"（118贰）连言，这主要是因为古代厕所和猪圈常在一起，故圂即指"厕所"或"猪圈"。《汉书·五行志》"昭帝元凤元年，燕王宫永巷中豕出圂，坏都灶"颜师古注："圂者，养豕之牢

---

① "钱豬"，原释作"钱𤯔"。吴礽骧等释作"钱豬"。说见吴礽骧、李永良、马建华释校《敦煌汉简释文》，甘肃人民出版社1991年版，第152页。
② 许雄志主编：《秦印文字汇编》，河南美术出版社2001年版，第189、196页。
③ 分见罗福颐编《汉印文字征》，文物出版社1978年版，第九（13—14页）、第十（第5页）。
④ ［日］关正人监修，［日］佐野荣辉、蓑毛政雄共编：《汉印文字汇编》，李忻译，西泠印社出版社2020年版，第434、625—626页。
⑤ 分见罗福颐编《汉印文字征补遗》，文物出版社1980年版，第九（6页）、第十（第2页）。
⑥ 许雄志主编：《秦印文字汇编》，河南美术出版社2001年版，第115页。
⑦ 罗福颐编：《汉印文字征》，文物出版社1978年版，第六（16页）。
⑧ （清）段玉裁：《说文解字注》，中华书局2013年版，第281页。
⑨ （清）王念孙著，张其昀点校：《广雅疏证》（点校本），中华书局2019年版，第519页。
⑩ （梁）顾野王撰，吕浩校点：《大广益会玉篇》，中华书局2019年版，第990页。

也。"又,《武五子传》"厕中豕群出,坏大官灶"颜师古注:"厕,养豕圂也。"① 汉墓出土文物显示,将厕所和猪圈相通连,在汉代很普遍。② 其实这种情况在我国后世一些农村地区仍较为常见。杨树达指出:"按豕在囗中得为厕者,《晋语》云'少溲于豕牢而得文王',知古人豕牢本兼厕清之用。故韦昭云'豕牢,厕也'是也。今长沙农家厕清即在豕圈,犹古代之遗制矣。"③ 笔者曾于 2006 年 6 月中旬前往韩城梁带村参观芮国墓地所出文物时,见当地农家的厕所亦多与猪圈相连,人如厕时所遗秽物即为厕圈中猪所食,可谓循环利用。此足见此类建筑文化于数千年间相沿,传承不息。秦汉时期以"圂"为名者,其文化蕴意与以猪、狗等牲畜为名者相类。

此外,《史记》有靖侯刘狗彘(见《建元以来王子侯者年表》)、《汉书》有阳夏侯陈豨、軑侯黎豨(并见《高惠高后文功臣表》)、雷侯刘豨(见《王子侯表上》)、雁门守圂(见《周勃传》)、左将军荀彘(见《武帝纪》)、共侯刘敞子桃侯刘狗(见《王子侯表下》)等。《汉武故事》载:"汉景皇帝王皇后内太子宫,得幸,有娠,梦日入其怀。帝又梦高祖谓己曰:'王夫人生子,可名为彘。'及生男,因名焉。是为武帝……胶东王为皇太子时,年七岁,上曰:'彘者彻也。'因改名彻。"④ 又,《史记·司马相如传》云:"司马相如者,蜀郡成都人也,字长卿。少时好读书,学击剑,故其亲名之曰犬子。相如既学,慕蔺相如之为人,更名相如。"⑤ 是知汉武帝原名"彘",后改为"彻"。而司马相如原名"犬子",后慕蔺相如为人而改名"相如"。

何以名"犬子"?《史记·司马相如列传》"故其亲名之曰犬子"司马贞《索隐》引孟康说云:"爱而字之也。"⑥《汉书·司马相如传》上述文字下颜师古注云:"父母爱之,不欲称斥,故为此名也。"⑦ 泷川资

---

① (汉)班固:《汉书》,中华书局 1962 年版,第 1436、2757 页。
② 孙机:《汉代物质文化资料图说》(增订本),上海古籍出版社 2008 年版,第 247 页。
③ 杨树达:《积微居小学金石论丛》,商务印书馆 2011 年版,第 49 页。
④ 佚名撰,王根林等校点:《汉武故事》,《汉魏六朝笔记小说大观》,上海古籍出版社 1999 年版,第 166 页。
⑤ (汉)司马迁:《史记》,中华书局 1959 年版,第 2999 页。
⑥ (汉)司马迁:《史记》,中华书局 1959 年版,第 2999 页。
⑦ (汉)班固:《汉书》,中华书局 1962 年版,第 2529 页。

言《考证》云:"中井积德曰:犬子,名也,非字,故曰'名之'也。取其捷便也,因击剑之便利而名耳。愚按:剑、犬,音相近。"① 按,孟康所谓"爱而字之"之"字"乃泛言之,"字之"即"名之",非名字之"字"也。所谓剑、犬音相近,因击剑之便利而名之说,显与"犬子"(即狗仔、小狗)的命名蕴意不符。对于此点,宋人王楙早曾论及:"相如小名,父母欲其易于生养,故以'狗'名之……今人名字,犹有此意,其理甚明,非谓其少时学击剑而名犬子也,观者不可以上文惑之。师古注谓'父母爱之,不欲称斥,故为此名',此说未尽。"② 颜注以"父母爱之"释何以名"犬子"之由,甚是。然谓"不欲称斥",则不知其可。王先谦驳之云:"《索隐》引孟康云'爱而字之'是也。颜以为不欲称斥,则非也。"③《急就篇》卷1"马牛羊"下师古注曰:"牛羊者,爱而讳之,比之于畜产者也。"王应麟补注曰:"爱而比之,若司马相如名犬子,王修名狗子之类。"④ 宋佚名所撰《道山清话》载:"一长老在欧阳公座上,见公家小儿有小名僧哥者,戏谓公曰:'公不重佛,安得此名?'公笑曰:'人家小儿要易长育,往往以贱名为小名,如狗、羊、犬、马之类是也。'"⑤ 清人梁章钜《浪迹丛谈》亦载此说道:"昔欧阳公家小儿有名僧哥者,或戏谓公曰:'公素不重佛,安得此名?'公曰:'人家小儿,要易于长育,往往以贱物为小名,如狗羊犬马之类,僧哥之名,亦此意耳。'"⑥ 文虽略异,其义则同。可见,此类命名,虽含古人风俗尚质因素,⑦ 也可能与《论衡·四讳》所谓民间意识中"卑谦谨敬退让自贱之意"有关。⑧ 但其主要文

---

① (汉)司马迁撰,[日]泷川资言考证,杨海峥整理:《史记会注考证》,上海古籍出版社2015年版,第3904页。
② (宋)王楙撰,王文锦点校:《野客丛书》,中华书局1987年版,第349页。
③ (汉)班固撰,(清)王先谦补注:《汉书补注》,上海古籍出版社2008年版,第4059页。
④ (汉)史游撰,(唐)颜师古注,(宋)王应麟补注:《急就篇》,中华书局1985年版,第86页。
⑤ (宋)佚名撰,孔一校点:《道山清话》,《宋元笔记小说大观》(三),上海古籍出版社2007年版,第2935页。
⑥ (清)梁章钜:《浪迹丛谈·续谈·三谈》,中华书局1981年版,第105页。
⑦ (清)赵翼:《陔余丛考》,中华书局1963年版,第925页;张孟伦:《汉魏人名考》,兰州大学出版社1988年版,第37页。
⑧ 王子今:《秦汉称谓研究》,中国社会科学出版社2014年版,第80页。

化俗信蕴意则缘于父母对子女怜爱太甚，故"爱而讳之，比之畜产"，目的在于希望子女"易于长育"也。

2. 以奴、婢等丑贱字为名者

以"奴"为名者，居延汉简有王奴（26.21）、盖奴（214.126）、詹奴（418.2）、乐奴（557.4）；敦煌汉简有李奴（2014）；悬泉汉简有遮要助御张奴（I90DXT0114③：34）；① 江陵凤凰山汉简有小奴、张奴；② 肩水金关汉简有美草隧卒郭奴（73EJT10：19）、李卖奴（73EJT22：129）、居延沙阴里李奴（73EJT23：1027）、居延利上里晏买奴（73EJT25：63）、觻得修德里大夫任奴（73EJT26：118）、河南武陵里左奴（73EJT29：102）、审小奴（73EJT37：175）、觻得寿贵里公乘徐奴（73EJT37：431）、居延安国里徐奴（73EJH2：54A），以及不具姓氏的延寿隧长奴（73EJT9：85）、望远隧长奴（73EJT24：296）等。此外，尚有郭婢（73EJT224：296）、觻得平利里公乘赵婢（73EJT37：79）等。

秦印有司马奴、王奴；③ 汉印有陈奴、韩奴、干奴、李奴、钟奴、豻奴、蓝奴、苏张奴、魏奴、阳寄奴、邓肆奴、薄戎奴、爰间奴、翟奴生、俱赵奴、赵小奴、王奴、赵奴、困陆奴、吕奴、周奴、窦奴、卫奴、高奴、师奴、徐奴，④ 华奴、伪奴、骄奴、翟婢、蠲奴、险奴、⑤ 昭奴⑥，以及翟婢、翟意婢等。⑦

《汉书》有临朐夷侯刘奴、齐孝王孙牟平节侯刘奴（并见《王子侯表上》）、长沙孝王孙阳山侯刘买奴（见《王子侯表下》）、肥如敬侯蔡宽孙严侯蔡奴、平悼侯工师喜子靖侯奴、安丘懿侯张悦子共侯张奴、

---

① 甘肃简牍博物馆等编：《悬泉汉简》（一），中西书局2019年版。
② 湖北文物考古研究所编：《江陵凤凰山西汉简牍》，中华书局2012年版，第120、124页。
③ 许雄志主编：《秦印文字汇编》，河南美术出版社2001年版，第238页。
④ ［日］关正人监修，［日］佐野荣辉、蓑毛政雄共编：《汉印文字汇编》，李忻译，西泠印社出版社2020年版，第159—161页。
⑤ 分见罗福颐编《汉印文字征》，文物出版社1978年版，第六（14页）、第八（7页）、第十（2页）、第十二（12页）、第十三（8页）、第十四（9页）。
⑥ 罗福颐编：《汉印文字征补遗》，文物出版社1980年版，第七（1页）。
⑦ ［日］关正人监修，［日］佐野荣辉、蓑毛政雄共编：《汉印文字汇编》，李忻译，西泠印社出版社2020年版，第166—167页。

第四章　秦汉时期的命名趋向及名字巫术信仰　153

黎顷侯召奴（并见《高惠高后文功臣表》）、轵侯薄昭子易侯戎奴（见《外戚恩泽侯表》）、主爵都尉奴（见《百官公卿表下》）等。

《说文·女部》云："奴、婢皆古之辠人也。《周礼》：'其奴，男子入于辠隶，女子入于舂藁。'""婢，女之卑者也。"《汉书·五行志》云："冠者尊服，奴者贱人。"扬雄《方言》云："臧、甬、侮、获，奴婢贱称也。荆淮海岱杂齐之间骂奴曰臧，骂婢曰获。齐之北鄙燕之北郊，凡民男而聟婢谓之臧，女而妇奴谓之获，亡奴谓之臧，亡婢谓之获，皆异方骂奴婢之丑称也。"①《风俗通义·佚文》云："古制本无奴婢，奴婢皆是犯事者，或原之。奴者，劣；婢者，卑陋。臧者，被臧罪，没入为官奴婢；获者，逃亡获得，为奴婢者也。"②是奴、婢指身份卑贱者。

此类人名的命名缘由，《急就篇》卷2"宣弃奴"下师古注云："弃奴，亦爱而讳之也。"③其实，命以奴、弃等类至贱之名，反映出的认知观，亦如以家畜为名者，乃在于父母冀其易于生长也。究其缘由，乃在于身份卑贱者常为世人所厌弃、轻视，故以此为子女名，可避免引起鬼神邪魅的关注，从而使其易于长成。胡朴安《中华全国风俗志》载山东济南一带此类命名习俗云："小儿乳名，以意为之。其最俗者，为淘气儿、迷糊儿，及犬马之属。盖命以至贱之名，冀其易养，此风他省亦有之。"④近代广东一些地区，子女晚生多名曰蕴，或曰屘，贱其名使易育曰狗子（"子"或作"仔"）。⑤郑振铎指出："中国人对于小孩，欲其成大无灾，常常取以贱名，如'猪矢'、'小狗'之类。此风俗在沿海一带，如福建等省为尤甚。"⑥钱锺书在其所著《围城》一书中，借方鸿渐父亲方遯翁之口，也述及当时有取贱名的俗信：

---

① （汉）扬雄撰，（晋）郭璞注：《方言》，中华书局2016年版，第32页。
② （汉）应劭撰，王利器校注：《风俗通义校注》，中华书局2010年版，第618页。
③ （汉）史游撰，（唐）颜师古注，（宋）王应麟补注：《急就篇》，中华书局1985年版，第96页。
④ 胡朴安编：《中华全国风俗志》下篇卷2，上海书店1986年版，第11页。
⑤ 分别见《阳春县志》（清道光元年广州六书斋刻本）、《肇庆府志》（清道光十三年刻本）、《高要县志》（民国十二七年铅印本）、《西宁县志》（清道光十年刻本）。转引自丁世良、赵放主编《中国地方志民俗资料汇编·中南卷》，书目文献出版社1991年版，第836、855、858、880页。
⑥ 郑振铎：《汤祷篇》，古典文学出版社1957年版，第80页。

这阿丑是老二鹏图的儿子，年纪有四岁了，下地的时候，相貌照例丑的可笑……鹏图解释道："那孩子的相貌实在丑——请爸爸起个名字。""好，你说他长得丑，就叫他'丑儿'得了。"方遯翁想起《荀子·非相篇》说古时大圣大贤的相貌都是奇丑，便索性跟孙子起个学名叫"非相"。方老太太也不懂什么非相是相，只嫌"丑儿"这名字不好，说："小孙子相貌很好——初生的小孩子全是那样的，谁说他丑呢？你还是改个名字罢。"这把方遯翁书袋底的积年陈货全掏出来了："你们都不懂这道理，要鸿渐在家，他就会明白。"一壁说，到书房里架子上拣出两三部书，翻给儿子看，因为方老太太识字不多。方鹏图瞧见书上说："人家小儿要易于长育，每以贱名为小名，如犬羊狗马之类。"又知道司马相如小字犬子，桓熙小字石头，范晔小字砖儿，慕容农小字恶奴，元叉小字夜叉，更有什么斑兽、秃头、龟儿、玃郎等等，才知道儿子叫"丑儿"还算有体面的。①

　　此虽为小说，但文学来自生活，其中所涉取贱名的俗信——"人家小儿要易于长育，每以贱名为小名，如犬羊狗马之类"，此又无不是对中国人数千年来取贱名文化俗信与心理认知的真实反映。即使是文明昌盛的今天，在我国一些经济较为落后的地区及文化程度较低的民众中，出于小孩易于养成的认知信仰，给孩子取猪娃、狗娃、羊娃、牛娃等丑贱类名字的现象仍较普遍，足见此类命名俗信的深远影响。

　　无独有偶，以丑贱类字为名的俗信，也流行于一些异域民族中。周作人在与友人书信中，谈及翻阅赫伯忒夫人的《儿童志》时看到其中的一段话道：

　　鬼怪似乎都是很笨，而且容易被骗的，我们只要看那很通行的，给小孩起一个污糟讨厌的名字的习惯，便可明白了。这会引起鬼怪的嫌恶，觉得这样的小孩是不值得去麻烦的，所以西伯利亚某民族中如有人失掉过一个小孩，他便将叫新生的婴孩为"狗子"，

---

① 钱锺书：《围城》，人民文学出版社 2013 年版，第 116—117 页。

希望鬼怪听了真相信这是一匹小狗。孟加拉的有些种族,常有这些坏名字给小孩,如饥荒、瞎眼、独只眼、马蚕、耗子、公猫、流氓、蝎虎子、粪堆。①

基此而言,虽然中外民族不同,文化各有差异,但在"给小孩起一个污糟讨厌的名字的习惯""这会引起鬼怪的嫌恶,觉得这样的小孩是不值得去麻烦的"的民俗心理上,则人同此心,心同此理,是有着其内外的一致性的。

基上所论,由于受战国末期以来方士神仙不老之说及秦皇汉武推崇此说的影响,秦汉时期的人名中,出现大量"长生久视"类人名,这既是对当时此一社会风习影响深远程度的真实反映,也是社会民众对子女未来命运的一种美好希冀的体现;而"速差苦病"及"爱讳丑贱"类人名则是早期先民基于原逻辑思维认知下,从自我喜好与厌恶的心理出发,建构出一套神灵的认知信仰体系,从而使得此类人名颇具厌胜巫术的神秘色彩。但总其目的,不管是"长生久视"类人名,还是"速差苦病"及"爱讳丑贱"类人名,其所要表达的情感和希冀,均是出于父母对子女未来能健康成长的一种质朴的情感寄托和心理诉求,而这些认知观念,又无不是以原逻辑思维为其认知基础的。

第三节　秦汉时期的名字巫术信仰

作为群体社会中的个体表征,人人皆有名。作为个体生命的独特符号的人名,其与个体之间的关系,是一而二,而又二而一的。对于个体而言,人名具有约定成俗的专一性和共体性。专一性是指人名作为特定个体的符号而言,而共体性则是指特定个体与特定人名之间的内在关联性而言。也就是说,作为人体的标记符号,人名常被看作人体的一部分,与其所代表的人体之间存在着内在的联系。诚如恩斯特·卡西尔所说:"在神话思维中,甚至一个人的自我,即他的自身和人格,也是与

---

① 周作人著,止庵校订:《周作人书信》,北京十月文艺出版社2011年版,第79页。

其名称不可分割地联系着的。这里，名称从来就不单单是一个符号，而是名称的负载者个人属性的一部分。"① 弗雷泽在谈到早期人类对于个人名字的禁忌时亦指出："未开化的民族对于语言和事物不能明确区分，常以为名字和它们所代表的人或物之间不仅是人的思想概念上的联系，而且是实在的物质的联系，从而巫术容易通过名字，犹如通过头发、指甲及人身其他任何部分一样，来为害于人。事实上，原始人把自己的名字看作自身极重要的部分，因而非常注意保护它。"② 基于此，在原逻辑思维认知的指引下，早期先民常把这种作为个体生命的独特符号与个体本身紧密联系起来，从个体与整体的内在关联性出发，赋予人名以各种神秘的色彩和功能，并将这种对人名的认知信仰，由人类自身而扩展到自然万物，最终形成内容丰富多彩的名字巫术文化和相关信仰。

就出土秦汉简牍文献资料而言，这一时期，与人、神、万物的名字有关的名字巫术文化，体现在以下几个方面。

一 借名

借名，即常通过借助某些神灵的名字来威胁驱除作祟者或借助对方的名字达到自己的目的。在出土秦汉简牍文献中，这种与名字有关的信仰反映在驱除作祟者以疗治某些疾病、防御某些物事作祟，以及祈求农业丰产的巫术活动中。

1. 借神名以御祟

马王堆汉墓帛书《疗射工毒方》所载一条医方文字云：

☐日☐☐☐來到蜮☐☐☐☐☐間☐☐☐名曰女羅，委☐旗＝從☐☐☐☐☐牀之柧柜☐☐☐☐☐☐中飲☐牀柧，羿使子毋敢中☐☐☐☐☐徒，令蜮毋射。(56—60)③

---

① ［德］恩斯特·卡西尔：《语言与神话》，于晓等译，生活·读书·新知三联书店1988年版，第73页。

② ［英］詹·乔·弗雷泽：《金枝——巫术与宗教之研究》，徐育新等译，中国民间文艺出版社1987年版，第363页。

③ 裘锡圭主编：《长沙马王堆汉墓简帛集成》（六），中华书局2014年版，第87页。

此段文字残漶严重，然从残存文字仍可辨识出一些关键信息，如蜮、羿，以及"羿使子毋……""令蜮毋射"等。原整理者将此方归于《杂疗方》下，并注曰：

> 蜮，古代相传系一种射人为害的动物。《诗·何人斯》："为鬼为蜮。"传："蜮，短狐也。"《说文》："蜮，短狐也，似鳖，三足，以气射害人。"《抱朴子·登涉》："短狐，一名蜮，一名射工，一名射影，其实水虫也。状如鸣蜩，大似三合杯，有翼能飞，无目而利耳，口中有横物如弓弩，闻人声，以其为矢，则因水而射人。中人身者即发疮，中影者亦病而不即发疮，不晓治之者杀人。其病似伤寒，不十日皆死。"《肘后备急方》卷7也有类似记载。其他古书记述尚多，且都认为生于南方地区。①

此后的整理者借用《备急千金要方》的名称，则将此方归于《疗射工毒方》下，并指出这是一条治疗蜮毒的药方，"蜮"在古代典籍中又名"射工""射弩""射影""抱枪""溪鬼虫""水狐""水弩""短狐"等，并引《备急千金要方》卷25"治三种射工虫毒方"下说："论曰：'江南有射工毒虫，一名短狐，一名蜮。其虫形如甲虫，有一长角在口前如弩。檐临其角端，曲如上弩。以气为矢，因水势以射人。'"②按，《诗经·小雅·何人斯》"为鬼为蜮，则不可得"毛传云："蜮，短狐也。"郑笺曰："蜮音或，沈又音域，状如鳖，三足。一名射工，俗呼之水弩。在水中含沙射人。一云射人影。"孔疏："《洪范》五行传云：'蜮如鳖，三足，生于南越。南越妇人多淫，故其地多蜮，淫女或乱之气所生也。'陆玑《疏》云'一名射影，江、淮水皆有之。人在岸上，影见水中，投人影则杀之，故曰射影。南人将入水，先以瓦石投水中，令水浊，然后入。或曰含沙射人皮肌，其疮如疥'是也。"③又，

---

① 马王堆汉墓帛书整理小组编：《马王堆汉墓帛书》（四），文物出版社1985年版，第127页。
② 裘锡圭主编：《长沙马王堆汉墓简帛集成》（六），中华书局2014年版，第87页。
③ （汉）毛亨传，（汉）郑玄笺，（唐）孔颖达疏：《毛诗注疏》，上海古籍出版社2013年版，第1097—1098页。

《说文·虫部》"蜮,短狐也。似鳖,三足,以其射害人",段注以为,各家多作"狐"字,非,其实应作"弧","此因其以气射害人,故谓之短弧,作狐,非也。其气为矢,则其体为弧"。①《搜神记》卷12载:

> 汉光武②中平中,有物处于江水,其名曰"蜮",一曰"短狐",能含沙射人。所中者,则身体筋急,头痛发热,剧者至死。江人以术方抑之,则得沙石于肉中。《诗》所谓"为鬼为蜮,则不可测"也。今俗谓之"溪毒"。③

又,《尔雅翼》卷30《释鱼三》"蜮"条下亦云:

> 蜮,一名短狐,一名射工,一名溪毒……有翼能飞。口中有横物如角弩,如闻人声,以气为矢,激水以射人。随所着处发疮,中影者亦病……或曰,见人则以气射人,去二三步即射,所中什六七死。④

各家对于蜮之生存地域及其形状所述虽略异,然以蜮为善以气而害射人之虫的认知则同。《周礼·秋官》载"壶涿氏"之职云:"掌除水虫,以炮土之鼓毆之,以焚石投之。"壶涿氏所掌除之"水虫",即指狐蜮之属。驱除的方法是,用瓦鼓毆之,焚石投之,使惊去。⑤ 当然,此处禳治善射的蜮虫,则是采取厌胜之法,即请出使蜮毋敢射的羿来震慑、压制它。

由医方文字可知,能"令蜮毋射"者,为羿。在战国秦汉时期人

---

① (清)段玉裁:《说文解字注》,中华书局2013年版,第678—679页。
② 按,"中平"乃汉灵帝年号,非汉光武帝年号。《法苑珠林》此条无"光武"二字。汪绍楹据此以为"光武"二字当是后人误增,应据删。说见(晋)干宝撰、汪绍楹校注《搜神记》(中华书局1979年版),第156页注文。王家葵以为"中平"或是"中元"之讹。不过,《搜神记》也不必完全当作信史。说见氏著《本草博物志》,北京大学出版社2020年版,第242页注文。按,"中平"或者当为"中元"之讹也有可能。
③ (晋)干宝撰,汪绍楹校注:《搜神记》,中华书局1979年版,第155—156页。
④ (宋)罗愿撰,(元)洪焱祖释:《尔雅翼》,中华书局1985年版,第317页。
⑤ (汉)郑玄注,(唐)贾公彦疏:《周礼注疏》,上海古籍出版社2010年版,第1430页。

第四章　秦汉时期的命名趋向及名字巫术信仰　　159

们的认知观中，羿是一位以善射而著称的上古英雄人物。《荀子·儒教》云："羿者，天下之善射者也。"又，《荀子·王霸》云："羿、逢门者，善服射者也。"① 《淮南子》中亦多次述及羿善射，如《原道训》云："射者捍乌号之弓，弯棋卫之箭，重之羿、逢蒙子之巧，以要飞鸟，犹不能与罗者竞多。"《齐俗训》云："造父以御马，羿以之射，倕以之斫，所为者各异，而所道者一也。"《兵略训》云："故四马不调，造父不能以致远；弓矢不调，羿不能以必中。"《说山训》云："巧者善度，知者善豫。羿死桃部，不给射；庆忌死剑锋，不给搏。"《说林训》云："终日之言必有圣之事，百发之中必有羿、逢蒙之巧。"《修务训》更是直言"羿左臂修而善射"。② 《史记·龟策列传》亦云："羿名善射。"③ 《楚辞·天问》则载有羿曾射日的传说："羿焉彃日？乌焉解羽？"④《淮南子·本经训》述此事云："逮至尧之时，十日并出，焦禾稼，杀草木，而民无所食……尧乃使羿诛凿齿于畴华之野……上射十日而下杀猰貐。"⑤《山海经·海外东经》"汤谷上有扶桑，十日所浴，在黑齿北。居水中，有大木，九日居下枝，一日居上枝"郭璞注："庄周云：'昔者十日并出，草木焦枯。'《淮南子》亦云：'尧乃令羿射十日，中其九，日中乌尽死。'《离骚》所谓'羿焉射日，乌焉解羽'者也。《归藏·郑母经》云：'昔者羿善射，毕十日，果毕之。'"⑥ 郭璞注所谓《离骚》所言，即《楚辞·天问》者所载。此皆以羿为上古之善射者。正因如此，在经过蜮所在的场所时，施术者于咒辞中借以善射著称的羿神神灵来震慑善射伤人的蜮虫，使其不敢射而伤人。

2. 借神名以驱邪疗疾

借一些神灵之名来威胁驱除作祟者，从而使疾病得以治愈，这种方

---

① （清）王先谦撰，沈啸寰、王星贤点校：《荀子集解》，中华书局1988年版，第137、215页。
② 何宁：《淮南子集释》，中华书局1998年版，第26—28、798、1088、1129、1186、1336页。
③ （汉）司马迁：《史记》，中华书局1959年版，第3237页。
④ （宋）洪兴祖撰，白化文等点校：《楚辞补注》，中华书局1983年版，第96页。
⑤ 何宁：《淮南子集释》，中华书局1998年版，第575—577页。
⑥ 袁珂校注：《山海经校注》，上海古籍出版社1980年版，第261页。

法在马王堆汉墓帛书《五十二病方》所载疗治"巢者""瘨（癫）""□烂者""身疠"等疾的医方中多有体现：

> 巢者：矦（候）天旬（电）而两手相靡（摩），乡（嚮）旬（电）祝之曰："东方之王，西方□□□主冥冥人星（腥）。"二七而□（66）
>
> 以辛卯日，立堂下东乡（嚮），乡（嚮）日，令人挟提瘨（癫）者，曰："今日辛卯，更名曰禹。"（208）
>
> 一，热者，由曰："朕=（朕朕）詘=（詘詘），从灶（竈）出毋延，黄神且与言。"即三湦（唾）之。（308）①

上述引文中的"巢者"，原整理者认为，巢，疑读为臊，下面人星的星，疑读为腥。腥臊，指体臭。刘欣认为"巢"下为"夕下"，"夕"可释作"腋"，则"巢"与"夕下"或都为狐臭一类的病。② 此条医方中的咒辞提及的神灵之名有"东方之王，西方□□"，其具体所指，各家无释。从施术者在念咒辞时要选择"候天电"及"向电祝之"推测，施术者在这里祈请的"东方之王，西方□□"应是天神类的神灵。施术者在疗治狐臭类腥臊之疾时，咒辞中明确说出"东方之王，西方□□"的名字，乃是欲借其名的威力来威慑驱除导致疾病的作祟者。

上引第二条医方是疗治"瘨（癫）"疾的，施术者在咒辞中云"更名曰禹"。这里的"更名为禹"，乃是说为癫病患者更名为"禹"。癫患者何以要"更名为禹"呢？这是欲借禹的神威来吓阻病祟者，让其知难而退，不再作祟为疾于人。禹是上古传说中的治水英雄，在中国早期先民的认知观中，禹兼具人王与神灵的双重身份，战国时期的巫祝之流更是将其当作巫之宗主而加以崇拜，③ 是以古代的巫祝之士常假禹名以神其术。禹因治水而导致偏枯之疾，其"步不相过"的步法更被

---

① 裘锡圭主编：《长沙马王堆汉墓简帛集成》（五），中华书局2014年版，第227、255、271页。

② 刘欣：《马王堆汉墓帛书〈五十二病方〉校读与集释》，硕士学位论文，复旦大学，2010年，第31页。

③ 王晖：《夏禹为巫祝宗主之谜与名字巫术论》，《人文杂志》2007年第4期。

第四章　秦汉时期的命名趋向及名字巫术信仰　　161

称作"禹步",成为战国以来巫者行术驱邪禳除仪式中所执之"法步",所谓"凡作天下百术,皆宜知禹步"。因此,施术者在疗治癫患者的禁咒辞中,直接将癫患者更名为禹,此一行为之目的,乃是欲借禹神之威灵来驱除导致癫疾之作祟者,以使癫疾得以治愈。这种借神名为己名以驱除病祟的信仰,在后世为确保小孩健康易长的"借名"俗信中也有些许传承。如胡朴安所编《中华风俗志》下编卷7所载广东"曲江之奇俗"条云:

　　曲江之北有大山二,一狮子山,一即象山。两山相接处,有石门,乡人称为双石门,为曲江通海之道。一般乡愚,呼之为石公。有时小儿啼哭不安,即选择黄道日,备香糕果品素斋纸钱锡箔等等,至双石门借名。其名必嵌有"石"字;先用硃纸请道士书"双石成"或"石天保"等名字,至双石门拈香祈祷后,将硃纸所书之名,贴于石门上,沿途唤所取名字,还家。俗传如此能使小儿强壮,易于长大。此种举动,俗称"借名"。①

所借之名中之所以要有"石",实际上就是欲通过此一方式获得双石门之石公神的灵力,从而防御鬼魅作祟,而使小儿不但具有石头之强壮品性,且在石公神的庇佑下,易于长成。弗雷泽在《金枝》一书中阐述神名的禁忌时论道:"神的真名同他的神力不可分割地联系在一起,并且差不多是深藏在他的肉体的胸腔之内的……在埃及,像伊希斯那样通过占有高级神祇的名字获得其神力的做法不只是远古神话传说,每个埃及巫师都渴望以同样手段获得同样权力。"② 弗洛伊德亦有类似的认识:"在原始民族的观念里,人名是一个人最为重要的部分之一。所以,当一个人获知某一个人或某一个灵魂的名字时,他同时也将得到了他的一部分力量。"③ 上引帛书《五十二病方》所载疗治癫疾的巫方中,施

---

① 胡朴安编:《中华全国风俗志》下编卷7,上海书店1986年版,第38—39页。
② [英]詹·乔·弗雷泽:《金枝——巫术与宗教之研究》,徐育新等译,中国民间文艺出版社1987年版,第386页。
③ [奥]佛罗伊德:《图腾与禁忌》,杨庸一译,中国民间文艺出版社1986年版,第104页。

术者为癫患者更名为禹的操作，以及胡朴安所述广东曲江一带给小儿借名中嵌入"石"的俗信，虽然形式上略有不同，但其所依据的信仰原理则相同，都是把名字看作名字所属者的一部分，二者间有着内在的联系。因此，据有了某一名字，也就据有了名字原属者的特质，从而为己所用，以达到借名者各自之诉求。下文所论借富者名以求农事丰收的俗信，亦与此相类。

上引第三条文字中的"热者"之"热"，原整理者引《释名》"热，爇也"认为，热即烧灼之义。是此方为疗治烧伤之疾的古医方。祝词中的"肸肸诎诎"，原释文作"肸诎肸诎"。清人徐鼒指出："《春秋传》曰'诶诶出出'，今作'譆'。按杜注：'譆譆，热也。出出，戒伯姬。'方氏《通雅》曰：'当作嘻嘻咄咄，皆状鬼神之声。旧训火状，误。'按，'热也'、'戒伯姬'，正所以状鬼神之声，非训火状也。盖鬼神之声无可状，就其声而译之，为'譆譆出出'可，为'诶诶出出'亦可，为'譆譆咄咄'亦可。"① 裘锡圭先生亦认为，"肸诎肸诎"原来写作"肸＝诎＝"，恐应为"肸肸诎诎"。"肸肸诎诎"与"譆譆出出"为一声之转（"肸""譆"皆晓母字）。② 依徐鼒说，则此条医方祝辞中的"肸肸诎诎"当为状鬼神之声。祝辞言及让作祟而致烧伤之疾的鬼神从灶中赶紧出来，不要延缓，否则"黄神"就要与其言说。这是欲借黄神的威慑力来驱除导致烧伤之疾的作祟者。此处的"黄神"也见于帛书《五十二病方》所载疗治身体疮疡之疾的古医方中，原方文字云：

一，其祝曰："澞＝（浸＝—浸浸）熸＝（熸熸）虫，黄神在竃（竈）中。□□遠，黄神興☐"（427）

"黄神"之名亦见于香港中文大学文物馆藏汉简《日书》第11号简：

---

① （清）徐鼒撰，阎振益、钟夏点校：《读书杂释》，中华书局1997年版，第137页。
② 裘锡圭：《马王堆医书释读琐议》，《湖南中医学院学报》1987年4期。

戊戌不可北，是胃（謂）行，百里中有咎，二百里外大咎。黄神□之。①

汉代以来的解注瓶文、印章、镇墓文、买地券等中亦多见"黄神"，②说明秦汉以来，黄神是当时民众宗教神灵信仰观中较为常见的神灵。

然"黄神"何指？有以为黄帝者，③有以为黄帝之神者，④有以为灶神者。⑤上引疗治烧伤之疾的祝辞云"从竃（灶）出毋延，黄神且与言"，而疗治身体疮疡的祝辞则云"黄神在竃（灶）中"，是施术者祝辞中所提及的神灵"黄神"与灶当有着密切关系。《太平御览》卷186引《淮南子》云："黄帝作灶，死为灶神。"⑥《事物纪原》卷8引《续事始》亦云："灶，黄帝所置。"⑦《后汉书·阴兴传》"阴子方者，至孝有仁恩，腊日晨炊而灶神见"李贤注引《杂五行书》曰："灶神名禅，字子郭，衣黄衣，夜被发从灶中出，知其名而呼之，可除凶恶。"⑧灶神"衣黄衣"的形象与"黄神"或者有内在的联系。而此处的"黄神"应即曾经作灶，死为灶神的黄帝之神。基此而论，在疗治烧伤或疮疡之疾时，施术者于祝辞中提及黄神，此乃是欲借黄神的威灵来震慑驱除作祟者，从而使疾病得以痊愈。

值得注意的是，类似的方法也见于帛书《五十二病方》所载疗治被蝎子蜇伤的古医方中。原医方文字云：

---

① 陈松长编著：《香港中文大学文物馆藏简牍》，香港中文大学文物馆2001年版，第18页。
② 张勋燎、白彬：《中华道教考古》（第1册），线装书局2006年版，第245—256页；鲁西奇：《中国古代买地券研究》，厦门大学出版社2014年版，第110—131页。
③ 周一谋、萧佐桃主编：《马王堆医书考注》，天津科学技术出版社1988年版，第177页；刘增贵：《天堂与地狱：汉代的泰山信仰》，《大陆杂志》（第94本5分册），1999年，第7页；刘增贵：《秦简〈日书〉中的出行礼俗与信仰》，《"中研院"历史语言研究所集刊》（第72本，第3分册），2001年，第525页。
④ 陈松长编著：《香港中文大学文物馆藏简牍》，香港中文大学文物馆2001年版，第18页。
⑤ 马继兴：《马王堆古医书考释》，湖南科学技术出版社1992年版，第550—551页。
⑥ （宋）李昉等：《太平御览》，中华书局1960年版，第903页。
⑦ （宋）高承撰，（明）李果订，金圆、徐沛藻点校：《事物纪原》，中华书局1989年版，第421页。
⑧ （南朝宋）范晔：《后汉书》，中华书局1965年版，第1133页。

一，涶（唾）之，賁（噴）："兄父產大山，而居氏（是）穀下。□□系而，鳳=（鳳鳥）□□。毋敢上下翏=（尋=一尋，尋），豙（喙）且貫而心。"（83）

一，"父居蜀，母爲鳳=（鳳鳥）薜。毋敢上下翏（尋），鳳=（鳳鳥）【貫】而心。"（84）①

以上两方疗治被蝎子蜇伤的古医方中，第一方咒辞中先述及作祟者的兄父及作祟者的家世情况，劝其"毋敢上下寻"，否则凤鸟将以其喙贯作祟者的心。第二方咒辞亦先述及了解掌握作祟者的父母情况，然后劝其"毋敢上下寻"，否则凤鸟将以喙贯其心相威慑。这里的"凤鸟"即凤凰，《山海经·大荒西经》云："有五采鸟三名：一曰皇鸟，一曰鸾鸟，一曰凤鸟。"袁珂案曰："经内五采鸟凡数见，均凤凰、鸾鸟之属也。明《藏》本皇鸟作凤鸟，凤鸟作凤凰。"② 凤鸟是传说中的一种神鸟。《说文·鸟部》云："凤，神鸟也。"殷墟卜辞记载中有凤为"帝史"的记载："于帝史凤，二犬。"（《合集》14225）"燎帝史凤，一牛。"（《合集》14226）或因于此，古代常把凤鸟看作祥瑞之物。《礼记·礼运》云："麟、凤、龟、龙，谓之四灵。"正因于此，故其至时常以之为祥瑞。《论语·子罕》载孔子之语曰："凤鸟不至，河不出图。"③《韩诗外传》卷8云："夫凤之象，鸿前而麟后，蛇颈而鱼尾，龙纹而龟身，燕颔而鸡喙，戴德负仁，抱中挟义……往即文始，来即嘉成。"④《淮南子·缪称训》云："昔二皇凤皇至于庭，三代至乎门，周室至乎泽。德弥麤，所至弥远；德弥精，所至弥近。"⑤ 李时珍《本草纲目》卷49引《禽经》云："雄凤雌凰，亦曰瑞鶠。鶠者，百鸟偃伏也。羽虫三百六十，凤为之长。"⑥ 是知在古人信仰中，作为帝史的凤鸟，是祥瑞化身，也是被赋予灵异的神鸟，是以咒辞以凤鸟相威慑，以

---

① 裘锡圭主编：《长沙马王堆汉墓简帛集成》（五），中华书局2014年版，第230—231页。
② 袁珂校注：《山海经校注》，上海古籍出版社1980年版，第396页。
③ 程树德撰，程俊英、蒋见元点校：《论语集释》，中华书局1990年版，第588页。
④ （汉）韩婴撰，许维遹校释：《韩诗外传集释》，中华书局2020年版，第267—268页。
⑤ 何宁：《淮南子集释》，中华书局1998年版，第755页。
⑥ （明）李时珍：《本草纲目》（修订本），人民卫生出版社2004年版，第2667页。

驱离作祟者，使其不再作祟致疾。

此种以灵异的凤鸟相威慑驱离作祟者的古方，在后世多有流传，如《千金翼方·禁经下》载"禁蛇咒"云："道边一木，百尺无枝，凤凰觜如丝，速去速去吾不知，急急如律令。"① 又，《外台秘要方》卷 40 载"路安满禁蛇法"亦云："吾庭前者木，百尺无枝，凤凰在上，资斯速出，放汝去。摄汝毒命宁收，急急如律令。"② 此两条禁咒方与上述疗治蝎子蜇伤者虽在禁咒辞指向的对象上虽不同，但其用凤鸟相威慑驱除作祟者的思维认知则相一致。日本学者伊藤清司曾就此类禁咒巫术疗方的思维原理分析道："当人们遇到鬼怪的时候，为了驱散它们，消灾解难，首先发明并使用了各种咒术。所谓咒术，是指对抗巫术，也就是大声喊叫比眼前的鬼怪更强大的妖怪、鬼神的名字，并持举各种奇形怪状的怪物模拟体来威胁它们。"③ 以上几条疗治巢者、烧伤、身体疮疡、预防蜮虫射人，以及疗治为蝎子蜇伤的禁咒方，其所依据的信仰原理无不如此。

3. 借名以求丰产

在名字巫术中，有时也可借富者之名来达到丰产之目的。周家台 30 号秦墓出土简牍文字资料中有下面一段文字记载：

> 先農：以臘日，令女子市買牛胙、市酒。過街，即行撩（拜），言曰："人皆祠泰父，我獨祠先農。"到囷下，爲一席，東鄉（嚮），三腏，以酒沃，祝曰："某以壺露、牛胙，爲先農除舍。先農筍（苟）令某禾多一邑，先農桓（恒）先泰父食。"到明出種，即□邑最富者，與皆出種。即已，禹步三，出種所，曰："臣非異也，農夫事也。"即名富者名，曰："某不能腸（傷）其富，農夫使其徒來代之。"即取腏以歸，到囷下，先侍（持）豚，即言

---

① （唐）孙思邈著，李景荣等校释：《千金翼方校释》，人民卫生出版社 2014 年版，第 739 页。

② （唐）王焘撰，高文铸校注：《外台秘要方》，华夏出版社 1993 年版，第 819 页。

③ ［日］伊藤清司：《〈山海经〉中的鬼神世界》，刘晔原译，中国民间文艺出版社 1989 年版，第 66 页。

囷下曰："某爲農夫畜，農夫苟（苟）如□□，歲歸其禱。"即斬豚耳，與腏以並塗囷廥下。恒以臘日塞禱如故。（347—353）①

上述文字所示，乃是在腊日民间祭祀先祖五祀神灵时，祝祷者却为了来年农事的丰收目的而独祀农业的创始神——先农。在经过一系列的祭祀仪式后，于第二天举行出种仪式时，祝祷者到邑中最富者家中与其一起进行出种的仪式，并以富者名名之，然后进行一系列的祝祷活动。祝祷者如此做的目的，乃是如祝辞中所说"某不能肠（伤）其富，农夫使其徒来代之"。这是相信，祝祷者借富者之名后，在不伤损富者富运的情况下，会得到主管农事的神灵赐其如富者一样的好收成。在这里，祝祷者借富者名求富的观念，乃是相信，"名字和它们所代表的人或物之间不仅是人的思想概念上的联系，而且是实在的物质的联系"，"一个人的名字，即使不等于人的灵魂的话，也是人的生命的一部分"。② 因此，只要拥有对方的名字，便可同时拥有了名字原有者的某种能力。后世有"偷名"之俗，"至偷名之举，则先探知某家人丁兴旺，请人向某家偷一饭碗及筷。偷时，如为其家所觉，则云'不到'，复更人去偷。偷名者返时，儿母抱小儿于门前迎接，称为'接名'。偷名者呼名，儿母即代儿应之。以为偷取名后，自此可无灾病矣"。③ 与之相比，偷名是偷取人丁兴旺之家之名以为己名，这是欲将人丁兴旺之家的运势通过偷名的仪式转嫁到偷名者身上，使其无灾病。此与上述"出种"仪式中祝祷者"即名富者名"以求丰产，以及此前所述为癫患者更名为"禹"的疗疾手段所依据的俗信原理一样，都是相信据有对方的名字，便同时据有了名字所代表的个体的特殊力量，只是借人名以为己名的目的，一为祈无病灾，一为求农事丰产，一为祛病祟疗疾而已。

---

① 湖北省荆州市周梁玉桥遗址博物馆编：《关沮秦汉墓简牍》，中华书局 2001 年版，第 132 页。

② [英] 詹·乔·弗雷泽：《金枝——巫术与宗教之研究》，徐育新等译，中国民间文艺出版社 1987 年版，第 362、379 页。

③ 胡朴安编：《中华全国风俗志》下编卷 7，上海书店 1986 年版，第 38—39 页。

二 知名、呼名

知名，即知晓作祟者的名字。呼名，即在知晓作祟者的名字时，直接叫出其名字。郑振铎指出，"远古的人，对于自己的名字是视作很神秘的东西的。原始人相信他们自己的名字，和他们的生命有着不可分离的关系。他们相信，每个人的名字乃是他自己的重要的一部分；别人的名字和神的名字也是如此。他们取名以分别人、己。他更相信：知道了神、鬼或人的名字，便可以把这个名字的主人置在他的势力内，便可以给这个名字以危害……这个信仰的发生，乃由于原始社会的原始人，对于物与主，名与物，象征与实在的分辨不清。这乃是最普遍的野蛮思想之一"，"他们相信，知道或懂得某一件事，乃是在实际上捉住或得到那一件事。所以，知道了敌人的名字便是实际上或捉住了或获到了他的自身"。[①] 基此，只要知晓作祟者的名字，便可以以"知其名"或直接"以其名呼之"来达到防御、驱除甚至役使对方的奇效。

1. 以知名、呼名防御或驱除

居延新简甲渠候官与第四燧所出简文资料云：

> 厭魅書，家長以制曰踈魅名。魅名爲天牧，魅之精，即滅亡。有敢苟者，反受其央（殃）。以除爲之。(破城子探方 E·P·T49：3)[②]

魅，《说文·鬼部》云："厉鬼也。"《山海经·西山经》"（刚山）是多神𩲡"郭注："𩲡亦魑魅之类也，音耻回反，或作魋。"[③] 郝懿行云："𩲡……又或作䰨者，䰨当为魅。"[④] 段玉裁亦认为，"𩲡"即"魅"字。厉之言烈也，厉鬼谓虐厉之鬼。[⑤] 此处的"魅"，

---

① 郑振铎：《汤祷篇》，古典文学出版社1957年版，第66—67页。
② 甘肃省文物考古研究所等编：《居延新简——甲渠候官与第四燧》，文物出版社1990年版，第143页。
③ （晋）郭璞注：《宋本山海经》，国家图书馆出版社2017年版，第58页。
④ （清）郝懿行撰，栾保群点校：《山海经笺疏》，中华书局2019年版，第78页。
⑤ （清）段玉裁：《说文解字注》，中华书局2013年版，第439页。

其或即后世的死煞。① "家长"，应为驱除邪魅鬼仪式的主持者，或为时人对巫师的泛称。② "制日"，《抱朴子内篇·登涉》引《灵宝经》云："所谓制日，支干上克下之日也。若戊子己亥之日也。"此处"制日"为举行通过书名方法禳治魅鬼的仪式的时日。"疎"古同"疏"字。《汉书·苏武传》"初，桀、安与大将军霍光争权，数疏光过失予燕王"颜师古注："疏，谓条录之。"③ 是此处的"疎"字作抄写、抄录之义。

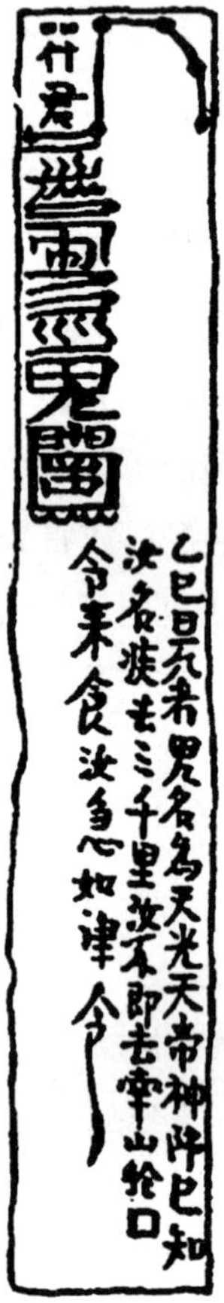

由简文可知，施术者选择制日制作"厭魅书"，其上写出魅名，以知晓"魅名为天牧"，并以"魅之精，即灭亡。有敢苟者，反受其殃"相威胁以驱除魅鬼。吴荣曾指出，用呼唤鬼怪的名称来厌劾鬼怪，是秦汉魏晋时代的普遍做法。④ 此处则是施术者选择制日中通过书写魅鬼之名的方式来禳治驱除魅鬼。此虽与呼鬼名驱除之法不同，然却与之有着异曲同工之妙。因为文字是语言的记录符号，语言一经写出，便具备了与语言一样的灵力。

此外，江苏高邮邵家沟汉代遗址出土一方木牍，其上写有一段劾鬼符文，在符文上方画着一幅其间写有"符君"二字的七星符（摹本见图4-1），符文内容则以知晓鬼怪名字相威胁以驱除之：

乙巳日死者，鬼名爲天光，天地神師巳（已）知汝名，疾去三千里，汝不即去，南山□□令來食汝。急急

图4-1

---

① 陈炫玮：《孔家坡汉简日书研究》，硕士学位论文，新竹："国立"清华大学历史研究所，2017年。
② 刘昭瑞：《居延新出汉简所见方术考释》，《文史》（第43辑），中华书局1997年版，第48—60页。
③ （汉）班固：《汉书》，中华书局1962年版，第2467页。
④ 吴荣曾：《汉简中所见的鬼神迷信》，《汉简研究》（第3辑），广西教育出版社1998年版，第448—454页。

第四章　秦汉时期的命名趋向及名字巫术信仰　169

如律令。①

符文先是直接点出乙巳日死者，其鬼名叫天光，并言天地神师已经知晓其名字，然后劝其速速离去三千里外。否则，就威胁让南山□□（某神灵）②来吃掉它。《淮南子·本经训》云："昔者仓颉作书，而天雨粟，鬼夜哭。""作书"，即创造文字。文字的创造，何以会致"鬼夜哭"呢？高诱注云："鬼恐为书文所劾，故夜哭也。"③可见，作为记录语言的符号，文字一经产生，便具有了神秘的力量。《风俗通义·佚文》载当时之俗云：

> 夏至着五采，辟兵，题曰游光。游光，厉鬼也，知其名者无温疾。五采，辟五兵也。
> 又永建中，京师大疫，云厉鬼字野重、游光……其后岁岁有病，人情愁怖，复增题之，冀以脱祸。④

五采具有辟五兵、无温疾的灵力，其前提是知晓厉鬼之名为"游光"（或"野重"），并将题写有厉鬼之名的五采佩戴于身。恩斯特·卡西尔

---

① 江苏省文物管理委员会编：《江苏高邮邵家沟汉代遗址的清理》，《考古》1960年第10期。此木牍上端的题记，目前学术界有不同的看法，如王育成将左上角符画先称作"北斗星图"（说见王育成《东汉道符释例》，《考古学报》1991年第1期），后又撰文称此牍所绘为"南斗六星图案"（说见王育成《武昌南齐刘凯地券刻符初释》，《江汉考古》1991年第2期；王育成《文物中所见中国古代道符述论》，《道家文化研究》第9辑，生活·读书·新知三联书店1996年版）；刘昭瑞将其称作"北斗七星"（说见刘昭瑞《居延新出汉简所见方术考释》，《文史》第43辑，1997年。）陆锡兴认为，牍文中的"符君"之"符"当为"北斗"二字误释（说见陆锡兴《"黄君法行"朱字刻铭砖的探索》，《考古》2002年第4期）；刘乐贤认为，根据三里村陶瓶朱书上的星图上所书"北斗君"三字认为，邵家沟此件木牍上的星图可能也是北斗七星图，图上的题记可能也是"北斗君"三字（说见刘乐贤《简帛数术文献探论》，湖北教育出版社2002年版，第283页）；李零据北大藏秦简《禹九策》之三"亓祟黄帝及北斗……北斗者，北君"简文认为，北斗是北斗星君，此释北斗，并引陶弘景《真诰·阐幽微》"魏武帝为北君太傅"注："北君则北斗君，周武王也。"[说见李零《北大藏秦简〈禹九策〉》，《北京大学学报》（哲学社会科学版）2017年第5期]，则北斗似可称为"北君""北斗君"。
② 此处二字残泐不清，由文意推之，当是神灵名。然不知此处南山之神名何字乎？《千金翼方·禁经上》载有"禁疟鬼方"，其中言及"南山一神字铜柱""南山一神字长丘""南山一神字辟邪"，可参考。
③ （汉）高诱注：《淮南鸿烈解》，商务印书馆1937年版，第249页。
④ （汉）应劭撰，王利器校注：《风俗通义校注》，中华书局2010年版，第605页。

指出:"所有文字开始时都被视为一种模仿符号、一种想象,并且起初这种想象不具有指示的、联系的性质。相反它取代和'代表'着客体。在文字开端时期,它也属于巫术范围。文字是一种巫术工具,通过这种工具获得占有某个事物和击退敌方的力量。"① 从语言崇拜方面看,文字符的产生是语言崇拜的一种反映,也即是说,符是咒语的书面化。② 基此,以文字符的形式写出作祟之鬼怪的名字,如同知晓并直接说出其名字一样,具有同等的防御、驱除,甚至役使鬼怪的特殊法力。

汉魏以来,随着巫医道士的提倡,通过列举鬼怪名字来威胁驱除作祟者的方法大为盛行,以致道教典籍及医籍中多有记载。如葛洪《抱朴子内篇·登涉》中即载道,一心向往成神成仙的人,只要能够掌握记录天下鬼魅名称的《百鬼录》,知天下鬼之名字,熟悉《白泽图》《九鼎记》的内容,即使在山林中遇到鬼魅,只需直呼其名,便可收到"众鬼自却""不能为害"的奇效。如该篇云:

> 山中山精之形,如小儿而独足,走向后,喜来犯人。人入山,若夜闻人音声大语,其名曰蚑,知而呼之,即不敢来犯人也。一名热内,亦可兼呼之。又有山精,如鼓赤色,亦一足,其名曰晖。又或如人,长九尺,衣裘戴笠,名曰金累。或如龙而五色赤角,名曰飞飞,见之皆以名呼之,即不敢为害也。
>
> 山中有大树,又能语者,非树能语也,其精名曰云阳,呼之则吉。
>
> 山水之间见吏人者,名曰四徼,呼之名即吉。山中见大蛇着冠帻者,名曰升卿,呼之即吉。

并云:"但知其物名,则不能为害也。"③ 唐代医圣孙思邈《千金翼方·

---

① [德]恩斯特·卡西尔:《神话思维》,黄龙保等译,中国社会科学出版社1992年版,第261页。
② 姚周辉:《神秘的符箓咒语》,广西人民出版社2004年版,第7页。
③ 王明:《抱朴子内篇校释》(增订本),中华书局1985年版,第303—304页。按,《太平御览》卷886引第一条文字作"山之精,形如小儿而独足,足向后,喜来犯人。人入山谷,夜闻其音声笑语,其名曰蚑,知而呼之,即不敢犯人。一名曰超空,亦可兼呼之",文字似较今本平实通畅。

禁经》中亦载此类禁咒疗法数方。如"禁疫鬼文"云：

吾上知天文，下知地理，天地夫人教吾禁名能禁疫鬼。汝从东方来名曰狗，入人身中倚于心口，神师咒汝汝自走。汝从南来名曰羊，入人身中倚于肝肠，神师咒汝汝自亡。汝从西来名曰鸡，入人身中倚于皮，神师咒汝汝自衰。汝从北来名曰蛇，入人身中倚于百脉，神师咒汝汝自厄……六甲六乙疫鬼自出，六丙六丁知鬼姓名，六戊六己疫鬼自死，六庚六辛知鬼东西，六壬六癸疫鬼自死，六亥六戌百鬼速出，急急如律令。

又，"禁唾痈法"云：

青痈赤痈白痈黑痈黄痈血疽肉疽兄弟八人，吾皆知汝姓名，徒忍割汝，汝须急去，急急如律令。

又，"禁疰法"云：

东方之疰自名医，入人体中疰心根，神师咒疰疰灭门，南方之疰自名青，入人体中疰百脉，神师咒疰疰即易，西方之疰自名摇，入人体中疰脊腰，神师咒疰疰即消，北方之疰自名雌，入人体中疰心脾，神师咒疰疰即移，中央之疰自名雉，入人体中疰十指，神师咒疰疰即死，四方之疰尽已亡，惟我五脏永安强，急急如律令。

又法：

疰父张，疰母杨，疰兄靖，疰弟强，疰姊姖，疰妹姜，知汝姓字，得汝宫商，何不远去，住何所望，前出封侯，后出斫头，前出与赏，后出与杖，汝今不去，住何所望，急急如律令。[1]

---

[1] （唐）孙思邈著，李景荣等校释：《千金翼方校释》，人民卫生出版社 2014 年版，第 723、727、734—735 页。

如上此类，不烦赘举。

上引葛洪所言《白泽图》《九鼎记》等书后皆佚。《抱朴子内篇·极言》云："穷鬼神则记白泽之辞。"《开元占经》卷116引《瑞应图》云："黄帝巡于东海，白泽出，能言语，达知万物之精，以戒于民，为除灾害。"① 《云笈七签》卷100引《轩辕本纪》则载其成书来历云："黄帝巡狩，东至海滨，得白泽神兽，能言，因问天下鬼神之事，自古精气为物，游魂为变者，凡万一千五百二十种，白泽言之，帝令以图写之，以示天下。"② 由此看来，《白泽图》当是记载各种精怪鬼魅形状并附有其图的书籍。后世文献如《法苑珠林》《太平御览》等对《白泽图》文字多有传抄，清人洪颐煊《经典集林》卷31所辑《白泽图》佚文有40条，③ 其中多有据《太平御览》而辑者。由《太平御览》卷886所引《白泽图》内容看，其中不乏通过知其名而呼之以防御或驱除精怪邪魅的俗信记载。如云：

> 厠之精名曰依倚，青衣，持白杖。知其名呼之除，不知其名则死。
>
> 火之精名必方，狀如鳥，一足，以其名呼之即去。
>
> 金之精名倉，狀如豚，居人家，使人不宜妻。以其名呼之即去。
>
> 道之精名作器，狀如丈夫，善眩人。以其名呼之即去。
>
> 故池之精名意，狀如豚。以其名呼之即去。
>
> 故井之精名觀，狀如美女，好吹簫。以其名呼之則去。
>
> 絕水有金者，精名曰侯伯，狀如人，長五尺，彩衣。以其名呼之即去。
>
> 三軍所載，精名曰賓滿，狀如人頭，無身，赤目。見人則轉。以其名呼之即去。
>
> 故市精名曰毛門，其狀如囷，無手足。以名呼之即去。

---

① （唐）瞿昙悉达：《开元占经》，九州出版社2011年版，第1100页。
② （宋）张君房编，宋永晟点校：《云笈七签》，中华书局2003年版，第2177页。
③ （清）洪颐煊撰，胡正式、徐三见点校：《经典集林》，载《洪颐煊集》（五），上海古籍出版社2018年版，第2452—2456页。

第四章　秦汉时期的命名趋向及名字巫术信仰　　173

　　室之精名傒龍，如小兒，長一尺四寸，衣黑衣，赤幘大冠，帶劍持戟。以其名呼之即去。

　　故牧弊池之精名曰髡頓，狀如牛，無頭，見人則逐人。以其名呼之則去。

　　夜見堂下有小兒被髮走，勿惡之，名曰溝。以其名呼之，即無咎。

　　百歲狼化為女人，名曰知女。狀如美女，坐道旁，告丈夫曰："我無父母兄弟。"丈夫取為妻，三年而食人。以其名呼之則逃去。①

此外，敦煌文献 P.2682 所载《白泽精怪图》中亦多见此类名字巫术俗信，不妨赘抄几条，以窥此类俗信之传承情况：

　　山大樹有能語【者】，非【樹】語也，其精名曰雲陽，呼之即吉。

　　山水之間見吏【者】，名曰四激，呼之吉。
　　山見大蛇着冠幘者，名曰升卿，【呼之】吉。②
　　人家無故夜驚有光者，惡上下是者，名曰且贛，知其名，故可無咎矣。

　　人家無故恐者，皆是諸鬼精變怪使然，各隨其所在處，以其名呼之可除。又用黑雞、黍糠、三家醯於四達路立，以其名呼之，斷雞頭置門上，醯、雞血和黍糠以塗門户、井竈、涸，無咎矣。

　　上山而畏者，呼曰善人；入室而畏者，呼曰曹芋；上屏而畏者，呼曰申儲；【行】道而畏者，呼曰慶忌；上城而畏者，呼曰飛□；□雷而畏者，呼曰鼠提；入淵而畏者，呼曰罔像；□澤而畏者，呼曰委蛇。此皆是其鬼名，故先呼其名，即使人不畏之，鬼亦

---

① （宋）李昉等：《太平御覽》，中華書局1960年版，第3937—3938頁。
② 此三条文字，《太平御覽》卷886引《抱朴子》作"山中大樹能語者，非樹語也，其精名曰云陽，以其名呼之，則吉""山水之間見吏者，曰四激。以其名呼之，則吉"，今本《抱朴子内篇·登涉》則作"山中有大樹，有能語者，非樹能語也，其精名曰云陽，呼之則吉""山水之間見吏人者，名曰四徼，呼之名即吉""山中見大蛇着冠幘者，名曰升卿，呼之即吉"。今據之補上引 P.2682 中缺文。

不伤人者也。①

以上所谓"知其名呼之"或"以其名呼之",即可使对方"即去""则去""即不咎""则逃去""不伤人",或达到"吉""即吉"的效果,都是出于古代先民将名字与名字所标记的个体相对应,并将其看作个体一部分的认知。基此,他们相信,不仅凡人会受名字的魔术的影响,就是鬼神也往往因为名字为人所知而被控制不能施展其超自然的威力。②

至于《九鼎记》的由来,或与大禹铸鼎象物的传说有关。《左传·宣公三年》载,公元前606年,楚庄王帅军北上,"伐陆浑之戎,遂至于雒,观兵于周疆",周定王乃"使王孙满劳楚子。楚子问鼎之大小、轻重焉",王孙满对曰:

> 在德不在鼎。昔夏之方有德也,远方图物,贡金九牧,铸鼎象物,百物而为之备,使民知神、奸。故民入川泽、山林,不逢不若。螭魅罔两,莫能逢之。用能协于上下,以承天休。桀有昏德,鼎迁于商,载祀六百。商纣暴虐,鼎迁于周。德之休明,虽小,重也。其奸回昏乱,虽大,轻也。天祚明德,有所厎止。成王定鼎于郏鄏,卜世三十,卜年七百,天所命也。周德虽衰,天命未改。鼎之轻重,未可问也。③

这是一段有关"德"与"天命"关联的精彩论述。鼎作为政权的象征物,其重要性与其轻重无关,而在于据有鼎者的"德"之大小。周德虽衰,却并未完全丧失,故天命仍在,周人政权也就上承天命而不会垮掉。当然,我们所要关注的,乃是通过王孙满对鼎的历史叙述,了解到作为周人王权象征物的"周鼎"就是"昔夏之方有德"时所铸之

---

① 黄永武主编:《敦煌宝藏》(第123册),新文丰出版公司1986年版,第289—290页。按,P.2682所录文字多有残损,游自勇《敦煌本〈白泽精怪图〉校录—〈白泽精怪图〉研究之一》(载《敦煌吐鲁番研究》2011年第12卷,第429—440页)一文多有校补,本文参补之。

② 郑振铎:《汤祷篇》,古典文学出版社1957年版,第72页。

③ 杨伯峻编著:《春秋左传注》(修订本),中华书局1990年版,第669—671页。

"夏鼎"。夏人铸此鼎的目的，乃在于"铸鼎象物，百物而为之备，使民知神、奸。故民入川泽、山林，不逢不若。螭魅罔两，莫能逢之。用能协于上下，以承天休"。"用能协于上下，以承天休"，这是对于统治者政权的合法性而言。对于民众来说，其主要功能，则在于"百物而为之备，使民知神、奸。故民入川泽、山林，不逢不若。螭魅罔两，莫能逢之"，亦即如杜预所说，"图画山川奇异之物而献之，使九州之牧贡金，象所图物，著之于鼎。图鬼神百物之形，使民逆备之"。① 清以来学者多以为《山海经》所录形状物色，或与九鼎所铸物象有内在关联。如清人毕沅认为，"《海外经》四篇、《海内经》四篇，周、秦所述也。禹铸鼎象物，使民知神、奸。按其文有国名，有山川，有神灵奇怪之所际，是鼎所图也"。② 沈钦韩云："今《山海经》所说形状物色，殆鼎之所象也。"③ 洪亮吉亦云："今《山海经·海内》《大荒》等篇，即后人录夏鼎之文也。"④ 由此而论，则《九鼎记》的内容，或是一部图录各种精怪鬼魅图像及其名字的御凶方书。至于夏鼎所著之"物象"，陈槃认为，其实就是后世《白泽图》型之神怪故事的导原。⑤ 赵世超从其功能"民入川泽、山林，不逢不若。螭魅罔两，莫能逢之"等语度之，认为可能主要是奸，即害人的物，属于华夏民族的敌对者。他将此类"物"归于四个方面：其一，是现实生活中实在的吃人的动物，即鸷禽猛兽，如鹰、鹫、狮、狼、虎、豹等；其二，是想象中的吃人的物，即各种各样的鬼魅精怪；其三，是敌对方国、部落的人，尤其是他们的王或酋长；其四，是巫师，尤其是异邦的巫师。这些害人的物，其形状在古人看来，都具有动物的外表，起码也具有某一动物的显著特征。⑥ 把这些害人的物象铸于鼎的目的，首先是为了让民众周知何物为神，何物为奸，其最终的实际功效是可以让人们在出入山林川泽之时，若遇到不利于己身之物，则可以以知晓这些害人之物的名字、形状而达到"众鬼自却""不能为害"的功效。

---

① 《春秋左传集解》，上海人民出版社1977年版，第547页。
② （晋）郭璞注，（清）毕沅校：《山海经》，上海古籍出版社1989年版，第1页。
③ （清）沈钦韩撰：《春秋左氏传补注》，商务印书馆1937年版，第78页。
④ （清）洪亮吉撰，李解民点校：《春秋左传诂》，中华书局1987年版，第401页。
⑤ 陈槃：《古谶纬研讨及其书录解题》，国立编译馆1991年版，第279页。
⑥ 赵世超：《铸鼎象物说》，《社会科学战线》2004年第4期。

2. 呼名并以知其底细威胁驱除

在知晓作祟者名字时，只要呼出其名字，便可达到防御、驱除作祟者的功效。但若进一步说出作祟者的家世底细，则其功效似更为显著。马王堆汉墓帛书《五十二病方》载疗治癫疾的一条禁咒方云：

　　一，令瘨（癫）者北首卧北鄉（嚮）廡中，禹步三，步嘑（呼）曰："呼！狐麃。"三；若智（知）某病狐父囗（223）

疗疾者先让癫患者北首卧于北向庑中，然后脚踏三个禹步，边走边念诵咒辞道：狐麃，我知道某病是狐父作祟所致……。在这里，疗疾者不但直接呼出作祟者"狐麃"之名，而且进一步指出某人的病是由于狐父作祟所致。

又，帛书《疗射工毒方》载有如下一条禁咒方：

　　即不幸爲蜮蟲蛇蠭（蜂）射者，祝，唾之三，以其射者名＝（名名）之，曰："某！女（汝）弟兄五人，某索智（知）其名，而處水者爲鮫，而處土者爲蚑，树木者爲蠭（蜂）、螻斯，蜚（飞）而之荆南者爲蜮。而晉囗未囗，壐（爾）奴爲宗孫。某賊！壐（爾）不使某之病巳（已），且復囗囗囗囗囗囗囗囗囗囗。"（67—70）①

这是一条疗治不幸为蜮虫蛇蜂等物蜇伤的禁咒方。施术者在禁咒仪式开始时，先直接口中念出蜇伤人的蜮虫蛇蜂的名字，然后直述蜇人者的家世说：某（指蜇人者），你弟兄五人，他们的名字我全知晓，居处水中者为鮫，居处土中者为蚑，栖居木上者为蠭（蜂）、螻（蛄）斯，飞至荆南者为蜮。此后咒辞因文字残缺而无法详知，但从"壐（爾）不使某之病巳（已）"一句来看，显然是对蜇人者的威胁语。《千金翼方·禁经下》所载"禁恶蚝蜇人毒法"云："蛆似蜂著山丛，蚝似螨著山腹，老蚝蚑缘木枝，兄弟五人吾都知，摄汝五毒莫令移，汝不摄毒灭

―――――――
① 裘锡圭主编：《长沙马王堆汉墓简帛集成》（六），中华书局2014年版，第89页。

汝族，急急如律令。"① 所治虽不同，然其法有异曲同工之妙。

类似疗法也见于帛书《五十二病方》所载疗治被蝎子蜇伤的禁咒方中：

一，湅（唾）之，贲（噴）："兄父产大山，而居氐（是）穀下，【□□】系而，□【□□】而，鳳＝（鳳鳥）【□□。毋敢上下】燊＝（尋，尋），豙（喙）且貫而心。"（82—83）

一，"父居蜀，母爲鳳＝（鳳鳥）蓐。毋敢上下燊（尋），鳳＝（鳳鳥）【貫】而心。"（84）

一，贲（噴）吹："伏食，父居北在，母居南止，同產三夫，爲人不德。已（已）。不已（已），青傅之。"（96）②

以上三条医方，因直接标明是为疗治为蛊所蜇伤者，故施术者在禁咒辞中，并未直呼蛊之名，但禁咒辞的内容一如上述疗治为蜮虫蛇蜂所蜇伤时一样，先是直言知晓蛊的家世，然后威胁其赶紧离去，不然就要采取措施在对付它。如第一条说：蛊之兄父出生于大山，而它居于谷下。若不赶紧离去，就让凤鸟来啄穿蛊的心。第二条说：蛊父居蜀，蛊母为凤鸟蓐。劝蛊不要上下寻觅，否则就让凤鸟来啄穿其心。第三条说：蛊父居处北在，蛊母居处南止，同生者三夫，为人无德行。赶紧离开。不离开，我就用空青傅你。此处禁咒辞虽未明说鬼怪父母的名字，但强调了他们的住址和身份，这与直接说出鬼怪名字的禁咒语在用意、性质甚至法力上却是一致的。唐医家孙思邈所撰《千金翼方·禁经下》中载有数条疗治被各种蛇蝎蜂所蜇伤的禁咒方，如"禁蛇法"云：

一名蛇，二名蟾，三名蝮，居近野泽，南山蝮蛇，公青蛇，母黑蛇，公字麒麟蛇，母字接肋，犀牛角，麝香牙，鹳雀嘴，野猪牙，啄蛇腹腹熟，啄蛇头头烂，蜈蚣头，鸩鸟羽，飞走鸣唤，何不

---

① （唐）孙思邈著，李景荣等校释：《千金翼方校释》，人民卫生出版社2014年版，第740页。

② 裘锡圭主编：《长沙马王堆汉墓简帛集成》（六），中华书局2014年版，第230、231、233页。

急摄汝毒，还汝本乡江南畔，急急如律令。

又，"禁蛇敛毒法"云：

晖晖堂堂，日没停光，姿擢之节，唾蛇万方，蛇公字蚰蜒，蛇母字弥勒，汝从江南来，江北言汝何失准，则汝当速敛毒，若不收毒，吾有鸩鸟舌，野猪牙，蜈蚣头，何咤沙，吾集要药破汝，速出速出，敛毒还家，急急如律令。

又，"咒蝎法"云：

蹀磔移移，八节九枝，公字腐草，母字蒿枝，缘他篱落，蜇他妇儿，何不收毒，欲住何为，山鸡戴胜，食汝四肢，头破尾折，伏地莫移，急急如律令。①

此几方禁咒辞亦先述蜇人者的家世底细，然后以比蜇人者更毒之物（如蜈蚣头、鸩鸟羽、鸩鸟舌、何咤沙等）或相克制物（如犀牛角、麝香牙、鹳雀嘴、山鸡等）以威胁驱除之。而在用药物治疗子蛇、尺八蛇、土蝎蛇等八种蜇伤人的蛇毒时，同时须念诵咒辞云："道边一木，百尺无枝，凤凰觜如丝，速去速去吾不知，急急如律令。"② 此则也是先言其家世底细，然后以凤凰喙相威胁驱除，与上述帛书《五十二病方》所载疗治为蝎子蜇伤者方的疗疾方法及信仰原理相一致，二者间或当有内在的传承关系。

此外，在帛书《五十二病方》所载疗治癫疾的禁咒方中，我们也能看到类似的疗疾方法：

一，瘇，以月十六日始毁，禹步三，曰："月与日相当，日与

---

① （唐）孙思邈著，李景荣等校释：《千金翼方校释》，人民卫生出版社2014年版，第738、739页。
② （唐）孙思邈著，李景荣等校释：《千金翼方校释》，人民卫生出版社2014年版，第739页。

月相當,"各三;"父乖母强,等與人產子,獨產穨(癩)九,乖已,操叚(鍜)石毄(擊)而母。"即以鐵椎攺段之二七。以日出爲之,令穨(癩)者東鄉(向)。(199—200)

一,以日出時,令穨(癩)者屋溜下東鄉(嚮),令人操築西鄉(嚮),祝曰:"今日□,某穨(癩)九,今日已。某穨(癩)已□,而父與母皆盡柏築之顛,父而沖,子胡不已之有?"以築沖穨(癩)二七。已備,即曰:"某起。"穨(癩)【已】。(206—207)①

所不同的是,疗疾者不但以知晓作祟者家世相威胁,而且还在念完咒辞后,要用铁椎、筑等物在疾患者身上做象征性的模拟击打,以驱除作祟致疾者。

3. 呼名以役使对方

在古代先民的认知观中,只要知道某一神灵鬼怪的名字,便可以直呼其名以防御或驱除,甚至役使它为己所用。如《管子·水地》载,涸泽之精名庆忌者,"其状若人,其长四寸。衣黄衣,冠黄冠,戴黄盖,乘小马,好疾驰。以其名呼之,可使千里外,一日反报"。涸川之精名蟡者,"一头而两身,其形若虵,其长八尺。以其名呼之,可以取鱼鳖"。②《后汉书·阴识传》"腊日晨炊而灶神形见"注引《杂五行书》云:"灶神名禅,字子郭,衣黄衣,夜被发从灶中出,知其名呼之,可除凶恶。"③《太平御览》卷886引《白泽图》亦云:"故宅之精名曰挥文,又曰山冕。其状如蛇,一身两头,五采文。以其名呼之,可使取金银。""左右有石,水生其间,水出流千岁不绝。其精名曰喜,状如小儿,黑色。以名呼之,可使取饮食。""故水石者精名庆忌,状如人。乘车盖,日驰千里。以其名呼之,可使入水取鱼。""故泽之精名曰冕,其状如蛇,一身两头,五彩文。以其名呼之,可使取金银。""山之精名夔,状如鼓,一足而行。以其名呼之,可使取虎豹。"④ 等等。

知晓其名而呼之便可驱除甚至役使对方,这是古人将"名"与其所

---

① 裘锡圭主编:《长沙马王堆汉墓简帛集成》(六),中华书局2014年版,第253、254页。
② 黎翔凤撰,梁运华整理:《管子校注》,中华书局2004年版,第827—828页。
③ (南朝宋)范晔:《后汉书》,中华书局1965年版,第1133页。
④ (宋)李昉等:《太平御览》,中华书局1960年版,第3937—3938页。

标示的个体等同观念的反映。狄特里奇在其所著《米特拉教的崇拜仪式》一书中论道:"名称的功用在于代理其承受者。提及名称或许就等于呼唤某人入世;名称因其是一种真实的力量而受到畏惧;人们追求对名称的知识,因为能说出名称便可赋予知者支配这一力量的能力。"① 帕默尔在其所著《语言学概论》一书中亦说:"对于原始人来说,词被赋予了一种可怕的力量。'名'和'物'是密不可分的,谁要是知道了'名',谁就有了支配这'名'所指'物'的力量。"② 弗雷泽在其所著《金枝》一书中论及世界各地大量原始土著先民各种名字的禁忌时亦指出:"原始人悄悄地隐藏起自己的真名,是害怕巫术以它来为害于人……据信谁只要占有了真名,谁就能占有神或人的真正实体并且能迫使他服从自己就像奴隶服从主子一样。"③ 以上通过呼名便可驱除或役使对方,其俗信原理便在于此。江绍原曾指出,呼名则能役使精物,是世界上文化程度很低的民族已有了的观念;中国在汉前假使已有,那便丝毫不足怪。④ 江氏的论断,已为上引出土汉代简帛文字资料及《管子》《白泽图》⑤ 等汉代以前

---

① 转引自[德]恩斯特·卡西尔《语言与神话》,于晓等译,生活·读书·新知三联书店1988年版,第76页。

② [英]L.R.帕默尔:《语言学概论》,李荣等译,商务印书馆1983年版,第79页。

③ [英]詹·乔·弗雷泽:《金枝——巫术与宗教之研究》,徐育新等译,中国民间文艺出版社1987年版,第384—386页。

④ 江绍原:《中国古代旅行之研究》,商务印书馆1937年版,第42页。

⑤ 按,《白泽图》一书内容除见于《抱朴子内篇·登涉》外,唐释道世所撰《法苑珠林》及宋初李昉等所撰《太平御览》中亦多有传抄。而《南史·梁本纪》载梁简文帝有"《新增白泽图》五卷"行世,《隋书·经籍志》《旧唐书·经籍志》《新唐书·艺文志》《宋史·艺文志》亦载有"《白泽图》一卷"。此外,敦煌写本伯2682、斯6261两种卷子皆为《白泽精怪图》,其内容不仅为后世辑佚本所缺,且保存了20幅图。这说明自晋以来,《白泽图》在社会上流传颇广,其内容或有不断的增损变化。至于《白泽图》的来历,《云笈七签》卷100《轩辕本纪》云:"黄帝巡守,东至海滨,得白泽神兽,能言,因问天下鬼神之事,自古精气为物,游魂为变者,凡一千五百二十种,白泽言之,帝令以图写之,以示天下。"此说迂阔不经,难以从信。江绍原认为,《白泽图》其实应为《白泽图记》,它们固然未必是汉前或汉朝的作品,然里面所载的信念和方术仍未必全数不是汉或汉前所已存在。说见氏著《中国古代旅行之研究》(上海:商务印书馆1937年版)一书第40页。由睡虎地秦简《日书》甲种《诘》篇所录禳治鬼怪之法与《白泽图》所载呼名驱邪之法来看,前者对待鬼神多采被动防御态度,后者则主动出击;前者主要对付入侵家居环境之鬼怪,后者则多记入山林川泽所逢之精怪;前者对付鬼神之法复杂多样,后者则主要通过呼名的办法驱除或役使之。从对待鬼神的态度及禳治鬼怪的手段来看,《白泽图》的成书年代应晚于睡虎地秦简《日书》甲种《诘》篇。再结合《抱朴子内篇·登涉》所载对各种精怪形象的描绘及呼名的禳治方法,以及《抱朴子内篇·极言》所说"穷神奸则记白泽之辞",《白泽图》当是秦汉时期形成的一部图、文并茂的御凶书。

的文献资料所佐证。

三 书名

名字是个体的符号标记，其与个体之间有着内在的关联。因此，有时只需要通过直接将对方的名字书写出来，并加以施法，即可对对方产生相应的影响。马王堆汉墓木简《杂禁方》云：

> 與人訟，書其名直（置）履中。(6)①

由简文内容看，这是一条与人争讼时，通过书写对方名字并将其置于履中以厌胜对方的巫术方。

用书名来攻击、压制、伤害或左右对方，这在中国古代的名字巫术俗信中较为常见，出土文献中即载有时人通过书名、诵咒并脚踏所书名字来使对方困病的法子。如敦煌文献 P.3874 所载"观世音及世尊符印十二通及神咒"云：

> 取法骨灰一把，抄此惡人姓名，同哀誦咒一遍，并此姓名腳踏一下，滿八百遍，此惡人即困病。②

此与上述与人争讼时，将书有对方名字的物事放置在鞋子中性质一样，都是通过将对方名字踩于脚下的方式厌胜或伤害对方。而若男子欲令妇人、女子爱己或欲求与妇人私通，也可通过将对方姓名书写在桃枝制成的偶人上，或将写有对方名字的物事直接吞进肚中，或贴在肚腹上，或烧灰和酒饮服，或安置厕上，即可达到"即得""立即效验"的效果。如 P.2610 载"攘女子婚人述秘法"云：

> 凡欲令婦人愛，庚子日，取東南引桃枝則作木人形，書女姓名，即得。

---

① 裘锡圭主编：《长沙马王堆汉墓简帛集成》（六），中华书局 2014 年版，第 159 页。
② 黄永武主编：《敦煌宝藏》（第 131 册），新文丰出版公司 1986 年版，第 372 页。

凡欲令女愛，以庚子日，書女姓名，方圂圙吞之，即得。

凡男欲求女婦私通，以庚子日，書女姓名，封腹，不經旬日，必得。

凡男子欲求女私通，以庚子日，書女姓名，燒作灰，和酒服之，立即效驗。

凡欲令婦人自來愛，取東南引桃枝，書女姓名，安厠上，立即效驗。①

此类书名致爱的巫术方在医书中也有传载。《医心方》卷26《相爱方第五》引《龙树方》云："心中爱女，无得由者：书其姓名二七枚，以井花水东向正视，日出时服之，必验。"又引《陶潜方》云："戊子日，书其姓名，著足下，必得。"② 后世一些民族的偶像伤害术也常使用此法，施术者通常用纸人、草人、木偶、泥俑、铜像乃至玉人作为被施术者的替身，刻写其姓名或生辰八字，或取得被施术者身上的一点毛发、指甲乃至衣物，作法诅咒后或埋入土中，或以针钉相刺，据说，被施术者就会产生同样的反应。③ 有时甚至无须替身，只需要利用写有对方名字的物事，然后对其诅咒即可，如云南西双版纳傣族曾长期流传的"铜片诅咒"术，即是用一片铜片，刻上被咒者的名字，再刻上一段咒语，把它拴在一尾活鱼身上，然后把鱼放回水塘里，鱼为了挣脱拴着的铜片，因而跳跃不停。据说这时被诅咒的人就会心跳加速、坐立不安。如果这条鱼被拴死了，那么被咒的人也会痛苦地死去。④ 这些通过书名来对对方产生影响的俗信，均是基于人们对名字与其所标示的个体之间有着内在关联的原逻辑思维的认知。

在现代人看来，名字仅是个体的标记符号。但在古代先民的认知观中，作为个体标记符号的名字常被看作个体的人或物的一部分而存在。诚如恩斯特·卡西尔所说，在神话思维中，甚至一个人的自我，即他的

---

① 黄永武主编：《敦煌宝藏》（第122册），新文丰出版公司1986年版，第446页。
② ［日］丹波康赖：《医心方》，人民卫生出版社1955年版，第601—602页。
③ 邓启耀：《中国巫蛊考察》，上海文艺出版社1999年版，第70页。
④ 张公瑾等主编：《中国各民族原始宗教资料集成：傣族卷·哈尼族卷·景颇族卷·孟-高棉语族群体卷·普米族卷·珞巴族卷·阿昌族卷》，中国社会科学出版社1999年版，第88页。

自身和人格，也是与其名称不可分割地联系着的。这里，名称从来就不仅是一个符号，而是名称的负载者个人属性的一部分；这一属性必须小心翼翼地加以保护，它的使用必须排他地、审慎地仅只归属于名称负载者本人。有时，它不仅是他的名称，并且还是其他某种东西的言语指称，因此被看作某种物质财产，是有可能被他人获得或攫取的东西。① 因此，名字自然与其所标记的物事间有着内在不可分割的联系。基于此一认知，人们相信，只要对对方的名字施加影响，就可以使这种影响交感互渗于对方身上，从而收到左右或加害对方的功效。弗雷泽即指出，未开化的民族对于语言和事物不能明确区分，常以为名字和它们所代表的人或物之间不仅是人的思想概念上的联系，而且是实在的物质的联系，从而巫术容易通过名字，犹如通过头发、指甲及人身其他任何部分一样，来为害于人。事实上，原始人把自己的名字看作自身极为重要的部分，因而非常注意保护它。② 而"其所以要如此保密，多半是'出于这一信念，即认为如果敌人知道了自己名字就会运用巫术加害于自己'"，"因为巫术只有在和真名联系上了的时候才能发生效应"。③ 正因名字与个体本身之间有着内在的联系，是个体实质与本质的反映。因此，当对方的名字被知晓并呼出或书写出来，也就意味着它被了解、掌握，这是各种鬼魅精怪包括人类所忌惮的。以上通过书写对方名字来达到厌胜或伤害对方的巫术手段，即是古人出于对名字的这一认知而生。

---

① [德] 恩斯特·卡西尔：《语言与神话》，于晓等译，生活·读书·新知三联书店1988年版，第73页。

② [英] 詹·乔·弗雷泽：《金枝——巫术与宗教之研究》，徐育新等译，中国民间文艺出版社1988年版，第362页。

③ [英] 詹·乔·弗雷泽：《金枝——巫术与宗教之研究》，徐育新等译，中国民间文艺出版社1988年版，第362—363页。

第五章

秦汉简文所见疠病的诊辨防治与病因认知

回顾人类数千年的文明史，某些具有传染性的疾病给人类生存和发展造成的危害和破坏程度难以比拟。人类与疾病的斗争也从未停歇过，可以说，人类的文明史也是一部人类与疾病的斗争史。美国著名历史学家威廉·麦克尼尔即指出："传染病在历史上出现的年代早于人类，未来也将会和人类天长地久地共存，而且，它也一定会和从前一样，是人类历史中的一项基本参数以及决定因子。"[①] 在与突如其来、无法躲避的疫病的长期抗争中，人类也在不断思索和探寻着应对的措施和疗治之法。

在已刊布的秦汉简牍文献资料中，载有一些有关"疠"（或称"大风"）病的病症诊断及医疗防治的内容，如睡虎地秦简《封诊式·疠》记载了一则当时验判诊断疠病病症的案例，《法律答问》记载了对于某些疠病患者采取迁往疠迁所进行隔离居处或直接投水淹死的防治措施。张家山汉简《脉书》中也有对疠病症状的描述，武威汉代医简中则有两条通过药物来疗治"大风"病的医方。根据简文中有关"疠"及"大风"的症状记载，学术界认为其即今所说的麻风病。这些简文信息有助于我们对早期有关麻风病的病症诊断、预防疗治，以及基于对该疾病病因的认知而产生的相关信仰的讨论。而对早期有关麻风病相关资料的梳理分析，对我们今天在面对突发性未知时疫时采取科学的防治措施

---

① ［美］威廉·麦克尼尔：《瘟疫与人——传染病对人类历史的冲击》，杨玉玲译，远见天下出版股份有限公司1998年版，第339页。

也不无裨益。这一话题的研究，目前已刊布了一些值得借鉴的成果。[①]但基于对相关资料的收集利用程度和考察角度不同，故此一问题，仍有进一步展开讨论的必要。

第一节　秦汉简文所见对疠病的诊断辨识

对于某种疾病予以药物疗治或采取相应预防措施，其前提条件是对此种疾病病症的正确验判掌握。对疠病的诊治与预防，亦是如此，睡虎地秦简《封诊式·疠》中即记载了当时验判疠病的一则案例：

> 厲（癘）爰書：某里典甲詣里人士五（伍）丙，告曰："疑厲（癘），來詣。"·訊丙，辭曰："以三歲時病疕，麋（眉）秃，不可智（知）其可（何）病，毋（無）它坐。"令醫丁診之，丁言曰："丙毋（無）麋（眉），艮本絕，鼻腔壞。刺其鼻不嚏（嚏）。肘厀（膝）□□□到□兩足下奇（踦），潰一所。其手毋胈。令澅（號），其音氣敗。厲（癘）殹（也）。"（52—54）[②]

简文中的"爰书"是指通行于秦汉时期的一种司法文书，其内容主要是对案件审理中相关当事人的供辞记录。此件司法文书的内容记录了某里典甲怀疑本里中士伍丙身患疠病，于是将此情况上报官府。官府

[①] 林富士：《试释睡虎地秦简中的"疠"与"定杀"》，《史原》1986年第15期；王洪军：《"疠迁所"的历史透视》，《黑龙江史志》2009年第22期；梁其姿：《面对疠病——传统中国社会的医疗观念与组织》，中国人民大学出版社2011年版。该书第十一章"中国麻风病概念演变的历史"（第252—287页）对上古至东晋时代的"大风"与"疠/癞"疾概念演变史做了很好的梳理。大体内容又见于梁其姿《麻风：一种疾病的医疗社会史》，朱慧颖译（商务印书馆2013年版）一书第一章"疠/癞/大风/麻风：疾病/类别概念的演变史"所述。又，梁其姿撰《从癞病史看中国史的特色》（载李建民主编《从医疗看中国史》，中华书局2012年版，第303—338页）一文对中国传统医学论述中的"疠"/"癞"及患者的社会形象做了较为全面的分析；马麒麒等：《中国典籍中"麻风"一词的演变与典故》，《中国科技术语》2013年第5期；段祯、王亚丽：《〈武威医简〉68、86甲乙及唐以前麻风病用药特点讨论》，《中国中医基础医学杂志》2016年第12期。

[②] 睡虎地秦墓竹简整理小组编：《睡虎地秦墓竹简》，文物出版社1990年版，第156页。

审问士伍丙,丙对自己的病情做了陈述。官府派医丁予以诊断。医丁根据士伍丙的症状判断他确实患了疠病。睡虎地秦简整理小组将"疠"释为麻风病。① 林富士根据麻风病的现代临床病征认为整理小组释"疠"为麻风病的观点可从,并依据上述医丁的诊断报告,将当时有关疠病病征归为:(1)眉毛脱落(无眉);(2)鼻梁断绝、鼻腔坏损(艮本绝、鼻腔坏);(3)两脚不能正常行走(两足下踦);(4)呼吸器官失去知觉、气道不通或受损(刺其鼻不嚏、令号,其音气败);(5)溃疡(溃一所);(6)手上无汗毛(其手无胈)。② 林先生对疠病病征的归纳大体可从。但似乎可将"刺其鼻不嚏"与艮本绝、鼻腔坏归于一起,而将"令号,其音气败"单列一条。"刺其鼻不嚏"与"令号,其音气败"虽均属呼吸器官的症状,然前者当与"艮本绝、鼻腔坏"的病征有关,属鼻腔部病候,而"令号,其音气败"则属咽喉部病候,是以上述疠病病征似可调整为:(1)毋(无)麋(眉);(2)艮本绝、鼻腔坏、刺其鼻不嚏;(3)肘䣛(膝)□□□到□两足下奇(踦);(4)溃一所;(5)手毋胈;(6)号音气败。

上述疠症症状(1)"毋(无)麋(眉)",亦即丙自述病症辞中的"麋(眉)突",是指因疠病而致患疠者眉毛脱落。疠病的这一症状,在张家山汉简《脉书》中亦有记载:

四節疕如牛目,麋(眉)突(脱),爲厲(癘)。③

此处之"麋(眉)突(脱)",正与丙自言其症之"麋(眉)突"及医丁所诊断的"毋(无)麋(眉)"相同,说明秦汉时期医家对于疠病可致患者眉毛脱落的体表病征的认知是一致的。

简文中的"四节疕如牛目",整理者注:"四节,四肢。""疕"字未释。但在释同批简中"疕如秃"之"疕"时云:"疕,《说文》:'头

---

① 睡虎地秦墓竹简整理小组编:《睡虎地秦墓竹简》,文物出版社1990年版,第122页。
② 林富士:《试释睡虎地秦简中的"疠"与"定杀"》,《史原》1986年第15期。
③ 张家山二四七号汉墓竹简整理小组编著:《张家山汉墓竹简[二四七号墓]》(释文修订本),文物出版社2006年版,第116页。

疡也。'《周礼·医师》注：'疕，头疡，亦谓秃也。'"① 从"四节疕如牛目"文意看，如牛目之"疕"所处位置在四肢而非头部，是以此处之"疕"显非"头疡"。余云岫指出，诸家皆谓头之疮疡专名为疕，其说可疑。同是疮疡，而在头者别撰专名，似为多事，何古人之不惮烦？盖疕为薄痂疮之专名，今之湿疹（Eczema）、苔藓（Lichen）之类也。湿疹、苔藓之好发部，往往在头，故谓之"头疡"，以别于普通之疮痈。湿疹常分泌滋黏之液，结为黄色透明之薄痂，故《广雅·释言》云"疕，痂也"，颜注《急就篇》谓"痂之薄者"是也。盖痂之薄者为疕，而善结薄痂之湿疹、苔藓等即名为疕也。湿疹似创，故郑云"头疡"；苔藓脱毛，故郑云"亦谓秃"也。② 睡虎地秦简《封诊式·疠》的整理者在释丙自言"三岁时病疕"之"疕"时注云："疕，头上的疮疡，《说文》：'头疡也。'"其又云："长沙马王堆三号汉墓帛书《五十二病方》中的'疕'则泛指疮疡，不限于头部。"③ 检视帛书《五十二病方》所载疗治"身疕"方，其中一方即云：

一，行山中而疕出其身，如牛目，是胃（谓）日【□□☑】掌中三日。④

此处生于身之疕"如牛目"，其与张家山汉简《脉书》所言"四节疕如牛目"相类。又，《脉书》载，病"在头，农（脓），为穨，疕为秃""在面，疕为包（疱）""在身，疕如疏，养（痒），为加（痂）""在胕，疕赤淫，为䐴"。⑤ 成都老官山汉墓医简则载有"己身病大疕方"（简207）。⑥ 可见，疕之所生，不唯在头。魏启鹏、胡翔骅指出，

---

① 张家山二四七号汉墓竹简整理小组编著：《张家山汉墓竹简［二四七号墓］》（释文修订本），文物出版社2006年版，第116页。
② 余云岫编著，张苇航、王育林点校：《古代疾病名候疏义》，学苑出版社2012年版，第128页。
③ 睡虎地秦墓竹简整理小组编：《睡虎地秦墓竹简》，文物出版社1990年版，第156页。
④ 裘锡圭主编：《长沙马王堆汉墓简帛集成》（五），中华书局2014年版，第293页。
⑤ 张家山二四七号汉墓竹简整理小组编著：《张家山汉墓竹简［二四七号墓］》（释文修订本），文物出版社2006年版，第115—116页。
⑥ 陈继明主编：《揭秘敝昔遗书与漆人——老官山汉墓医学文物文献初识》，四川科学技术出版社2016年版，第126页。

疕当为疥之薄者,"身疕"当指分布于体表的疥癣类皮肤病,相当于后世所称"白疕",多发于四肢伸侧,次为头皮及躯干,常呈对称发病。① 由简文所说"四节疕如牛目"来看,生于四肢之"疕"确应为泛指之疮疡,即疮痂之薄者,而非头疡也。《韩非子·奸劫弑臣》云:"故厉虽痈肿疕痂,上比远世,未至绞颈射股也。"② 此处"厉""疕痂",《韩诗外传》分别作"疠""痂疕"。③ 可知痈肿、疕痂乃是疠病之体表症状。由是知此两处简文中的"疕"均指体表脓疮结薄痂而言。而上述"疠"病之第(4)症状"溃一所"接于症状(3)"肘厀(膝)□□╱到╱两足下奇(踦)"之后,即言患者四肢(肘膝与两脚)不仅因疠病而变形,且体表有溃疡,其与"四节疕如牛目"的症状相一致,则张家山汉简《脉书》所言"疠"之症状"四节疕如牛目,麋(眉)突(脱)"与睡虎地秦简《封诊式·疠》所载"疠"之第(1)与(3)(4)方面症状相合。《战国策·赵策一》载,豫让曾"漆身为厉,灭须去眉,自刑以变其容"而为智伯复仇,④《尸子》卷下则载商纣王叔父箕子曾"漆身为厉"以避其害。⑤ 这两则伪造病疠者,其共同行为是"漆身",即"言漆涂身,生疮如病癞",⑥ 说明身体疮疡是时人判断疠病的病征之一。此处之"麋(眉)突(脱)"则与丙自言其症之"麋(眉)突"及医丁所诊断的"毋(无)麋(眉)"相同,也与《素问·长刺节论篇》所说"病大风,骨节重,鬓眉堕"的症状相一致,说明眉毛脱落也是当时诊断疠病的病征之一。

在武威所出汉代医简中,我们还见到一条如下内容的医方:

　　六日胫中当愚=(愚,愚)至足下,伤脓出,逐服之,卅日知

---

① 魏启鹏、胡翔骅:《马王堆汉墓医书校释》(一),成都出版社1992年版,第152—153页。
② (清)王先慎撰,钟哲点校:《韩非子集解》,中华书局1998年版,第107页。
③ (汉)韩婴撰,许维遹校释:《韩诗外传集释》,中华书局1980年版,第156页。
④ (汉)刘向集录:《战国策》,上海古籍出版社1985年版,第597页。
⑤ (战国)尸佼著,(清)汪继培辑,黄曙辉点校:《尸子》,华东师范大学出版社2009年版,第71页。
⑥ (汉)司马迁:《史记》,中华书局1959年版,第2408页。

愈，六十日須麋生。音聲雖樲敗能復精。鼻柱（68）①

整理者指出，此简首尾皆有脱简，无从考其全貌，从内容看，系属医治大风方的残简。"逐"当为"遂"之讹，"知愈"谓生效痊愈，"须麋"即须眉，"樲败"即嘶败，指音哑。②张延昌等先生认为，樲为"嘶"字的误写，精为"清"字的误写。"音声虽樲败能复精"的意思是说，声音虽然嘶哑，但能恢复清亮。③按，"愚"字在本批医简中多次出现。如创立不愚（简13）、创养不愚腹张方（简15）、治目愚方（简16）、心寒气胁下愚（简18）、创愚（简62）、心腹愚、嗌愚、血府愚（简63）、齿愚（简64）、目愚（简71）、肠中愚（简82乙）、治狗啮人创愚方（简87乙）。该字又有写作"愢"者，如简52有"治金创止愢方"即是。由文意看，愚、愢均表痛意，当为"痛"字之异写。④"伤"当读作"疡"，《左传·襄公十七年》"以杙抉其伤而死"陆德明《释文》："伤，一本作疡。"⑤《黄帝内经素问》卷12《风论》："故使肌肉愤膹而有疡。""故使其鼻柱坏而色败，皮肤疡溃。"⑥两处"疡"字，《黄帝内经太素》卷28《诸风数类》均作"伤"。⑦是"伤脓出"即"疡脓出"，指体表疮疡溃烂流脓。"愈"为"愈"字之异写，⑧同批简80乙写作"逾"、简86乙则写作"偷"。"知愈"是指疠患者经药物疗治后体表知觉恢复而言，整理者解作"生效痊愈"，不妥（详见后文分析）。"精"，《春秋繁露·通国身》云："气之清者为精。"⑨《广雅·释天》云："清者为精，浊者为形也。"⑩《礼记·缁衣》

---

① 甘肃省博物馆、武威县文化馆编：《武威汉代医简》，文物出版社1975年版，第11页。
② 甘肃省博物馆、武威县文化馆编：《武威汉代医简》，文物出版社1975年版，第11页。
③ 张延昌主编：《武威汉代医简注解》，中医古籍出版社2006年版，第128页。
④ 张延昌、朱建平编著：《武威汉代医简研究》，原子能出版社1996年版，第19页；张延昌主编：《武威汉代医简注解》，中医古籍出版社2006年版，第57页。
⑤ （唐）陆德明撰，张一弓点校：《经典释文》，上海古籍出版社2012年版，第401页。
⑥ 郭霭春主编：《黄帝内经素问校注》，人民卫生出版社2013年版，第386—387页。
⑦ （隋）杨上善：《黄帝内经太素》，中医古籍出版社2016年版，第470页。
⑧ 张延昌主编：《武威汉代医简注解》，中医古籍出版社2006年版，第57页。
⑨ （清）苏舆撰，钟哲点校：《春秋繁露义证》，中华书局1992年版，第182页。
⑩ （清）王念孙著，张其昀点校：《广雅疏证》（点校本），中华书局2019年版，第665页。

"精知，略而行之"郑注："精，或为'清'。"①《黄帝内经太素》卷28"其气不精"，《黄帝内经素问》及《针灸甲乙经》皆作"其气不清"。②《周易》卷19《文言传》"纯粹精也"惠栋疏："精者，清也。天轻清而上者，故董子曰：'气之清者为精。'"③ 是"精"可读作"清"，非误写。

此条医方所言"胫中当愚=（愚，愚）至足下，伤脓出"的症状，是说从膝盖以下至足底常疼痛，体表疮疡化脓。此一病征与上引睡虎地秦简《封诊式·疠》所载疠病症状第（3）"肘卻（膝）□□☑到☑两足下奇（踦）"与（4）"溃一所"及张家山汉简《脉书》所言"四节疠"较为一致。"伤脓出"与"溃"均是体表疮疡化脓的症状，待其好转，均会结疮成痂，此与生于四肢之疠症状相同。

"六十日须麋生"者，是说疠病原可导致患者须眉脱落。然经用药疗治六十日后，可使脱落的须眉复生，此与睡虎地秦简《封诊式·疠》所载疠者"麋（眉）突""毋（无）麋（眉）"及张家山汉简《脉书》所言疠者"麋（眉）突（脱）"的症状也相一致。

"音声虽嘶败能复精"者，是说疠患者因疠病而致其声音嘶哑。然经药物疗治，则可使声音重新恢复清亮。此处"音声嘶败"的病征与睡虎地秦简《封诊式·疠》所载疠者第（6）症状"令澽（号），其音气败"相合。

此条医方中"鼻柱"二字，虽因其后简文残脱而无从知其所指。但从《黄帝内经太素》卷28《诸风数类》所载"疠者，营气热胕，其气不精，故使其鼻柱坏而色败也，皮肤伤溃"④ 来看，此处"鼻柱"后所缺字或应为"坏"字。睡虎地秦简《封诊式·疠》所载疠病的第（2）症状为"艮本绝"，整理者注："艮，疑读为根。根本，疑即山根，医书中对两眼间鼻梁的名称。一说，根本绝指眉毛的根断绝，不能再长。"⑤ 由

---

① （汉）郑玄注：《礼记》，《十三经古注》（五），中华书局2014年版，第1091页。
② （隋）杨上善：《黄帝内经太素》，中医古籍出版社2016年版，第470页；郭霭春主编：《黄帝内经素问校注》，人民卫生出版社2013年版，第387页；张灿玾、徐国仟主编：《针灸甲乙经校注》，人民卫生出版社1996年版，第1666页。
③ （清）惠栋撰，郑万耕点校：《周易述》，中华书局2007年版，第357页。
④ （隋）杨上善：《黄帝内经太素》，中医古籍出版社2016年版，第470页。
⑤ 睡虎地秦墓竹简整理小组编：《睡虎地秦墓竹简》，文物出版社1990年版，第156页。

上引武威汉简医方所说"六十日须麋生",即疠病患者因病而脱落的须眉经过服药六十天后可以复生论之,"艮本绝"当指疠患者的鼻梁因病而断绝,亦即《黄帝内经太素》所载疠病的症状之一"鼻柱坏"。

睡虎地秦简《封诊式·疠》所言之"疠",整理者认为即今天所说的麻风病。上引武威汉代医简所载此条医方,整理者认为是大风病,亦即麻风病。① 《黄帝内经素问》卷 12《风论》和《黄帝内经太素》卷 28《诸风数类》均将"疠"归为风症之一,并云"疠者,营气热胕,其气不精,故使其鼻柱坏而色败也。皮肤伤溃,风寒客于脉不去,名曰疠风"。② 现代医学对于疠病的定义,认为其即麻风病,属慢性传染性皮肤病,又名大风、癞病、大风恶疾、大麻风。其病乃是因体虚感受暴疠风毒,或接触传染,内侵血脉而成,初起患处麻木不仁,次成红斑,继则肿溃化脓,久之可蔓延全身肌肤,出现眉落、目损、鼻崩、唇裂、足底穿等重症,故此病须隔离治疗。③ 现代中医临床视域下的麻风病,可分为结核样型和瘤型两大类。常见的瘤型病征主要为:(1)皮损主要为斑疹、浸润及结节,早期发生于面部,其次是耳垂、前额、颊、臀及四肢,损害分布广泛,大小不等,数目较多,边缘不清,表面肿胀发亮;(2)皮损具有肿、混、恶、脱等特点,受累部位皮肤知觉障碍、麻木、不出汗,整个面部受累时可形成眉脱、眼小、鼻肿、唇厚等特殊面容,称为"狮子面";(3)神经肿大、疼痛,受累常为双侧性;(4)鼻部表现有时较为突出,有麻风鼻溃之称,特点为鼻毁臭烂或鼻柱坏而色败,鼻部畸形;(5)晚期常累及深部组织与脏腑,出现五损(肺损落眉、肝损起紫疱、肾损足底穿、脾损遍身癣、心损伤及目),传染性较大,需隔离治疗。④ 将相关症状比对可知,武威汉代医简所载的"大风"病与睡虎地秦简《封诊式·疠》及张家山汉简《脉书》中的"疠"病病征,确与今天所说的麻风病症状极为一致。

---

① 甘肃省博物馆、武威县文化馆编:《武威汉代医简》,文物出版社 1975 年版,第 11 页。
② 郭霭春主编:《黄帝内经素问校注》,人民卫生出版社 2013 年版,第 387 页;(隋)杨上善:《黄帝内经太素》,中医古籍出版社 2016 年版,第 470 页。
③ 严世芸、李其忠主编:《新编简明中医辞典》,人民卫生出版社 2007 年版,第 607—608 页。
④ 《中医学》编辑委员会编著:《中国医学百科全书·中医学》,上海科学技术出版社 1997 年版,第 2011 页。

由以上论析可知，至迟在公元前 3 世纪，我国先民在长期的实践摸索中，对于麻风病的症候及其传染性已有较为科学的认知，这为我国古代及后世采取相应的防控疗治措施应对麻风病提供了重要依据。

第二节　秦汉简文所见对疠病的防控措施

传染性疾病的传播与其传播途径存在着内在的密切关联，故在探索出有效疗治方案前，切断其传播途径，对控制疫情的扩展和防止疫情造成更大危害来讲至关重要。睡虎地秦简《法律答问》中已有对传染性疠病采取隔离防控措施的记载：

(1)"疠者有罪，定殺。""定殺"可（何）如？生定殺水中之謂殹（也）。或曰生埋，生埋之異事殹（也）。(121)

(2) 甲有完城旦罪，未斷，今甲疠，問甲可（何）以論？當墨（遷）疠所處之；或曰當墨（遷）墨（遷）所定殺。(122)

(3) 城旦、鬼薪疠，可（何）論？當墨（遷）疠墨（遷）所。(123)①

整理者疑"定"当读为渟，并引《文选·长笛赋》注引《稗苍》"水止也"释"定杀"为淹死。疠所，又称疠迁所，隔离麻风病人的地方。② 则"定杀"是指将疠患者投入止水淹死。至于"定杀"的处决处，或应在"疠所"附近，甚至在疠所内的停水处。③

以上三条律文内容，第（1）条解释了对"疠者有罪"的处理办法是"定杀"，并明确"定杀"是直接将"疠者有罪"投入止水中淹死，此与有的人所说的活埋的处置方法不同；第（2）条解释了犯有应处完城旦之罪者在尚未判决的情况下患上疠疾，处理的办法是，将其迁往疠病隔离所居住。有的人认为应迁往疠迁所淹死；第（3）条文意是说，

---

① 睡虎地秦墓竹简整理小组编：《睡虎地秦墓竹简》，文物出版社 1990 年版，第 122 页。
② 睡虎地秦墓竹简整理小组编：《睡虎地秦墓竹简》，文物出版社 1990 年版，第 122 页。
③ 林富士：《试释睡虎地秦简中的"疠"与"定杀"》，《史原》1986 年第 15 期。

城旦、鬼薪等服刑人员患上疠疾,应迁往疠迁所安置。由此三条简文所示可知,秦律对"疠者有罪"、有罪未断而患疠,以及服城旦、鬼薪等刑期间患疠者等不同情况而采取的措施也各有异。疠者有罪,当是指先患疠而后犯罪者。此种情况,对其采取的措施是"定杀"。定杀,按简文文意,乃是将其投入止水中淹死。有罪未断而患疠者,是指犯罪后尚未判决的情况下患上疠疾的。此种情况,则是将其迁往疠所居住,也有的人认为应迁往疠所淹死。此类情况,简文仅提及完城旦罪而未判决者,而未涉及犯其他罪者。而对服城旦、鬼薪等刑期间患疠者,则将其迁往疠迁所。由第(3)条简文文意来看,第(2)条简文所涉对犯有完城旦罪尚未判决而患疠者,应当是迁往疠迁所隔离居住,而非迁往疠迁所淹死。

我国古代应对麻风病的隔离防控观念及措施,过去因囿于史料局限,研究者多据《续高僧传》有关"疠人坊"的记载,认为其产生于北齐天保年间。[1] 然就以上秦律记载来看,虽然我们从简要的律文中无法了解这一时期的疠迁所对疠患者是否有收养救治的职能,但起码可以肯定,我国古代对疠患者的隔离防控措施比北齐时所设"疠人坊"至少要早700年。两汉时期,疾疫频发,常致被疫者大量死亡,《汉书·鲍宣传》载,"凡民有七死……时气疾疫,七死也"。[2] 由于文献资料记载的模糊,目前学术界对这一时期疫病的统计数字分歧较大。[3] 而据杨

---

[1] 梁章池:《中国古代麻风病史事考辨》,《广东皮肤性病防治通讯》1963年第1期;梁章池、赵文明:《关于中国"疠人坊"起源的考证及其遗址现场的考察》,《中国麻风杂志》1985年创刊号。

[2] (汉)班固:《汉书》,中华书局1962年版,第3088页。

[3] 据邓云特统计,秦汉440年中疫灾有13次(见邓云特《中国救荒史》,商务印书馆1937年版,第11页);杨振红撰文统计,汉代疫灾为27次(见杨振红《汉代自然灾害初探》,《中国史研究》1999年第4期);张剑光、邹国慰统计,两汉疫灾为38次(见张剑光、邹国慰《略论两汉疫情的特点和救灾措施》,《北京师范大学学报》1999年第4期);黄今言、温乐平统计,两汉疾疫有18次(见黄今言、温乐平《汉代自然灾害与政府的赈灾行迹年表》,《农业考古》2000年第3期);张文华统计,两汉疫灾有41次(见张文华《汉代自然灾害的初步研究》,硕士学位论文,陕西师范大学,2001年);王玉兴统计,秦汉发生疫情有33次(王玉兴《中国古代疫情年表》,《天津中医学院学报》2003年第3期);陈业新统计,汉代疫情有42次(见陈业新《灾害与两汉社会研究》,上海人民出版社2004年版,第57页);段伟统计,两汉时期疫灾有42次(见段伟《秦汉社会防灾减灾制度研究》,博士学位论文,首都师范大学,2005年);王文涛统计,两汉疫病有50次(见王文涛《秦汉社会保障研究——以灾害救助为中心的考察》,中华书局2007年版,第100页)。

新亮、王晓磊的统计，两汉时期发生军事瘟疫15次，牛疫3次，匈奴瘟疫3次，汉朝民众瘟疫37次。除去重复记录的2次，汉朝瘟疫一共有56次之多。① 面对如此频繁的传染性疫病，在缺少有效药物治疗的情况下，当时统治者又是如何应对的呢？《汉书·平帝纪》载，元始二年夏四月，郡国大旱，蝗，于是诏"民疾疫者，舍空邸第，为置医药"。② 此次因郡国大旱导致人口大规模流徙而引发疾疫，汉平帝下诏将疫病患者安置空邸第中予以隔离并加以医药救治。《后汉书·皇甫规传》载，（永和七年）"军中大疫，死者十三四。规亲入菴庐，巡视将士，三军感悦"。③ 王先谦集解引毛晃说云："结草木曰菴，其在野曰庐。"④ 则皇甫规所探视的"菴庐"，应是修建于野外，专门用来安置军中传染病患者的临时建筑。之所以要如此做，目的应是把疫病患者与健康的士兵隔离开来，避免扩大传染范围。⑤ 又，《后汉书·孝安帝纪》载，"（元初六年）夏四月，会稽大疫，遣光禄大夫将太医循行疾病"。《孝桓帝纪》载："元嘉元年春正月，京师疾疫，使光禄大夫将医药案行"。《孝灵帝纪》载，建宁四年春三月，"大疫，使中谒者巡行致医药"。⑥ 面对这些疾疫时的应对举措，虽未明言是否对疾疫患者予以隔离救治，然就"太医循行疾病""将医药案行"等文意观之，若对疫患者不加隔离居处，使者无从循行、案行并致医药。由此而论，秦汉时期，在应对突发传染性疫情时，对疫患者临时隔离以切断传染源，并加医药救治应是当时所能采取的最基本的防控方法和最有效的措施。

基层防疫机构是传染性疾病防控的第一道防线，在及时发现并采取适当应对防控措施中起着基础而至关重要的作用。由简文所述某里典甲"疑疠，来诣"来看，当时秦基层机构里的里典对于里中居民患有疑似疠类传染性疾病负有监察上报之责，而县级政府机构针对下级里典的疫

---

① 杨新亮、王晓磊：《两汉瘟疫分类的思考》，《内蒙古农业大学学报》（社会科学版）2011年第2期。

② （汉）班固：《汉书》，中华书局1962年版，第353页。

③ （南朝宋）范晔：《后汉书》，中华书局1965年版，第2133页。

④ （清）王先谦：《后汉书集解》，中华书局1984年版，第748页。

⑤ 王文涛：《秦汉社会保障研究——以灾害救助为中心的考察》，中华书局2007年版，第108页。

⑥ （南朝宋）范晔：《后汉书》，中华书局1965年版，第230、296、332页。

情上报，则安排颇具法医性质的医生予以诊断辨识，然后根据情况予以对应处理。这些举措说明，当时秦统治者已认识到疠病的传染性，并已建立起一套基层防控机制。不过，由士伍甲自述"三岁时病疕，麋（眉）突"而至其成年以后，其里中里典方疑其患疠而上报来看，当时秦基层机构对疠病类慢性传染病的日常监察机制尚有进一步完善的空间。

上引简文所示，秦律对于不同情况下的疠患者采取的防控措施也不同，如对服刑期间或犯罪未判而患疠（即"罪而患疠"）者，采取的措施是迁往疠迁所隔离居住。而对患疠而后犯罪（即"疠者有罪"）者，则直接投入水中淹死。两相比较，对"疠者有罪"的惩处要严厉得多。林富士对此分析道，由于疠是一种恶疾，患疠者被视为鬼神对其恶行的一种惩罚，故而疠者或被认为犯了"阴谴之罪"，故所谓"犯政为恶"即曰"疠"，而所谓"恶疾"，即"天弃之疾"，这种犯了阴谴之罪而为鬼神所降祟、所遗弃之人，若再触犯法律，即是"恶上加恶"，故将之处死。[①] 此种解释有其合理之处。但却无法解释为何在服刑期间的罪犯患疠不是采取"定杀"，而是迁往疠迁所隔离居处。因为服刑者本身就是罪犯，是德行或行为之"恶"者，故以刑律处罚之。正在接受处罚的为"恶"者又为鬼神所祟患上恶疾之疠，则亦当属"恶上加恶"，何以不予以"定杀"呢？我们认为，秦律对"疠者有罪"与"罪而患疠"两种不同情况下的个体采取分别对待的态度，其中或涉及对相关责任的认定问题。诚如林先生所说，在时人观念中，患疠者属于德行或行为之"恶"而被鬼神所降祟、所遗弃者，其本身属于有罪者，在此种情况下，患疠者再犯罪，就属于罪上加罪。然不管是为鬼神所祟而患疠，还是患疠后再犯罪，其所作所获均为个体自身之责，故相应责任，自应由行为人自身承担。那么，对于此类"疠者有罪"的罪上加罪者，以定杀处置，合于情理。但应处完城旦罪尚未处及正在服城旦、鬼薪等刑的罪犯，其人身自由则正处于国家执法部门的监管和制约下。那么，在此状态下的个体，若再身患疠病，相关部门应当承担相应的连带责任，对罪而患疠者采取迁往疠迁所隔离居处，而非直接投入

[①] 林富士：《试释睡虎地秦简中的"疠"与"定杀"》，《史原》1986年第15期。

水中淹死。当然，将服刑期间患疠者迁往疠迁所安置，比直接"定杀"虽要轻得多，但并非不予惩处的安置，而仍是属于迁刑的实施。王洪车指出，迁刑在秦代虽为轻刑，然而迁至边远蛮荒之地，与虎狼为伴，与蛇虫为伍，过茹毛饮血的原始生活，其艰辛困苦程度是可想而知的，其惩罚力度必然也是很大的。因此，疠迁所虽是秦统治者为隔离麻风病患者而设置的地方，但疠迁所也不仅是一个传染病隔离场所，它的存在从侧面折射了疠疾自身的邪恶之至，"迁"作为一种历史的刑罚更是揭露了疠迁所曾是秦统治者惩处疠者的地方。① 梁章池、赵文明更认为，秦时所立的疠所，在任何意义上都不具有收养机构的性质，它实质上是为了从肉体上消灭"疠者"而设的特别监狱。② 就此而论，秦律对"疠者有罪"与罪而患疠者所采取的不同处理措施，其实差别度并不太大。前者以定杀的方式直接结束疠患者的生命，而后者也不过是让疠患者在与世隔绝的疠迁所苟延残喘而已。但以立法形式对不同情况的疠患者区别对待，而非采取一刀切的处理方式，此则反映秦法苛严而细密的特点。

此外，秦以法律条文的形式应对疠病，说明此病在当时是一种颇为流行的传染性疾病。尽管今天看来，这些法规不无原始性和残酷性，但以法律手段来防控传染性疾病，这在我国传染性疾病防控的立法史上开了先例。这种通过法律手段来整合社会资源，有组织地对传染性疾病采取强制防控的措施，也是我国古代战胜传染性疾病的重要方式，其对后世的传染病防控立法工作不无影响。

第三节 秦汉简文所见对疠病的医疗救治

如上所论，对传染性病患者予以强制隔离居处，这是政府机构在应对传染性疫病时所能采取的最基本、最有效的措施。但隔离防控只是阻止疫情蔓延传染的手段，不能彻底战胜疫情。因此，在隔离防控的同时，尽快了解疫病病征并积极探寻有效的医疗救治是必需的工作。就秦

---

① 王洪车：《"疠迁所"的历史透视》，《黑龙江史志》2009年第22期。
② 梁章池、赵文明：《关于中国"疠人坊"起源的考证及其遗址现场的考察》，《中国麻风杂志》1985年创刊号。

第五章　秦汉简文所见疠病的诊辨防治与病因认知　197

汉时期对疠病的应对来讲，除对疠患者采取隔离安置或定杀的防控措施外，当时医家在对疠病病征及病因的逐渐掌握基础上，已开始藉助某些药物或针刺之法来加以疗治，前文所引武威汉简第 68 号简所示，即是其证。由简文内容看，所载医方似有较好疗效，惜文字残缺，无法知其具体用药情况。不过，在同批医简中，尚载有一条疗治"恶病大风方"的文字，可予以比照理解：

　　☐【恵（恶）病】大風方：雄黄、丹沙、礜石、☐☐☐☐、慈石、玄石、消石、☐長☐一兩，人【參】☐【搗】之各異斯，☐☐三重盛藥☐☐三石☐☐☐三日。（86 甲）☐熱☐上☐☐十☐☐☐飯藥以☐【豬肉魚】辛，卅日知，六十日偷。

其后小字简文内容作：

　　☐皆蘿，隨皆復生。☐雖折，能復起。不仁皆仁。（86 乙）①

整理者以此处"大风"即今之麻风病。偷，"愈"字的异体。蘿，当为"落"字误写。② 上引简 68 简文"卅日知愈"，整理者解作"生效痊愈"。③ 按，《黄帝内经太素》卷 28《诸风数类》载大风症症状"卫气有所涘而不行，故其肉有不仁也"杨上善注："以卫气凝聚不行，故肉不仁也。"④《黄帝内经素问》卷 12《风论》亦有相同论述，唯"涘"字作"凝"。王冰注："不仁，谓瘖而不知寒热痛痒。"⑤ 这里明确指出大风病会导致患者体表产生麻木不仁的症状，此与今麻风病的临床病征相一致。简 86 乙简文小字有"不仁皆仁"，当是说经用药疗治后患者体表"不仁"（无知觉）的症状得以消失而"皆仁"（即体表恢复原来的知觉）。由是可知，简 68 简文"卅日知愈"与简 86 乙所说

---

① 甘肃省博物馆、武威县文化馆编：《武威汉代医简》，文物出版社 1975 年版，第 16 页。
② 张延昌主编：《武威汉代医简注解》，中医古籍出版社 2006 年版，第 136 页。
③ 甘肃省博物馆、武威县文化馆编：《武威汉代医简》，文物出版社 1975 年版，第 11 页。
④ （隋）杨上善：《黄帝内经太素》，中医古籍出版社 2016 年版，第 470 页。
⑤ 郭霭春主编：《黄帝内经素问校注》，人民卫生出版社 2013 年版，第 386 页。

"卅日知"的文意相同，均是指经过三十日用药疗治后，大风患者体表所失去的寒热痛痒知觉得以恢复，可知此处的"知"或"知愈"，乃指皮肤感知能力恢复而言，亦即"不仁皆仁"，而非谓生效治愈。

疠（或大风）病的症状，睡虎地秦简《法律答问·疠》载有"麋（眉）突（脱）""艮本绝，鼻腔坏""溃一所"，张家山汉简《脉书》载有"四节疣如牛目，麋（眉）突（脱）"，武威汉代医简简68则言"伤脓出"。张延昌等对简86乙简文小字内容注解道："随皆复生，指病情向愈。""虽折，能复起，指并好转。""不仁，指肢体麻木。"① 联系麻风病以上几个方面症状，简86乙小字简文"☐皆蘀"的意思，应是说经用药疗治后，患者体表的疮疡（疣、伤脓）结痂而全部脱落。而简文"☐虽折，能复起"的文意，应是说经药物疗治后，原本因麻风病而坏折的鼻柱得以复起。而结合简68所说"六十日须麋生"，简86乙简文"六十日偷"及"随皆复生"应指病患者脱落的须眉经60天用药疗治后得以复生。至于"不仁而仁"，由上文对简86乙"卅日知"及简68"卅日治愈"的分析，可知此处的"不仁"是指患者体表皮肤的麻木而非肢体的麻木。由此而论，上引简86乙小字简文内容应是对简86甲所载恶病大风方用药疗效的情况反馈。

武威汉代医简简86所载恶病大风方的用药，据残留简文，可知主要有雄黄、丹沙、礜石、慈石、玄石、消石，及人参等。以上药物药性及其主治，《神农本草经》已有所载。如其言雄黄"主寒热，鼠瘘，恶疮，疽，痔，死肌，杀精物，恶鬼，邪气，百虫毒肿，胜五兵，鍊食之，轻身，神仙"，丹沙（即丹砂）"治身体五脏百病，养精神，安魂魄，益气，明目，杀精魅、邪恶鬼。久服通神明，不老"，礜石"治寒热，鼠瘘，蚀疮，死肌，风痹，腹中坚癖，邪气，除热"，慈石（即磁石，又名玄石）"治周痹，风湿，肢节中痛，不可持物，洒洒酸消；除大热烦满及耳聋"，消石"治五脏积热，胃胀闭，涤去蓄结饮食，推陈致新，除邪气"，人参"主补五脏，安精神，定魂魄，止惊悸，除邪气，明目，开心益智，久服轻身，延年"。② 玄石，学者以为即慈石，

---

① 张延昌主编：《武威汉代医简注解》，中医古籍出版社2006年版，第136页。
② 分见马继兴主编《神农本草经辑注》，人民卫生出版社1995年版，第405、148、419—420、302、156、45页。

在一方中出现二次，其一当为误写。① 然《名医别录》中品药下除载"慈石"外，尚有"玄石"，并述其药性主治云：

> 味咸，无毒。主养肾藏，强骨气，益精，除烦，通关节，消痈肿，鼠瘘，颈核，喉痛，小儿惊痫，炼水饮之，亦令人有子。一名处石。生太山及慈山山阴，有铁者则生其阳，采无时。②

唐医家苏敬《新修本草》卷4"玄石"条下辨之云：

> 此物，铁液也，但不能拾针，疗体如《经方》，劣于磁石。磁石中有细孔，孔中黄赤色，初破好者，能连十针，一斤铁刀亦被回转。其无孔，光泽纯黑者，玄石也，不能悬针也。③

明医家李时珍《本草纲目》卷10"玄石"条下亦云：

> 慈石生山之阴有铁处，玄石生山之阳有铜处，虽形相似，性则不同，故玄石不能吸铁。④

基此而言，慈石虽一名玄石，然本草玉石类药物中另有玄石，名同而药性实异。玄石"通关节，消痈肿"的主治与上引武威汉代医简简68所载麻风病患者"胫中当恿=（恿，恿）至足下"的症状也正相合，则此方中慈石与玄石并现，各自药性主治不同，当非误写。

体表疮疡甚至疡破脓出，这是麻风病的病征之一。《周礼·天官·冢宰》载"疡医"之职及疗疡方法云：

> 掌肿疡、溃疡、金疡、折疡之祝药劀杀之齐。凡疗疡，以五毒

---

① 张延昌、朱建平编著：《武威汉代医简研究》，原子能出版社1996年版，第41页。
② （梁）陶弘景集，尚志钧辑校：《名医别录》，人民卫生出版社1986年版，第102—103页。
③ （唐）苏敬等撰，尚志钧辑校：《新修本草》（辑复本），安徽科学技术出版社1981年版，第118页。
④ （明）李时珍：《本草纲目》（校点本），人民卫生出版社2004年版，第586页。

攻之。

此处疗疡之"五毒"究为何物？并未明言。郑玄注云："五毒，五药之有毒者。今医方有五毒之药，作之，合黄堥，置石胆、丹沙、雄黄、礜石、慈石其中，烧之三日三夜，其烟上著，以鸡羽扫取之，以注创，恶肉破，骨则尽出。"① 郑玄所言"五毒"是否就是《周礼》"疡医"所职用于疗治疡疾的"五毒"呢？有研究者将其与帛书《五十二病方》及《神农本草经》所载该"五毒"药性与主治对比后认为，东汉时期的五毒之药，可能在战国或秦汉之际既已用作疡科药物了。中国古代的药方一旦成型，多会以因袭关系传承下去，故有理由认为，《周礼》所载战国时期的五毒药，当与东汉郑玄所注的五毒药有前后因袭关系，二者是一脉相承的。② 以上疗治疮疡的五药，除"石胆"外，其余四药（丹沙、雄黄、礜石、慈石）与武威汉代医简简86甲所载疗治大风方的用药相同。苏颂《本草图经》卷1"雄黄"条下引故翰林学士杨亿常笔记云：

直史馆杨嵎年少时，有疮生于颊，连齿辅车外肿，若覆瓯，内溃出脓血不辍，吐之痛楚难忍，疗之百方，弥年不差，人语之，依郑法合烧药成，注之疮中，少顷，朽骨连牙溃出，遂愈，后便安宁，信古方攻病之速也。③

依此看来，郑注所说的"五毒之药"确有疗治疮疡的实效，非虚言耳。④ 又，晋人皇甫谧所撰《针灸甲乙经·序》云：

---

① （汉）郑玄注：《周礼》，《十三经古注》（三），中华书局2014年版，第376页。
② 姜生、汤伟侠主编：《中国道教科学技术史·汉魏两晋卷》，科学出版社2002年版，第463页。
③ （宋）苏颂编撰，尚志钧辑校：《本草图经》，安徽科学技术出版社1994年版，第31页。
④ 赵匡华等对"五毒方"实验研究后指出，"五毒方"自汉代以来，经过历代医家的反复临床实践证明它确是一个疗疡的有效处方。详见赵匡华等《汉代疡科"五毒方"的源流与实验研究》，《自然科学史研究》1985年第3期。

> 仲景见侍中王仲宣时年二十余，谓曰："君有病，四十当眉落，眉落半年而死。"令服五石汤可免。仲宣嫌其言忤，受汤勿服。居三日见仲宣谓曰："服汤否？"仲宣曰："已服。"仲景曰："色候固非服汤之诊，君何轻命也。"仲宣犹不信，后二十年果眉落，后一百八十七日而死，终如其言。①

以上文字，大体上又见载于《太平广记》卷218及《太平御览》卷722。② 文中所说的侍中王仲宣，即"建安七子"之一的王粲。王粲（字仲宣）之疾，由其病症"眉落"论之，学者以为即麻风病。③ 医家张仲景为王粲所开的"五石汤"处方，在其所撰《伤寒杂病论》《金匮要略》等医籍中未见记载，皇甫谧的序中所述也语焉不详。《本草图经》卷2"金屑"条下载葛洪以银屑入五石汤疗治瘰肿。④ 此虽仍未言及五石汤的组成药物，但其所治瘰肿之疾却为麻风病病征之一。

值得注意的是，魏晋时方家有用五石炼仙丹者，据《抱朴子内篇·金丹》所载，炼制九光丹的"五石"为丹砂、雄黄、白礜、曾青、慈石。⑤ 白礜即白礜石，亦即礜石。此处所用的五石，其中丹砂、雄黄、白礜、慈石见于《周礼·疡医》所载"疗疡，以五毒"药方中，也是武威汉代医简所载疗治恶病大风方的用药。基此，或以为武威汉代医简所载"恶病大风方"正是张仲景"五石汤"化裁而来。⑥

此外，以上几条医方中所用的雄黄，也见于马王堆汉墓帛书《五十二病方》所载疗治皮肤疥痒之疾的"干骚（瘙）方"中，⑦ 后世医书

---

① （晋）皇甫谧编集，黄龙祥整理：《针灸甲乙经》，人民卫生出版社2006年版，第17页。
② （宋）李昉等编：《太平广记》，中华书局2020年版，第1402—1403页；（宋）李昉等：《太平御览》，中华书局1960年版，第3197—3198页。
③ 潘白尘：《读张仲景替王仲宣诊病一则有感》，《江苏中医》1957年第2期；李牧：《麻风第一方考》，《中国医史杂志》1995年第2期；王树芬：《论张仲景诊王仲宣一案的真实性及其价值》，《中华医史杂志》1997年第1期。
④ （宋）苏颂编撰，尚志钧辑校：《本草图经》，安徽科学技术出版社1994年版，第27页。
⑤ 王明：《抱朴子内篇校释》（增订本），中华书局1985年版，第78页。
⑥ 李林山：《张仲景的"五石汤"竟然藏在凉州》，《武威日报》2019年1月6日。
⑦ 裘锡圭主编：《长沙马王堆汉墓简帛集成》（五），中华书局2014年版，第289页。

所载疗治疥疡类皮肤病也常用雄黄，如《千金要方》卷23《疥癣第四》所载疗治一切恶疮疥癣之疾的"菌茹膏方"、《本草纲目》卷4《诸创上》载雄黄治"蛇缠及一切疮"，① 等等。宋代医家苏颂指出："雄黄治疮疡尚矣。"② 说明雄黄对体表疮疡确有实质性疗效。

对于被称作"疠"或"大风"的麻风病病因，古代医家将其归于邪气客脉不去所致。如《黄帝内经太素》卷28《诸风数类》载黄帝与岐伯论诸风之症名及其因由云：

> 黄帝问于岐伯曰："风之伤人，或为寒热，或为热中，或为寒中，或为疠，或为偏枯；或为贼风也，其病各异，其名不同；或内至五脏六府，不知其解，愿闻其说。"岐伯曰："风气藏于皮肤间，内不得通，外不得泄，风者喜性而数变……疠者，营气热胕，其气不精，故使其鼻柱坏而色败也，皮肤伤溃，风寒客于脉不去，名曰疠风，或名曰寒热。"③

以上内容又见于《黄帝内经素问》卷12《风论篇第四二》及《针灸甲乙经》卷10《阳受病发风第二》，只是文字略有不同，如"营气"作"荣气"、"胕"作"浮"、"不精"作"不清"、"伤溃"作"疡溃"或"疡而溃"等。④ 杨上善注："胕，腐也。太阳与卫气在营血之中，故浊而热于胸腹。上冲于鼻，故鼻頄骨坏。其气散于皮肤，故皮肤溃烂。以其邪风寒气客脉，留而不去为病，称曰疠风。"⑤《诸病源候论》卷2《恶风须眉堕落候》亦述大风病病因及症候云：

> 大风病，须眉堕落者，皆从风湿冷得之……八方之风，皆能为

---

① 李景荣等校释：《备急千金要方校释》，人民卫生出版社1997年版，第815页；（明）李时珍：《本草纲目》（校点本），人民卫生出版社2004年版，第327页。
② （宋）苏颂编撰，尚志钧辑校：《本草图经》，安徽科学技术出版社1994年版，第31页。
③ （隋）杨上善：《黄帝内经太素》，中医古籍出版社2016年版，第469—471页。
④ 郭霭春主编：《黄帝内经素问集注》，人民卫生出版社1992年版，第544—547页；张灿玾、徐国仟主编：《针灸甲乙经校注》，人民卫生出版社1996年版，第1664—1666页。
⑤ （隋）杨上善：《黄帝内经太素》，中医古籍出版社2016年版，第470页。

邪。邪客于经络，久而不去，与血气相干，即使荣卫不和，淫邪散溢，故面色败，皮肤伤，鼻柱坏，须眉落。①

由《神农本草经》所载上述疗治大风方的药物药性来看，雄黄主恶疮、杀精物恶鬼邪气；丹砂主身体五脏百病、杀精魅邪恶鬼；礜石主蚀疮死肌、邪气；慈石主周痹风湿、肢节中痛、不可持物；消石主除邪气；玄石主养肾藏、强骨气、通关节、消痈肿；人参主补五脏、除邪气等。这些药物各自药性主治正与麻风病病因及体表症状相合，说明当时医家对麻风病病因及用药已有合乎中医医理的认知，武威汉代医简所载恶病大风方的用药，也正是当时医疗认知理念与实践经验的体现。

当然，麻风病除常见的须眉脱、皮肤疡、鼻柱坏等体表症候外，因其具体病因不同，导致病症种类繁多，加之病情差异，症状也自较为复杂，能否治愈，也要因情而论。《千金要方》卷23《恶疾大风第五》对此言之甚详：

> 恶疾大风有多种不同，初得虽遍体无异而眉须已落，有遍体已坏而眉须俨然，有诸处不异好人而四肢腹背有顽处，重者手足十指已有堕落，有患大寒而重衣不暖，有寻常患热不能暂凉，有身体枯槁者，有津汁常不止者，有身体干痒彻骨，搔之白皮如麸，手下作疮者，有疮痍荼毒重垒而生，昼夜苦痛不已者，有直置顽钝不知痛痒者……此候虽种种状貌不同，而难疗易疗皆在前人，不由医者。何则？此病一著，无问贤愚，皆难与语。何则？口顺心违，不受医教，直希望药力，不能救己，故难疗易疗属在前人，不关医药。予尝手疗六百余人，差者十分有一，莫不一一亲自抚养，所以深细谙委之。且共语，看觉难共语不受入，即不须与疗，终有触损，病既不差，乃劳而无功也。又《神仙传》有数十人皆因恶疾而致仙道，何者？皆有割弃尘累，怀颖阳之风，所以非止差病，乃因祸而取福也。故余所睹病者，其中颇有士大夫乃至有异种名人，及遇斯患，皆爱恋妻孥，系著心髓，不能割舍，直望药力，未肯近求诸身。若

---

① 丁光迪主编：《诸病源候论校注》，人民卫生出版社2013年版，第48页。

能绝其嗜欲，断其所好，非但愈疾，因兹亦可自致神仙。余尝问诸病人，皆云自作不仁之行，久久并为极猥之业，于中仍欲更作云，为虽有悔言而无悔心。但能自新，受师教命，餐进药饵，何有不除。余以贞观年中将一病士入山，教服松脂，欲至百日，须眉皆生。由此观之，惟须求之于己，不可一仰医药者也。然有人数年患身体顽痹，羞见妻子，不告之令知，其后病成，状貌分明，乃云犯药卒患，此皆自误。然斯疾虽大，疗之于微，亦可即差。此疾一得，远者不过十年皆死，近者五六岁而亡，然病者自谓百年不死，深可悲悼。①

《外台秘要方》卷30《恶疾大风方》对此段文字也有转抄。② 之所以不烦赘引，乃是为了讨论武威汉代医简所载疗治大风方是否具有"服之，卅日知偤，六十日须麋生"的疗效。由《千金要方》所论来看，"此疾一得，远者不过十年皆死，近者五六岁而亡"。然患者在用药疗治的同时，若能禀遵医嘱，自我勤加调养护理，"绝其嗜欲，断其所好"，则"斯疾虽大，疗之于微，亦可即差"也。基此而论，麻风病患者在患病早期，若能禀遵医嘱用药疗治，并勤加自我调养护理，或应可达到如武威汉代医简所载医方所述之疗效。

值得注意的是，在马王堆汉墓帛书《五十二病方》中，载有一条疗治"冥（螟）"病的医方。原医方文字云：

冥（螟）病方：冥（螟）者，蟲所蠚穿者☑，其所發毋（無）恒處，或在鼻，或在口旁，或齒齦，或在手指□☑，使人鼻抉（缺）指斷。治之：以鮮產魚，擣（擣）而以鹽財和之，以傅蟲所蠚者□□☑，輒逋（補）之。病巳（已），止。嘗試，毋（無）禁。令。（134—136）③

---

① 李景荣等校释：《备急千金要方校释》，人民卫生出版社1997年版，第821—822页。
② （唐）王焘撰，高文铸等校注：《外台秘要方》，华夏出版社1993年版，第574—575页。
③ 裘锡圭主编：《长沙马王堆汉墓简帛集成》（五），中华书局2014年版，第240页。

原整理者注云："螟，本义为谷物的食心虫。推测古人因本病有鼻缺指断等症状，认为虫类啮穿，因而称为螟病。从症象看，本病很可能是麻风病。"① 后之研究者多据螟啮使人"鼻缺、指断"之症状而从整理者之说，② 并认为此处称麻风病为"螟病"，可能是带有地方色彩的称谓。③ 葛洪《肘后备急方》所载"治卒得癞皮毛变黑方"言"癞"病病因及症状云：

凡癞病皆起于恶风及触犯忌害得之。初觉皮肤不仁，淫淫若痒如虫行，或眼前见物如垂丝，或隐疹赤黑气莽沆。④

隋代医家巢元方《诸病源候论》卷2《诸癞候》亦云：

毒虫若食人肝者，眉睫堕落。食人肺，鼻柱崩倒，或鼻生息肉，孔气不通。若食人脾，语声变散。若食人肾，耳鸣啾啾，或如雷鼓之音。若食人筋脉，肢节堕落。若食人皮肉，顽痹不觉痛痒。⑤

此处亦将癞疾病因归于虫啮所致，与螟病病因相类。癞病病因及症状与疠病合，故至迟自唐以来，普遍以癞与疠通。如《史记·刺客列传》"豫让又漆身为厉"司马贞《索隐》云："厉音赖。赖，恶疮病也……厉、赖声相近，古多假'厉'为'赖'，今之'癞'字从'疒'。"⑥《素问·脉要精微论》"脉风成为疠"王冰注引本经《风论》

---

① 马王堆汉墓帛书整理小组编：《五十二病方》，文物出版社1979年版，第63页。
② 周一谋、萧佐桃主编：《马王堆医书考注》，天津科学技术出版社1988年版，第113页；马继兴：《马王堆古医书考释》，湖南科学技术出版社1992年版，第437—438页；魏启鹏、胡翔骅：《马王堆汉墓医书校释（一）》，成都出版社1992年版，第81页。
③ 周一谋、萧佐桃主编：《马王堆医书考注》，天津科学技术出版社1988年版，第113页。
④ （晋）葛洪原著，（梁）陶弘景增补，尚志钧辑校：《补辑肘后方》，安徽科学技术出版社1983年版，第196页。
⑤ 丁光迪主编：《诸病源候论校注》，人民卫生出版社2013年版，第53页。
⑥ （汉）司马迁：《史记》，中华书局1959年版，第2520页。

"风寒客于脉不去，名曰疠风"云："然此则癞也。"① 其后学者多从之，以为癞、疠均即今所说的麻风病。②《肘后备急方》所载癞病病征"淫淫若痒如虫行"的"虫"，与《诸病源候论》所述癞候乃毒虫食人五脏的"毒虫"，以及帛书《五十二病方》所载螟病方中啮人肢体的"螟虫"，其实就是《黄帝内经太素》及《黄帝内经素问》所说致人病疠的客脉"邪气"（或称"邪风"）。邪风客脉，所至之处痒如虫行、痛似虫食，故致有毒虫、螟虫食人肢体生疾之说及淫淫若痒如虫行之感。

上引螟病方所载的疗治之法，是将"鲜产鱼"捣而和盐材以傅虫所啮部位。"鲜产鱼"不知为何种新鲜活鱼。前引武威汉代医简简86甲与简86乙所载恶病大风方中，前段文字内容主要为用药及方法，后段文字则残溃不全，可辨者有"饭药以☐【猪肉鱼】辛"，恐为用药期间患者须注意的饮食禁忌。魏启鹏、胡翔骅先生亦指出，后世方论治麻风，多主张忌猪鱼蒜面，唯《十便良方》载治大风疠疾方用鲤鱼作药，"五月五日或六月六日，五更带露，采苍耳草捣取汁，熬作锭子，取半斤鲤鱼一尾，剖开不去肚肠，入药一锭，线缝，以酒二碗，慢火煮熟令吃"，此与本方较为相近。③ 然从上方方末文字"尝试，毋（无）禁。令"来看，此条疗治"螟病"的医方是有着临床实践上的有效性的。

除以上医家的疗疠方剂外，在古代先民的认知中，通过服食或佩戴某些动植物也可达到疗治疠病的效果。如《山海经·西山经》载，英山有种名"肥遗"的鸟，"食之已疠，可以杀虫"。浮山有种名"薰草"的植物，"佩之可以已疠"。又，《北山经》载，发源于咸山的条菅之水"其中多器酸，三岁一成，食之已疠"。《东山经》载，发源于葛山的澧水"其中多珠鳖鱼……味酸甘，食之无疠"。④ 此外，当时医家在中医病理学的指导下，也采用针刺之法以疗治疠病。如《黄帝内经灵枢》卷3《四时气篇》云："厉风者，素刺其肿上，已刺，以锐针针其处，按出其恶气，肿尽乃止。常食方食，无食他食。"⑤ 又，《黄帝内经素

---

① 郭霭春主编：《黄帝内经素问校注》，人民卫生出版社2013年版，第167页。
② ［英］李约瑟：《李约瑟中国科学技术史》，刘巍译，第6卷《生物学及相关技术》第6分册《医学》，科学出版社2013年版，第175页。
③ 魏启鹏、胡翔骅：《马王堆汉墓医书校释》（一），成都出版社1992年版，第81页。
④ 袁珂校注：《山海经校注》，上海古籍出版社1980年版，第25—26、87、106页。
⑤ （清）张志聪集注：《黄帝内经灵枢集注》，上海卫生出版社1957年版，第154页。

问》卷14《长刺节论篇》云："病大风，骨节重，须眉堕，名曰大风，刺肌肉为故，汗出百日。刺骨髓，汗出百日，凡二百日，须眉生而止针。"① 宋代医家陈言《三因极一病证方论》卷15《大风叙论》云："经所谓疠风者，即方论中所谓大风、恶疾、癞也。"② 明代医家马莳《黄帝内经素问注证发微》卷7云："病大风者，即《风论》及《灵枢·四时气篇》皆谓之疠也。"③ 日人丹波元简《素问识》卷5云："曰大风，曰疠气，即疠之谓耳。"④ 可见，秦汉时期，我国先民对疠病的临床表现已有较为清晰的认知，并能在隔离防控措施之外，从中医病理学角度入手，积极探寻各种医学疗治手段的介入，以寻求有效的疗治之法。这种将隔离防控措施的"防"与积极寻求各种医药疗治的"治"相结合以应对传染性疫病的理念，对我们今天在应对各种突发传染性疾病时，仍有着积极的指导意义。

第四节　秦汉时期对疠病病因及疠患者的认知

秦汉时期，随着阴阳学说和五行学说的融合及进一步系统化，中国古代医学开始摆脱巫术思维的纠缠逐渐建立起自身的理论体系，走上独立的发展道路。但人类理性的成熟和进步并不是一蹴而就的事情。由于观念演进中的继承性，人类无法与旧的思维断然切割，加之人类自身的认知始终未能超越其时代的局限，使得在疾病病因的认识观上呈现智慧与愚昧、理性与感性、科学与迷信并存的状态，这种情况也真实地反映在对疠病病因的认知上。

就史料记载来看，疠常被看作一种颇具传染性、能致人疾的疫气。如《山海经·西山经》"食之已疠"郭璞注："疠，疫病也。或曰恶疮。"⑤《左传·昭公四年》"疠疾不降"杜注："疠，恶气也。"《左

---

① 郭霭春主编：《黄帝内经素问校注》，人民卫生出版社2013年版，第466—467页。
② （宋）陈无择：《三因极一病证方论》，人民卫生出版社1957年版，第214页。
③ （明）马莳著，王洪图、李云点校：《黄帝内经素问注证发微》，科学技术文献出版社1999年版，第333页。
④ ［日］丹波元简：《素问识》，中医古籍出版社2017年版，第193页。
⑤ （晋）郭璞注：《宋本山海经》，国家图书馆出版社2017年版，第30页。

传·哀公元年》"天有菑疠"杜注:"疠,疾疫也。"① "疠"字亦作"疬"。《公羊传·庄公二十年》"大瘠者何?疬也"何休注:"疬,民病疫也。"又云:"疬者,邪乱之气所生。"②《周礼·天官·疾医》"四时皆有疠疾"郑注:"疠疾,气不和之疾。"贾公彦疏:"疠,谓疠疫。""此言疠,疠气与人为疫。"③《玉篇·疒部》:"疠,疫气也。"④《集韵·祭韵》:"疠,疾疫也。"⑤ 此释"疠"为疫气者,均从其本身所具传染性而言。

由早期医籍所载来看,古代医家将诸病病因常归于"风"。如《黄帝内经太素》卷28《诸风数类》云:"风者百病之长也,至其变化为他病而无常方,然故有风气也。"杨上善注云:"百病因风而生,故为长也。以因于风,变为百病,非唯一途,故风气以为病长也。"⑥《小品方》卷6《杂病门》云:

说曰:风者,四时五行之气也。分布八方,顺十二月,终三百六十日。各以时从其乡来为正风,在天地为五行,在人为五脏之气也。万物生成之所顺,非毒厉之气也。人当罩之过,不胜其气,乃病之耳。虽病,然有自差者也,加治则易愈。其风非时至者,则为毒风也,不治则不能自差焉。

八方风不从其乡来,而从冲后来者,为虚邪贼风,害万物,则人民多死病也。故圣人说避邪如避矢也,邪者风也。今人寿夭多病,是不知避邪也。⑦

《诸病源候论》卷1《风病诸候·中风候》亦云:

---

① 《春秋左传集解》,上海人民出版社1977年版,第1241、1713页。
② (汉)何休解诂,(唐)徐彦疏:《春秋公羊传注疏》,上海古籍出版社2013年版,第293页。
③ (汉)郑玄注,(唐)贾公彦疏:《周礼注疏》,上海古籍出版社2010年版,第153—154页。
④ (梁)顾野王撰,吕浩校点:《大广益会玉篇》,中华书局2019年版,第384页。
⑤ (宋)丁度等:《宋刻集韵》,中华书局2005年版,第147页。
⑥ (隋)杨上善:《黄帝内经太素》,中医古籍出版社2016年版,第471页。
⑦ (晋)陈延之原著,高文柱辑校:《小品方辑校》,天津科学技术出版社1983年版,第94、95页。

中风者，风气中于人也。风是四时之气，分布八方，主长养万物。从其乡来者，而人少死病；不从其乡来者，人多死病。其为病者，藏于皮肤之间，内不得通，外不得泄。其入经脉，行于五脏者，各随脏腑而生病焉。[1]

这里致人生诸病的"风"，乃由"气"之变化而生。《黄帝内经素问》卷19《六微旨大论》云：

帝曰："何谓邪乎？"岐伯曰："夫物之生从于化，物之极由乎变，变化之相薄，成败之所由也。故气有往复，用有迟速，四者之有，而化而变，风之来也。"

王冰注云："天地易位，寒暑移方，水火易处，当动用时，气之迟速往复，故不常在。虽不可究识意端，然微甚之用，而为变为化，风所由来也。人气不胜，因而感之，故病生焉。"[2] 是致疾之风，实即为气。而人之疾生，乃因自身卫气难以克外侵人体之邪气所致。

气是中国古代哲学的核心范畴之一，以气为天地万物的元素和本原，是气论自然观的根本观点。这一认知观对我国古代天文、地理、农学和医学等古代科技产生了重大的影响，形成了我国古代独特的科技理论体系。[3] 而由史籍所载来看，中国古代医学以气论自然观作为辨证病因的指导思想，至迟可追溯到春秋后期，《左传·昭公元年》载秦国名医医和给晋侯诊治疾病之事，即已用六气失序来解释疾病的发生：

天有六气，发为五色，征为五声。六气曰阴阳风雨晦明也，分为四时，序为五节，过则为灾：阴淫寒疾，阳淫热疾，风淫末疾，雨淫腹疾，晦淫惑疾，明淫心疾。[4]

---

[1] 丁光迪主编：《诸病源候论校注》，人民卫生出版社2013年版，第2页。
[2] 郭霭春主编：《黄帝内经素问校注》，人民卫生出版社2013年版，第606页。
[3] 姚春鹏：《黄帝内经——气观念下的天人医学》，中华书局2008年版，第17页。
[4] 杨伯峻编著：《春秋左传注》（修订本），中华书局1990年版，第1222页。

这种认知观在解释疠病病因时自不例外,《黄帝内经素问·风论》即云:

> 疠者,有荣气热胕,其气不清,故使鼻柱坏而色败,皮肤疡溃,风寒客于脉而不去,名曰疠风,或名曰寒热。

王冰注曰:"此则风入于经脉之中也。荣行脉中,故风入脉中,内攻于血,与荣气合,合热而血胕坏也。其气不清,言溃乱也。然血脉溃乱,荣复挟风,阳脉尽上于头,鼻为呼吸之所,故鼻柱坏而色恶,皮肤破而溃烂也。《脉要精微论》曰:'脉风盛为疠。'"① 以上《素问·风论》所载疠病病因的表述,也见于《黄帝内经太素》卷28《诸风数类》中,杨上善注云:"以其邪风寒气客脉,留而不去为病,称曰疠风。"② 此明言疠病亦风疾之一。而疠之所生,即因邪风入于经脉而致。武威汉代医简中将麻风病称作"大风",应与当时医家将此病病因归于邪气所致的认识有关。

这种把疠病的病因归于邪气所致而生的认识,在鬼神致疾及"信巫不信医"的社会信仰环境下,显然是一种进步。但当时医家的认知并非能够代表世俗社会民众的主流意识。在中国古代漫长的历史时期,鬼神致疾的观念极为流行,甚至科学昌明的今天,这种认识也难以完全消失。美国著名医学社会学家威廉·科克汉姆指出,任何社会对患病的定义都是在其特定的文化模式下形成的,因此衡量社会发展程度的方法之一,就是观察患病的文化意义。原始社会的人们,将患病看成一种独立的力量或"存在"(如罪恶魂灵)攻击并侵入了人体,造成人的痛苦或死亡。③ 由史料记载来看,我国古代民众对于"疠"病病因的认知,也摆脱不了此种基于原逻辑思维之上的认知观。因此,早期先民对于疠之因起,虽有较为进步的"气"说以解释,然此"气"非天地之正气,而是为疫鬼所凭、能致人病之"疫气"。《释名·释天》云:"厉,疾气

---

① 郭霭春主编:《黄帝内经素问校注》,人民卫生出版社2013年版,第386—387页。
② (隋)杨上善:《黄帝内经太素》,中医古籍出版社2016年版,第470页。
③ [美]威廉·科克汉姆:《医学社会学》,杨辉等译,华夏出版社2000年版,第142—143页。

也，中人如磨厉伤物也。""疫，役也。言有鬼行疫也。"① 《玉篇·疒部》云："疫，疠鬼也。"② 行疫而致疠病之鬼，即可称作疠或疠鬼，而疫字以是又有疠鬼之义。

史载为疠之鬼有二：一为乏祀无后者，一为强死者。《左传·昭公七年》载：

> 郑子产聘于晋。晋侯有疾，韩宣子逆客，私焉，曰："寡君寝疾，于今三月矣，并走群望，有加而无瘳。今梦黄熊入于寝门，其何厉鬼也？"子产对曰："以君之明，子为大政，其何厉之有？昔尧殛鲧于羽山，其神化为黄熊，以入于羽渊，实为夏郊，三代祀之。晋为盟主，其或者是未之祀鲧也乎！"韩子祀夏郊，晋侯有间。

又，同年《传》载：

> 郑人相惊以伯有，曰："伯有至矣！"则皆走，不知所往。铸刑书之岁二月，或梦伯有介而行，曰："壬子，余将杀带也。明年壬寅，余又将杀段也。"及壬子，驷带卒，国人益惧。齐、燕平之月，壬寅，公孙段卒，国人愈惧。其明月，子产立公孙洩及良止以抚之，乃止。子大叔问其故。子产曰："鬼有所归，乃不为厉，吾为之归也。"
>
> 及子产适晋，赵景子问焉，曰："伯有犹能为鬼乎？"子产曰："能。人生始化曰魄，既生魄，阳曰魂。用物精多，则魂魄强，是以有精爽至于神明。匹夫匹妇强死，其魂魄犹能冯依于人，以为淫厉，况良霄，我先君穆公之胄，子良之孙，子耳之子，敝邑之卿，从政三世矣……其取精也多矣，其族又大，所冯厚矣，而强死，能为鬼，不亦宜乎！"③

以上两则记事，一则言晋为诸侯盟主，因不祀夏人郊祀对象鲧，故

---

① （汉）刘熙撰，愚若点校：《释名》，中华书局2020年版，第7页。
② （梁）顾野王撰，吕浩校点：《大广益会玉篇》，中华书局2019年版，第386页。
③ 杨伯峻编著：《春秋左传注》（修订本），中华书局1990年版，第1289—1292页。

致其出而为祟,以使晋侯有疾。一则言郑大夫伯有被杀,无祀,其鬼无所归而出为祟。此二事皆言乏祀之鬼则出而为厉也。《庄子·人间世》云:"昔者尧攻丛枝、胥敖,禹攻有扈,国为虚厉,身为刑戮。"成玄英疏曰:"宅无人曰虚,鬼无后曰厉。"郭庆藩集释引李颐说亦云:"居宅无人曰虚,死而无后曰厉。"① "强死"者,《左传·文公十年》"初,楚范巫矞似谓成王与子玉、子西曰:'三君皆将强死。'"孔颖达疏云:"无病而死,谓被杀也。"②《论衡·死伪》云:"何谓强死?谓伯有命未当死而人杀之邪!"③ 是强死为死于非命者也,犹后世所谓屈死冤魂。因其死于非命,故其魂常出而为祟,是知乏祀无后之鬼及强死者均可作祟为厉。

为了安抚乏祀无后之鬼及强死者出而为祟,早在先秦时期,厉即被纳入祭祀谱系。《礼记·祭法》云:

> 王为群姓立七祀,曰司命,曰中霤,曰国门,曰国行,曰泰厉,曰户,曰灶。王自为立七祀。诸侯为国立五祀,曰司命,曰中霤,曰国门,曰国行,曰公厉。诸侯自为立五祀。大夫立三祀,曰族厉,曰门,曰行。

郑注:"厉,司杀罚。"孔颖达疏:"'泰厉'者,谓古帝王无后者也。此鬼无所依归,好为民作祸,故祀之也。""'公厉'者,谓古诸侯无后者。""'族厉'者,谓古大夫无后者鬼也。族,中也。大夫众多,其鬼无后者众,故曰'族厉'。"④ 礼祀泰厉、公厉、族厉之因,乃在"欲以安鬼神,弥其害也"。⑤ 由是之故,汉时普通民众常于秋季祠厉,或在疾病时祷祀于厉以求痊愈。郑玄注引《仪礼·士丧礼》"疾病……

---

① (清)郭庆藩撰,王孝鱼点校:《庄子集释》,中华书局1961年版,第139—140页。
② (晋)杜预注,(唐)孔颖达正义:《春秋左传正义》,北京大学出版社2000年版,第609页。
③ 黄晖:《论衡校释》,中华书局1990年版,第897页。
④ (汉)郑玄注,(唐)孔颖达正义:《礼记正义》,上海古籍出版社2008年版,第1799—1800页。
⑤ (晋)杜预注,(唐)孔颖达正义:《春秋左传正义》,北京大学出版社2000年版,第1437页。

祷于五祀"云："司命与厉，其时不著。今时民家，或春秋祠司命、行神、山神、门、户、竈在旁，是必春祠司命，秋祠厉也。或者合而祠之。山即厉也。民恶言'厉'，巫、祝以厉山为之，谬乎！"① 由郑说，则当时巫、祝以厉为厉山之鬼。但他批此俗信乃"谬乎"！孔颖达疏曰："汉时有山而无厉，此有厉而无山，故云'山即厉也'。云'民恶言厉，巫祝以厉山为之'者，郑解厉称山之意。汉时人民嫌恶'厉'，汉时巫、祝之人，意以厉神是山氏之鬼为之，故云'厉山'。云'谬乎'者，谓巫、祝以厉为厉山之鬼，于理谬乎！所以为谬者，鬼之无后，于是为厉。厉山氏有子曰柱，世祀厉山之神，何得其鬼为厉？故云谬也。"② 汉时巫、祝以民家所祀之"厉"为厉山氏之鬼，虽不合"鬼有所归，则不为厉"之古说，然从此则可推知，在时人观念中，厉是可为鬼疫而致疾者。《楚辞·天问》云："伯强何处？惠气安在？"王逸注："伯强，大厉疫鬼也，所至伤人。惠气，和气也。言阴阳调和则惠气行，不和调则厉鬼兴，此二者当何所在乎？"③ 黄灵庚疏证引朱季海说云："洪适《隶释》卷10有《童子逢盛碑》：'在维州，灵帝光和四年立。'是碑当在今四川汶川县附近，实立于公元181年也。碑云：'何痞季世，颢天不惠，伯彊泾行，降此大戾。'伯彊，即伯强，正谓大厉疫鬼。大戾读与大厉同。是楚人所信厉鬼，季汉蜀中，民间犹以为口实也。"④ 睡虎地秦简及张家山汉简均出土于信巫重鬼风习浓厚的楚地，其称麻风病作"疠"者，当与时人以疠病乃疠鬼作祟所致的认知有关。

正因世俗认知将疠疫看作厉鬼作祟所致，故于祭祀安抚之外，亦常以磔禳之法以御止之。《周礼·春官·占梦》"季冬，聘王梦……遂令始难殴疫"郑玄注云："难，谓执兵以有难却也。方相氏蒙熊皮，黄金四目，玄衣朱裳，执戈扬盾，帅百隶为之殴疫疠鬼也。故书'难'或为'傩'。"又，《周礼·夏官·司马》载"方相氏"之职云："掌蒙熊

---

① （汉）郑玄注：《礼记》，《十三经古注》（五），中华书局2014年版，第1050页。
② （汉）郑玄注，（唐）孔颖达正义：《礼记正义》，上海古籍出版社2008年版，第1801页。
③ （汉）王逸撰，黄灵庚点校：《楚辞章句》，上海古籍出版社2017年版，第69页。
④ 黄灵庚疏证：《楚辞章句疏证》（增订本），上海古籍出版社2018年版，第1133页。

皮，黄金四目，玄衣朱裳，执戈扬盾，帅百隶而时难，以索室殴疫。"①《论语·乡党》"乡人傩，朝服而立于阼阶"何晏集解引孔安国说云："傩，驱逐疫鬼也。"②《太平御览·礼仪部》引《礼记外传》亦云："方相氏之官，岁有三时，率领群隶，驱索疠疫之气于宫室之中，亦攘送之义也。"③ 攘，即禳。《说文·示部》"禳，磔禳，祀除厉殃也"段注："厉殃，谓厉鬼凶害。"④《广韵·阳韵》："禳，除殃祭也。"⑤ 王筠《说文解字句读》云："禳自是祭名，云磔攘祀者，谓磔牲以攘之之祀名曰禳。"⑥ 可见早在周代，便已设立专司"驱疫"的官员"方相氏"以禳除疠疫之鬼。三时之"难"，《礼记·月令》云："（季春之月）命国难，九门磔攘，以毕春气。""（仲秋之月），天子乃难，以达秋气。""（季冬之月）命有司大难旁磔，出土牛，以送寒气。""（季春之月）命国难"郑玄注曰："此难，难阴气也。阴寒至此不止，害将及人。所以及人者，阴气右行，此月之中，日行历昂，昂有大陵积尸之气，气佚则厉鬼随而出行。命方相氏帅百隶，索室殴疫以逐之。又磔牲以攘于四方之神，所以毕止其灾也。《王居明堂礼》曰：'季春，出疫于郊，以攘春气。'"⑦"（仲秋之月）天子乃难"郑玄注曰："此难，难阳气也。阳暑至此不衰，害亦将及人。所以及人者，阳气左行，此月宿直昂、毕，昂、毕亦得大陵积尸之气，气佚则厉鬼亦随而出行，于是亦命方相氏帅百隶而难之。《王居明堂礼》曰：'仲秋，九门磔攘，以发陈气，御止疾疫。'"⑧ 又，"（季冬之月）命有司大难旁磔"郑玄注曰："此难，难阴气也。难阴始于此者，阴气右行，此月之中，日历虚、危，虚、危有坟墓四司之气，为厉鬼，将随强阴出害人也。旁磔，于四方之

---

① （汉）郑玄注：《周礼》，《十三经古注》（三），中华书局2014年版，第493、533—534页。

② （魏）何晏集解，（梁）皇侃义疏：《论语集解义疏》，商务印书馆1937年版，第139页。

③ （宋）李昉等：《太平御览》，中华书局1960年版，第2405页。

④ （清）段玉裁：《说文解字注》，中华书局2013年版，第7页。

⑤ （宋）陈彭年：《钜宋广韵》，上海古籍出版社2017年版，第113页。

⑥ （清）王筠：《说文解字句读》，中华书局1988年版，第5页。

⑦ （汉）郑玄注：《礼记》，《十三经古注》（五），中华书局2014年版，第937页。

⑧ （汉）郑玄注：《礼记》，《十三经古注》（五），中华书局2014年版，第942页。

门磔攘也。"① 孔颖达疏曰："季冬及季春难，皆难阴气也。恐此（季秋之月）亦难阴气……秋凉之后，阳气应退，至此不退，是凉反热，故害及于人……案，阴气、阳气至大陵，俱至积尸疫气。案十一月阳气至于危、虚而不难，十二月阴阳至于虚、危而难者，以十一月阳气初起，未能与阴相竞，故无疫可难。六月宿直柳、鬼，阴气至微，阴始动，未能与阳相竞，故无疾害可难也。季冬亦阳初起而为难者，以阴气在虚、危，又是一岁之终，总除疫气，故为难也。"② 以上于季春、仲秋、季冬之月所行国傩，相似内容亦见载于《吕氏春秋·季春纪》《仲秋纪》《季冬纪》及《淮南子·时则训》中，③ 文字虽略异，然文意大同。

由上引郑注所论，则三时行国傩，乃在于季春之月"日行历昴，昴有大陵积尸之气，气佚则厉鬼随而出行"，仲秋之月"月宿直昴、毕，昴、毕亦得大陵积尸之气，气佚则厉鬼亦随而出行"，季冬之月"日历虚、危，虚、危有坟墓四司之气，为厉鬼，将随强阴出害人也"，故须行国傩而驱除之。正因此时阴阳之气相乘不和，厉鬼常随之出而害人之故，是以此类不和之气亦有"厉"名。《左传·昭公七年》"鬼有所归，则不为厉"孔颖达疏引郑玄说云："厉者，阴阳之气相乘不和之名。《尚书·五行传》'六厉'是也。人死体魄则降，知气在上，有尚德者，附和气而兴利……为厉者，因害气而施灾，故谓之厉鬼。"④《吕氏春秋·季冬纪》"命有司大傩，旁磔"高诱注："大傩，逐尽阴气，为阳道也。今人腊岁前一日，击鼓驱疫，谓之逐除，是也。《周礼》'方相氏掌蒙熊皮，黄金四目，玄衣朱裳，执戈扬楯，帅百隶而时傩，以索室驱疫鬼'是也。"⑤ 高诱所说"今人腊岁前一日，击鼓驱疫，谓之逐除"之事，亦见于《续汉书·礼仪志》所载，并详述其仪云：

---

① （汉）郑玄注：《礼记》，《十三经古注》（五），中华书局2014年版，第946页。
② （汉）郑玄注，（唐）孔颖达正义：《礼记正义》，上海古籍出版社2008年版，第698—699页。
③ 许维遹撰，梁运华整理：《吕氏春秋集释》，中华书局2009年版，第64、176、259页；何宁：《淮南子集释》，中华书局1998年版，第393、416、430页。
④ （晋）杜预注，（唐）孔颖达正义：《春秋左传正义》，北京大学出版社2000年版，第1437页。
⑤ 许维遹撰，梁运华整理：《吕氏春秋集释》，中华书局2009年版，第259页。

先腊一日，大傩，谓之逐疫。其仪：选中黄门子弟年十岁以上，十二以下，百二十人为侲子。皆赤帻皂制，执大鼗。方相氏黄金四目，蒙熊皮，玄衣朱裳，执戈扬盾。十二兽有衣毛角。中黄门行之，冗从仆射将之，以逐恶鬼于禁中。夜漏上水，朝臣会，侍中、尚书、御史、谒者、虎贲、御郎将执事，皆赤帻陛卫。乘舆御前殿。黄门令奏曰："侲子备，请逐疫。"于是中黄门倡，侲子和，曰："甲作食凶，胇胃食虎，雄伯食魅，腾简食不祥，揽诸食咎，伯奇食梦，强梁、祖明共食磔死寄生，委随食观，错断食巨，穷奇、腾根共食蛊。凡使十二神追恶凶，赫女躯，拉女干，节解女肉，抽女肺肠。女不急去，后者为粮！"因作方相与十二兽儛。嚾呼，周遍前后省三过，持炬火，送疫出端门；门外驺骑传炬出宫，司马阙门门外五营骑士传火弃雒水中。百官官府各以木面兽能为傩人师讫，设桃梗、郁㮕、苇茭毕，执事陛者罢。苇戟、桃杖以赐公、卿、将军、特侯、诸侯云。①

以上大傩之仪，亦见于卫宏《汉旧仪》及张衡《东京赋》所载。由大傩逐疫仪式内容来看，被驱逐者皆为恶鬼。是以《释名·释天》"疫，役也，言有鬼行役也"王先谦补引王启原说曰："按，疫有鬼，自昔云，然周世之傩即逐疫之意。秦汉世则直言逐疫鬼。高诱《吕氏春秋·季冬纪》注云：'前岁一日，击鼓驱疫疠之鬼。'《续汉书·礼仪志》：'先腊一日大傩，谓之逐疫。'……《东京赋》亦备言驱厉之事，亦以群鬼为辞。故《玉篇》直释'疫'云'疠鬼也'。《汉旧仪》：'颛顼氏有三子，生而亡去为疫鬼。'则疫鬼之传旧矣。"② 由此而论，周及秦汉时的大傩逐疫，乃是逐疫鬼也。只是从周代的"方相氏帅百隶"发展到汉代的"百二十侲子率万童"，驱疫规模日渐强大，气氛更为热烈，这或许可以看作秦汉时期疫病频繁的一个侧证。而这种三时行傩的礼俗，也反映时人对传染性疾病发生的时令性规律已有较深入的认识。

由以上对于疠病病因、病征的认知，所引发时人对于疠患者的态

---

① （南朝宋）范晔：《后汉书》，中华书局1965年版，第3127—3218页。
② （汉）刘熙撰，（清）毕沅疏证，（清）王先谦补，祝敏彻、孙玉文点校：《释名疏证补》，中华书局2008年版，第23页。

度,对我们今天应对突发传染性疫情不无启示。古代称作"疠"或"大风"的麻风病,是被时人视作"不逮人伦之属"的"恶疾"。如《说文·疒部》云:"疠,恶疾也。"《公羊传·昭公二十年》"恶疾也"何休解诂云:"恶疾,谓瘖、聋、盲、疠、秃、跛、伛,不逮人伦之属也。"① 这种对待疠患者的观念应与古人以下几个方面的认知有关。

其一,疠患者常致自身疮疡遍身、须眉脱落、鼻柱坏塌、肢体残损等病征,不仅自己身心备受折磨,而且因病而使其形貌丑恶,面目可狰,为人所恶。《论语·雍也》载"伯牛有疾,子问之,自牖执其手",②《史记·仲尼弟子列传》作"伯牛有恶疾",③《淮南子·精神训》以为即疠病:"冉伯牛为厉。"④ 程树德引《四书辨疑》云:"旧说牛有恶疾,不欲见人,故孔子从牖执其手也……向亦屡尝见有此疾者,往往不欲与人相近,于其所当尊敬者尤欲避之,盖自惭其丑恶腥秽,恐为其所恶也。"⑤《庄子·天地》载,"厉之人夜半生其子,遽取火而视之,汲汲然唯恐其似己也"。成玄英疏云:"厉,丑病人也……言丑人半夜生子,速取火而看之,情意匆忙,恐其似己。"⑥ 王先谦引宣颖说亦云:"厉,癞也。丑人惟恐子之相似。"⑦《三因极一病证方论》卷15"料简"下亦载疠病病证之恶云:"大风恶疾,疮痍荼毒,脓汁淋漓,眉鬓堕落,手足指脱,顽痹痛痒,颜色枯瘁,鼻塌、眼烂、齿豁、唇揭,病证之恶,无越于斯。"⑧ 可见对于疠患者来讲,不仅因此疾而自惭其丑恶腥秽,不欲见人,世俗对其亦抱持歧视、厌恶的情绪。

其二,以为此病乃因患者有过而遭天罚所致,亦即下述所谓"弃于天也"。《论语·雍也》载伯牛有疾,孔子自牖而执其手问之,叹息道:"亡之,命矣夫!斯人也而有斯疾!"《论衡·祸虚》即认为伯牛之疾乃

---

① (汉)何休解诂,(唐)徐彦疏:《春秋公羊传注疏》,上海古籍出版社2013年版,第978页。
② 程树德撰,程俊英、蒋见元点校:《论语集释》,中华书局1980年版,第383页。
③ (汉)司马迁:《史记》,中华书局1959年版,第2189页。
④ 何宁:《淮南子集释》,中华书局1998年版,第550页。
⑤ 程树德撰,程俊英、蒋见元点校:《论语集释》,中华书局1980年版,第385页。
⑥ (清)郭庆藩撰,王孝鱼点校:《庄子集释》,中华书局1961年版,第450、452页。
⑦ (清)王先谦撰,沈啸寰点校:《庄子集解》,中华书局1987年版,第111页。
⑧ (宋)陈无择:《三因极一病证方论》,人民卫生出版社1957年版,第217页。

其有过而致天罚:"伯牛以过致疾,天报以恶。"① 为天所恶而厌弃者,自然也是世俗所歧视、厌恶并加避忌排斥的对象,这在对待女性患者时,显得尤为严重。《大戴礼记·本命》载"女有五不取""妇有七去",其中恶疾即属"五不取"与"七去"之一。不娶恶疾之女者,乃在于"为其弃于天也"。妇"有恶疾去",则在于"为其不可与共粢盛也"。② 汉以后历代王朝多承此一礼规。礼书虽未言明当时社会如何对待患恶疾者,但由不娶患恶疾之女及患恶疾之妇可予离弃的礼规来看,社会对患疠等恶疾者是颇多歧视与厌恶的。此类疫患者之命运,轻者或被隔离安置,予以救治,重者则难免被淹死或活埋,这在当时应是普遍的社会现象。

基上所论,结合睡虎地秦简《封诊式》所载士伍丙三岁时即病疕,有眉毛脱落的疠病症状,然至其成年后疠症明显始为里典所疑而上报,以及睡虎地秦简《法律答问》有关对患疠者或"定杀"或迁往疠迁所隔离的严苛规定,这些外在因素施加给疠患者的无形压力,可能迫使疠患者隐瞒自身病情而不能及时被发现,这不但无益于患者病情的及时救治,从而也为疫情的蔓延埋下了隐患。

---

① 黄晖:《论衡校释》,中华书局1990年版,第273页。
② (清)王聘珍撰,王文锦点校:《大戴礼记解诂》,中华书局1983年版,第255页。

第六章

秦汉律令中的俗禁问题

战国秦汉时期,阴阳思想和五行学说得到极大的完善和发展,以此为信仰原理的各种数术文化蓬勃发展。这种社会信仰风习对当时统治阶层的认知观也产生了深远的影响,以至有着重实用、功利性价值观的秦人,在一统天下后,虽实行"焚书坑儒"的文化钳制政策,却仍保留下了许多医书、农书、数术等具有实用性质的书籍。在云梦睡虎地11号秦墓中,不仅出土有体现国家统治阶层意志的秦律,同时也随葬着两部反映当时社会民众日常信仰风习的数术类书籍——《日书》。这一现象从侧面来讲,也正是对秦人重实用性价值观的很好体现。美国学者哈罗德·J. 伯尔曼在谈及法律与宗教的关系时指出:

> 这(法律与宗教)是社会关系的——也是人性的——出于紧张关系中的两个方面:法律以其稳定性制约着未来;宗教则以其神圣观念向所有既存社会结构挑战。然而,它们同时又互相渗透。一个社会对于终极之超验目的的信仰,当然会在它的社会秩序化过程中显现出来,而这种社会秩序化的过程也同样会在它的终极目的的意识里看到。事实上,在有的社会(比如古代以色列),法律,即《摩西五经》,就是宗教。但是,即便是在那些严格区分法律与宗教的社会,它们也是相辅相成的——法律赋予宗教以其社会性,宗教则给予法律以其精神、方向和法律获得尊敬所需要的神圣性。①

---

① [美]伯尔曼:《法律与宗教》,梁治平译,商务印书馆2012年版,第16页。

这种情况，在秦汉时期的法律与宗教信仰习俗关系中也有很好的体现。当时流行于社会基层民众中的宗教禁忌与信仰风习对国家的立法也产生了重要影响，以至在国家法律中对一些社会俗信以法律明文形式予以明确界定。如在出土睡虎地秦简、里耶秦简、岳麓书院藏秦简、张家山汉简等所载有关秦汉时期的律令简文中，有几条律令内容与当时社会民众日常信仰习俗中的生育禁忌、命名习俗、丧葬时日择吉、祠祀谨敬，以及戊己日兴土功、伏日行及田作等行事禁忌有关。这些律令禁止内容从其本质上讲，有些虽与大一统王朝在政治上的高度集中化使文化趋向同质的目的有关（如里耶秦简牍中的"秦更名方"），但也不无与当时社会以择吉避凶为主要目的的数术文化信仰兴盛的社会文化大背景有关者（如睡虎地秦律中允许"杀子"的法律界定，岳麓秦律中禁壬、癸日行哭临之事，以及禁黔首、隶臣妾以"秦"为名的规定，张家山汉简《二年律令》中禁戊己日兴土功、伏日行及田作等）。通过对这些以国家律令形式禁止的社会俗信的分析，有助于我们全面认识秦汉国家律令规制与社会俗信之互渗关系。

第一节　秦律允杀"有怪物其身"之新生儿

睡虎地秦简《法律答问》云：

"擅杀子，黥为城旦舂。其子新生而有怪物其身及不全而杀之，勿罪。"今生子，子身全殹（也），毋（无）怪物，直以多子故，不欲其生，即弗举而杀之，可（何）论？为杀子。（69）[①]

此条简文内容涉及两个方面问题：其一，不得以多子故而擅自杀子，否则"黥为城旦舂"，此属秦律所禁的"杀子"行为。此类情况常是基于家庭经济条件拮据，"直以多子故，不欲其生，即弗举而杀之"，

[①] 睡虎地秦墓竹简整理小组编：《睡虎地秦墓竹简》，文物出版社1990年版，第109页。

即孩子多,无法养育而杀之。若违律而行,违反者要被处以脸上刺字并罚作城旦舂的徒刑。此一规定反映了当时秦人对于正常新生儿的保护。其二,若新生儿"有怪物其身及不全"者,则可以杀之。此种杀害新生儿的行为则是法律允许的,之所以受法律保护,乃在于新生儿"有怪物其身"或"不全"。

不全,当即身体不健康,有残疾。睡虎地秦简《日书》甲种《星》篇简文云:

> 须女……生子,三月死,不死毋(无)晨。(77 正壹)
> 东辟(壁)……以生子,不完。(81 正壹)[1]

"毋晨",整理小组注曰:"毋晨,疑读为无脣。"刘乐贤按曰:"无脣指身体残缺不全。此句与下文东辟(壁)条'以生子,不完'意义相近。"[2] 王子今指出,无脣是一种实际存在的生理现象,其是与"全人"相对的残疾之人。[3] "不完",整理者无释。刘乐贤按曰:"不完即不全,指人的肢体不全。"[4] 是"毋晨""不完"均指身体不健全,有残疾。此两类情况,应属秦律允许因新生儿"不全"而杀之的范畴。秦自商鞅变法,以耕战为国家之基策,若新生儿身患残疾,其将来不但成为影响家庭发展的因素,也会成为国家的负担,故秦律允许杀之,这既是出于秦人现实政治、社会生活需要的立法,也是秦人"实用性""功利性"文化特点的真实反映。

至于新生儿"有怪物其身"而律允杀之,则是秦人宗教禁忌信仰的体现和反映。尽管秦律并未明确规定哪些新生儿属于"有怪物其身"而可杀之者,但据出土秦简资料及传世文献所载,在当时时日择吉之风浓厚的社会大背景下,若在禁忌时日中所生或新生子异常发育者,当均在"有怪物其身"而律允杀之之列。

---

[1] 睡虎地秦墓竹简整理小组编:《睡虎地秦墓竹简》,文物出版社 1990 年版,第 192 页。
[2] 刘乐贤:《睡虎地秦简日书研究》,文津出版社 1994 年版,第 112 页。
[3] 王子今:《睡虎地秦简〈日书〉甲种疏证》,湖北教育出版社 2002 年版,第 167 页;王子今:《秦汉称谓研究》,中国社会科学出版社 2014 年版,第 220 页。
[4] 刘乐贤:《睡虎地秦简日书研究》,文津出版社 1994 年版,第 112 页。

一 禁忌时日所生者

由睡虎地秦简《日书》简文可知，当时人们相信在某些时日所生的孩子，其结果为"不吉""不完"或"死""必死"，如睡虎地秦简《日书》甲种《生子》篇简文云：

> 丙子生子，不吉。（142 正壹）
> 癸卯生子，不吉（149 正贰）
> 丁未生子，不吉，毋母，必赏繫囚。（143 正肆）
> 辛亥生子，不吉。（147 正肆）
> 辛酉生子，不吉。（147 正伍）[①]

又，《星》篇简文云：

> 参，百事吉……唯生子不吉。（88 正壹）
> 东井，百事凶……生子，旬而死。（89 正壹）[②]

《除》篇简文云：

> 结日……生子毋弟，有弟必死。（2 正贰）[③]

"生子毋弟，有弟必死"，言此日生子，其后将不再生子，若再生必将死亡。睡虎地秦简《日书》乙种简文亦云：

> 官：東臂（壁），不可行。百事凶。以生子，不完。不可爲它事。（81 壹）
> 五月：東井，百事凶……生子，旬死。（89 壹）

[①] 睡虎地秦墓竹简整理小组编：《睡虎地秦墓竹简》，文物出版社1990年版，第203—204页。
[②] 睡虎地秦墓竹简整理小组编：《睡虎地秦墓竹简》，文物出版社1990年版，第192页。
[③] 睡虎地秦墓竹简整理小组编：《睡虎地秦墓竹简》，文物出版社1990年版，第181页。

十二月：婺女……生子，三月死，毋（無）晨。虚，百事【凶】……以生子，毋（無）它同生。（105—106 壹）①

以上类似内容亦见于孔家坡汉简《日书·星官》篇，②说明此类民间术数思想在汉代依然得到了继承。③又，睡虎地秦简《日书》乙种《生》篇简文云：

辛卯生，不吉。（242）

壬寅生，不吉。（243）

癸卯生，不吉。

丁未生，不吉，貧，爲人臣。（244）

辛亥生，不吉。（245）

辛酉生，不吉。（246）

凡己巳生，勿舉，不利父母，男子爲人臣，女子爲人妾。庚子生，不出三日必死。（247）④

"勿举"，意即生而不予哺育、杀之或弃之。又，岳山秦牍文字云：

辛卯生子，不弟。（M36：44）

释文注释修订者云："不弟，疑犹'无弟'。睡虎地秦简《日书》甲种简2：'生子毋（无）弟，有弟必死。'……睡虎地秦简《日书》乙种简242：'辛卯生，不吉。'可参看。"⑤除"己巳生，勿举"外，其他简文内容虽未明言这些在不吉生育结果的时日里所生者是否即遭弃

---

① 睡虎地秦墓竹简整理小组编：《睡虎地秦墓竹简》，文物出版社1990年版，第237—238页。

② 湖北省文物考古研究所、随州市考古队编：《随州孔家坡汉墓简牍》，文物出版社2006年版，第133—135页。

③ 王子今：《秦汉称谓研究》，中国社会科学出版社2014年版，第221页。

④ 睡虎地秦墓竹简整理小组编：《睡虎地秦墓竹简》，文物出版社1990年版，第252—254页。

⑤ 陈伟主编：《秦简牍合集》（三），武汉大学出版社2014年版，第107页。

养,但从古人对于时日禁忌的迷信观念推之,恐其均当在杀之或弃之之列。

由两汉文献所载可知,当时世俗尚流传着忌举正月、五月所生及与父同月所生者,如《论衡·四讳》云:"四曰讳举正月、五月子。以为正月、五月子,杀父与母,不得举也。"① 《后汉书·张奂传》云:"(武威)其俗多妖忌,凡二月、五月产子与父母同月生者,悉杀之。"②《太平御览》卷 361 引《风俗通义》佚文云:"不举父同月子。俗说:妨父母。"③《风俗通义·正失》云:"今俗间多有禁忌生三子者,五月生者,以为妨害父母。"④ 俗忌五月生子,似又以五月五日生者最为不祥,此俗战国时即已流传,《史记·孟尝君列传》云:

初,田婴有子四十余人。其贱妾有子名文,文以五月五日生。婴告其母曰:"勿举也。"其母窃举生之。及长,其母因兄弟而见其子文于田婴。田婴怒其母曰:"吾令若去此子,而敢生之,何也?"文顿首,因曰:"君所以不举五月子者,何故?"婴曰:"五月子者,长与户齐,将不利其父母。"

司马贞《索隐》引《风俗通》佚文亦云:"俗说:五月五日生子,男害父,女害母。"⑤ 秦处战国、西汉之间,忌五月五日生子之俗恐亦难免。故若在五月五日生者,新生儿之父母欲弃之、杀之而不养,应属秦律"有怪物其身"而允许杀之之列。

二 生而异常者

由于古人对于妊娠过程的不了解,故当产妇一胎多生,或产下畸形及其他异常婴儿时,不但一般民众相信新生命会给家庭带来灾难,在上层统治者眼中,这也是一种不祥的预兆,是上天特殊警示,意味着人间

---

① 黄晖:《论衡校释》,中华书局 1990 年版,第 977 页。
② (南朝宋)范晔:《后汉书》,中华书局 1965 年版,第 2139 页。
③ (宋)李昉等:《太平御览》,中华书局 1960 年版,第 1663 页。
④ (汉)应劭撰,王利器校注:《风俗通义校注》,中华书局 2010 年版,第 128 页。
⑤ (汉)司马迁:《史记》(点校修订本),中华书局 2013 年版,第 2846—2847 页。

阴阳不调，五行不畅，若当政者不采取措施及时调控，必将惹怒上天，降祸人间。因此，民间常把出生的异常儿看作不祥的化身而弃之不举。两汉距秦世不远，是以当时流行之俗禁，于秦世或亦当如此。

除以上禁忌时日所生者外，某些非正常产育的初生儿，如《汉书》《风俗通义》《后汉书》等所载之一胎多生、瘄生、生而有鬓须、未生而啼腹中，以及畸形儿等，亦当属秦律所谓"有怪物其身"而允杀之之列。

1. 并生三子者

《风俗通义·正失》云：

> 今俗间多有禁忌生三子者，五月生者，以为妨害父母。①

《太平御览》卷361引《风俗通义》佚文亦云：

> 不举并生三子。俗说：生子至于三，似六畜，言其妨父母，故不举之也。②

由两条文字对比可知，此处所谓"禁忌生三子者"，当指禁忌并生三子者，即一胎多胞者。妇女妊娠，十月期满而子生，一胎一子为常态，一胎双胞者较稀见，至于一胎三胞甚至多胞者，在当时来讲，更属极为异常之胎育现象。晋人干宝所撰志怪小说《搜神记》一书中，即将"有妇人一生三子"看作胎育异象而载入其中。③时俗忌并生三子之缘由，正是因此类生育现象不类人（一胎一子）而似六畜（如犬、猪等一胎多子）之故。因其非常，自属怪异不祥，故而时俗以为此类胎育之新生儿将来会"妨害父母"。"妨"，《说文·女部》："害也。"段注："害者，伤也。"④ 若初生儿将来会不利父母，妨害其寿运的话，其结果当如田婴五月五日生子田文事，自应在杀之或弃养之列。

因一胎多子属异常少见的人类生育现象，故古人常将此类生育异象

---

① （汉）应劭撰，王利器校注：《风俗通义校注》，中华书局2010年版，第128页。
② （宋）李昉等：《太平御览》，中华书局1960年版，第1663页。
③ （晋）干宝撰，汪绍楹校注：《搜神记》，中华书局1979年版，第70页。
④ （清）段玉裁：《说文解字注》，中华书局2013年版，第629页。

看作某些灾异或阴阳失衡的征兆而加以记载。如《开元占经》卷113"人生子异形"条引《天镜》云："妇女一时生三男，不出三年，外国来伐；生三女，国有阴私。"① 又，《新唐书·五行志》载："（唐高宗）永徽六年，淄州高苑民吴威妻、嘉州民辛道护妻皆一产四男。""（唐代宗）大历十年二月，昭应妇人张产一男二女。""（唐敬宗）宝历二年十二月，延州人贺文妻一产四男。""（唐昭宗）天佑二年五月，颍州汝阴民彭文妻一产三男。"② 等等。《五行志》对此云："凡物反常则为妖，亦阴气盛而母道壮也。"③ 此类怪异不祥之产育结果，自当在溺杀或弃养之列。

2. 寤生者

《太平御览》卷361引《风俗通义》佚文云：

> 不举寤生子。俗说：儿堕地，未能开目视者，谓之寤生。举寤生子，妨父母。④

宋人王应麟《困学纪闻》卷6及明人陈继儒《群碎录》引此文同。⑤ "未能开目视者"一语也有引作"未可开目便能视者"⑥，或"便能开目视者"⑦。"未可开目便能视者"一语语义扞格难通，疑"便能"二字当系衍文。各家所引《风俗通义》此条文字，均本自《太平御览》。未能开目视者，覆之《四部丛刊三编》影印日本藏南宋蜀刻本《太平御览》，原文当作"未可开目视者"。

"寤生"一词最早见于《左传·隐公元年》："初，郑武公娶于

---

① （唐）瞿昙悉达：《开元占经》，九州出版社2012年版，第1067页。
② （宋）欧阳修、宋祁：《新唐书》，中华书局1975年版，第954—956页。
③ （宋）欧阳修、宋祁：《新唐书》，中华书局1975年版，第954页。
④ （宋）李昉等：《太平御览》，中华书局1960年版，第1663页。
⑤ （宋）王应麟撰，栾保群等校点：《困学纪闻》，上海古籍出版社2008年版，第888页；（明）陈继儒：《群碎录》，《丛书集成初编》（第339册），商务印书馆1936年版，第5页。
⑥ （宋）姚宽撰，孔凡礼点校：《西溪丛语》，中华书局1993年版，第35页；（清）刘文淇：《春秋左氏传旧注疏证》，科学出版社1959年版，第6页。
⑦ （清）顾炎武撰，徐德明等校点：《左传杜注补正》，上海古籍出版社2012年版，第9页；（清）黄生撰，（清）黄承吉合按，刘宗汉点校：《字诂义府合按》，中华书局1984年版，第120页。

申,曰武姜,生庄公及共叔段。庄公寤生,惊武姜,故名曰寤生,遂恶之。"① 由于《左传》对"庄公寤生"以及何以"惊武姜"之事言语简略,致使汉代以来,学者对"寤生"一词的解读聚讼纷纭、莫衷一是。如《史记·郑世家》云:"武公十年,娶申侯女为夫人,曰武姜。生太子寤生,生之难。及生,夫人弗爱。"② 此以"生之难"即难产解"寤生",为后世主"寤生"为"逆生说"者所本。杜预注《左传》则云:"寐寤而庄公已生,故惊而恶之。"此释"寤生"为武姜寤寐中而生庄公,乃后世"易生说"者所本。我们对文献有关寤生的史料进行梳理后认为,"寤生"一词的含义,大体上经历了两个发展阶段:由晋、唐至宋、元,以杜预说为主,释"寤生"为易生说或梦生说。明清以来,学者据《史记·郑世家》"生之难"之说,以训诂假借立说,多主逆生难产说。③ 在古代医学条件较为落后的情况下,妇女产育是一件极具风险的事情,《汉书·外戚传》即云:"妇女免乳大故,十死一生。"④ 晋医家陈延之所撰《小品方》亦云:"古时妇人产,下地坐草,法如就死也。即得生产,谓之免难也。"⑤ 因此,产妇在生产中遇到逆生难产之事,这在古代孕育环境下是极为正常的现象,自然不会引起人们的惊恐不安,亦无须禁忌。倒是产妇在生产时极为顺利的话,反而会因其非常态而为世人所惊怪,并以之为不祥。《史记·周本纪》载周人男性始祖后稷之母姜嫄"居期而生子,以为不祥"而曾多次弃后稷不养,"初欲弃之,因名曰弃"。⑥ 何以不祥?史迁无说。《诗经·大雅·生民》载后稷生时状况则云:"诞弥厥月,先生如达。不坼不副,无灾无害,以赫厥灵。"毛传云:"言易也。凡人在母,母则病,生则坼副,灾害其母,横逆人道。"郑笺云:"达,羊子也。大矣后稷之在其母,

---

① 杨伯峻编著:《春秋左传注》(修订本),中华书局1990年版,第页。
② (汉)司马迁:《史记》,中华书局1959年版,第111页。
③ 吕亚虎:《说"寤生"——民俗学视野下的生育禁忌信仰探析》,《东亚汉学研究》(第8号),长崎:东亚汉学研究会2018年版,第29—36页。
④ (汉)班固:《汉书》,中华书局1962年版,第3966页。
⑤ (晋)陈延之原著,高文柱辑校:《小品方辑校》,天津科学技术出版社1983年版,第24页。
⑥ (汉)司马迁:《史记》,中华书局1959年版,第145页。

终人道十月而生。生如达之生，言易也。"① 朱熹集传云："凡人之生，必坼副灾害其母，而首生之子尤难。今姜嫄首生后稷，如羊子之易，无坼副灾害之苦，是显其灵异也。"② 姜嫄生子如此之易，既然是"显其灵异"，何以又要"以为不祥"而多次抛弃呢？原因其实就在于其生子太易之故，与当时的产育现象不合，以至惊怪而"以为不祥"并多次弃之不欲养。由此可见，在古代，人们视难产为生育时之常态，不以为意，而将易生看作非常而以为不祥。

此外，由"儿堕地，未能开目视者，谓之寤生"一语可知，古人将胎儿出生时，"未能开目视者"的现象称为"寤生"。因此，要理解何为"寤生"，首先要搞清楚"未可开目视者"的主语。"未可开目视者"的主体有初生儿与产妇两种解释。若为初生儿，似乎并不合理。因为从产育常识上讲，刚生下来的婴儿，睁眼与不睁眼都是很正常的现象，故初生儿的"未能开目视"或"便能开目视"均不会引起人们的惊惧和不安，也不会被看作怪异之产育现象。若将"未可开目视者"的主体看作产妇，则寤生现象是说，当胎儿出生时，产妇正处于梦寐之中，未及开目视之而胎儿已生出。这种情况，对于产妇来说，因其不常而受惊不喜初生子则属正常之情绪。诚如明人冯时可所说："寤生者，言武姜寐时生庄公，至寤始觉其生也。夫人之恶者，恶其怪也，恶其惊也。"③《风俗通义》所谓"不举寤生子"者，其因或当在此。正因"寤生"者为非常之产育现象，是以时人忌之，以为此类初生儿将会对其父母有所妨害也。

3. 生而有鬓须者

《太平御览》卷374引《风俗通义》佚文云：

> 不举生鬓须子。俗说：人十四五，乃当生鬓须，今生而有之，妨害父母也。④

---

① （汉）毛亨传，（汉）郑玄笺，孔祥军点校：《毛诗传笺》，中华书局2018年版，第382页。

② （宋）朱熹撰，赵长征点校：《诗集传》，中华书局2017年版，第292页。

③ （明）冯时可：《左氏释》，《景印文渊阁四库全书》（第169册），台湾商务印书馆1986年版，第954页。

④ （宋）李昉等：《太平御览》，中华书局1960年版，第1663页。

按照正常的发育，古代男子十四五岁时方有鬓须，而婴儿出生时即长有鬓须的话，显然属于极为非常之产育现象。此类情况当属秦律所谓"有怪物其身"者，自应为时人忌惮而以其将会妨害父母而弃养之，故而亦当在秦律"有怪物其身"而允许杀之之列。

4. 未生而啼腹中者

《汉书·五行志》云：

> 哀帝建平四年四月，山阳方与女子田无啬生子。先未生二月，儿啼腹中。及生，不举，葬之陌上。三日，人过闻啼声，母掘收养。①

此事又见载于《搜神记》卷6"儿啼腹中"条下，② 文字虽有出入，但具体内容则大体一致。胎儿未及出生即啼于母腹，这不管在当时还是现在看来都是极为非常怪异之事。故至其初生时，即遭其母所弃，此当属"有怪物其身"而不祥之故也。

5. 畸形者

畸形儿系指婴儿生而形体发育异常者，如双头、连体、多臂等。这类初生儿常被称作"怪胎"，并被古人看作灾祸恶兆而溺弃。如《汉书·五行志》载：

> 汉平帝元始元年六月，长安女子有生儿，两头异颈面相向，四臂共匈俱前向，尻上有目长二寸所。京房《易传》曰："'睽孤，见豕负涂。'厥妖人生两头。下相攘善，妖亦同。人若六畜首目在下。兹谓亡上，正将变更。凡妖之作，以谴失正，各象其类。二首，下不壹也；足多，所任邪也；足少，下不胜任，或不任下也。凡下体生于上，不敬也；上体生于下，媟渎也。生非其类，淫乱也；人生而大，上速成也；生而能言，好虚也。群妖推此类，不改乃成凶也。"③

又，《后汉书·五行志》云：

---

① （汉）班固：《汉书》，中华书局1962年版，第1473页。
② （晋）干宝撰，汪绍楹校注：《搜神记》，中华书局1979年版，第81页。
③ （汉）班固：《汉书》，中华书局1962年版，第1473—1474页。

灵帝光和二年，洛阳上西门外女子生儿，两头，异肩共胸，俱前向，以为不祥，堕地弃之。

中平元年六月壬申，洛阳男子刘仓居上西门外，妻生男，两男共身。①

畸形儿因其形体的异常而给人们带来心理上的恐慌，并进而被看作某种不祥之征兆。《开元占经》卷113"人生子异形"条中就列举了各种畸形儿及其所预兆之不祥。如其引《天镜》云："人生四头两目，世主大哀；人生多头，君王有咎，民颠簸流亡。人生三目，横兵并起为害。""人生两口，五谷不登，百姓丧亡。人生多足，是谓大役，其国东西移走，人生有三足，不出二年，国有兵丧。人生两身，世主被殃，民人散亡。""人生子，头如襄者，主有咎凶。人生无头，世主方凶。人生子无口、鼻、耳，世主凶。"其又引京房说云："人生子，首在背，天下易乡。""人生子有一目，其国不宁。""人生子舌长，天下有兵。人生子有一耳，是谓不聪。人生有三耳以上，是谓多方，其国无王。又曰：是谓多聪，国事无定。人生子有一手，是谓不寿，其国有咎。人生有三臂，有反臣。人生有三手以上，臣谋主。人生三足，是谓不常，天下有兵。"② 等等。正因此类畸形儿的形体异常不类正常儿，故其出生常被时人看作某种不祥之预兆。对待这些可能给人们带来各种难以预料灾异的"不祥"者，最为简捷的应对办法就是"堕地弃之"或者直接杀死。秦律所谓"有怪物其身及不全而杀之"者，当包括此类初生儿。

第二节　秦令禁以"秦"为名

岳麓书院藏秦简简文云：

令曰：黔首、徒隶名爲秦者更名之，敢有、有弗更，赀二甲。

---

① （南朝宋）范晔：《后汉书》，中华书局1965年版，第3347—3348页。
② （唐）瞿昙悉达：《开元占经》，九州出版社2012年版，第1067—1068页。

(2026正)①

上引简文内容大意是说，黔首、徒隶有以"秦"为名者，须更名。法令颁布后，敢有以"秦"为名，或之前以"秦"为名而于令下后仍不更改的，处以罚二甲的惩处。依据此条简文内容可知：

其一，"有弗更"，是说当时黔首、徒隶等群体有以"秦"字为人名者，秦令要求其更名而不更改者。"敢有"则是说令下后仍敢以"秦"为名者。对于此二种犯令情况，要处以罚二甲的惩处。从一般认知上讲，国家相关立法具有相对的滞后性，不会对不存在的社会现象做出超前的司法规定。因此，秦颁布此条律令时，此前社会确应有以"秦"为名者，故律令特加禁止之。关于这一点，我们从出土文字资料提供的相关信息也可给予肯定的佐证。如珍秦斋藏"二十一年相邦冉戈二"铭文云：

廿一年相邦冉造，雍工帀（師）叶，工秦。②

陕西历史博物馆藏"卅七年上郡守庆戈"铭文云：

卅七年上郡守慶造，柒（漆）工瞀，丞秦，工城旦貴。③

高平市博物馆藏"卅八年上郡守庆戈"铭文云：

卅八年上郡守慶造，柒（漆）工瞀，丞秦，工隸臣于。④

吴镇烽《铭图》17298所收另一件未见著录的"卅八年上郡守庆戈"铭文亦云：

---

① 陈松长主编：《岳麓书院藏秦简》（五），上海辞书出版社2017年版，第200页。
② 萧春源编：《珍秦斋藏金（青铜器卷）》，澳门基金会2006年版，第64页。
③ 陕西历史博物馆编，周天游主编：《寻觅散落的瑰宝——陕西历史博物馆征集文物精粹》，三秦出版社2001年版，图版19。
④ 郎保利：《长平古战场出土三十八年上郡戈及相关问题》，《文物》1998年第10期。

卅八年上郡守慶造，桼（漆）工瞥，丞秦，工隸臣于。①

又，中国国家博物馆藏"四十年上郡守起戈一"铭文云：

卌（四十）年上郡守起（造），图工帀（師）帀（師）耤（？），丞秦，工隸臣庚。②

以上物件铜器年代均为秦昭襄王时。③ 廿一年相邦冉戈上的"工秦"，即名"秦"之工师，其与卅七年、卅八年和四十年上郡戈上的"丞秦"当为同一人。"秦"于秦昭襄王廿一年时为工师，到卅七年时已成为漆垣工师之丞，四十年时则改任图工师之丞。④ 又，传世秦印中亦有以"秦"为名者，如阴秦、宜秦、宁秦、⑤ 姚秦及傅广秦等，⑥ 秦陶文则有宁秦、杜秦等。⑦ 除作为权力象征的官印和身份凭证的私印外，古人有佩吉语印的习惯，卫宏《汉旧仪》云："秦以前，民皆佩绶，金玉银铜犀象为方寸玺，各服所好。"⑧ 吉语印在战国时就很兴盛，而在传世秦印中，吉语印占了一定数量。因此，上引秦印"宜秦""宁秦"，由字面意思看，不易判断是私名印抑或是吉语印。⑨ 但阴秦、姚

---

① 吴镇烽：《商周青铜器铭文及图像集成》（第32册），上海古籍出版社2012年版，第378页。
② 王辉编著：《秦铜器铭文编年集释》，三秦出版社1990年版，第71页。此条铭文中的"图"字，王辉先生疑其当为"圐"字之误释，并认为此处的"圐"当为"圐阳"或"圐阴"之省称。
③ 王辉、王伟编著：《秦出土文献编年订补》，三秦出版社2014年版，第56、65、66、68页。
④ 郎保利：《长平古战场出土三十八年上郡戈及相关问题》，《文物》1998年第10期。
⑤ 许雄志编：《秦印文字汇编》，河南美术出版社2001年版，第134页。
⑥ 许雄志主编：《秦代印风》，重庆出版社1999年版，第139、174页。
⑦ 袁仲一、刘钰编著：《秦陶文新编》（下），文物出版社2009年版，第245、580页。
⑧ （汉）卫宏撰，孙星衍校：《汉旧仪》（《丛书集成初编》本），商务印书馆1939年版，第1页。
⑨ 《史记·秦本纪》载："（秦惠文王）六年，魏纳阴晋，阴晋更名宁秦。"《正义》云："《地理志》云华阴县，故阴晋，秦惠王五年，更名曰宁秦，高祖八年更名华阴。"则"宁秦"又为秦县名，出土封泥即有"宁秦丞印"（《秦封泥集》273.1）。《秦陶文新编》一书所收陶文中有"宁秦"，编者以为是宁秦官府制陶作坊的印记。但传世秦印中也有"宁秦"印，难以判断其是地名、人名，抑或是吉语印。

秦、杜秦则可确定是以"秦"为名者,① 而"傅广秦"则是以"广秦"为复名者。这几枚秦印或陶文的年代虽不可确知,但从秦立法禁以"秦"为名者推测,其或应属秦统一之前秦国的遗物。② 游逸飞据以上所引有"丞秦"者铜铭认为,此不仅可证实战国晚期秦国确有人取名为"秦",故秦始皇须下诏改名;更可推测改名的规定甚晚推行,很可能是秦始皇统一天下的新规定。否则战国晚期的上郡丞应当已经改名,不应为"秦"。③

值得注意的是,出土秦简中也见有以"秦"为名者,可为游说另一佐证。如《岳麓书院藏秦简》(三)所收《学为伪书案》简文内容云:

> 學父秦居赀,吏治(笞)秦,以故數爲學怨……(0408 正)④

此案发生于秦王政二十二年八月,学的父亲即名"秦"。又,里耶秦简简文云:

> 廿六年五月庚戌,癗舍守歐、佐秦出粱粟=四斗一升泰半升以食癗□者居赀士五□ 升令史肆监。(9—2303)⑤
>
> 廿六年七月庚戌,癗舍守宣、佐秦出稻粟=一石一斗半斗以貸居赀士五朐忍陰□ 令史慶监。(9—1526)
>
> 廿六年七月庚戌,癗舍守宣、佐秦出稻粟=二斗以貸居赀士五

---

① 按,袁仲一、刘钰所编《秦陶文新编》一书中尚收有"杜建""杜歧"等陶文,编者认为"杜"为县名,"建""歧"为人名。但对于书中所收陶文"杜秦",却认为"杜"为县名,"秦"为制陶工匠的姓。其说似不妥。因为在该书中尚收有多件地名+人名形式的印文,如新城章(1300)、宜阳昌(1312)、皮史卯(1363)、安邑禄(1359)、当阳克(1366)等,未见以地名+姓氏形式的印文,故此处的"杜秦"之"秦"亦当为人名。
② 孙兆华:《从岳麓简"秦更名令"看秦统一对人名的影响》,《鲁东大学学报》(哲学社会科学版)2016 年第 2 期。
③ 游逸飞:《里耶 8—461 号"秦更名方"选释》,载魏斌主编《古代长江中游社会研究》,上海古籍出版社 2013 年版,第 68—90 页。
④ 朱汉民、陈松长主编:《岳麓书院藏秦简》(三),上海辞书出版社 2013 年版,第 228 页。
⑤ 湖南省文物考古研究所编著:《里耶秦简》(二),文物出版社 2017 年版,第 88 页。按,"廿",整理者原补作"卅",周海锋《〈里耶秦简〉(二)初读(一)》(见武汉大学简帛网 2018 年 5 月 15 日首发)一文纠正作"廿"。可从。

巫濡留利□☑令史慶監。(9—1903)①

以上三条简文所涉史事略同，时间跨度也较短，由是推测以"秦"为名的厮舍佐应为同一人。此几条简文时间为始皇二十六年五月或七月间，名"秦"的厮舍佐仍未改名，推其原因，或者岳麓简所载"名为秦者更名之"之更名令在始皇二十六年七月之后颁布，或者秦于统一后即颁行更名令，但此令推行全国尚需时日，未可遽然生效，故佐秦之名于始皇二十六年七月间仍未改之。

此外，在里耶秦牍上尚载有一条更名的简文：

☑年更名曰殿。(9—1159)②

研究者即疑此条简文可能与秦令更名规定有关。③

个人取名有讲究和讳忌，其礼俗由来已久。《左传·桓公六年》载鲁桓公问名于申繻，对曰：

名有五，有信，有义，有象，有假，有类。以名生为信，以德命为义，以类命为象，取于物为假，取于父为类。不以国，不以官，不以山川，不以隐疾，不以畜牲，不以器币。周人以讳事神，名，终将讳之。故以国则废名，以官则废职，以山川则废主，以畜生则废祀，以器币则废礼。晋以僖侯废司徒，宋以武公废司空，先君献、武废二山，是以大物不可以命。④

《礼记·曲礼上》亦云："名子者，不以国，不以日月，不以隐疾，不以山川。"又，《内则》云："凡名子不以日月，不以国，不以隐疾。"《新书·胎教》亦引青史氏之《记》所载古之胎教之道云：

---

① 湖南省文物考古研究所编著：《里耶秦简》（二），文物出版社2017年版，第57、72页。"濡留"为巫县里名，原释文作"需留"，今据里耶秦简牍释读小组《〈里耶秦简（二）〉简牍缀合续表等文读后记》（武汉大学简帛网2018年5月15日首发）一文改。

② 湖南省文物考古研究所编著：《里耶秦简》（二），文物出版社2017年版，第45页。

③ 周海锋：《〈里耶秦简〉（二）初读（一）》，武汉大学简帛网2018年5月15日首发。

④ 杨伯峻编著：《春秋左传注》（修订本），中华书局1990年版，第115—117页。

古者胎教之道，王后有身，七月而就蒌室……然后，为太子悬弧之礼义……然后卜王太子名，上毋取于天，下毋取于土，毋取于名山通谷，毋悖于乡俗，是故君子名难知而易讳也。①

以上所言虽异，其意则同。尽管当时有此类命名的礼俗，然从上引《左传》文字来看，当时也有违礼俗而行者。如以官职为名者，晋有僖侯名师徒、宋有武公名司空。有以山为名者，如鲁有具山、敖山，而鲁献公名具，鲁武公名敖等。由上引名"秦"者资料看，秦国当时也有此类命名违礼现象存在，故秦于统一后颁更名令以禁之。

其二，从此条秦令来看，禁止以"秦"为人名的对象，乃是设定为黔首、徒隶等群体。"黔首"之名，在《战国策·魏策》《吕氏春秋·大乐》《韩非子·忠孝》等文献中已有出现，王念孙据此认为，"黔首"一词最早使用并不始于秦统一之后，"诸书皆在六国未灭之前，盖旧有此称，而至秦遂以为定名，非始皇创为之也"。②而据《史记·秦始皇本纪》所载，秦王政二十六年统一六国后，"更名民曰'黔首'"。"黔首"何义？裴骃《集解》引应劭说曰："黔亦黎黑也。"③《说文·黑部》亦云："黔，黎也。从黑，今声。秦谓民为黔首，谓黑色。"《汉书·艺文志》"至秦患之，乃燔灭文章，以愚黔首"颜师古注："秦谓人为黔首，言其头黑也。"又，《汉书·鲍宣传》"苍头庐儿皆用致富，非天意也"颜师古注引孟康说曰："黎民、黔首，黎、黔皆黑也。下民阴类，故以黑为号。汉名奴为苍头，非纯黑，以别于良人也。"④《礼记·祭义》"明命鬼神，以为黔首则"孔颖达疏则云："云'黔首，谓民也'者，黔，谓黑也。凡人以黑巾覆头，故谓之黔首。"⑤孔氏"以黑巾覆头，故谓之黔首"之说与颜师古"言其头黑也"之说语义大体一致，此说从字面意思上解释"黔首"一词似比"下民阴类，故以黑为号"之说更为合理些。秦统一之前，对于平民的称呼，有民、

---

① （汉）贾谊撰，阎振益、钟夏校注：《新书校注》，中华书局2000年版，第391页。
② （清）王念孙著，张其昀点校：《广雅疏证》（点校本），中华书局2019年版，第275页。
③ （汉）司马迁：《史记》，中华书局1959年版，第239—240页。
④ （汉）班固：《汉书》，中华书局1962年版，第3089—3090页。
⑤ （汉）郑玄注，（唐）孔颖达正义：《礼记正义》，上海古籍出版社2008年版，第1835页。

氓、民氓、民萌、众庶、黔首等众多名目，从中选取"黔首"作为标准的统一称呼，实际上只是秦统一六国以后重新确立、统一名物制度的诸多措施之一，这一名称上的变化，似并不寓含特别的褒贬之意。① 而黔首称谓最初使用时，五德终始说的神秘主义影响可能尚未及于民间意识。② 但秦始皇在统一六国后偏偏选取有黑色之意的"黔首"作为"民"之标准称谓，这应非巧合，实与他自以为得水德之瑞，以黑色为正的观念有内在关联。据《史记·秦始皇本纪》所载，秦统一后，"始皇推终始五德之传，以为周得火德，秦代周德，从所不胜。方今水德之始，改年始，朝贺皆自十月朔。衣服旄旌节旗皆上黑。数以六为纪，符、法冠皆六寸，而舆六尺，六尺为步，乘六马。更名河曰德水，以为水德之始"。③ 在这样的社会政治、文化观念下，更民名为有黑色之意的"黔首"显然应是秦在五德终始说影响下尚黑观念的反映。

秦令所禁以"秦"为名的"徒隶"一词，屡见于《管子》《鹖冠子》《战国策》等先秦文献中。近年来，在出土秦简如睡虎地秦简、里耶秦简、岳麓书院藏秦简中也多见有"徒隶"，学界对其身份地位多有讨论。如有的人认为战国秦时的徒隶指城旦舂、隶臣妾、鬼薪白粲，又能被政府所买卖，具有罪犯奴隶的性质，其刑期是终身的。④ 有的人认为隶属官府的徒隶由城旦舂、鬼薪白粲、隶臣妾诸群体组成，除官方赦免减罪及赎免外，终身服役，其身份低于一般平民。⑤ 有的人将司寇、侯、下吏及居赀赎债者与城旦舂、鬼薪白粲、隶臣妾一起当作徒隶，并认为其来源主要是犯罪、战俘、买卖，单独立籍，有别于身份自有的编户齐民者。⑥ 总体上看，战国秦时的徒隶当是指隶属于国家，身份低于平民，在官府劳作的某些刑徒（城旦舂、隶臣妾、鬼薪白粲等）和官奴婢（隶臣妾）。

由上赘述可知，此条秦令所禁对象，乃是一般平民和身份低于一般

---

① 肖永明：《读岳麓书院藏秦简〈为吏治官及黔首〉札记》，《中国史研究》2009年第3期。
② 王子今：《说"黔首"称谓——以出土文献为中心的考察》，载中国文化遗产研究院编《出土文献研究》（第11辑），中西书局2012年版，第174—193页。
③ （汉）司马迁：《史记》，中华书局1959年版，第237—238页。
④ 曹旅宁：《释"徒隶"兼论秦刑徒的身份及刑期问题》，《上海师范大学学报》（哲学社会科学版）2008年第5期。
⑤ 孙闻博：《秦及汉初的司寇与徒隶》，《中国史研究》2015年第3期。
⑥ 张佼：《秦简所见徒隶问题研究》，硕士学位论文，吉林大学，2016年。

平民的徒隶群体。那么对于贵族阶层，是否可以以"秦"为名呢？此条秦令并未明言。有学者就此认为，秦代有关避讳的规定，也是有等级规定的。这里所划定的范围是黔首和徒隶两大类，也就是说，它是针对没有什么社会地位的一般百姓和徒隶而设定的。因此，如果是有爵位之人，可能就不受此条令文的约束了。① 然在已刊布的、被命名为"秦更名方"的里耶8—461号秦牍上，第一栏第十七列文字内容作"诸官为秦，尽更"②。游逸飞参照上引岳麓秦简所载秦令认为，木方本条文字内容当为省写，原文或作"诸官'名'为秦，尽更"，其意指所有秦朝官吏的私名若有"秦"字，均须更改。③ 孙兆华依据战国初期秦就有对于"初带剑"从上到下的颁令次序这一现象，进一步指出，根据对象不同，部分秦法令的颁布可能有一个从"吏"等特殊群体到"百姓"或"黔首""徒隶"等下层人群的顺序。进而，吏"名为秦者"可能先于"黔首、徒隶"已更名了。"秦更名令"颁布于秦统一后，那么此令当后于"秦更名方"。④ 由此看来，秦令禁以"秦"为名者，并非仅限于黔首、徒隶等身份低下阶层之群体，对于官吏自然也是适用的，这其实也符合王朝法令适用对象的普遍性特点。

秦统一后，何以要禁天下吏民以"秦"为名呢？孙兆华将其与先秦礼制相联系，认为秦统一后先后颁布"秦更名方"所见"诸官［名］为秦，尽更"法令以及"秦更名令"，从形式上看，与先秦礼制相合，否决了秦国时期的"非礼"，这很难确定是效仿先秦礼制的一种历史行为。但是可以说，作为新政治形势下的更新制度、更新名物之举，上述两种有关人名法令的颁布从客观上维护了旧的礼制，这也许反映了秦统一后在制度更新的血液里含有旧的成分。⑤ 这种理解不无道理，但究非主因。因为秦人除"非礼"以秦之国名"秦"为名者外，传世秦印尚

---

① 陈松长等：《岳麓书院藏秦简的整理与研究》，中西书局2014年版，第257页。
② 陈伟主编：《里耶秦简牍校释》（第1卷），武汉大学出版社2012年版，第156页。
③ 游逸飞：《里耶8—461号"秦更名方"选释》，载魏斌主编《古代长江中游社会研究》，上海古籍出版社2013年版，第68—90页。
④ 孙兆华：《从岳麓简"秦更名令"看秦统一对人名的影响》，《鲁东大学学报》（哲学社会科学版）2016年第2期。
⑤ 孙兆华：《从岳麓简"秦更名令"看秦统一对人名的影响》，《鲁东大学学报》（哲学社会科学版）2016年第2期。

有以痤（张痤、王痤、黄瘥）、癃（冯癃、李癃、谯癃）、疥（乐疥）、痍（牛痍）、疢（遂疢、王疢、张疢、咸沙里疢）、瘳（焦瘳、杨瘳、王瘳、和瘳）、疕（医疕、贾疕、都船工疕）等隐疾为名者，① 也有以豨（李豨、段豚）、犬（熊狗、牛犬）等畜生为名者。② 里耶秦简中也见有以"豕"（8—4）、"狗"[如士五狗（8—247）、书手狗（8—1094）]等六畜为名者。③ 何以不见秦以律令形式加以制止呢？这说明，秦王朝以律令形式禁止吏民以"秦"为名，主因并非是出于维护礼制的目的，而更多应是从秦的国家身份认同和现实政治方面出发的考量，即出于维护新的大一统王朝政治威权的庄严性和神圣性而采取的措施。

这种基于国家身份变化和现实政治考量的举措，在出土秦属虎符上也有很好的体现，如秦在统一六国前，其为周天子统御下的诸侯国之一，其国君即称"君"，故杜虎符上的铭文作"右在君"。④ 待至秦惠文君前元四年（前334年），"天子致文武胙"，⑤ 认可秦惠文君称王之举，新郪虎符上铭文即作"右在王"。⑥ 而到秦统一天下，秦王政称"始皇帝"，阳陵虎符上的铭文则变作"右在皇帝"。⑦ 由君而王而帝的称谓变换，正与秦由诸侯到大一统王朝的国势变化相一致。这种国家身份的变化导致的更名行为，在里耶秦简"秦更名方"所载内容中也有反映，过去称"王"的，现均改称之。如"王节弋曰皇帝""王谴曰制谴""以王令曰【以】皇帝诏""王游曰皇帝游""王猎曰皇帝猎""王犬曰皇帝犬"，⑧ 等等。秦为嬴族立国之名，也为统一王朝之名，对于吏民来讲，自然不应以此神圣、庄严之国名、王朝名为个人之私

---

① 许雄志编：《秦印文字汇编》，河南美术出版社2001年版，第148—149页。
② 许雄志编：《秦印文字汇编》，河南美术出版社2001年版，第189、196页。
③ 陈伟主编：《里耶秦简牍校释》（第1卷），武汉大学出版社2012年版，第28、122、276页。
④ 黑光：《西安市郊发现秦杜虎符》，《文物》1979年第9期。
⑤ 司马迁：《史记》，中华书局1959年版，第205页。1949年前在今西安市户县（今鄠邑区）境内出土的"秦封宗邑瓦书"，其上文字亦云"四年，周天子使卿大夫辰来致文武之酢（胙）"，与《史记·秦本纪》所载一致，且更为详细，详参陈直《秦陶券与秦陵文物》（《西北大学学报》1957年第1期）一文。
⑥ 孙慰祖、徐谷甫编著：《秦汉金文汇编》，上海书店出版社1997年版，第1页。
⑦ 罗振玉：《秦金石刻辞》卷上，《丛书集成三编》（第31册），台北：新文丰出版公司1997年版，第427页。
⑧ 陈伟主编：《里耶秦简牍校释》（第1卷），武汉大学出版社2012年版，第156—157页。

名。因此，统一后的秦王朝从国家身份变化和现实政治的威权性和庄严性出发，以律令形式禁止吏民以"秦"为名，自是合乎情理的现实举措。

第三节 秦令禁壬、癸哭临及葬以报日

一 秦令禁壬、癸日行哭临之事

岳麓书院藏秦简所载秦令明文规定：

> 自今以來，禁毋以壬、癸哭臨，葬以報日。犯令者，貲二甲。·廷卒乙十七。（1706+1784 正）①

整理者注："哭临，见《汉书·文帝纪》：'无发民哭临宫殿中。殿中当临者，皆以旦夕各十五举音，礼毕罢。'"② 整理者注所引，乃是汉代帝崩之丧事哭临之礼。比照简文之义，似较偏狭。按，传世文献所见"哭临"有两层意思：

其一，哭临乃古代丧礼之一。国君死，集众定时举哀或吊祭曰哭临。依周礼，同姓诸侯死，哭临于庙；异姓诸侯死，则哭临于外。如《左传·襄公十二年》云："秋，吴子寿梦卒，临于周庙，礼也。凡诸侯之丧，异姓临于外，同姓于宗庙，同宗于祖庙，同族于祢庙。故鲁为诸姬，临于周庙；为邢、凡、蒋、茅、胙、祭，临于周公之庙。"杨伯峻注："《礼记·檀弓》郑注：'丧哭曰临。'"③ 吴与鲁同为姬姓诸侯，故依礼哭临于周庙，其后相承凡哭于庙者皆谓之"临"。如《左传·宣公十二年》载："十二年春，楚子围郑。旬有七日，郑人卜行成，不吉。卜临于大宫，且巷出车，吉。国人大临，守陴者皆哭。"杜预注："临，哭也。大宫，郑祖庙。"④ 秦汉时，帝崩，仍行哭临之礼。如《史

---

① 陈松长主编：《岳麓书院藏秦简》（五），上海辞书出版社 2017 年版，第 123 页。
② 陈松长主编：《岳麓书院藏秦简》（五），上海辞书出版社 2017 年版，第 157 页。
③ 杨伯峻编著：《春秋左传注》（修订本），中华书局 1990 年版，第 996 页。
④ 《春秋左传集解》，上海人民出版社 1977 年版，第 583 页。

记·孝文本纪》云:"其令天下吏民,令到出临三日,皆释服。毋禁取妇嫁女祠祀饮酒食肉者。自当给丧事服临者,皆无践……毋发民男女哭临宫殿。宫殿中当临者,皆以旦夕各十五举声,礼毕罢。非旦夕临时,禁毋得擅哭。"① 又,《后汉书·礼仪志下》云:"登遐,皇后诏三公典丧事……百官哭临殿下。"② 等等,皆属此类。

其二,泛指人死后集众举哀或至灵前吊祭,如《三国志·魏书·孙礼传》云:"礼为死事者设祀哭临,哀号发心。"③ 又,清人赵翼《哭汪文端师》诗云:"至尊亲哭临,诸老各悲牵。"④

此条秦令所禁以壬、癸日哭临,非仅只涉及帝丧之哭临,而实际上是针对全国民众丧事的。孔家坡汉简《日书》云:

入月二旬齿爪死日也,不可哭临、聚众、合卒。(183壹)⑤

此处"哭临",亦是针对社会民众整体而言。故简文所云"自今以来,禁毋以壬、癸哭临",乃是说,从今往后,凡是涉及人死举哀或吊祭的哭临之事,禁毋以壬、癸日行之。否则,对违反此令者,将处以罚二甲的惩处。

何以秦令明文禁止丧事以壬、癸日哭临?此或与当时社会流行的五行学说及五德终始说有关。天干五行理论在出土秦简中已有记载,睡虎地秦简《日书》乙种简文即云:

丙丁火,火胜金。戊己土,土胜水。庚辛金,金胜水。壬癸水,水胜火。⑥

周家台秦简《日书》简文亦云:

---

① (汉)司马迁:《史记》,中华书局1959年版,第434页。
② (南朝宋)范晔:《后汉书》,中华书局1965年版,第3141页。
③ (晋)陈寿:《三国志》,中华书局1959年版,第691—692页。
④ (清)赵翼:《瓯北诗钞》,世界书局1937年版,第147页。
⑤ 湖北省文物考古研究所、随州市考古队编:《随州孔家坡汉墓简牍》,文物出版社2006年版,第151页。
⑥ 睡虎地秦墓竹简整理小组编:《睡虎地秦墓竹简》,文物出版社1990年版,第239页。

【甲乙木，丙】丁火，戊己土，庚辛金，壬癸水。①

可知天干壬、癸于五行属水，这在当时是较为普遍的认知。五德终始说则是战国末期阴阳家邹衍所创。"五德"指金、木、水、火、土五种德性或性能，"五德终始"即是指这五种德性处于从始至终、终而复始的循环相胜运动状态。邹衍将这一学说作为历史变迁、王朝更替的根据，他指出，"五德从所不胜，虞土、夏木、殷金、周火"②，而"代火者必将为水"。③ 作为一种改朝换代的理论工具，邹衍创设的"五德终始说"被统一六国、建立大一统王朝的秦始皇所信奉，他根据邹衍的"水德代周而行"论断，自以为秦得水德之瑞，并以此作为理论依据，进行了一系列符合水德要求的改革，以证明秦扫六合、一统宇内，代周而立的政权合法性。《史记·秦始皇本纪》对此记载道："始皇推终始五德之传，以为周得火德，秦代周德，从所不胜。方今水德之始，改年始，朝贺皆以十月朔。"张守节《正义》云："秦以周为火德，能灭火者水也，故称从其所不胜于秦。"④《史记·封禅书》亦载道："周得火德，有赤乌之符。今秦变周，水德之时。昔文公出猎，获黑龙，此其水德之瑞。"⑤又"邹子之徒论著终始五德之运，及秦帝而齐人奏之，故始皇采用之"裴骃《集解》引如淳曰："今其书有《五德终始》，五德各以所胜为行。秦谓周为火德，灭火者水，故自谓水德。"⑥ 根据五德终始说，秦变周，得水德之瑞。而据天干五行学说，五行之水所配天干为壬、癸。哭临为丧葬仪式，丧葬之事于五礼属凶礼，本非吉事，作为与王朝德瑞相配之天干壬、癸日自然不宜举行哭临等属丧葬凶礼之仪式。因此，在当时时日择吉风习浓厚的社会大背景下，从维护秦王朝水德之瑞的政权合法性及政治威权之尊严考量，秦以法令形式禁止壬、癸日行哭临之事，自在

---

① 湖北省荆州市周梁玉桥遗址博物馆编：《关沮秦汉墓简牍》，中华书局2001年版，第119页。
② 《文选·齐故安陆昭王碑文》李善注引邹子语。见（梁）萧统编，（唐）李善等注《六臣注文选》，中华书局2012年版，第1104页。
③ 许维遹撰，梁运华整理：《吕氏春秋集释》，中华书局2009年版，第284页。
④ （汉）司马迁：《史记》，中华书局1959年版，第238页。
⑤ （汉）司马迁：《史记》，中华书局1959年版，第1366页。
⑥ （汉）司马迁：《史记》，中华书局1959年版，第1369页。

情理之中。

二 秦令禁葬以报日

上引简文中的"葬以报日",乃是承前文而省"禁毋"二字,亦即是说,其原文文意应为"禁毋葬以报日"。报日,整理者注:"报日,秦汉日书中的一种特定的日子,即辛亥、辛卯、壬午三日。孔家坡汉简《日书》3063简:'辛亥、辛卯、壬午不可以宁人及问疾,人必反代之。利以贺人,人必反贺之,此报日也。'"① 按,在出土秦汉简牍资料中,有关"报日"的行事宜忌简文尚有以下几条。如:

【毋】以辛亥、卯、壬午問病【者】,以寧人,人必寧之;以賀人,人必賀之。寅、卯不可問病者,問之必病。(M36:44背)②
辛卯、壬午不可寧人,人反寧之。(192貳)
凡酉、午、巳、寅、辛亥、辛卯問病者,代之。(193貳)③
辛亥、辛卯、壬午不可以寧人及問疾,人必反代之。利以賀人,人必反賀之,此報日也。(305叁—306叁)④

上引几条简文文字虽略有不同,但其内容基本一致,均是讲"报日"的行事宜忌。"报日"对应时日,上引孔家坡汉简《日书》简文及周家寨汉墓M8《日书》简文均明确以辛亥、辛卯、壬午三日当之。上引岳山秦牍文字"【毋】以辛亥、卯、壬午问病【者】"中的辛亥、卯、壬午,即辛亥、辛卯、壬午,此与上文整理者注所引孔家坡汉简《日书》所说"报日"时日也一致,是知在秦汉时的时日择吉礼俗中,以辛亥、辛卯、壬午三日为报日。

香港中文大学文物馆藏汉简《日书》简文中亦见"报日"一词,原简文云:

---

① 陈松长主编:《岳麓书院藏秦简》(五),上海辞书出版社2017年版,第157页。
② 湖北省江陵县文物局、荆州地区博物馆编:《江陵岳山秦汉墓》,《考古学报》2000年第4期。
③ 睡虎地秦墓竹简整理小组编:《睡虎地秦墓竹简》,文物出版社1990年版,第239页。
④ 湖北省文物考古研究所、随州市考古队编:《随州孔家坡汉墓简牍》,文物出版社2006年版,第171页。

【戊】己、甲庚、乙辛、丙壬、癸丁、戊己。報日以得，必三以亡，必五以三。凡三，可以畜六畜。(75)①

陈松长认为，"癸丁"应即"丁癸"之误倒。"报日"当为报祭之日。而《居延新简》所载探方二七第2号简所记的"复日"干支与此相同。因此，"报日"可能就是"复日"，只是时代早晚不同，名称有异而已。② 刘国胜则认为，"报日"可能是指凡得报应、反受报复之日，属凶日。③ 按，尹湾汉简《元延三年五月历谱》中有"五月小……复丁癸"的记载，④ 后世选择通书如《星历考原》卷4、《协纪辨方书》卷5均引《历例》云："复日者，正、七月甲、庚，二、八月乙、辛，四、十月丙、壬，五、十一月丁、癸，三、九、六、十二月戊、己日也。"⑤ 据此可证港中大藏汉简中的"癸丁"确如陈先生所说，应为"丁癸"误倒。而此处之"报日"亦如陈先生所说，是《居延新简》中的"复日"，也即后世选择通书中的"复日"。但从其对应的具体时日及行事宜忌上看，此处之"报日"与上引岳山秦牍、睡虎地秦简、孔家坡汉简中的"报日"虽同名，二者却非指一事。

上引简文中的"问病者"，即问候探望患病者。"必代病"或"代之"，是说"问病者"必代替病患者患病。"宁"即慰问、安慰之义。简文将"宁人"与"问疾"并列而言，说明"宁人"和"问疾"属于性质相同的行为。若这些行为发生在"报日"里，后果会是"问病者，必代病""宁人者，人反宁之"。而若在"报日"里"贺人"，则"人必反贺之"，即报日中向别人道贺，也一定会得到别人的道贺。由此看

---

① 陈松长编著：《香港中文大学文物馆藏简牍》，香港中文大学出版社2001年版，第39页。
② 陈松长编著：《香港中文大学文物馆藏简牍》，香港中文大学出版社2001年版，第40页。
③ 刘国胜：《港中大馆藏汉简〈日书〉补释》，《简帛》（第1辑），上海古籍出版社2006年版，第341—344页。
④ 连云港市博物馆、东海县博物馆等编：《尹湾汉墓简牍》，中华书局1997年版，第128页。
⑤ （清）李光地等编：《御定星历考原》，《四库术数类丛书》（九），上海古籍出版社1990年版，第75页；（清）允禄、梅瑴成、何国宗等：《钦定协纪辨方书》，台北：台湾古籍出版社2004年版，第193页。

来,"报日"无吉凶可言,其行事结果的吉凶全由行为人的行事之性质决定,即报日里做任何事,最终会得到相应的回报。是"报日"之"报",当如整理小组所释,为"回报""报应"之义。① 正因在秦汉时期的时日择吉俗信中,人们相信"报日"中的行事会得到相应的回报,故若在"报日"中行埋葬之事,便会得到再次丧葬的"回报"。秦令明文禁止"葬以报日",其因由或当在此。

第四节　秦令禁"祠未阕而敢奸"者

《岳麓书院藏秦简》(五)所载秦令简文云:

令曰:"縣官所給祠,吏、黔首、徒隸給事祠所,齋之,祠未閱而敢奸,若與其妻、婢並□,皆棄市,其□。"(1170＋1172背)②

以上秦令内容明确禁止县级祠祀活动的参与者在祠祀活动结束前与其妻、婢等在祭祀场所发生性行为。若违禁者,则要处以弃市的严惩。

祠祀的对象为各种神灵,在祭祀神灵过程中,不仅强调祭祀品的丰盛和洁净,更讲求参与者自身清洁和态度的虔敬。故汉律有"见姅变,不得侍祠"③ 的规定,即女性在月经、小产、分娩出血状态下,均属于姅变的范畴,是不得参与祠祀活动的。如前所述,这是古代先民对特殊状态下女子出血的避忌俗信的反映,《后汉书·礼仪志》即载有主斋事者在斋戒期间若有污染,则须"解斋"的礼制。④《后汉书·周泽传》亦载周泽任太常之职时,"清洁循行,尽敬宗庙。常卧疾斋宫,其妻哀

---

① 湖北省文物考古研究所、随州市考古队编:《随州孔家坡汉墓简牍》,文物出版社2006年版,第171页。
② 陈松长主编:《岳麓书院藏秦简》(五),上海辞书出版社2017年版,第200页。
③ (汉)许慎撰,(宋)徐铉等校定,陶生魁点校:《说文解字》,中华书局2013年版,第265页。
④ (南朝宋)范晔:《后汉书》,中华书局1965年版,第3104页。

泽老病，窥问所苦，泽大怒，以妻干犯斋禁，遂收送诏狱谢罪"。① 泽老病，其妻至斋宫窥问，其犯斋禁之由，应非伤孕或分娩期，或正当月事在身之故。这一状态，与斋戒时所要求参与者的虔敬和洁净正相冲撞，以致惹得这位清洁循行而又虔敬其职的太常管员勃然大怒，竟亲将其妻子送入诏狱以谢罪。

值得注意的是，在居延新简中，也载有一条关于汉代郡县祠祀社稷时，要求参与者要斋戒，并务必谨敬、鲜洁的律文规定：

> 侍祠者齋戒，務必謹敬、鮮絜、約省爲故，褒尚考察不以爲意者，輒言如律令（E. P. F22：154）。②

以上信息足见秦汉时期的祠祀活动，常要求侍祠者自身的清洁和态度上的虔敬。

祠祀鬼神是宗教行为，是人与神灵沟通交流的仪式，这要求参与者在相关的祠祀活动中必须保持态度虔敬和一切物事的洁净。然对人类自身而言，不管是种群的繁衍，还是两性的欢愉，都与性的行为密不可分。男女的性交，本为最自然的行为，和吃饭没有什么大分别。但人类一方面强烈地要求性交，另一方面却把性交看得非常污秽。③ 在这样的认知观下，两性的交合行为如同女子处于"姅"的状态一样，常被看作污秽不洁而须避忌的。因此，若侍祠者在祠祀活动尚未结束时，即在祠所与妻、婢等发生性行为，是对神灵莫大的亵渎和不敬，不但不会得到神灵的庇佑，甚至会因亵渎神灵而致祸咎。秦王朝以法令的形式对参与者在祠所的性行为加以禁止，也正是对当时社会民众宗教俗信的规范和制约。当然，这一法令内容仍是基于时人对两性行为的污秽认知以及对神灵的敬畏观念而发。

---

① （南朝宋）范晔：《后汉书》，中华书局1965年版，第2579页。
② 甘肃省文物考古研究所等编：《居延新简——甲渠侯官与第四燧》，文物出版社1990年版，第487页。
③ 高洪兴编：《黄石民俗学论集》，上海文艺出版社1999年版，第67页。

第五节　汉律禁戊己日兴土功

张家山汉简《二年律令·田律》云：

毋以戊己日兴土功。(250)①

类似内容亦见于放马滩秦简《日书》乙种《天干行忌》：

戊己毋作土攻（功）。(97 贰)②

"土功"一词，文献多见。如《尚书·益稷》云："启呱呱而泣，予弗子，惟荒度土功。"孔传："闻启泣声，不暇子名之，以大治度水土之功故。"③《左传·庄公二十九年》"凡土功，龙见而必务，戒事也"杨伯峻注："土功，土木工程。"④《左传·僖公十九年》云："初，梁伯好土功，亟城而弗处。"由传文义，此处土功显指筑建城池事。《吕氏春秋·季夏纪》"是月也……不可以兴土功，不可以合诸侯，不可以起兵动众，无举大事"高诱注："土功，筑台穿池。"⑤《礼记·月令》云："孟夏之月……毋起土功，毋发大众。"《礼记·玉藻》云："年不顺成……土工不兴，大夫不得造车马。"以上几处"土功"，均指治水、筑城、建造宫殿等事。

此外，土功也当包括普通民众日常的筑室、栽种树木等与动土有关的行事。如睡虎地秦简《日书》甲种《土忌》云：

---

①　张家山二四七号汉墓竹简整理小组编著：《张家山汉墓竹简［第二四七号墓］》（释文修订本），文物出版社 2006 年版，第 43 页。

②　孙占宇：《天水放马滩秦简书集释》，甘肃文化出版社 2013 年版，第 141 页。

③　（汉）孔安国传，（唐）孔颖达正义：《尚书正义》，上海古籍出版社 2007 年版，第 174 页。

④　杨伯峻编著：《春秋左传注》（修订本），中华书局 1990 年版，第 244 页。

⑤　许维遹撰，梁运华整理：《吕氏春秋集释》，中华书局 2009 年版，第 131 页。

土徽正月壬，二月癸，三月甲，四月乙，五月戊，六月己，七月丙，八月丁，九月戊，十月庚，十一月辛，十二月乙，不可爲土攻（功）。正月丑，二月戌，三月未，四月辰，五月丑，六月戌，七月未，八月辰，九月丑，十月戌，十一月未，十二月辰，毋可有爲，筑（築）室，壞；尌（樹）木，死。（104 正壹—105 正壹）①

此处简文明确提及土忌日中，不可进行筑室、种树等与动土有关的事情，是知凡与动土之事有关者，皆可归于"土功"的范畴。

除以上睡虎地秦简《日书》甲种《土忌》篇所载"土徽"日"不可为土功"外，尚载有一些与神煞有关的"不可兴土功""不可为土功"或"毋起土功"之日：

春三月寅，夏巳，秋三月申，冬三月亥，不可興土攻（功），必死。五月六月不可興土攻（功），十一月、十二月不可興土攻（功），必或死。申不可興土攻（功）。（106 正）

正月亥、二月酉、三月未、四月寅、五月子、六月戌、七月巳、八月卯、九月丑、十月申、十一月午、十二月辰，是胃（謂）土神，毋起土攻（功）。（132 背—133 背）

春三月戊辰、己巳，夏三月戊申、己未，秋三月戊戌、己亥，冬三月戊寅、己丑，是胃（謂）日衝，不可爲土攻（功）。（134 背—136 背）

正月申，四月寅，六月巳，十月亥，是胃（謂）地杓，神以毀官，毋起土攻（功），凶。（138 背）

以上简文所述不可兴土功的神煞对应的时日，其所依据的数术原理，刘增贵先生曾据五行学说加以精辟的分析。② 那么，汉律所禁戊己日兴土功的俗信原理又是如何的呢？张家山汉简整理者注云："戊己，

---

① 睡虎地秦墓竹简整理小组编：《睡虎地秦墓竹简》，文物出版社1990年版，第196页。
② 刘增贵：《睡虎地秦简〈日书〉"土忌"篇数术考释》，《"中研院"历史语言研究所集刊》（第78本第4分册），2007年，第671—704页。

土忌之日。《睡虎地秦墓竹简·日书甲种》:'土忌日,戊己……'"①所谓戊己乃土忌之日,其实仍是以五行学说为其俗信原理的。

战国以来,随着五行学说的发展,将时日天干与五行相搭配来占断时日行事时空方位之吉凶宜忌的理论极为流行。在出土秦汉简牍文献中,即多见有天干与五行相配的记载。如睡虎地秦简《日书》乙种简文云:

丙丁火,火勝金。戊己土,土勝水。庚辛金,金勝水〈木〉。壬癸水,水
勝火。(79 贰—82 贰)②

又,周家台30号墓出土秦简简文云:

【甲乙木、丙】丁火、戊己土、庚辛金、壬癸水。(259)③

香港中文大学文物馆藏汉代《日书·五行》篇简文亦云:

戊己土日,庚辛金日。(64)④

是知在天干五行理论下,天干的"戊己"与五行之"土"相配。正因戊己与土相配,因此,在五行学说下,戊己成为禁忌进行一切与动土有关的行事的土忌之日。睡虎地秦简《日书》甲种《土忌》简文即云:

土忌日,戊、己及癸酉、癸未、庚申、丁未,凡有土事弗果居。(130 背)⑤

---

① 张家山二四七号汉墓竹简整理小组编著:《张家山汉墓竹简[第二四七号墓]》(释文修订本),文物出版社2006年版,第43页。
② 睡虎地秦墓竹简整理小组编:《睡虎地秦墓竹简》,文物出版社1990年版,第239页。
③ 湖北省荆州市周梁玉桥遗址博物馆编:《关沮秦汉墓简牍》,中华书局2001年版,第119页。
④ 陈松长编著:《香港中文大学文物馆藏简牍》,香港中文大学文物馆2001年版,第35页。
⑤ 睡虎地秦墓竹简整理小组编:《睡虎地秦墓竹简》,文物出版社1990年版,第225页。

又，孔家坡汉简《日书》简文亦云：

> 土忌：庚午、申，癸酉、未、亥及戊、己。凡有土事，必弗居，不死必亡。（213叁）①

以上简文明言在土忌日中"凡有土事弗果居"或"凡有土事，必弗居，不死必亡"，即土忌日进行与动土有关的一切行事，均不会有好的结果：必不能居，不死必然逃亡。张家山汉简《二年律令·田律》所载："毋以戊己日兴土功"的律文，则正是对这一基于天干五行理论的行事择吉俗信以国家律令的形式予以法制化。

第六节　汉律禁伏日行及田作

张家山汉简《二年律令·户律》云：

> 田典更挟里门籥（鑰），以时开；伏闭门，止行及作田者；其献酒及乘置乘传，以节使，救水火，追盗贼，皆得行，不从律，罚金二两。（305—306）②

整理者注："伏，伏日。《后汉书·和帝纪》'初令伏闭尽日'注引《汉官旧仪》：'伏日万鬼行，故尽日闭，不干它事。'"律文大意说，田典更掌管里中之门的钥匙，按时开门。遇伏日则关闭里门，禁止里民出入及从事耕作。对于献酒及乘置乘传、持符信出使、救水火、追捕盗贼等特殊行事者则予以放行。若有不从律令规定者，则处以罚金二两的惩处。这是汉王朝以国家律令的形式对伏日中普通民众的出行及田作活动做出的具体规定。

---

① 湖北省文物考古研究所、随州市考古队编：《随州孔家坡汉墓简牍》，文物出版社2006年版，第158页。

② 张家山二四七号汉墓竹简整理小组编著：《张家山汉墓竹简［第二四七号墓］》（释文修订本），文物出版社2006年版，第51页。

一 伏日源起及流变

伏日，亦称"伏天"或"三伏"，是中国历法中的重要时气节令之一，也是我国一年中最热之时。《汉书·东方朔传》"伏日，诏赐从官肉"颜师古注云："三伏之日也。"① 上引张家山汉简《二年律令》的随葬时间是吕后二年或其后不久，整理者由此推断《二年律令》当是吕后二年施行的法律。② 汉初多承秦制，《二年律令·户律》所载"伏闭门，止行及作田者"的规定，或沿秦律而来。

传世文献有关伏日最早的记载，见于《史记》所涉秦史的叙事。《史记·十二诸侯年表》云："（秦德公）二年，初作伏，祠社，磔狗邑四门。"《史记·秦本纪》亦云："（德公）二年，初伏，以狗御蛊。"裴骃《集解》引孟康曰："六月伏日初也。周时无，至此乃有之。"张守节《正义》云："六月三伏之节起秦德公为之，故云初伏。伏者，隐伏避盛暑也。"又云："蛊者，热毒恶气为伤害人，故磔狗以御之。《年表》云'初作伏，祠社，磔狗邑四门'。按，磔，禳也。狗，阳畜也。以狗张磔于郭四门，禳却热毒气也。"③ 又，《史记·封禅书》亦云："秦德公既立……作伏祠。磔狗邑四门，以御蛊灾。"司马贞《索隐》引服虔说云："周时无伏，磔犬以御灾，秦始作之。"④ 依服虔、孟康之说，是伏日之节此前尚无，至秦德公二年时方设。这一说法为《汉语大词典》《史记辞典》等辞书所采用。⑤ 陈梦家先生则据《史记·秦本纪》所载惠文君"十二年初腊"《正义》云"秦惠文王始效中国为之，故云初腊"认为，《史记》所言秦初伏、初腊之"初"乃是指在秦国初行，而并非中国初行此制。⑥ 此前中国是否已有伏日的节气？昔文献无

---

① （汉）班固：《汉书》，中华书局1962年版，第2846页。
② 张家山汉二四七号汉墓竹简整理小组编著：《张家山汉墓竹简［二四七号墓］》（释文修订本），文物出版社2006年版，第7页。
③ （汉）司马迁：《史记》，中华书局1959年版，第184页。
④ （汉）司马迁：《史记》，中华书局1959年版，第1360页。
⑤ 罗竹风主编：《汉语大词典》，上海辞书出版社1994年版，第619页；仓修良主编：《史记辞典》，山东教育出版社1991年版，第184页。
⑥ 陈梦家：《汉简年历表叙》，《考古学报》1962年第2期。说又见氏著《汉简缀述》，中华书局1981年版，第237页。

征，难以考知。

秦德公时的伏日之设，乃在隐伏避盛暑也。因热毒恶气为伤害人，故于伏日磔狗于邑四门，以禳除热毒之气。但随着战国以来阴阳五行学说的流行，伏日之节又与五行学说发生关联。《艺文类聚》卷5《岁时下》"伏"条下引《历忌释》云：

> 伏者何也？金气伏藏之日也。四时代谢，皆以相生：立春木代水，水生木；立夏火代木，木生火；立冬水代金，金生水；至于立秋，以金代火，金畏于火，故至庚日必伏，庚者金故也。①

《史记·封禅书》"作伏祠"司马贞《索隐》、《史记·秦本纪》"初伏"张守节《正义》、《初学记》卷4"伏日第八"，以及宋人高承《事物纪原》卷1《正朔历数部》"伏日"条下引《历忌释》文字略同。② 《汉书·郊祀志上》"作伏祠"颜师古注云："伏者，谓阴气将起，迫于残阳而未得升，故为藏伏，因名伏日也。立秋之后，以金代火，金畏于火，故至庚日必伏。庚，金也。"③ 日人泷川资言《史记会注考证》引中井积德说云："'伏'字义未详，《索隐》引《汉旧仪》，非也，当时未尝有五行生克之说。"又引柯维骐说云："伏者，禳邪气使退伏。"④ 按，中井积德所谓"《索隐》引《汉旧仪》"实应为"《索隐》引《历忌释》"之误，因《索隐》所引《汉旧仪》内容为"伏者，万鬼行日，故闭不干求也"，此显然与五行学说无关。但其所说伏日之节的本原与五行生克之说本无关则是对的。很显然，将伏日与五行生克学说相联系，乃是战国以来五行学说广为流传后形成的观念。

值得注意的是，秦人于伏日中磔狗御蛊的俗信，在两汉之际演化成

---

① （唐）欧阳询撰，汪绍楹校：《艺文类聚》，上海古籍出版社1999年版，第86页。
② （汉）司马迁：《史记》，中华书局1959年版，第1360、184页；（唐）徐坚等：《初学记》，中华书局1962年版，第75页；（宋）高承撰，（明）李果订，金圆、徐沛藻点校：《事物纪原》，中华书局1989年版，第11页。
③ （汉）班固：《汉书》，中华书局1962年版，第1196页。
④ （汉）司马迁撰，[日]泷川资言考证，杨海峥整理：《史记会注考证》，上海古籍出版社2015年版，第1579页。

"伏者，万鬼出行"①的观念。赋予伏日的这一新的内涵，恐与时人对"蛊"的认知有关。《史记·封禅书》"作伏祠，磔狗邑四门，以御蛊灾"司马贞《索隐》云："案：《左传》云'皿虫为蛊'，枭磔之鬼亦为蛊。故《月令》云'大傩，旁磔'，注云'磔，攘也。厉鬼为蛊，将出害人，旁磔于四方之门'。故此亦磔狗邑四门也。《风俗通》云'杀犬磔禳也'。"②在这里，所御除之"蛊"不再是伤害人的热毒恶气，而是被看作将出害人的厉鬼。有学者认为，东汉后期多次出现异常低温的状况，导致"阴阳失序""阴阳错谬"等气候和物候不正常，"伏者，万鬼行日"这种观念正是对这种长期以来的异常现象的一种心理折射，用流行于当时的鬼神观念解释，客观上有利于疏导社会压力。③这种认知不无道理，但却忽视了《汉旧仪》的作者卫宏生活于东汉初期而非东汉后期。因此，以东汉后期气候与物候的长期异常作为伏日万鬼出行认知观念出现的原因，与《汉旧仪》的书写年代难以契合。不过，将秦人磔狗以御热毒恶气的"蛊"转化为厉鬼，从而以伏日为万鬼行日，秦人磔狗以御热毒恶气的"伏"，到东汉初卫宏《汉旧仪》的书写中，则变而为"伏者，万鬼出行"。伏日时节内涵的这一变化，体现出传统节俗在传承中随时移而变异的特点。而由对自然物候变化的关注，渐而渗入鬼神作祟的因素，使得此一节俗的宗教气息更为浓厚。

二 伏日时日及施行情况

伏日的具体时日，《初学记》卷 4 引《阴阳书》云："从夏至后第三庚为初伏，第四庚中伏，立秋后初庚为后伏，谓之三伏。"④出土汉简历谱如《元光元年历谱》⑤《地节元年历谱》⑥《五凤三年历谱》⑦

---

① （汉）卫宏：《汉官旧仪附补遗》，中华书局 1985 年版，第 21 页。
② （汉）司马迁：《史记》，中华书局 1959 年版，第 1360 页。
③ 魏永康：《流变与传承——秦汉时期"伏日"考论》，《古代文明》2013 年第 4 期。
④ （唐）徐坚等：《初学记》，中华书局 1962 年版，第 75 页。
⑤ 吴九龙释：《银雀山汉简释文》，文物出版社 1985 年版，第 234—235 页。
⑥ 张德芳、石明秀主编：《玉门关汉简》，中西书局 2019 年版，第 222—223 页；朱赟斌：《读〈玉门关汉简〉"地节元年历谱"札记》，武汉大学简帛网 2020 年 1 月 5 日首发。此处依据朱文复原后的《地节元年历谱》所置三伏日。
⑦ 甘肃简牍博物馆等编：《肩水金关汉简》（三）下册，中西书局 2013 年版，第 100 页。

《永光五年历谱》①《永始四年历谱》②《元延元年历谱》③《元延二年历谱》④ 等中也均有三伏日具体时日的记载（详见表6-1）。

表6-1　　　　　　　　　　汉简历谱表

年代节气	夏至	初伏	中伏	立秋	后伏
元光元年（前134）	六月戊子	六月庚子（夏至后第二庚）	六月庚戌（夏至后第三庚）	七月甲戌	七月庚辰（立秋后第一庚）
地节元年（前69）	五月庚午	六月庚子（夏至后第三庚）	六月庚申（夏至后第五庚）	六月丙辰	七月庚午（立秋后第一庚）
五凤三年（前55）	五月癸未	六月庚戌（夏至后第三庚）	六月庚午（夏至后第五庚）	七月己巳	七月庚寅（立秋后第三庚）
永光五年（前39）	五月丁未	六月庚辰（夏至后第四庚）	六月庚寅（夏至后第五庚）	六月癸巳	七月庚戌（立秋后第二庚）
永始四年（前13）	五月甲子	六月庚寅（夏至后第三庚）	六月庚子（夏至后第四庚）	七月庚戌	七月庚午（立秋后第二庚）
元延元年（前12）	五月己巳	五月庚寅（夏至后第二庚）	六月庚子（夏至后第三庚）	六月乙卯	六月庚申（立秋后第一庚）
元延二年（前11）	五月甲戌	六月庚子（夏至后第三庚）	六月庚戌（夏至后第四庚）	七月庚申	七月庚午（立秋后第一庚）

将几批汉简历谱所载三伏日与《阴阳书》对比可知，"初伏"，地节元年、五凤三年、永始四年、元延二年与《阴阳书》所说"夏至后第三庚"相合，元光元年、地节元年、元延元年则与《阴阳书》不合；"中伏"，永始四年、元延二年与《阴阳书》所说"夏至后第四庚"相合，元光元年、地节元年、五凤三年、永光五年、元延元年则与《阴阳书》不合；"后伏"，元光元年、地节元年、元延元年、元延二年与

---

① 罗振玉、王国维编著：《流沙坠简》，中华书局1993年版，第86—87页；甘肃文物考古研究所编：《敦煌汉简》，中华书局1991年版，第279—280页。
② 林梅村、李均明编：《疏勒河流域出土汉简》，文物出版社1984年版，第77页。
③ 连云港市博物馆、东海县博物馆等编：《尹湾汉墓简牍》，中华书局1997年版，第127页。
④ 连云港市博物馆、东海县博物馆等编：《尹湾汉墓简牍》，中华书局1997年版，第138—144页。

《阴阳书》所说"立秋后第一庚"相合，五凤三年、永光五年、永始四年则与《阴阳书》不合。三伏之日完全符合《阴阳书》所说者，唯有元延二年历谱。饶尚宽指出，汉承秦制，从汉高祖元年（前206）至汉武帝元封六年（前105），继续用秦《颛顼历》，以《四分历》寅正十月为岁首，九月为岁末，置闰后九月。但因《四分历》行用到汉初误差积累较大，最终促成太初元年（前104）改历，其后虽继续行用《四分历》，但以寅正为岁首，十二月（丑）为岁末，闰在岁中，并在征和元年（前92）以《邓平历》取代《四分历》，行用至居摄三年（8），建正、岁首、置闰依旧。① 依此，上列几批历谱中，除元光元年在太初改历之前，其他从地节元年到元延二年皆是太初历施行时期。然三伏具体时日的设置，除元延二年与《阴阳书》所说相同外，其他几批历谱所示各有所异。陈梦家据此疑《阴阳书》或系西汉以后之制。② 《汉书·元后传》载："自莽篡位后，知太后怨恨，求所以媚太后无不为，然愈不说。莽更汉家黑貂，着黄貂，又改汉正朔伏腊日。太后令其官属黑貂，至汉家正腊日，独与其左右相对饮酒食。"③ 不知《阴阳书》所载伏日，是否与王莽此次"改汉正朔伏腊日"之事有关？惜史籍无可征者。

此外，由上引几批汉简历谱看，初伏除元延元年置于五月外，其他均在六月。《四民月令·正月》云："命典馈酿春酒，必躬亲絜敬，以供夏至至初伏之祀。"又，《六月》云："六月初伏，荐麦、瓜于祖祢。"④《荆楚岁时记》云："六月伏日，并作汤饼，名为辟恶饼。"⑤ 此处"六月伏日"的"伏日"应非指整个三伏之日，而应是指初伏而言。有学者认为，汉历初伏定在六月中旬是一条原则，⑥ 而"初伏"必在六

---

① 饶尚宽编著：《春秋战国秦汉朔闰表（公元前722年—公元220年）》"前言"，商务印书馆2006年版，第1—2页。
② 陈梦家：《汉简年历表叙》，《考古学报》1962年第2期。说又见氏著《汉简缀述》，中华书局1981年版，第237页。
③ （汉）班固：《汉书》，中华书局1962年版，第4036页。
④ （汉）崔寔撰，石声汉校注：《四民月令校注》，中华书局2013年版，第16、49页。
⑤ （南朝梁）宗懔撰，（隋）杜公瞻注，姜彦稚辑校：《荆楚岁时记》，中华书局2018年版，第54页。
⑥ 陈久金：《敦煌、居延汉简中的历谱》，见中国社会科学院考古研究所编《中国古代天文文物论集》，文物出版社1989年版，第126页。

月五日至二十日之间。① 对照历谱，元光元年六月庚子初伏是 18 日，地节元年六月庚子初伏是 4 日，五凤三年六月庚戌是 5 日，永光五年六月庚辰初伏是 8 日，永始四年六月庚寅初伏是 19 日，元延元年五月庚寅初伏是 24 日，元延二年六月庚子初伏是 10 日。这种初伏时日的不固定，主要是受五行学说的影响，将伏日与夏至节气相关联所致。而相对陈、张二氏之说，以上地节元年六月庚子初伏（4 日）、元延元年五月庚寅初伏（24 日）在时日上显然于其说不合。元延元年初伏之所以不在六月而在五月，这应与太初改历后，由"置闰后九月"改为"闰在岁中"的变动有关。依据《元延元年历谱》可知，此年正好有闰正月，故原应出现在阴历六月的初伏就前移至阴历五月了。可见，随着汉简历谱的渐次出土，过去学术界对伏日时日设置的某些观点，应考虑到太初改历后置闰变化等因素的影响而出现的特殊情况。

尽管官方历法中对于伏日的具体时日有所规定，但在现实生活中，汉王朝管辖下的地方却似乎并非完全依历法而统一行之。应劭《风俗通义·佚文》即云："户律：汉中、巴、蜀、广汉，自择伏日。俗说：汉中、巴、蜀、广汉，土地温暑，草木早生晚枯，气异中国，夷、狄畜之，故令自择伏日也。谨案：《汉书》：高帝分四郡之众，用良、平之策，还定三秦，席卷天下。盖君子所因者本也，论功定封，加以金帛，重复宠异，令自择伏日，不同于凡俗也。"② 是汉中、巴、蜀等地之所以可以自择伏日，除"气异中国"外，还在于这些地方曾是刘邦受封汉王时的龙兴之地，故予以特殊关照，与他处不同。

三 伏日行事流变

据上引《史记·十二诸侯年表》"（德公）二年，初作伏，祠社，磔狗邑四门"、《史记·秦本纪》"（德公）二年，初伏，以狗御蛊"、《史记·封禅书》"秦德公既立……作伏祠。磔狗邑四门，以御蛊灾"来看，秦德公始用伏日祠社，知当时社、伏原同日，至汉方有春秋二社

---

① 张永山：《汉代历谱》，见薄树人主编《中国科学技术典籍通汇·天文卷》，大象出版社 1998 年版，第 219 页。
② （汉）应劭撰，王利器校注：《风俗通义校注》，中华书局 2010 年版，第 604 页。

与伏分也。① 当时于伏日祠社活动外，尚有磔狗于邑之四门以御止热毒恶气的仪式。但当时是否须关闭里门，禁止里民出入？未见文献有载。而据《二年律令·户律》"伏闭门，止行及作田者；其献酒及乘置乘传，以节使，救水火，追盗贼，皆得行"文意，则此时已规定伏日须闭里门，除献酒及乘置乘传、持符信出使、救水火、追捕盗贼等特殊行事外，里中百姓则禁止出入及耕作。若有不依律而行者，要处以罚金二两。

那么，此日官方是否仍行伏祠之仪？里民是否亦可祠祀呢？律文并未明言。但传世文献提供给我们一些相关信息。《汉书·韦贤传》载：

> 初，高祖时，令诸侯王都皆立太上皇庙。至惠帝尊高帝庙为太祖庙，景帝尊孝文庙为太宗庙，行所尝幸郡国各立太祖、太宗庙。至宣帝本始二年，复尊孝武庙为世宗庙，行所巡狩亦立焉。凡祖宗庙在郡国六十八，合百六十七所。而京师自高祖下至宣帝，与太上皇、悼皇考各自居陵旁立庙，并为百七十六。又园中各有寝、便殿。日祭于寝，月祭于庙，时祭于便殿。寝，日四上食；庙，岁二十五祠；便殿，岁四祠。

颜师古注引晋灼说曰："《汉仪注》宗庙一岁十二祠。五月尝麦，六月、七月三伏，立秋貙娄，又尝粢，八月先夕馈飧，皆一太牢，酎祭用九太牢。十月尝稻，又饮烝，二太牢。十月尝，十二月腊，二太牢。又每月一太牢，如闰加一祀，与此上十二为二十五祠。"② 《后汉书·孝明帝纪》"永平元年春正月，帝率公卿已下朝于原陵，如元会仪"李贤注引《汉官仪》云："古不墓祭。秦始皇起寝于墓侧，汉因而不改。诸陵寝皆以晦、望、二十四气、三伏、社、腊及四时上饭。"③ 是汉代每于伏日时，对诸陵寝均有祠祀仪式。《汉书·张良传》载：

---

① （清）萧智汉：《新增月日纪古》卷 2 上，清道光十四年（1834）萧氏听涛山房刻本。

② （汉）班固：《汉书》，中华书局 1962 年版，第 3115—3116 页。

③ （南朝宋）范晔：《后汉书》，中华书局 1965 年版，第 99 页。

> 良始所见下邳圯上老父与书者，后十三岁从高帝过济北，果得谷城山下黄石，取而宝祠之。及良死，并葬黄石。每上冢伏腊祠黄石。①

当时张良的后人于上冢、伏、腊日时有至墓地祠祀黄石的活动。张良卒年，《史记·留侯世家》记为高祖崩后八年，即高后元年（前187），《汉书·张良传》载在高祖崩后六年，即惠帝六年（前189）。② 若依《汉书》所载，则至高后二年施行的《二年律令》，期间有四年时日，由伏日可墓祠来看，或于高后二年律令施行前，尚未有伏日闭里门禁止出入的规定。若依《史记》所说，张良卒年在《二年律令》施行的前一年。张良的后人"每上冢伏腊祠黄石"，则是伏日仍可出至墓地祠祀黄石，似与律令有关"伏闭门，止行及田作者"的规定相冲突。因由何据？不得而知。但在汉武帝时，从官于伏日仍要入朝，并得赐肉。《汉书·东方朔传》云：

> 伏日，诏赐从官肉。大官丞日晏不来，朔独拔剑割肉，谓其同官曰："伏日当蚤归，请受赐。"即怀肉去。③

少府属官有大官丞。"从官"，《艺文类聚》卷5引《汉书》作"诸侍郎"，④ 说明当时常侍从于天子者，伏日仍须入朝，只是比平时早归些而已。但普通民众是否此日可以出行，从此难以反映出来。张家山汉简《奏谳书》载：

> 除弦（元）、伏不治，它狱四百卅九日，定制十八日。（128）⑤

---

① （汉）班固：《汉书》，中华书局1962年版，第2038页。
② （汉）司马迁：《史记》，中华书局1959年版，第2048页；（汉）班固：《汉书》，中华书局1962年版，第2037页。
③ （汉）班固：《汉书》，中华书局1962年，第2846页。
④ （唐）欧阳询撰，汪绍楹校：《艺文类聚》，上海古籍出版社1999年版，第86页。
⑤ 张家山二四七号汉墓竹简整理小组编著：《张家山汉墓竹简［二四七号墓］》（释文修订本），文物出版社2006年版，第103页。

整理者注:"元,元日,《尚书·虞书》'月正元日'传:'上日也.'伏,伏日,《史记·秦本纪》正义:'六月三伏之节起,秦德公为之.'此二日休假。"是当时官府吏员于伏日中有休假的规定。又,《汉书·杨恽传》载:"田家作苦,岁时伏腊,亨羊炰羔,斗酒自劳。"① 有研究者据此以为,伏日行事在汉中期变为集休息、宴饮与祭祀活动于一体,从中已看不到"闭门"的影子了。② 其实,"伏不治"是说伏日狱吏不用治狱,恰恰反映出此日狱吏依照"止行"的律规不用上班。而伏日"亨羊炰羔,斗酒自劳"虽可反映此日中民众休息、宴饮的一面,但并不能作为不闭门、可出行的证据。因为,汉律虽规定"伏闭门,止行及田作",但未禁止里民在里内的休息、宴饮活动。因此,依此而言汉中期已看不到"闭门"的影子,所论有失偏颇。而从《汉书·东方朔传》所载伏日从官入朝受赐肉,以及张家山汉简《二年律令》所载"自五大夫以下,比地为伍,以辨券为信,居处相察,出入相司"③ 的规定,有关"伏止行及田作"的律规,可能对里中普通民众执行较严,而对那些入朝公干及某些特殊身份者或另当别论。

东汉初卫宏所撰《汉官旧仪》载,"伏日万鬼行,故尽日闭,不干它事"。④ 此以伏日为万鬼出行之时,故须闭门尽日,不干它事。这里的伏日,应是指作为节气的"初伏"之日,而非整个三伏之日,否则如此长时段的尽日闭门不干它事,显然不切实际。那么,当时社会民众是否照此规定执行呢?《后汉书·孝明帝纪》云:

> 丧贵致哀,礼存宁俭。今百姓送终之制,竞为奢靡。生者无担石之储,而财力尽于坟土。伏腊无糟糠,而牲牢兼于一奠。⑤

此虽批评的是当时社会民众奢靡的丧葬风习,但从"伏腊无糟糠"一语亦可反映出当时民众于伏日中仍行祠祀、宴饮的礼俗。似乎到了汉和

---

① (汉)班固:《汉书》,中华书局1962年版,第2896页。
② 魏永康:《流变与传承——秦汉时期"伏日"考论》,《古代文明》2013年第4期。
③ 张家山二四七号汉墓竹简整理小组编著:《张家山汉墓竹简[二四七号墓]》(释文修订本),文物出版社2006年版,第51页。
④ (汉)卫宏:《汉官旧仪》(《丛书集成初编》本),商务印书馆1939年版,第21页。
⑤ (南朝宋)范晔:《后汉书》,中华书局1965年版,第115页。

帝时，伏日祠祀、宴饮的风习有了某些改变。《后汉书·和帝纪》载，永元六年，"六月己酉，初令伏闭尽日"，李贤注引《汉官旧仪》曰："伏日万鬼行，故尽日闭，不干它事。"[①] 这里的"初"，自非言此时才有伏日之设，而是说和帝继位后首次对伏日颁布相关的诏令，故以"初"称之。相对于《二年律令》的"伏闭门"是指伏日中里典关闭里门、止行及耕作者而言，此时"初令伏闭尽日"的"伏闭"对象，则应该是以家庭为单位而言，亦即此时不仅里门要闭，而且各家各户之门也应关闭，不得出行。伏日闭门的因由，由注所引《汉官旧仪》论之，是相信此日为万鬼出行之时，故须关闭终日以避之，并不得出干他事。但于此日，在家中似乎仍可行祠祀之事。生活于东汉中后期的学者崔寔，在其所撰《四民月令·正月》中即云："命典馈酿春酒，必躬亲絜敬，以供夏至至初伏之祀。"又，《四民月令·六月》云："六月初伏，荐麦、瓜于祖祢。"这说明，当时初伏日中，民众仍可于家中以麦、瓜、春酒等物祠祀祖祢。至于原来里中民众聚集宴饮的活动，应该因此日乃万鬼出行之时的认知观而被禁止进行了。

基上所论，秦德公时初设伏日，乃是因此时正值天气最热之期，故于此时举行祠祀，并于邑四门磔狗以禳除毒害伤人的热气。而随着磔狗御蛊之"蛊"由恶气变为厉鬼的认知转变，伏日则被看作万鬼出行之时，故于是日中当须关闭里门以止行作。但在里中，民众则仍可进行宴饮、祠祀等活动。而任职于朝中的从官，于此日尚有入朝赐肉的恩荣，狱吏于此日亦休假不治事。及至东汉和帝时，乃诏令伏日闭门尽日，不干他事。

伏日的确定，乃是以夏至为依据。但战国以来，随着五行学说的流行，伏日的设置亦受其影响，所谓"火行畏金，伏于庚日"，故伏日必于庚日。伏日与节气相关联，必然受到历法置闰的影响。在太初改历前，初伏多在六月。改历后，受置闰变化等因素影响，伏日与夏至节气相关联，致使初伏时日趋于不固定。

[①] （南朝宋）范晔：《后汉书》，中华书局1965年版，第179页。

第七章

秦简中的浴蚕术及相关俗信

第一节　引言

在中国古代的农事生产中，养蚕织丝是重要的组成部分。据文献记载，不但普通妇女要从事蚕桑的养殖，即使是贵为王后、命妇等，也须亲事蚕织，以忧天下之衣。如《诗经·大雅·瞻卬》云："妇无公事，休其蚕织。"《周礼·天官·内宰》云："仲春，诏后帅外内命妇，始蚕于北郊。"《韩诗外传》卷3亦云："故先王之法，天子亲耕，后妃亲蚕，先天下忧衣与食也。"① 在儒家亚圣孟子所勾画的社会蓝图中，则把"五亩之宅，树之以桑，五十者可以衣帛矣""五亩之宅，树墙下以桑，匹妇蚕之，则老者足以衣帛矣"② 看作其理想社会的重要标准，足见蚕桑养殖在古代民众生产、生活中的重要性。是以自古言农之书，必兼言蚕桑。

在长期的蚕事生产中，早期先民总结出许多卓有成效的经验。但受生产力水平与自我认知水平的局限，对于蚕事生产中遇到的一些复杂而无法给予科学解释的现象，影响到蚕事生产的顺利时，他们常将其归于各种超自然力的存在，从而产生出许多的禁忌，也创造出许多构建于原逻辑思维之上的巫术手段，以此来促进蚕事生产的顺利。虽然《礼记·

---

① （汉）韩婴撰，许维遹校释：《韩诗外传集释》，中华书局1980年版，第128页。
② （清）焦循撰，沈文倬点校：《孟子正义》，中华书局1987年版，第60、981页。

祭义》已有"古者天子诸侯必有公桑蚕室,近川而为之,筑宫,仞有三尺,棘墙而外闭之。及大昕之朝,君皮弁素积,卜三宫之夫人、世妇之吉者,使入蚕于蚕室,奉种浴于川,桑于公桑,风戾而食之"①的记载,但这只是对社会上层群体相关信仰观的简要叙述,对早期先民的蚕事生产,尤其是对普通民众在长期的蚕事生产中所反映出的信仰观,却缺乏详备的文字记载。

近年来,随着大批战国秦汉简帛文献的出土,一些与蚕事生产相关的简文资料为我们了解这一时期的浴蚕育种、蚕事择日等习俗提供了珍贵的信息。如睡虎地秦简《日书》甲种简文所载"蚕良日"、周家台秦简所载"浴蚕术"、北大藏秦简《祠祝之道》中入蚕于蚕室前的祝祷文、北大藏秦简《医方杂抄》中的"饲蚕法"及"浴蚕法",以及为蚕蚁顺利结茧生种的祝祷文等,目前虽已有学者撰文对此类资料加以讨论,②但多是从简文隶定、句读及文义阐释等方面分析,这对我们正确理解简文多有裨益,然对其中所蕴含的育蚕信仰尚少有涉及。因此,针对古代先民有关育蚕浴种的相关信仰,借助新资料,仍有进一步研究的空间和必要。为讨论方便计,我们先将相关简文赘列如下:

(1)"今日庚午利浴蟗(蠶),女毋辟(避)瞢瞢=(膜膜)者,目毋辟(避)胡者,腹毋辟(避)男女牝牡者。"以脩(滫)清一梧(杯),礜、赤叔(菽)各二七,并之,用水多少,次(恣)殹。浴蟗(蠶)必以日毚(纔)始出时浴之,十五日乃巳(已)。(368—370)③

(2)令蠶毋死,取礜大如指,冶之,入一斗水中。蠶生,以灑(洗)桑,食之。一曰,取男女相會之所以奉布,(4—264)以新器盛水漬之,有頃,以浴蠶種,而祝之曰:"今日庚午,浴蟗

---

① (清)孙希旦撰,沈啸寰、王星贤点校:《礼记集解》,中华书局1989年版,第1223页。
② 田天:《北大藏秦简〈祠祝之道〉初探》,《北京大学学报》(哲学社会科学版)2015年第2期;田天:《北大藏秦简〈医方杂抄〉初识》,《北京大学学报》(哲学社会科学版)2017年第2期;方勇:《谈关沮秦简所见秦代的浴蚕术》,《社会科学战线》2018年第3期。
③ 湖北省荆州市周梁玉桥遗址博物馆编:《关沮秦汉墓简牍》,中华书局2001年版,第134页。

（帝）女，毋單（憚）蟲虒校（咬）(4—463)也，毋單（憚）男女姚也。"即自用布善。(4—462)①

（3）擇良日可以入蠶者，善騷（掃）徐（除）家室内中、堂、呈（廷），已。禹步三，祝曰：(04—258)"空══以══（空矣，空矣，空矣），啻女且下里（理），三旬而已。裏（理）且偶（蟻），負子裹結。若東鄰移，大者(04—257)毋越（跳），小者毋愿（踴）。啻（帝）女已偶（蟻），遺女（汝）三車畺（蛹）。"(04—256)②

（4）前入蠶，毋令鼠居内中：以脯一朐、酒半桮、黍粟七分升一，即西北陬，腏（餟）脯，祝曰："啻（帝）女將下作，三(06—004)旬而去。若肥（徘）回（徊）房（仿）皇（徨）於埜，湯（偒）勿與相妨，吾多成，齋（齋）子類糧。"即取黍粟，腏（餟）室中冘。(L—001)③

（5）蠶良【日】，庚午、庚子、甲午、五辰，可以入。五丑、五酉、庚午，可以出。(94正貳)④

上引简文所示内容涉及蚕种选育、蚕室清理、出入蚕良日选择、浴蚕时的用物选择、蚕事生产中的避忌，以及蚕神崇拜等，对这些内容的分析，有助于我们了解古代先民有关蚕事生产的相关礼俗和信仰观。

第二节　蚕事生产中的时日、用物选择

战国秦汉时期，以阴阳五行学说为原理的择吉风习颇为流行，是以各种行事无不要选择时日。《论衡·讥日》云："世俗既信岁时，而又

---

① 田天：《北大藏秦简〈医方杂抄〉初识》，《北京大学学报》（哲学社会科学版）2017年第5期。
② 田天：《北大藏秦简〈医方杂抄〉初识》，《北京大学学报》（哲学社会科学版）2017年第5期。
③ 田天：《北大藏秦简〈祠祝之道〉初探》，《北京大学学报》（哲学社会科学版）2015年第2期。
④ 睡虎地秦墓竹简整理小组编：《睡虎地秦墓竹简》，文物出版社1990年版，第194页。

信日。举事若病死灾患，大则谓之犯触岁月，小则谓之不避日禁。岁月之传既用，日禁之书亦行。世俗之人，委心信之，辩论之士亦不能定。是以世人举事，不考于心而合于日，不参于义而致于时。"① 出土战国秦汉时期的数术类简牍文献如《日书》等中亦对此多有所载。涉及民众日常生活、生产中的嫁娶孕育、出行归往、疾病死丧、梦幻占禳、农事艺植、裁衣佩饰、土工建筑等各个方面，② 是当时社会择吉风习流行的真实反映。蚕事生产是古代农业生产的重要组成部分，在早期先民的日常生产、生活中占有极为重要的位置，是以蚕事生产中的"浴蚕""出入蚕"等活动无不受到当时择吉风习的影响。

一 浴蚕时日选择

在蚕事生产整个环节中，选育蚕种的"浴蚕"活动决定着蚕事生产的后续工作能否顺利进行，所谓"育蚕之法，始于择种"③，是以古人对"浴蚕"时日的选择自当极为重视。有关浴蚕的俗信，传世文献多有所载。如《礼记·祭义》云："古者天子诸侯，必有公桑蚕室，近川而为之，筑宫仞有三尺，棘墙而外闭之。及大昕之朝，君皮弁素积卜三宫之夫人、世妇之吉者，使入蚕于蚕室，奉种浴于川。"④《尚书大传》亦云："天子、诸侯必有公桑蚕室，就川而为之，筑宫有三尺，棘墙而外闭之。大昕之朝，三宫之夫人浴种于川。"⑤ 又，《周礼·天官·内宰》"中春，诏后帅外内命妇，始蚕于北郊"贾公彦疏云："仲春始蚕，蚕者亦谓浴种。至三月临生蚕之时，又浴种，乃生之。"⑥《太平御览》卷532引《博物志》佚文云："周之正月受社牲之首以出种子，帝藉蚕。又受社雍及祭以沐蚕种。"⑦ 此外，北魏贾思勰《齐民要术》卷

---

① 黄晖：《论衡校释》，中华书局1990年版，第989页。
② 吕亚虎：《秦汉社会民生信仰研究——以出土简帛文献为中心》，中国社会科学出版社2016年版。
③ （明）徐光启撰，石声汉校注：《农政全书校注》，上海古籍出版社1979年版，第838页。
④ （汉）郑玄注，（唐）孔颖达正义：《礼记正义》，上海古籍出版社2008年版，第1840页。
⑤ （清）皮锡瑞撰，吴仰湘点校：《尚书大传疏证》，中华书局2022年版，第115页。
⑥ （汉）郑玄注，（唐）贾公彦疏：《周礼注疏》，上海古籍出版社2010年版，第249页。
⑦ （宋）李昉等：《太平御览》，中华书局1960年版，第2416页。

5"种桑柘"、宋陈元靓《岁时广记》卷 8"浴蚕种"、《农政全书》卷 31"养蚕法"等对此亦均有记载。①

上引第（1）条简文中的"今日庚午利浴瞽（蚕）"及第（2）条简文祷辞中的"今日庚午，浴䍿（帝）女"均言及利于浴蚕的时日为"庚午"。"今日庚午"一语又见于孔家坡汉简《日书·鸡》篇所载用鸡血祀社以驱除殃邪的简文中：

> 今日庚午爲雞血社，此（雌）毋（無）央（殃）邪。雄毋（無）被堵，旬雞毋（無）亡、老，獻其大者。一度南鄉（嚮）；東鄉（嚮）度二，酉爲雞棲，雞不亡。（226 貳—228 貳）②

何有祖认为，"今日庚午"也可能是"令日庚午"，《诗·吉日》有"吉日庚午"，"令"有善、美好之义，简文所谓的"今"应改释为"令"当颇有可能。③此说学者多驳之。④由上文所引第（1）（2）条秦简所载浴蚕时日均为"今日庚午"来看，"今"确不必改释为"令"字。之所以要于"庚午"前加"今日"者，只是强调某些仪式在具体操作时的时日——"今日"正是举行某些仪式的吉日庚午而已。"庚午"为浴蚕之良日，在后世一些数术类择吉通书中也有传承。如传为东晋徐真人所撰《玉匣记》"养浴蚕吉日"条云："甲子、庚午、丁卯、壬午、戊午。"⑤元无名氏所编《居家必用事类全集》所载"养蚕吉日"条云："浴蚕、出蚕，安槌入筐，宜用戊辰、乙巳、庚午、壬午、

---

① （后魏）贾思勰原著，缪启愉校释：《齐民要术校释》，中国农业出版社 1998 年版，第 326—327 页；（宋）陈元靓撰，许逸民点校：《岁时广记》，中华书局 2020 年版，第 174 页；（明）徐光启撰，石声汉校注：《农政全书校注》，上海古籍出版社 1979 年版，第 837 页。

② 湖北省文物考古研究所、随州市考古队编：《随州孔家坡汉墓简牍》，文物出版社 2006 年版，第 159 页。按，原释文多有残缺，何有祖《孔家坡汉简日书所见"鸡血社"浅论》（武汉大学简帛网 2007 年 7 月 3 日）一文多有订补，本文据之。

③ 何有祖：《孔家坡汉简日书所见"鸡血社"浅论》，武汉大学简帛网 2007 年 7 月 3 日。

④ 周群：《也说孔家坡日书简所见的"鸡血社"》，武汉大学简帛网 2007 年 7 月 9 日；陈炫玮：《孔家坡汉简日书研究》，硕士学位论文，新竹：台湾"清华大学"历史研究所，2007 年。

⑤ （东晋）徐真人：《增广家用万宝玉匣记秘书》，书目文献出版社 1991 年版，第 112 页。

甲午、甲寅、丁巳、戊午日。"① 元明时人所编《类编历法通书大全》卷 10 "浴蚕吉日"云："甲子、丁卯、庚午、壬午、戊午。"② 又，明人朱权所撰《臞仙肘后经》"蚕丝六畜类"下亦载有"浴蚕"吉日："宜甲子、丁卯、庚午、壬午、戊午。"③ 宜于浴蚕的时日众多，何独以"庚午"为首选？此应与当时社会对蚕辰生、与马同气的观念及蚕"阳物、大恶水"属性的认识有关。此一问题，我们下文再详析。

简文又云："浴瞥（蚕）必以日毚（纔）始出时浴之，十五日乃巳（已）。"这是说，在浴蚕的吉日庚午日中浴蚕时，相关活动要在太阳刚出来时进行。这种对浴蚕活动具体开始时段的选择，当是古人将蚕种的发育与初阳的运行轨迹联系起来，以祈望蚕种的发育如太阳蒸蒸日上的运行般顺利。宋人陈元靓所撰《博闻录》载福建地区的浴蚕之法云："闽俗，以立春日，采五果枝并桑柘枝烧灰，淋水候冷，以浴蚕种藏之。或只以五果置灰汁中，亦得，但取其成实之义也。"④ 古人选取"庚午日日始出时"浴蚕，此虽与闽地置五果灰汁中浴蚕的习俗不同，但二者希冀蚕种顺利发育的心思却无不同。至于"十五日乃已"，则是指浴蚕活动中对蚕种的浸泡时间。

二　出、入蚕的时日选择

第（5）条简文文义简单，其所涉时日，乃是有关"可以入"蚕或"可以出"蚕的好日子。"可以入"，即将选育出的蚕种移入蚕室；"可以出"，则是指将成熟的蚕茧移出蚕室。由简文可知，宜于"入蚕"的日子有庚午、庚子、甲午、五辰。五辰，指甲辰、丙辰、戊辰、庚辰、壬辰这五日。宜于"出蚕"的时日为五丑、五酉、庚午。五丑，指乙丑、丁丑、己丑、辛丑、癸丑这五日。五酉，指乙酉、丁酉、己酉、辛酉、癸酉这五日。由此可见，在当时的蚕事生产活动中，将蚕种移入蚕室及将成熟的蚕茧移出蚕室时，已有时日方面的选择。

---

① （元）无名氏：《居家必用事类全集》，《北京图书馆古籍珍本丛刊》（第 61 册），书目文献出版社 1988 年版，第 176 页。
② （元）宋鲁珍通书、何士泰历法，（明）熊宗立类编：《类编历法通书大全》，《续修四库全书术数类丛书》（第 15 册），上海古籍出版社 2006 年版，第 315 页。
③ （明）朱权：《臞仙肘后经》，重庆出版社 1994 年版，第 133 页。
④ 转引自（宋）陈元靓撰，许逸民点校《岁时广记》，中华书局 2020 年版，第 174 页。

养蚕缫丝为当时民众主要家庭生产活动之一，当时民众对蚕事生产的具体时日已有良、忌日的选择，这与当时择吉观念盛行的社会大环境相一致。上引第（5）条简文所记载的时日选择信息，就是对当时蚕事择日俗信的真实反映。

三 浴蚕活动中的用物选择

以上第（1）（2）条简文内容均与浴蚕活动有关，涉及浴蚕时所使用的物事及其用量。如第（1）条简文云"以脩（滫）清一桮（杯），礜、赤叔（菽）各二七，并之"。"脩（滫）清"，整理者注："'脩'通'滫'，《史记·三王世家》正义：'淅米汁也。''滫清'，即澄清的泔水。"按，《说文·水部》："滫，久泔也。"《玉篇·水部》："滫，米泔也。""滫"字亦见于睡虎地秦简《日书》甲种《诘》篇：

> 鬼恒召（诏）人曰："爾必以某月日死。"是祷鬼偽爲鼠，入人醯、醬、滫、漿中，求而去之，則已矣。

整理者注："滫，米泔水。"① 是整理者以"滫清"为澄清的米泔水，其说可从。

"礜"，整理者以为即"礆"，疑即白石。方勇疑"礜"字为"徵石"二字之合文，但是省略了合文符号。如此，则简文"徵石"即是"礆石"，指白石。他又从白石与米泔水的属性入手，认为二者发生化学反应的可能性不大，故而疑"白石"可能是《山海经·西山经》中所载的"可以毒鼠"的"礜"，即亦可叫作"白石"的"礜石"，简文中"徵石"似应指"礜石"。② 值得注意的是，同批简文载有"已鼠方"，所用物事为"大白礜"。简文云：

> 已鼠方：取大白礜，大如母（拇）指，置晋釡（釜）中，涂

---

① 睡虎地秦墓竹简整理小组编：《睡虎地秦墓竹简》，文物出版社1990年版，第217页。
② 方勇：《谈关沮秦简所载秦代的浴蚕术》，《社会科学战线》2018年第3期。

而燔之，毋下九日，冶之，以。①

另有一条治疗哮喘病的医方亦用"礜"为药物。简文云：

> 人所恒炊（吹）者，上橐莫以丸礜，大如扁（蝙）蝠矢而乾之。即發，以配四分升一歙（飲）之。男子歙（飲）二七，女子欲〈飲〉七。（321—322）

整理者注："礜，礜石。《说文》：'礜，毒石也。'《玉篇·石部》：'礜石，出阴山，杀鼠，蚕食则肥。'《本草纲目》卷10：礜石，'气味辛，大热，有毒。'"② 又，马王堆汉墓帛书《五十二病方》载"狂犬啮人"方，其用药亦有"礜"，原文云：

> 狂犬傷人，冶礜與橐莫，醯半杯，飲之。③

其所用药与周家台秦简牍所载疗治哮喘病方用药同，均为"礜"与"橐莫"。以上几条古方中的"礜石"均作"礜"，与方勇所说不合。是释"礜"为"徽石"二字合文之说不可取。或者此处"礜"字为"礜"之误写亦有可能，因为在第（2）条简文中前部分被称作"令蚕毋死"之方中，所用物即为"礜"。④ 礜即礜石，性热有毒。古人选用它来浴蚕，如方勇所说，可能既起到消毒、育蚕的作用，同时还可以预防老鼠的侵害。⑤ 关于此点，我们后文详论。

浴蚕的另一物事为"赤叔"，整理者以为即赤小豆。按，《经典释

---

① 湖北省荆州市周梁玉桥遗址博物馆编：《关沮秦汉墓简牍》，中华书局2001年版，第135页。
② 湖北省荆州市周梁玉桥遗址博物馆编：《关沮秦汉墓简牍》，中华书局2001年版，第128页。
③ 裘锡圭主编：《长沙马王堆汉墓帛书集成》（五），中华书局2014年版，第226页。
④ 田天：《北大藏秦简〈医方杂抄〉初识》，《北京大学学报》（哲学社会科学版）2017年第5期。
⑤ 方勇：《谈关沮秦简所载秦代的浴蚕术》，《社会科学战线》2018年第3期。

文·毛诗音义》云："菽，音叔。本亦作叔。"①《释毛诗音》云："菽，古祇作尗，或假借作叔，俗作菽。"②《广雅·释草》"大豆，尗也"王念孙疏证云："尗，本豆之大名也……字又作'菽'。"③ 是"叔"之本字为"尗"，俗作"菽"。尗，战国秦汉简帛文献均作"叔"，整理者多读为"菽"。如睡虎地秦简《秦律十八种》云：

  種：稻、麻畝用二斗大半斗，禾、麥畝一斗，黍、荅畝大半斗，叔（菽）畝半斗……（38）④

整理者注："荅，小豆。菽，大豆。"周家台 30 号秦墓所出《病方及其它》所载"已肠辟"方云：

  取肥牛膽盛黑叔（菽）中，盛之而係（繫），縣（懸）陰所，乾。用之，取十餘叔（菽）置鬻（粥）中而歓（飲）之，已腸辟。（309）

又"已蝺方"云：

  以叔（菽）七，税（脱）去黑者……（329）⑤

由"税（脱）去黑者"一语知此处所用之"叔（菽）"亦当为黑菽。马王堆汉墓帛书《五十二病方》中即载有"黑叔""大叔"等，帛书《五十二病方》中用于疗疾者尚有"赤豆""赤荅"。如疗治乌喙中毒方云：

---

① （唐）陆德明撰，张一弓点校：《经典释文》，上海古籍出版社 2012 年版，第 115 页。
② （清）阮元、王先谦编：《清经解·清经解续编》（第 10 册），上海书店出版社 2014 年版，第 1213 页。
③ （清）王念孙著，张其昀点校：《广雅疏证》（点校本），中华书局 2019 年版，第 780 页。
④ 睡虎地秦墓竹简整理小组编：《睡虎地秦墓竹简》，文物出版社 1990 年版，第 29 页。
⑤ 湖北省荆州市周梁玉桥遗址博物馆编：《关沮秦汉墓简牍》，中华书局 2001 年版，第 126、130 页。

第七章 秦简中的浴蚕术及相关俗信　269

毒乌豙（喙）者：炙【□】，歓（飲）小童弱（溺），若產齊（薺）、赤豆，以水歓（飲）之。(71)①

疗治"诸伤"方则用到"赤荅"：

【一，□】□□胸，令大如荅，即以赤荅一斗並【□，□□□□□□□□□

□□□】孰（熟）而□【□歓（飲）】其汁＝（汁、汁）宰（滓）皆索，食之自次（恣）殹。(3—4)②

原注："荅，小豆。陶弘景《本草经集注·序》云：凡丸药'如小豆者'，今赤小豆也。""赤荅，即赤小豆。"《说文·朩部》"朩，豆也"桂馥《义证》引陈启源说云："《诗》所言朩，皆大豆也。"③ 朱骏声云："古谓之朩，汉谓之豆，今字作菽。菽者，众豆之总名。然大豆曰菽，豆苗曰藿，小豆则曰荅。"④ 然简帛文献既见叔（菽）、黑叔（菽），又见赤豆、赤荅。叔（菽）、荅有别，《广雅·释草》云："大豆，菽也。小豆，荅也。"⑤ 叔（菽）为大豆，荅为小豆，则赤荅为赤小豆，而赤叔（菽）自不当为赤小豆。"赤菽"，先秦文献已多有载。如《山海经·中山经》云："阴山，多砺石、文石。少水出焉，其中多雕棠，其叶如榆叶而方，其实如赤菽，食之已聋。"⑥《韩非子·内储说上》云："俄又置一石赤菽于东门之外而令之曰：'有能徙此于西门之外者，赐之如初。'"⑦《齐民要术》卷2"大豆第六"条下载，"今世大豆，有白、黑二种，及长梢、牛践之名。小豆有菉、赤、白三种"。⑧

---

① 裘锡圭主编：《长沙马王堆汉墓帛书集成》（五），中华书局2014年版，第228页。
② 裘锡圭主编：《长沙马王堆汉墓帛书集成》（五），中华书局2014年版，第215页。
③ （清）桂馥：《说文解字义证》，中华书局2017年版，第630页。
④ （清）朱骏声：《说文通训定声》，中华书局1984年版，第289页。
⑤ （清）王念孙撰，张其昀点校：《广雅疏证》（点校本），中华书局2019年版，第780页。
⑥ （清）郝懿行撰，栾保群点校：《山海经笺疏》，中华书局2019年版，第151页。
⑦ （清）王先慎撰，钟哲点校：《韩非子集解》，中华书局1998年版，第230页。
⑧ （后魏）贾思勰原著，缪启愉校释：《齐民要术校释》，中国农业出版社1998年版，第109页。

若依《春秋考异邮》"菽者，众豆之总名"之说，则"赤菽"似可称作赤豆，但与赤小豆非一物。赤小豆在古代似乎亦有赤豆之称，《千金要方》卷26云："赤小豆，味甘、咸、平、冷，无毒。下水肿，排脓血。一名赤豆。"[①]《本草纲目》卷24"赤小豆"条下"释名"云："赤豆，红豆，荅，叶名藿。"李时珍于此案曰："诗云：'黍稷稻粱，禾麻菽麦。'此即八谷也。董仲舒注云：'菽是大豆，有两种。小豆名荅，有三四种。'王祯云：'今之赤豆、白豆、绿豆、豍豆，皆小豆也。'此则入药用赤小者也……此豆以紧小而赤黯色者入药，其稍大而鲜红、淡红色者，并不治病。"[②]依此，则赤小豆中又有紧小而赤黯色者与稍大而鲜红、淡红色者两种。缪启愉亦指出，《齐民要术》所列小豆中的"赤"色者指赤豆（Phaseolus angularis）和赤小豆（P. calcalatus，也称饭豆）。[③]《齐民要术》卷2引《龙鱼河图》及《杂五行书》所载防疫驱邪之物，前者为"二七豆子、二七麻子"，后者为"麻子二七颗、赤小豆七枚"，该书卷5所载藏蚕卵时，所用之物则为"二七赤豆"，[④]此方所用之赤菽，或当为小豆中之稍大而鲜红、淡红色之"赤豆"（Phaseolus angularis），而非紧小而赤黯色之"赤小豆"（P. calcalatus）。然不管是哪种赤豆，都属赤小豆。因其色赤，在古人观念中，该物颇具辟禳瘟疫、辟厌疾病之特殊功效。[⑤]这一点，我们在后文再详述。

第（2）条简文后部分内容为"浴蚕法"，所用物事为"男女相会之所以奉布"。其法是用新器盛水，将"男女相会之所以奉布"浸入一段时间后，用此水来清洗蚕种，同时伴以祝祷辞。这里用作浴蚕之物为"男女相会之所以奉布"，即男女性交过程中使用的布。之所以用浸泡过此物的水来浴蚕，其所含交感巫术的思维原理亦很明显。

---

① 李景荣等校释：《备急千金要方校释》，人民卫生出版社1997年版，第909页。
② （明）李时珍：《本草纲目》（校点本），人民卫生出版社2004年版，第1510—1511页。
③ （后魏）贾思勰原著，缪启愉校释：《齐民要术校释》，中国农业出版社1998年版，第112页。
④ （后魏）贾思勰原著，缪启愉校释：《齐民要术校释》，中国农业出版社1998年版，第116、327页。
⑤ （明）李时珍：《本草纲目》（校点本），人民卫生出版社2004年版，第1510页。

第三节　蚕事生产时日及用物选择的信仰原理

一　浴蚕时日选择的信仰原理

据上引《周礼·天官·冢宰》《礼记·祭义》《尚书大传》等文献所载，周制，官方浴蚕的时日当有二次，初次在"月直大火"，即仲春二月；二次在季春之"大昕之朝"，即季春朔日之朝。① 《周礼·夏官·马质》"禁原蚕者"孙诒让正义对此梳理道："贾疏云：月直大火，谓二月，则浴其种，则《内宰》云'仲春，诏后帅外内命妇始蚕于北郊'是也。若然，《祭义》云'大昕之朝，奉种浴于川'，注云'大昕，季春朔日之朝'，是建辰之月，又浴之者，盖蚕将生重浴之，故彼下文即云'桑于公桑'之事是也。"② 黄以周则认为，依《周官》，中春始蚕，故郑注《马质》"禁原蚕"引《蚕书》二月浴种。依《戴记》，季春始蚕，故郑注《祭义》"大昕之朝"，以为季春朔日浴种。此各据本书以为言耳，似非重浴。③ 按，后世浴蚕时日虽不尽同，似均无重浴之俗，黄说可从。上引第（1）（2）条简文所载"浴蚕"吉日均为"庚午"，此应是仲春二月时民间浴蚕之吉日。何以当时以"庚午"为浴蚕之吉日？此一时日选择恐与当时人们对蚕、马同气及阴阳五行学说之下的时日择吉观念有关。

蚕、马同气说，见于《周礼·夏官·司马》"马质"条下"禁原蚕者"郑玄注："天文，辰为马。《蚕书》：'蚕为龙精，月直大火，则浴其种。'是蚕与马同气。"贾公彦疏云："'天文，辰为马'者，辰则大火，房为天驷，故云辰为马……'是蚕与马同气'者，以其俱取大火，是同气也。"④ 按，《说文·辰部》云："辰，房星，天时也。"《国语·周语下》"月之所在，辰马农祥也"韦昭注："辰马，谓房、心星也。

---

① （汉）郑玄注，（唐）孔颖达正义：《礼记正义》，上海古籍出版社2008年版，第1840页。
② （清）孙诒让著，汪少华点校：《周礼正义》，中华书局2015年版，第2862页。
③ （清）黄以周撰，王文锦点校：《礼书通故》，中华书局2007年版，第955—956页。
④ （汉）郑玄注，（唐）贾公彦疏：《周礼注疏》，上海古籍出版社2010年版，第1150页。

心星，所在大辰之次为天驷。驷，马也，故曰辰马。"①《尔雅·释天》"天驷，房也。大辰：房、心、尾也。大火，谓之大辰"郭注："房为天马，故房四星谓之天驷。"②是辰星即房宿，房宿既是天驷，则马亦与"大火"相应。马属大火，蚕为龙精。大火于辰属卯，仲春卯月，正直其次，因以浴蚕种，与辰马相应，故称"蚕与马同气"也。《意林》卷6引《淮南万毕术》云："马好啮人，取殭蚕涂其上唇，即差。"③"殭"同"僵"。《太平御览》卷736引此作"马啮人，取僵蚕涂上唇即止，复不啮人"。同书卷825引作"僵蚕使马不食"，并引注文曰："欲愈之，以桑拭口鼻，即食矣。马喜啮人，亦以僵蚕眉拭唇，即不啮也。"④又，《说郛》卷109引吴僧赞宁《感应类从志》云："僵蚕拭唇，马不咬人。"注："以僵蚕拭马唇内外，即不咬人，亦不喫草。取桑作末涂口，即不喫草也。"⑤《医心方》卷18引《陶潜方》"猘马啮人方"云："取僵蚕屑，涂马上唇，则不能啮也。"⑥《物理小识》卷10"马"条下亦云："其啮人者，以僵蚕涂其喙。"⑦各家所载文字略异，文意则大同。僵蚕为家蚕幼虫在吐丝前因感染白僵菌而病死的干涸硬化虫体，别名天虫、僵蚕。又因其发病体表密布白色菌丝和分生孢子，形似一层白膜，故又名白僵蚕。李时珍《本草纲目》卷39"蚕"条下云："自死者名白僵蚕。""蚕病风死，其色自白，故曰白僵（死而不朽曰僵）。"⑧由上引《淮南万毕术》内容看，此物具有使马不食及疗治马喜咬人的功效。而若欲疗马不食疾，则只需以桑叶擦拭马口鼻即可。很显然，其术所据信仰原理即为蚕、马同气说。正因蚕、马同气，是以僵蚕可使马不食及疗治其喜咬人毛病，而桑叶为饲蚕之物，故其可愈马不食之疾。《淮南万毕术》为西汉淮南王刘安召集门客所编，东汉

---

① （三国吴）韦昭注：《国语》，上海古籍出版社1988年版，第140页。
② （晋）郭璞注：《尔雅》，中华书局2016年版，第50—51页。
③ 王天海、王韧：《意林校释》，中华书局2014年版，第626页。
④ （宋）李昉等：《太平御览》，中华书局1960年版，第3266、3676页。
⑤ （明）陶宗仪等编：《说郛三种》，上海古籍出版社1988年版，第5054页。
⑥ [日]丹波康赖：《医心方》，人民卫生出版社1955年版，第408页。
⑦ （明）方以智录：《物理小识》，商务印书馆1937年版，第254页。
⑧ （明）李时珍：《本草纲目》（校点本），人民卫生出版社2004年版，第2246—2247页。

高诱为其作注。据此可知,蚕、马同气说在当时颇为流行。

战国以来,基于阴阳五行学说,时日又有阴阳、刚柔之分。《淮南子·天文训》云:"凡日,甲刚乙柔,丙刚丁柔,以至于癸。"《礼记·曲礼上》"外事以刚日,内事以柔日"孔颖达疏曰:"刚,奇日也。十日有五奇五偶,甲、丙、戊、庚、壬五奇为刚也。乙、丁、己、辛、癸五偶为柔也。"① 此与放马滩秦简《日书》乙种第113壹、114壹简所载十干之刚、柔日亦相合。② 《诗经·小雅·吉日》"吉日庚午,既差我马"毛传云:"外事以刚日。"孔颖达正义云:"'外事以刚日',《曲礼》文也。言此者,上章顺刚之类,故言'维戊',择马不取顺类,亦用庚为刚日,故解之,由择马是外事故也……《礼记》注外事内事皆谓祭事,此择马非祭,而得引此文者,彼虽主祭事,其非祭事,亦以内外而用刚柔,故断章引之也。庚则用外,必用午日者,盖于辰午为马故也。"③ "庚午"既为择马之吉日,依蚕、马俱应大火,同气之说,庚午自亦为浴蚕之吉日。晋人杨泉所撰《蚕赋》即将《诗经》"吉日庚午,既差我马"与蚕事生产的时日相联系,云:"二月初吉,遂布令于天下,百辟兆民,使咸务焉。是以仲春之月,吉日庚午,既差我马,惟蚕之祖,编使童男,作以童女,温室既调,蚕母入处,陈布说种。"④ 杨泉赋所云,当即本此而言。

此外,在古代先民的认知观念中,蚕为阳物,属火,如《齐民要术》卷5引《春秋考异邮》曰:"蚕,阳物,大恶水,故蚕食而不饮。"⑤《太平御览》卷825"蚕"引《春秋考异邮》则作"蚕,阳者,大火,恶水,故食不饮"。⑥ 清人沈秉成《蚕桑辑要》亦云:"蚕阳物,属火,恶水,故食而不饮。"⑦ 据此,《要术》所引"大恶水"应作

---

① (汉)郑玄注,(唐)孔颖达正义:《礼记正义》,上海古籍出版社2008年版,第117—118页。
② 孙占宇:《天水放马滩秦简集释》,甘肃文化出版社2013年版,第140页。
③ (汉)毛亨传,(汉)郑玄笺,(唐)孔颖达疏:《毛诗注疏》,上海古籍出版社2013年版,第938页。
④ (唐)欧阳询撰,汪绍楹校:《艺文类聚》,上海古籍出版社1999年版,第1166页。
⑤ (后魏)贾思勰原著,缪启愉校释:《齐民要术校释》,中国农业出版社1998年版,第326页。
⑥ (宋)李昉等:《太平御览》,中华书局1960年版,第3675页。
⑦ (清)沈秉成著,邓辟疆校注:《蚕桑辑要》,农业出版社1960年版,第7页。

"火,恶水"。① 或者"大"字后脱一"火"字。而据放马滩秦简《日书》乙种"五行"所载五行三合局理论"火生寅,壮午,老戌"② 及《淮南子·天文训》所云"火生于寅,壮于午,死于戌,三辰皆火也"③,可知地支之"午"为五行之火最旺时,则庚、午俱为阳。蚕为阳物,属火,庚午自然成为浴蚕首选之吉日。及至后来,庚午日又被当作是"蚕父生日"④,则更成为浴蚕及出入蚕之吉日了。

二 浴蚕用物选择的信仰原理

上引第(1)条简文所载浴蚕方中,用于浴蚕的物事及其用量为"脩(滫)清一栖(杯),礜、赤叔(菽)各二七"。其法则是将这些物事"并之",即将礜石、赤菽各二七枚放入适量澄清的米泔水中进行勾兑稀释,然后用此溶液以浴蚕。

如前文所辨,浴蚕时所用的物事——"礜",即礜石。第(2)条简文中"令蚕毋死"方中所用的"礜",亦即礜石。《说文·石部》云:"礜,毒石也。出汉中。"日人森立之指出,《医心方》《顿医抄》往往作"礜石",盖古唯名"礜",后从"石"作"礜",亦与"白垩"作"白垩"同例。⑤《神农本草经》载礜石"味辛,大热,有毒",⑥ 此后本草医籍多言该物性热有毒。《周礼·疡医》载疗疡之法云:"凡疗疡,以五毒攻之。"据郑玄注,"五毒",即石胆、丹砂、雄黄、礜石、慈石五种有毒性的药物,⑦ 礜石即列其中。

用礜石作为浴蚕之物,这与早期先民对于礜石所具杀鼠、肥蚕的功效认知有关,文献对此多有所载。如《山海经·西山经》云:"(皋涂之山)有白石焉,其名曰礜,可以毒鼠。"郭璞注:"今礜石杀鼠,音

---

① (后魏)贾思勰原著,缪启愉校释:《齐民要术校释》,中国农业出版社1998年版,第328页。
② 孙占宇:《天水放马滩秦简集释》,甘肃文化出版社2013年版,第125页。
③ 何宁:《淮南子集释》,中华书局1998年版,第269页。
④ 佚名:《新刊阴阳宝鉴克择通书》,《续修四库全书术数类丛书》(第14册),上海古籍出版社2006年版,第772页。
⑤ [日]森立之著,孙屏等校点:《本草经考注》,学苑出版社2009年版,第685页。
⑥ 马继兴主编:《神农本草经辑注》,人民卫生出版社1995年版,第419页。
⑦ (汉)郑玄注:《周礼》,《十三经古注》(三),中华书局2014年版,第376页。

豫；蚕食之而肥。"①《山海经图赞·礜石》亦云："礜石杀鼠，蚕食而肥。"②《淮南子·说林训》云："人食礜石而死，蚕食之而不饥。"此当为郭注"蚕食而肥"所本。又，桓谭《新论》云："譬若巴豆毒鱼，礜石贼鼠。"③《玉篇·石部》云："礜石出阴山，杀鼠，蚕食则肥。"④上引周家台秦简中的"已鼠方"，其所使用之物即为"大白礜"，第（2）条简文所载"令蚕毋死"方，亦是将大白礜溶于水以洗桑叶饲蚕。这两方中的礜石，也正反映出其杀鼠肥蚕的功效。据研究，礜石的主要成分为砷硫化铁，是制砷和砷酸的原料，其化学组成含铁34.3%，砷46.0%，硫19.7%，及少量钴、锑和铜。砷有原浆毒作用，且能麻痹毛细血管，抑制含硫基酶的活性，并使肝脏脂变，肝小叶中心坏死、心、肝、肾、肠充血，上皮细胞坏死，毛细血管扩张。⑤礜石的药性辛热有毒，辛热与蚕阳物属火的习性一致，故有肥蚕功效。而该物的化学成分砷与可溶性化合物有毒的性能则有杀鼠的功效。由是而言，古代先民对礜石杀鼠、肥蚕功效的认知，乃是基于长期生产经验的积累所致，而这也应是浴蚕时选用此物的缘由所在。

浴蚕时用作溶液的"脩（滫）清"，即澄清的米泔水。该物在蚕事生产中具有何种功效？文献无征。宋人陈元靓《博闻录》载闽地的浴蚕之法云："闽俗以立春日采五果枝并桑柘枝，烧灰淋水，候冷以浴蚕种，藏之。或只以五果置灰汁中，亦得。"这样做的目的，乃是为了"但取其成实之义也"⑥。《岐山县志》载陕西岐山一带浴蚕俗信云："'腊八'早作粳粥，取米泔浴蚕种，令多。"⑦其用作浴蚕之物亦为"米泔"。米为谷实，米泔为淘米后之汁液，以淘米水浴蚕可令蚕多，此与闽人以五果置灰中，"但取其成实之义"一样，均是巫术原理中的

---

① 袁珂校注：《山海经校注》，上海古籍出版社1980年版，第30页。
② （晋）郭璞著，张宗祥校录：《足本山海经图赞》，古典文学出版社1958年版，第7页。
③ （汉）桓谭撰，朱谦之校释：《新辑本桓谭新论》，中华书局2009年版，第35页。
④ （梁）顾野王撰，吕浩校点：《大广益会玉篇》，中华书局2019年版，第771页。
⑤ 冉先德主编：《中华药海》，东方出版社2010年版，第884页。
⑥ 引自（宋）陈元靓撰，许逸民点校《岁时广记》，中华书局2020年版，第174页。
⑦ 丁世良、赵放主编：《中国地方志民俗资料汇编·西北卷》，书目文献出版社1989年版，第10页。

顺势巫术思维的体现，周家台秦简所载"浴蚕术"中用"脩（滫）清"浴蚕的原因，应与此俗信原理一致。

浴蚕时所用的"赤菽"，或即赤小豆中稍大而鲜红色之赤豆（*Phaseolus angularis*）。因其色赤，故在古代先民的观念中，该物常被赋予辟疫除邪的特殊灵力而被用于岁时节令的防疫措施中。葛洪《肘后备急方》载："正月七日，新布囊盛赤小豆置井中，三日取出，男吞七枚，女吞二七枚，竟年无病也。"[1] 梁宗懔《荆楚岁时记》引《炼化篇》云："正月旦，吞鸡子、赤豆各七枚，辟瘟疫。"[2]《齐民要术》卷2引《杂五行书》云："常以正月旦——亦用月半——以麻子二七颗，赤小豆七枚，置井中，辟疫病，甚神验。""正月七日、七月七日，男吞赤小豆七颗，女吞十四枚，竟年无病，令疫病不相染。"[3] 又，《太平御览》卷30引《杂五行书》云："正月七日，男吞赤豆七颗，女吞二七颗，竟年无病。"[4]《岁时广记》卷5则引《杂五时书》云："正旦及上元日，以赤豆、麻子二七粒置井中，辟瘟疠，甚效。"[5] 或因赤小豆能辟禳瘟疫，以至后世附会出共工氏子以冬至死，为疫鬼，而畏赤豆，故于是日作小豆粥厌之的岁时习俗。唐人徐坚《初学记》卷4冬至第十二"作赤豆粥"下引《岁时记》云："共工氏有不才子，以冬至日死，为人厉，畏赤豆，故作粥以禳之。"[6] 这种俗信更增强了人们对于赤豆具有辟邪除疫功效的认知。以至《千金要方》卷9载"治温令不相染方"云："正旦吞麻子、赤小豆各二七枚，又以二七枚投井中。""又方：新布袋盛赤小豆，内井中三日，出，举家服二七枚。""又方：常以七月七日合家吞赤小豆，向日吞二七枚。"又，治疫病方云："白蜜和上色朱砂粉一两，常以太岁日平旦，大小勿食，向东方立，吞服三

---

[1] 此条引自（明）李时珍《本草纲目》（校点本），人民卫生出版社2004年版，第1510页。该条文字与今本《肘后备急方》卷2所载文字略有出入。详参（晋）葛洪《葛洪肘后备急方》，人民卫生出版社1983年版，第55页。

[2] （南朝梁）宗懔撰，（隋）杜公瞻注，姜彦稚辑校：《荆楚岁时记》，中华书局2018年版，第6页。

[3] （后魏）贾思勰原著，缪启愉校释：《齐民要术校释》，中国农业出版社1998年版，第116页。

[4] （宋）李昉等：《太平御览》，中华书局1960年版，第140页。

[5] （宋）陈元靓撰，许逸民点校：《岁时广记》，中华书局2020年版，第136页。

[6] （唐）徐坚等：《初学记》，中华书局1962年版，第82页。

七丸,如麻子大,勿令齿近之。并吞赤小豆七枚,投井泉中,终身勿忘此法。"①《四时纂要》卷1云:"岁旦服赤小豆二七粒,面东以虀汁下,即一年不疾病。阖家悉令服之。又岁旦投麻子二七粒、赤小豆二七粒于井中,辟瘟。"②《本草纲目》卷24云:"正月元旦,面东,以齑水吞赤小豆三七枚,一年无诸疾。又七月立秋日,面西,以井华水吞赤小豆七枚,一秋不犯痢疾。"又引《五行书》云:"正月朔旦及十五日,以赤小豆二七枚,麻子七枚,投井中,辟瘟疫甚效。"③《齐民要术》卷5亦载,在藏蚕卵时,除遵守"毋令人见"的禁忌外,还"应用二七赤豆,安器底,腊月桑柴二七枚,以麻卵纸,当令水高下与重卵相齐"。④ 这里所用的"二七赤豆",与浴蚕时所用的"赤菽二七"一样,均应是古代先民相信赤豆具有辟疫除邪的灵力,故于藏蚕卵、浴蚕活动中使用此物,以祈辟除邪魅,确保蚕事生产的顺利。

　　需要提及的是,在浴蚕时,对于所用之物"礜石"及"赤菽"的数量为"各二七枚",即各十四枚,这一物量的配置应是按照当时的认知思维惯例而为之,而非有科学依据。在出土秦汉简帛文献中,多见有以"七"或其倍数"二七"作为巫术性活动或疗方中的动量或物量者。如睡虎地秦简《日书》甲种《诘》篇所载治疗"人有思哀也弗忘"及"女子不狂癡,歌以生商"时,前者所用物为"丘下之莠叶二七",后者则为"北乡□瓣二七"。⑤ 帛书《五十二病方》所载疗治"巢(臊)者""疣""颓(癞)"等疾时的巫术仪式中,用物摩擦或击打患者患病部位或身体某处时的动作次数多为"二七",⑥ 等等。我们曾撰文指出,数字"七"在中国传统文化中是一个应用非常广泛的数字,它与其他数字一样,在中国的神秘数字体系中是有其独特的文化蕴意的,是

---

① 李景荣等校释:《备急千金要方校释》,人民卫生出版社1997年版,第341—342页。
② (唐)韩鄂原著,缪启愉校释:《四时纂要校释》,农业出版社1981年版,第11页。
③ (明)李时珍:《本草纲目》(校点本),人民卫生出版社2004年版,第1510页。
④ (后魏)贾思勰原著,缪启愉校释:《齐民要术校释》,中国农业出版社1998年版,第327页。
⑤ 睡虎地秦墓竹简整理小组编:《睡虎地秦墓竹简》,文物出版社1990年版,第213—214页。
⑥ 裘锡圭主编:《长沙马王堆汉墓简帛集成》(五),中华书局2014年版,第227、235、253页。

一个模式数字。而数字"七"之所以在中国古代文化中具有模式数字的性质,这与古代先民对于宇宙空间、宇宙天体的运行规律以及人体生命节律的认识等因素有关。① 在周家台秦简所载浴蚕术中,浴蚕所用礜石、赤菽的用量为各二七,以及上引《齐民要术》所载藏蚕卵时,应用二七赤豆、腊月桑柴二七枚。这些以"七"或其倍数"二七"作为物量的记载,其实正是对古人有关模式数字"七"所具神秘性和巫术性认知观念的真实反映。

第(2)条简文所载浴蚕方所用浴蚕物事则为"男女相会之所以奉布",且以"即自用布善",也就是说,浴蚕时,若祝祷者用本人"男女相会(性交)者所以奉布"则效果会更好。何以要用男女两性交合中使用过的布浸水用作浴蚕之物呢?高一致认为,以男女性交所用布浸水洗蚕种,大体上也是属于污秽压胜的范畴。蚕忌讳男女间轻薄、放纵、不庄重的行为,而以男女性交所用布则能以秽物压禳这些行为给蚕所带来的不良后果。② 这种认识或未达古人用此类物事之原旨。的确,一些被早期先民看作污秽的物事常常被认为有着驱邪疗疾的特殊灵力。如在睡虎地秦简《日书》甲种《诘》篇简文中,载有用豕矢(猪屎)、犬矢(犬屎)等污秽之物作为对付作祟的阳鬼、大神、祖□、恒从女子之鬼、爰母等鬼魅物怪的特殊武器。③ 而在马王堆汉墓出土帛书《五十二病方》中,则载有用女子月事布(有女子初有布、女子布、女子月事布、女子未尝丈夫者布等)作为疗治"人病马不间(痫)""牡痔""蛊毒""颓(癞)"等疾病的方药。④ 北大秦简中亦载有用女子月事布疗治"瘨而内扁,血不出者"方。⑤ 此外,在我国古代医籍中也载有大量用女子的月经布、经血、内衣裤等被看作污秽之物来驱邪疗疾

---

① 吕亚虎:《数字"七"的巫术性蠡测——以秦汉简帛文献为中心》,《历史教学问题》2012年第1期。
② 高一致:《读北大秦简笔记四种》,武汉大学简帛网2018年3月4日首发。
③ 吕亚虎:《战国秦汉简帛文献所见巫术研究》,科学出版社2010年版,第349—351页。
④ 裘锡圭主编:《长沙马王堆汉墓简帛集成》(五),中华书局2014年版,第242、253、262、295页。
⑤ 陈侃理:《北大秦简中的方术书》,《文物》2012年第6期。

的古方。① 不管是禽畜粪便，还是女子经血布等物事，在早期先民的观念中，它们之所以具有驱邪疗疾的特殊灵力，其共同特点在于它们都是古人认知观中的污秽之物。而用污秽之物作为驱邪疗疾的灵物，这与古人对污秽物事所持的禁忌信仰有关。

但需要注意的是，本条简文所载浴蚕方中，用浸泡过男女性交中所用布的水来浴蚕，并非基于古人对此物是污秽而须避忌的认知，而是基于因为此布是男女性交中所使用过的物事之故。我国古代先民相信物类相感或物类相应，认为凡相类似而可互为象征的事物，能够在冥冥中互相影响。② 弗雷泽在《金枝》一书中将此逻辑思维归入交感巫术下的相似律，即根据对"相似"的联想而建立的观念。③ 这种基于相似律的错误联想，在我国古代文献中也可找到大量的例证，如《周礼·夏官·罗氏》云：

中春，罗春鸟，献鸠以养国老，行羽物。

郑玄注："是时鹰化为鸠。鸠与春鸟，变旧为新，宜以养老，助生气。"④ 仲春献鸠者，乃因鸠鸟变旧为新，可助生气，故献之以养国老也。又，《周礼·秋官·伊耆氏》云："（伊耆氏）共王之齿杖。"郑玄注："王之所以赐老者之杖。"⑤ 汉代亦有赐高年者以鸠杖之制。《续汉书·礼仪志》云：

仲秋之月，县道皆案户比民。年始七十者，授之以王杖，餔之糜粥。八十九十，礼有加赐。王杖长九尺，端以鸠鸟为饰。鸠者，不噎之鸟也。欲老人不噎。⑥

---

① 吕亚虎：《战国秦汉简帛文献所见巫术研究》，科学出版社 2010 年版，第 340—341 页。
② 林惠祥：《文化人类学》，上海古籍出版社 2013 年版，第 235 页。
③ ［英］詹·乔·弗雷泽：《金枝——巫术与宗教之研究》，徐育新等译，中国民间文艺出版社 1987 年版，第 20 页。
④ （汉）郑玄注：《周礼》，《十三经古注》（三），中华书局 2014 年版，第 529 页。
⑤ （汉）郑玄注：《周礼》，《十三经古注》（三），中华书局 2014 年版，第 575 页。
⑥ （南朝宋）范晔：《后汉书》，中华书局 1965 年版，第 3124 页。

何以王杖之端要以鸠鸟为饰？上文说得很清楚，乃在于"鸠者，不噎之鸟也。欲老人不噎"也。此由鸠鸟之进食不噎，进而联想到以此鸟饰杖端，则可使受杖之老人亦食而不噎也。又，《周礼·天官·冢宰》载"生种稑"之礼云："春，诏王后帅六宫之人而生种稑之种，而献之于王。"郑玄注："古者使后宫藏种，以其有传类蕃孳之祥。必生而献之，示能育之，使不伤败。"① 由郑注可知，生种稑之种的礼仪之所以要由王后帅后宫嫔妃来进行，这是想把其旺盛的繁育力转移到农作物上，从而获得一年的丰收。② 黄石指出，原始先民对于男女性交有相反的两种迷信，一种迷信以性的行为有促禾稼果木生长结实的能力，另一种迷信却以性的行为适足以妨碍植物的孳生，所以在播植的时期，禁止男女性交，及禁食刺激性欲的食物；否则所播的种子，所种的植物，便不能生长，没有收获。③《周礼》所载"生种稑"的仪式，从其欲要达到的目的来看，显然属于男女性交的第一种迷信。无独有偶，此类迷信观念在世界其他民族中也不乏其例，如中美洲的帕帕尔人在向地里播下种子的前四天，丈夫一律同妻子分居，目的是要保证在下种的前夜，他们能够充分地纵情恣欲。甚至有人被指定在第一批种子下土的时刻同时进行性行为。爪哇一些地方，在稻秧孕穗开花结实的季节，农民总要带着自己的妻子到田间去看望，并且就在地头进行性交。这样做的目的是促进作物成长。④ 英国著名的文化人类学家弗雷泽指出：

> 许多未开化人发现的人类繁殖与动植物繁殖之间有着相似之处。这种相似之处不是纯粹相像出来的，恰恰相反，它是现实的、极为重要的。但是，原始民族却在一种徒劳的努力——企图在实践中运用它去增加食物收成——中给予它一个错误的扩展。事实上，他们想象通过进行或严戒某些性行为，就能够直接促进动物的繁殖和植物的增加。显而易见，所有这些行为和禁忌都纯粹是迷信，一

---

① （汉）郑玄注：《周礼》，《十三经古注》（三），中华书局2014年版，第390页。
② 常金仓：《周代礼俗研究》，文津出版社1993年版，第62页。
③ 高洪兴编：《黄石民俗学论集》，上海文艺出版社1999年版，第68页。
④ ［英］詹·乔·弗雷泽：《金枝——巫术与宗教之研究》，徐育新等译，中国民间文艺出版社1987年版，第206—207页。

概得不到期待的结果。他们不是宗教的而是巫术的。也就是说，他们不是通过求助于神祇，而是通过某些关于自然界因果关系的错误观念去控制自然力，以求达到他们的目的。在上述事例中，未开化人寻求繁殖动物和植物的原则是巫术上的一致或模仿；他们想象在他们自己中间通过模仿或表演繁殖过程，就能帮助大自然中的繁殖过程。①

此虽就乱伦禁忌的信仰缘由而发，然其与《周礼》所载"中春献鸠以养国老""王后帅六宫生种稑之种"，以及《续汉书·礼仪志》"赐高年以鸠饰之王杖"等礼俗的信仰原理有着一致性，都是人们基于交感观念而产生的错误联想所致。《博物志·物性》云："蚕三化，先孕而后交。不交者亦产子，子后为茧，皆无眉目，易伤，收采亦薄。"② 此是说，蚕是先怀孕而后交配。交配与不交配者均可产子。但不交配所产之子到后来发育成蚕时，不但无眉目，且容易受到伤害，可收采的蚕茧也少些。男女两性交合是人类顺利繁衍生育的前提和必要过程。而"男女相会之所以奉布"是男女在性交中所使用之物，其上遗留有男女性交过程中的排泄物。因此，早期先民相信用此物浸泡后的水来浴蚕种，自然可将男女两性交合的神秘繁衍能量传递给所浴之蚕种，从而促进蚕种的健康发育，以祈蚕事生产的顺利和丰产。这与周家台秦简所载浴蚕术中用潘清（米泔水）来浴蚕的信仰原理也是一致的，其出发点犹如闽人置五果于浴蚕之灰水中，皆在"但取其成实之义"也。

第四节　蚕事生产中的避忌俗信

受时日择吉俗信的影响，古代先民在日常行事时亦常有所避忌。实际上，避忌某些物事或时日，这也是择吉文化的重要内容。作为农事生产重要内容的蚕事生产，自难超脱时俗观念的影响。这种避忌观念在蚕

---

① ［英］J. G. 弗雷泽：《魔鬼的律师——为迷信辩护》，阎云祥、龚小夏译，东方出版社1988年版，第96—97页。

② （晋）张华撰，范宁校证：《博物志校证》，中华书局2014年版，第45页。

事生产的整个过程中均有所体现。

一 入蚕时的避忌

入蚕，即将选育的蚕种移入蚕室。在移蚕种入蚕室前，首要的工作是对蚕室中存在的可能影响蚕正常发育的各种危害因素予以清理。

第（3）条简文内容，由"择良日可以入蚕者"一语观之，乃是讲"入蚕"之事，即把选育出的蚕种置于蚕室。简文"善骚（扫）徐（除）家室内中、堂、呈（廷）"一语是讲在入蚕种于蚕室前，要对蚕室内各处进行彻底的清理打扫。崔寔《四民月令》云："三月，清明节，命蚕妾治蚕室，涂隙、穴，具槌、杙、薄、笼。"[1] 此处"治蚕室，涂隙、穴"，即是指入蚕种于蚕室前对蚕室的清理工作。当把蚕种移入蚕室时，入蚕者要脚踏三个禹步，并口念祝辞。祝辞"空＝＝以＝＝（空矣，空矣，空矣），啻女且下里（理），三旬而已。里（理）且伪（蚁），负子裹结"一句是说蚕室已经清扫干净，帝女可以下临作业。从帝女下临作业到蚕种孵化为蚁，再到蜕变为蚕，由蚕而吐丝结茧，前后用时三旬而已。此处提及的蚕的生长周期为"三旬而已"，其与第（4）条简文中的"啻（帝）女将下作，三旬而去"相同，也与传世文献所载蚕的生长周期大体一致，如《淮南子·说林训》云："蚕食而不饮，二十二日而化。"王念孙云："'二十二'当为'三十二'。《尔雅翼》引此已误。卢辩注《大戴礼·易本命篇》及《太平御览·资产部五》《虫豸部一》并引作'三十二日'。"[2]《齐民要术》卷5引《春秋考异邮》云："蚕，阳物，大恶水，故蚕食而不饮。阳立于三春，故蚕三变而后消；死于七，三七二十一，故二十一日而茧。"缪启愉指出，《春秋考异邮》所说是北方养的三眠四龄蚕品种，但二十一天只是凑"三七"之数，实际是不够的，就是早蚕至少也得二十三四天才老熟。[3]《本草纲目·虫部》云："（蚕）三眠三起，二十七日而老。"各家所说

---

[1] （汉）崔寔著，石声汉校注：《四民月令校注》，中华书局2013年版，第26页。
[2] （清）王念孙撰，徐炜君等点校：《读书杂志》，上海古籍出版社2014年版，第2357页。
[3] （后魏）贾思勰原著，缪启愉校释：《齐民要术校释》，中国农业出版社1998年版，第326、328页。

蚕事周期时日虽不尽一致，然以约数概之，则可言"三旬"也。

"若东邻移，大者毋越（跳），小者毋恿（踊）"一语的祝祷对象，由第（4）条简文"前入蚕，毋令鼠居内中"来看，自当为鼠。蚕事生产中的物害虽有雀、蚊、鼠、蛇等物，却以鼠类的危害最深，《千金翼方·禁经下》所载"禁鼠耗并食蚕法"中咒辞即云："天生万虫，鼠最不良。食人五谷，啖人蚕桑。"① 《天工开物》卷上《乃服第二》"物害"云："凡害蚕者，有雀、鼠、蚊三种，雀害不及茧，蚊害不及蚕，鼠害则与之相终。"② 《蚕桑辑要》卷上"除蛇鼠"条亦云："耗蚕之物，蛇、鼠为甚，室中所有隙穴，为蛇、鼠出入之路，先须屏塞尽净，以待收蚕。"③ 正因鼠害与蚕事生产相始终，且危害蚕事最深，故在入蚕种于蚕室前，要对蚕室进行清理。祝辞请害蚕的鼠类移居东邻，无论大小，都不要出来跳踊活动，并许诺"啻（帝）女已伪（蚁），遗女（汝）三车里（蛹）"。梁人宗懔所撰《荆楚岁时记》载有"正月十五日，作豆糜，加油膏其上以祠门户"之俗，隋人杜公瞻注云：

《续齐谐记》曰："吴县张成夜起，忽见一妇人立于宅东南角，谓成曰：'此地是君家蚕室，我即此地之神。明年正月半，宜作白粥，泛膏其上，以祭我，当令君蚕桑百倍。'言绝而失之。成如言作膏粥，自此后年年大得蚕。今世人正月半作粥祷之，加肉覆其上，登屋食之。曰：'登高糜，挟鼠脑，欲来不来，待我三蚕老。'则是为蚕逐鼠矣。"④

此咒辞中的"待我三蚕老"与简文咒辞中的"啻（帝）女已伪（蚁）"语义相同，均是就蚕卵三变为茧而言。是以咒辞是说，若鼠按祝祷要求做，那么等到蚕结茧后，可将三车抽丝后的蚕茧作为回报。

第（4）条简文所载，由"前入蚕，毋令鼠居内中"来看，乃是在

---

① （唐）孙思邈著，李景荣等校释：《备急千金翼方校释》，人民卫生出版社2014年版，第741页。
② （明）宋应星：《天工开物》卷上，明崇祯十年（1637）刻本，第29页。
③ （清）高铨：《蚕桑辑要》卷上，清道光十一年（1831）王青莲刻本，第23—24页。
④ （南朝梁）宗懔撰，（隋）杜公瞻注，姜彦稚辑校：《荆楚岁时记》，中华书局2018年版，第19页。

将蚕种移入蚕室前,为驱除居于蚕室中的老鼠以确保蚕事的顺利而进行的祭祷活动。所用祭品为"脯一朐、酒半柘、黍粟七分升一",祭祀方位为"西北陬"。《说文·陬部》:"陬,阪隅也。"《广雅·释言》:"隅、陬,角也。"① 此西北陬应即蚕室的西北角。睡虎地秦简《日书》甲种《梦》篇载,人做噩梦,醒来后,要披发面向西北而坐并进行祝祷。② 《礼记·丧大记》所载为初死者行招魂的"复"礼结束后,复者要"降自西北荣"。孔颖达疏云:"初复是求生,故升东荣而上,求既不得,不忍虚从所求不得之道还,故就阴幽而下也。不正西而西北者,因取西北扉为便也。必彻西北扉者,亦用阴杀之所也。"③《释名·释宫室》云:"西北隅曰屋漏。礼,每有亲死者,辄撤屋之西北隅薪以爨灶煮沐,供诸丧用。时若值雨则漏,遂以名之也。必取是隅者,礼既祭,改设馔于西北隅,令撤毁之,示不复用也。"④ 此以蚕室"西北陬"为祝祷方位的选择,恐亦有其特殊的意义。《玉篇·食部》云:"餞,祭酹也。"是"朘(餞)脯"即将用作祭品的半杯"酒"浇在一朐"脯"上。然后念诵祝辞云:"啻(帝)女将下作,三旬而去。若肥(徘)回(徊)房(仿)皇(徨)于埜,汤(倘)勿与相妨,吾多成,齐(赍)子类粮。""若",《史记·张仪列传》"始吾从若饮"司马贞《索隐》云:"若者,汝也。"此处指祝祷的对象——鼠。"类粮",即后文用作祭品的"黍粟"。⑤ 祝辞说,帝女将下临作业,三旬即去。在此期间,若(即鼠)且游荡于野外,不要居于蚕室中妨碍蚕事。待我蚕事丰收,必予子(即鼠)粮食以为回报。祝祷毕,即取预备作祭品的黍粟餞祭于室中。

二 蚕种发育中的避忌

在蚕事生产的整个过程中,选育蚕种的"浴蚕"环节是蚕事生产

---

① (清)王念孙著,张其昀点校:《广雅疏证》(点校本),中华书局2019年版,第344页。
② 睡虎地秦墓竹简整理小组编:《睡虎地秦墓竹简》,文物出版社1990年版,第210页。
③ (汉)郑玄注,(唐)孔颖达疏:《礼记正义》,上海古籍出版社2008年版,第1700页。
④ (汉)刘熙:《释名》,中华书局2016年版,第77—78页。
⑤ 田天:《北大藏秦简〈祠祝之道〉初探》,《北京大学学报》(哲学社会科学版)2015年第2期。

能否顺利进行的最基本工作。古代先民在长期的蚕事生产活动中积累了许多经验，如《农桑辑要》卷4"论蚕性"引《士农必用》云：

> 蚕之性，子在连则宜极寒；成蚁，则宜极暖；停眠起，宜温；大眠后，宜凉；临老，宜渐暖；入簇，则宜极暖。①

明人黄省曾《蚕经》卷1亦云：

> 蚕之性，喜静而恶喧，故宜静室。喜煖而恶湿，故宜版室。室静，可以避人声之喧闹；室密，可以避南风之袭吹；室版，可以辟地气之蒸郁。②

但受生产力水平和思维认知水平的制约，在蚕发育过程中，也形成种种的避忌俗信。如《农政全书》卷31引《务本新书》"蚕忌"云：

> 蚕初生时，忌屋内扫尘，忌煎煿鱼肉。不得将烟火纸燃于蚕房内吹灭。忌侧近舂捣。忌敲击门窗槌箔，及有声之物。忌蚕房内哭泣叫唤。忌秽语淫辞。夜间无令灯火光忽射蚕屋窗孔。未满月产妇，不宜作蚕母。蚕母不得频换颜色衣服，洗手要洁净。忌带酒人将桑饲蚕，及抬解布蚕。蚕生至老，大忌烟熏。不得放刀于灶上箔上。灶前忌热汤泼灰。忌产妇孝子入家。忌烧皮毛乱发。忌酒、醋、五辛、鳝鱼、麝香等物。忌当日迎风窗。忌西照日。忌正热着猛风暴寒。忌正寒陡令过热。忌不洁净人入蚕屋。蚕屋忌近臭秽。③

此类蚕事避忌俗信，在上引第（1）（2）条简文所示"浴蚕"仪式中的

---

① 石声汉校注：《农桑辑要校注》，中华书局2014年版，第125页。
② （明）黄省曾：《蚕经》，《蚕书及其他二种》（《丛书集成初编》本），商务印书馆1936年版，第5页。
③ （明）徐光启撰，石声汉校注：《农政全书校注》，上海古籍出版社1979年版，第857页。

祷辞部分即已有所反映。如在浴蚕时,第(1)条祷辞明言"女毋辟(避)瞥暮=(瞙瞙)者目,毋辟(避)胡者腹,毋辟(避)男女牝牡者"。祝辞部分的句读,原整理者断作"今日庚午利浴蠶(蚕),女毋辟(避)瞥暮=(瞙瞙)者,目毋辟(避)胡者,腹毋辟(避)男女牝牡者",有研究者则认为此处"目""腹"或属上读。① 按,《荀子·赋篇》云:"臣愚而不识,请占之五泰。五泰占之曰:此夫身女好而头马首者与?屡化而不寿者与?善壮而拙老者与?有父母而无牝牡者与……夫是之谓蚕理。"② 方勇指出,"毋辟(避)胡者腹"一句与此处"屡化而不寿者与"相应,"毋辟(避)男女牝牡者"一句与"有父母而无牝牡者与"相关联,而"毋辟(避)男女牝牡者"后似脱漏一字。而祝辞中的"女"字,除读为本字外(指养蚕的妇人或者婢女),也可表第二人称,即指"先蚕"。③ 由简文之义来看,这里的"女(汝)",应指浴蚕仪式中被浴之蚕种。浴蚕是选育蚕种的活动,祷辞所针对的对象也应该是被选育的蚕种,而非浴蚕活动的具体操作者。当然,所浴之蚕种是有生命力的存在物,其自亦当有神灵存在,是以第(2)条简文中即以"啻(帝)女"称待浴之蚕种。而第(3)条简文中更说"啻(帝)女且下里(理)""啻(帝)女已伪(蚁)"。是帝女即蚕种,亦即蚕种之神灵而言,祝辞中希望"女毋辟(避)"者,即是蚕事生产所须禁忌者。不过祝辞的意思,乃是希冀所选蚕种在未来的发育中不受此类禁忌对象的影响。

祝辞中的"瞥暮=(瞙瞙)者",整理者注:"瞥,通'䀹',《集韵·删韵》:'䀹,《说文》:多白眼也。或作瞥。''暮'字下有重文符号。'暮',字当通'瞙',《玉篇·目部》:'瞙,《字统》云:目不明。'"方勇以《医心方》卷5引《葛氏方》"治漠漠不明方"高文柱注曰"漠漠,视物不明。按'漠漠'原作'瞙瞙',按常例改"认为,"瞙瞙"又可作"漠漠"。④ 其实无须如此赘释。依高氏校注,表达

---

① 陈伟主编:《秦简牍合集》(三),武汉大学出版社2014年版,第74页。
② (清)王先谦撰,沈啸寰、王星贤点校:《荀子集解》,中华书局1988年版,第564—565页。
③ 方勇:《谈关沮秦简所载秦代的浴蚕术》,《社会科学战线》2018年第3期。
④ 方勇:《谈关沮秦简所载秦代的浴蚕术》,《社会科学战线》2018年第3期。

"目不明"义之本字当作"瞙","漠"则为后起字也。故高氏依文例改"瞙瞙"为"漠漠"。是"瞀瞀=（瞙瞙）者"指目多白眼及目不明者。"胡"，整理者原注："老寿。"按，《诗经·周颂·载芟》"有椒其馨，胡考之宁"毛《传》："胡，寿也。"《集韵·模韵》："胡，寿也。"[1] 又，"胡"有"老"义。《左传·僖公二十二年》"虽及胡耇"孔颖达疏："胡是老之称也。"是"胡者"当指老寿之人。"男女牝牡者"，各家无说。由《说文·牛部》"牝，畜母也""牡，畜父也"推之，这里的"牝牡"或当泛指一切禽畜。是"男女牝牡者"应泛指一切人类和禽畜类而言。在选育蚕种时，之所以要蚕种毋辟（避）"瞀瞀=（瞙瞙）者目""胡者腹"及"男女牝牡者"，或是时人已认识到蚕"皆无眉目""屡化而不寿"，以及"有父母而无牝牡"的生理特征。[2] 因此，在选育蚕种的祝辞中，古人反其道而特意祝祷被浴之蚕种无须躲避这些被禁忌者。施术者如此祝祷的目的，在于确保浴蚕时不受此类禁忌因素的影响，从而使蚕的发育能如人所愿。

此外，第（2）条祷辞中的"浴啻（帝）女，毋单（惮）虫虺校（咬）也，毋单（惮）男女姚也"一句也对蚕发育中的避忌对象有所交代。"姚"，高一致认为或读作"佻"，并引《尔雅·释言》"佻，偷也"郭璞注"谓苟且"认为，简文"男女姚"或谓男女行为轻薄、放纵，不庄重。又以"姚"抑或读作"窕"，并引《方言》卷10"窕，淫也。九疑荆郊之鄙谓淫曰遥，沅湘之间谓之窕"、《广雅·释诂一》"窕，婬也"王念孙疏证"淫，与婬通也"认为，简文所处情景为浴蚕，故读"姚"作"佻"、训作轻佻，较读"姚"作"窕"、训作淫，稍胜。[3]其说可从。祷辞中所说"虫虺校（咬）"与"男女姚"皆是蚕在发育过程成长中所忌讳之事，是以浴蚕者在祝辞中祈祷所浴之蚕种"毋单（惮）"此类禁忌现象，其与第（1）条简文祷辞中所祈祷的"毋辟（避）瞀瞀=（瞙瞙）者目，毋辟（避）胡者腹，毋辟（避）男女牝牡者"语义相类，都是为了期望蚕种在以后的发育中能不受此类

---

[1] （宋）丁度等编：《宋刻集韵》，中华书局2005年版，第25页。
[2] 方勇：《谈沮秦简所载秦代的浴蚕术》，《社会科学战线》2018年第3期。
[3] 高一致：《读北大秦简笔记四则》，武汉大学简帛网2018年3月4日首发。

禁忌因素影响而顺利成长。

蚕桑养殖是中国古代农业生产的重要组成部分，在儒家亚圣孟子所勾画的社会蓝图中，即把"五亩之宅，树之以桑，五十者可以衣帛矣"① 看作其理想社会的重要标准，足见蚕桑养殖在古代民众生产、生活中的重要性。在长期的蚕事生产中，古人总结出许多卓有成效的养蚕经验。如在选育蚕种时用具有毒鼠、肥蚕功效的礜石以浴蚕，或用礜石水液洗桑饲蚕，而在入蚕种于蚕室前，重视对蚕室进行全面的清理防护，以防鼠害伤蚕等。这些都是对古代先民蚕事生产中的科学认知的反映。但受生产力水平及自我认知水平的局限，他们又相信并求助于某些神秘力量，希冀通过蚕事生产时日的选择和富含巫术性的浴蚕术来确保蚕事生产的顺利。出土秦简所载浴蚕术、出入蚕良日等信息，则正是对当时民众蚕事生产中的此类认知的真实反映。对这些蚕事生产资料的梳理分析，有助于我们较为全面地认识我国古代先民在蚕事生产中积累的科学经验和富含巫术思维认知因素的相关俗信。

第五节 蚕神及先蚕形象的流变

在万物有灵观下，一切有生命力的存在物皆是有其神灵存在，作为能一生三眠三起、吐丝作茧的蚕来说，自亦不例外。值得注意的是，殷墟卜辞中已有 （《新》3220）、 （《藏》185·3）、 （《卜》773）等字形，叶玉森疑其"象蚕形，即蚕之初文"，② 朱芳圃从其说，③ 商承祚亦认为"此正象蚕形，当为蚕之初字"。④ 又，殷墟卜辞云：" 五牢，蚕示三牢。八月。"（《后编》上·28.6）"贞元示五牛，蚕示三牛。"（《续补》9999）叶玉森认为"蚕示三牢"乃是"祀蚕神，礼用

---

① （清）焦循撰，沈文倬点校：《孟子正义》，中华书局1987年版，第60页。
② 叶玉森：《挈契枝谭·甲卷》，《学衡》（第31期），1924年7月，第127页。
③ 朱芳圃编著：《甲骨文文字编》第13编，商务印书馆1933年版，第3页。
④ 商承祚：《甲骨文字研究》，天津古籍出版社2008年版，第130页。

三牢",① 郭沫若、陈邦怀、胡厚宣等亦以"蚕示"为蚕神。② 卜辞中尚有▨（《合》3336正）、▨（《合》23560）等字，学者释其即"丝"字。③ 以上史料说明，商代不仅已养蚕织丝，并已祭祀蚕神。

周代以农立国，作为农事生产重要组成部分的蚕桑养殖活动更为普遍，《诗经》一书中即对此多有描述。如《诗经·魏风·汾沮洳》云："彼汾一方，言采其桑。"《诗经·豳风·七月》云："春日载阳，有鸣仓庚。女执懿筐，遵彼微行，爰求柔桑。""七月流火，八月萑苇。蚕月条桑，取彼斧斨，以伐远扬，猗彼女桑。"《诗经·大雅·桑柔》云："菀彼桑柔，其下侯旬。"《诗经·大雅·瞻卬》云："妇无公事，休其蚕织。"④ 等等。则周代礼祀蚕神自在情理之中，唯传世文献记载阙如，无法详考。

上引第（2）条简文云"浴啻（帝）女"，第（3）（4）条简文中祝辞云"啻女且下里（理）""啻（帝）女将下作""啻（帝）女已伪（蚁）"，是蚕种被称为"啻（帝）女"。"啻（帝）女"的"下里（理）""下作"均预示了其是有神灵的存在。《荀子·蚕赋》言蚕"屡化如神""身女好而头马首者"，王先谦注云："女好，柔婉也。其头又类马首。"⑤ 以蚕形体柔婉，似女性之姿，且有神灵，"帝女"之称，或基此而言。

那么，作为蚕神的"帝女"到底何指呢？蚕神、先蚕之关联及其在后世的流变情况又是如何的呢？这些问题的探索，对我们正确认识我国古代先民的蚕事生产俗信极为重要。

---

① 叶玉森：《㪂契枝谭·甲卷》，《学衡》（第31期），1924年7月，第127页。
② 郭沫若：《卜辞通纂》，《郭沫若全集·考古编》（第2卷），科学出版社1982年版，第549页；陈邦怀：《殷代社会史料征存》（卷下），天津人民出版社1959年版，第7页；胡厚宣：《殷代的蚕桑和丝织》，《文物》1972年第11期。
③ 刘钊等编纂：《新甲骨文编》，福建人民出版社2009年版，第717页；李宗焜编著：《甲骨文字编》，中华书局2012年版，第1248页。
④ （宋）朱熹注，赵长征点校：《诗集传》，中华书局2017年版，第98、142、315、333页。
⑤ （清）王先谦撰，沈啸寰、王星贤点校：《荀子集解》，中华书局1988年版，第564—565页。

一 蚕神形象之流变

古代文献中对蚕神的记载，随时代而多有变化，元代王祯《农书》卷1"蚕事起本"对此总结云：

> 上古有蚕丛帝，无文可考，盖古者蚕祭皆无主名，至后周坛祭先蚕以黄帝元妃西陵氏为始，是为先蚕，历代因之。尝谓天驷为蚕精，元妃西陵氏始蚕，实为要典。若夫汉祭菀窳妇人、寓氏公主，蜀有蚕女马头娘，又有谓三姑为蚕母者，此皆后世之溢典也。①

该书卷20"蚕缫门"所附蚕神图如图7-1所示，并云：

> 蚕神，天驷也。天文辰为龙，蚕辰生，又与马同气。谓天驷，即蚕神也。《淮南王蚕经》云："黄帝元妃西陵妃始蚕。"至汉，祀菀窳妇人、寓氏公主。蜀有蚕女马头娘。此历代所祭不同。然天驷为蚕精，元妃西陵氏为先蚕，实为要典。若夫汉祭菀窳妇人、寓氏公主，蜀有蚕女马头娘，又有谓三姑为蚕母者，此皆后世之溢典也。③

图7-1 蚕神图②

任乃强考辨隋唐以来蚕神崇拜信仰流变指出，隋唐时以马明王为蚕神。马明王塑像，额上多一纵目，乘白马。此盖表示其神为纵目人，属

---

① （元）王祯：《农书》（《国学基本丛书》本），商务印书馆1937年版，第3页。
② （元）王祯：《农书》（《国学基本丛书》本），商务印书馆1937年版，第442—443页。
③ （元）王祯：《农书》（《国学基本丛书》本），商务印书馆1937年版，第442页。

白马氏类，隐指蚕丛也。宋王钦若驳先蚕为天驷之说，于是朝廷祀典称"先蚕"。废其燔柴，但瘗埋以祭。神亦另作翁媪持茧像，拟嫘祖。人民不愿从钦若之说者，乃因马头娘故事，塑女子披马皮者为蚕神。或私祀马明王如故，但改称其庙为白马庙而已。马头娘故事，唐人所造。明清人又谓蚕神为"青衣神"（徐光启《农政全书》），谓"蚕丛氏衣青衣"。①

由王祯所论，则最早的蚕神为天驷，汉代以宛窳妇人、寓氏公主二神为蚕神，蜀地则以马头娘为蚕神。而据任先生所辨，则隋唐以来蚕神又有马明王、青衣神等。那么，历代以来蚕神形象的具体流变情况如何呢？我们试析如下。

1. 天驷

汉代前以天驷为蚕神，或与时人"蚕头似马首""月直大火"以浴蚕，故蚕马同气、蚕马同化的认知有关。《尔雅·释天》云："天驷，房也。大辰，房、心、尾也。大火谓之大辰。"②《周礼·夏官·马质》"若有马讼则听之，禁原蚕者"郑玄注曰："原，再也；天文，辰为马。《蚕书》：'蚕为龙精。月值大火，则浴其种。'是蚕与马同气。物莫能两大，禁再蚕者，为伤马欤？"③辰星即房宿，亦即天驷。大火又谓之大辰。辰为天驷，马属大火，月直大火又以浴蚕。是马与蚕同气，故二者亦同神。天驷为马祖，自以为蚕神。

2. 帝女

上引第（1）条简文云"今日庚午利浴瞀（蚕）"，第（2）条简文云"今日庚午浴啻（帝）女"，第（3）条简文云"啻女且下里（理）""啻（帝）女已伪（蚁）"，第（4）条简文云"啻（帝）女将下作"。第（1）简文"浴瞀（蚕）"二字后接一"女"字。若第（2）条简文所释不误的话，则此处所欲之"啻（帝）女"在第（1）条简文中对应的是"瞀（蚕）"，即蚕种。但第（2）条简文"浴啻（帝）女"后的祝辞"毋单（惮）虫魋校（咬）也，毋单（惮）男女

---

① （晋）常璩著，任乃强校注：《华阳国志校补图注》，上海古籍出版社1987年版，第223页。

② （晋）郭璞注，周远富、愚若点校：《尔雅》，中华书局2020年版，第121页。

③ （汉）郑玄注：《周礼》，《十三经古注》（三），中华书局2014年版，第524页。

姚也"似缺主语，不如第（1）条简文"浴瞀（蚕）"后的祝辞主语为"女"通顺，颇疑第（2）条简文中的"啻（帝）女"之"啻"当为蚕字之误写或误释，"女"字则从下读，与第（1）条简文文意相合。但第（3）条简文"啻（帝）女已伪（蚁）"中的"啻（帝）女"似亦可释为蚕种，是说蚕种已化为蚁，则第（2）条简文"啻（帝）女"又似不误。今暂从释文，以"啻（帝）女"所释为是。那么，上引第（2）条简文中的"啻（帝）女"当指蚕种。第（3）条简文中的"啻（帝）女已伪（蚁）"，是说"啻（帝）女"已化为蚁。蚕一生要经历卵、幼虫、蛹和成虫四个生长时期，"蚁"即蚕卵变为幼虫的时期。因此，这里的"啻（帝）女已蚁"之"啻（帝）女"，从简文字面意上释为"蚕种"也自词通义顺。而第（3）（4）条简文中"啻（帝）女且下里（理）""啻（帝）女将下作"之"啻（帝）女"，一则言其下里（理），一则言其将下作，二者意近，均是言其由上而下作业，则此处之"啻（帝）女"显非蚕种，而应是与蚕事有关的神灵。

"帝女"，传世文献多载，如《山海经·中山经》载宣山上有"帝女之桑"，郭璞注："妇女主蚕，故以名桑。"[1] 其所著《山海经图赞》"帝女桑"条亦云："爰有洪桑，生滨沧潭。厥围五丈，枝干交参。园客是采，帝女所蚕。"[2] 吴任臣案曰："张衡《南都赋》云：'枫柙枥栎，帝女之桑。'昭明太子《锦带书》云：'依依笲盖，俱临帝女之桑。'《庾信集》云：'春则帝女采桑。'吴淑《桑赋》云：'状凤阙之万桷，擢帝女之四衢。'本此。"[3] 袁珂以《太平御览》卷921引《广异记》"南方赤帝女学道得仙，居南阳崿山桑树上，赤帝以火焚之，女即升天，因名曰帝女桑"为据而驳郭注，以为帝女之桑乃是因赤帝女居此桑火焚升天，故桑以帝女而名。[4] 依此说，则帝女乃赤帝之女也。秦简中与蚕事有关的"啻（帝）女"不知与此赤帝之女是否有关？惜文献

---

[1] （晋）郭璞注：《宋本山海经》，国家图书馆出版社2017年版，第152页。
[2] （晋）郭璞著，张宗祥校录：《足本〈山海经〉图赞》，古典文学出版社1958年版，第29页。
[3] （清）吴任臣著，栾保群点校：《山海经广注》，中华书局2020年版，第300页。
[4] 袁珂校注：《山海经校注》，上海古籍出版社1980年版，第171页。

不足征也。汉代以宛窳妇人、寓氏公主为蚕神，妇人、公主皆女性称谓，其与帝女之间是否也有内在承续关系？今亦无据可考。

3. 宛窳妇人、寓氏公主

汉代以宛窳妇人、寓氏公主为蚕神，其说首见于东汉初卫宏所撰《汉官旧仪》，该书卷下"中宫及号位"条云：

> 春，桑生而皇后亲桑于苑中，蚕室养蚕千薄以上，祠以中牢羊豕祭蚕神，曰苑窳妇人、寓氏公主，凡二神。①

又，《续汉书·礼仪志》云："是月，皇后帅公卿诸侯妇人蚕。祠先蚕，礼以少牢。"梁刘昭注补曰：

> 《汉旧仪》曰："春桑生而皇后亲桑于菀中。蚕室养蚕千薄以上，祠以中牢羊豕，祭蚕神曰菀窳妇人、寓氏公主，凡二神……"晋后祠先蚕。先蚕坛高一丈，方二丈，为四出陛，陛广五尺，在采桑坛之东南。②

此处所引之《汉旧仪》，即卫宏所撰《汉官旧仪》。隋杜公瞻《玉烛宝典》引西汉淮南王刘安所撰《淮南万毕术》云："二月上壬日，取道中土，井华水和，泥蚕屋四扉，则宜蚕。神名菀窳。"③唐医家陈藏器所撰《本草拾遗》卷2云："二月上壬日，取土，泥屋四角，大宜蚕也。"④日人丹波康赖所撰《医心方》卷26引《如意方》云："二月上壬日，取道中土，井花水和为泥，涂屋四角，宜蚕。"⑤又，《太平御览》卷825引《杂五行书》云："二月上壬，取土泥屋四角，宜蚕，

---

① （汉）卫宏：《汉官旧仪》（《丛书集成初编》本），商务印书馆1939年版，第11页。
② （南朝宋）范晔：《后汉书》，中华书局1965年版，第3110页。
③ （隋）杜台卿：《玉烛宝典（及其他三种）》（《丛书集成初编》本），中华书局1985年版，第129页。
④ （唐）陈藏器撰，尚志钧辑释：《〈本草拾遗〉辑释》，安徽科学技术出版社2004年版，第38页。
⑤ ［日］丹波康赖：《医心方》，人民卫生出版社1955年版，第603页。

吉。"①《遵生八笺》卷3"二月事宜"下引《玄枢经》亦云："（是月）上壬日取土泥屋四角，宜蚕事。"②《如意方》为梁简文帝萧纲撰，该书多引《淮南万毕术》文字。《玄枢经》不知撰者，《宋史·艺文志》载其书一卷，当是宋前人所撰。《杂五行书》文字，多见于《齐民要术》所引，然《汉书·艺文志》未见著录，当是汉魏时民间流行的一种数术书。以上各家征引此段文字出处虽不一致，但其内容则大同，或当均本自《淮南万毕术》。由其文皆无"神名菀窳"四字，推测《玉烛宝典》所引此四字当为《淮南万毕术》高诱注文，则其与《汉旧仪》所载蚕神名于时代上亦相一致。唐人房玄龄等撰《晋书·礼志上》亦云："汉仪，皇后亲桑东郊苑中，蚕室祭蚕神，曰苑窳妇人、寓氏公主，祠用少牢。"③菀、苑、苑三字异体，当为传刻所致。此仍以汉代蚕事所祠者为蚕神菀窳妇人、寓氏公主，而无先蚕一说。

"先蚕"是指最早发明种桑养蚕的人，如同"先农"为最早教民耕种者，为人而非神，只是后来将其纳入祭祀对象，其由人而神化。是以秦以前典籍仅见"农神"（如烈山氏之子柱、周人男性始祖后稷、战国以来的神农等均曾为农神）而无"先农"，至周家台秦简、里耶秦简方有祠祭先农的记载。④而传世文献对于先农的记载，最早见于东汉初卫宏所撰《汉旧仪》中，其又将神农与炎帝相结合，并以神农为先农。⑤后世多从其说。就蚕事所祀对象来说，东汉以前只有"蚕神"一称，而尚无最早教民蚕桑养殖的"先蚕"。《续汉书·礼仪志》为晋人司马彪撰，梁人刘昭注引《汉旧仪》文字，仍以蚕神菀窳妇人、寓氏公主为"先蚕"，是知《后汉书·礼仪志》虽有"先蚕"一词，然当为晋人追溯之文，非东汉时蚕事祠祭对象即已有先蚕也。其后，晋人干宝《搜神记》卷14云：

---

① （宋）李昉等：《太平御览》，中华书局1960年版，第3677页。
② （明）高濂著，王大淳点校：《遵生八笺》，浙江古籍出版社2017年版，第108页。
③ （唐）房玄龄等：《晋书》，中华书局1974年版，第590页。
④ 吕亚虎：《试论秦汉时期的祠先农信仰》，《江西师范大学学报》（哲学社会科学版）2013年第5期。
⑤ （汉）卫宏：《汉官旧仪·补遗》（《丛书集成初编》本），商务印书馆1939年版，第21页。

> 汉礼，皇后亲采桑，祀蚕神，曰："菀窳妇人，寓氏公主。"公主者，女之尊称也；菀窳妇人，先蚕者也。古今世或谓蚕为女儿者，是古之遗言也。①

此仍以菀窳妇人、寓氏公主为蚕神，然却突然分出菀窳妇人为先蚕，不知所据。我国古代神灵祭祀礼仪中，各种行业神的形象由抽象化的神灵而逐渐人形化，反映出神灵形象由抽象化的神本位向具体化的人本位转变的演化特点。② 东汉时文献尚无先蚕一词，至晋人司马彪《续汉书·礼仪志》始见之，后干宝始将菀窳妇人由蚕神中分出而为先蚕。这一变化，应与秦汉以来文化大一统下对各地神灵谱系的系统化整合有关。以是之故，晋以后历代官方蚕事礼仪所祠对象，多见先蚕而少言蚕神，间或有以先蚕为天驷，而以菀窳妇人、寓氏公主为蚕神者，北宋秦观《蚕书·祷神》所载"卧神之日，升香以祷天驷，先蚕也；割鸡设醴，以祷菀窳妇人、寓氏公主，盖蚕神也"③ 之说，即属此类认知。

4. 马头娘

唐代官方以天驷为先蚕，而以菀窳妇人、寓氏公主为蚕神。但在当时蜀地民间，则流传着祠马头娘为蚕神的习俗。宋戴埴《鼠璞》卷下"蚕马同本"条云：

> 唐《乘异集》载，蜀中寺观多塑女人披马皮，谓马头娘，以祈蚕……俗谓蚕神为马明菩萨。④

唐末五代时人杜光庭所撰《墉城集仙录》卷6"蚕女"条下亦云：

> 蜀之风俗，诸观画塑玉女之像，披以马皮，谓之马头娘，以祈

---

① （晋）干宝撰，汪绍楹校注：《搜神记》，中华书局1979年版，第173页。
② 吕亚虎：《战国秦汉时期的祠行信仰——以出土简牍〈日书〉为中心的考察》，《陕西师范大学学报》（哲学社会科学版）2014年第3期。
③ （宋）秦观：《蚕书》（《丛书集成初编》本），商务印书馆1936年版，第3页。
④ （宋）戴埴：《鼠璞》（《丛书集成初编》本），商务印书馆1939年版，第36页。

蚕桑焉。①

蜀地所祠马头娘为蚕神,其俗当本自晋人干宝《搜神记》所载"女化蚕"的传说。《搜神记》卷14"女化蚕"条云:

旧说:太古之时,有大人远征,家无余人,唯有一女。牡马一匹,女亲养之。穷居幽处,思念其父,乃戏马曰:"尔能为我迎得父还,吾将嫁汝。"马既承此言,乃绝缰而去。径至父所。父见马,惊喜,因取而乘之。马望所自来,悲鸣不已。父曰:"此马无事如此,我家得无有故乎?"亟乘以归。为畜生有非常之情,故厚加刍养。马不肯食。每见女出入,辄喜怒奋击。如此非一。父怪之,密以问女,女具以告父:"必为是故。"父曰:"勿言,恐辱家门。且莫出入。"于是伏弩射杀之。暴皮于庭。父行,女与邻女于皮所戏,以足蹙之曰:"汝是畜生,而欲取人为妇耶?招此屠剥,如何自苦?"言未及竟,马皮蹶然而起,卷女以行。邻女忙怕,不敢救之。走告其父。父还,求索,已出失之。后经数日,得于大树枝间,女及马皮,尽化为蚕,而绩于树上。其茧纶理厚大,异于常蚕。邻妇取而养之,其收数倍。因名其树曰"桑"。桑者,丧也。由斯百姓竞种之,今世所养是也。言桑蚕者,是古蚕之余类也。案《天官》,辰为马星。《蚕书》曰:"月当大火,则浴其种。"是蚕与马同气也。《周礼》教人职掌"禁原蚕者"注云:"物莫能两大。禁原蚕者,为其伤马也。"汉礼,皇后亲采桑,祀蚕神,曰:"菀窳妇人,寓氏公主。"公主者,女之尊称也。菀窳妇人,先蚕者也。故今世或谓蚕为女儿者,是古之遗言也。②

按,《山海经·海外北经》载,"欧丝之野在大踵东,一女子跪据树欧丝"。欧丝,郭璞注云:"言噉桑而吐丝,盖蚕类也。"杨慎补注

---

① (前蜀)杜光庭:《墉城集仙录》,《四库全书存目丛书·子部》(第258册),齐鲁书社1995年版,第376页。

② (晋)干宝撰,汪绍楹校注:《搜神记》,中华书局1979年版,第172—173页。

云:"世传蚕神为女子,谓之马头娘。《后汉·志》曰'宛窳',盖此类也。"①袁珂认为,此一简单神话,盖"蚕马"神话之雏形也。传为三国吴张俨所作恐亦仍出六朝人手笔之《太古蚕马记》,此盖是神话演变之结果也。前乎此(欧丝之野神话)者,有《中山经》所记"帝女之桑"之帝女桑,唯仅著异桑,然已"女""桑"相连为文。后乎此者,有荀子《蚕赋》"身女好而头马首",状蚕之态,已近"蚕马"。则知演变之迹象,实隐有脉络可寻也。吾国蚕丝发明甚早,妇女又专其职任,宜在人群想象中,以蚕之性态与养蚕妇女之形象相结合。② 其说甚是。

《搜神记》一书乃干宝有感于生死之事,"遂搜集古今神祇灵异人物变化"而作。其所载"女化蚕"神话,自言来自"旧说"。此"旧说"之本,当与《山海经·海外北经》"欧丝女子"及《荀子·蚕赋》"蚕身女好而头马首"的记载有关。后人糅合各种旧说,遂造出太古之时女化蚕之故事,后又为好搜古今神祇灵异人物变化之事的干宝将其载入《搜神记》中。明人朗瑛即云:"若干宝所记,但因马头娘一事遂驾空而神其说,所谓马头娘者,本荀子《蚕赋》'身女好而头马首者欤'一句。"③ 袁珂所说的"传为三国吴张俨所作恐亦仍出六朝人手笔"之《太古蚕马记》,见于明人所编《五朝小说大观》"传奇家类"。其所载女化蚕文字内容,除几处别字(如"牡马"误作"壮马","汉礼"误作"从礼"等)外,其他文字均与干宝《搜神记》所载相同。④ 钟敬文据之认为,《搜神记》所载乃是全抄自《太古蚕马记》。⑤ 然《搜神记》中并未言及张俨及《太古蚕马记》之名,而晋以来历代正史之《经籍志》或《艺文志》亦未见载其书,且《齐民要术》卷5、《玉烛宝典》卷2、《法苑珠林》卷63、《太平御览》卷766及卷825等引此

---

① (明)杨慎:《山海经补注》(《丛书集成初编》本),中华书局1991年版,第11页。
② 袁珂校注:《山海经校注》,上海古籍出版社1980年版,第243—244页。
③ (明)朗瑛:《七修类稿》,上海书店出版社2001年版,第201页。
④ (吴)张俨:《太古蚕马记》,《五朝小说大观》,上海文艺出版社1991年版,第32页。
⑤ 钟敬文:《马头娘传说辨》,《钟敬文民间文学论集》(下),上海文艺出版社1982年版,第245页。

均作《搜神记》而无言张俨《太古蚕马记》者,① 知其应是后人本《搜神记》改造而托名吴张俨所撰。宋人李昉等所编《太平广记》卷479"昆虫七"下"蚕女"条引有唐人孙颜所撰《原化传拾遗》,其文云:

> 蚕女者,当高辛帝时,蜀地未立君长,无所统摄,其人聚族而居,递相吞噬。蚕女旧迹,今在广汉,不知其姓氏,其父为邻邦掠去,已逾年,唯所乘之马犹在。女念父隔绝,或废饮食,其母慰抚之。因告誓于众曰:"有得父还者,以此女嫁之。"部下之人,唯闻其誓,无能致父归者。马闻其言,惊跃振迅,绝其拘绊而去。数日,父乃乘马归。自此马嘶鸣,不肯饮龁。父问其故,母以誓众之言白之。父曰:"誓于人,不誓于马。安有配人而偶非类乎?能脱我于难,功亦大矣。所誓之言,不可行也。"马愈跑,父怒,射杀之,曝其皮于庭。女行过其侧,马皮蹶然而起,卷女飞去。旬日,皮复栖于桑树之上。女化为蚕,食桑叶,吐丝成茧,以衣被于人间。父母悔恨,念之不已。忽见蚕女,乘流云,驾此马,侍卫数十人,自天而下,谓父母曰:"太上以我孝能致身,心不忘义,授以九宫仙嫔之任,长生于天矣,无复忆念也。"乃冲虚而去。今家在什邡、绵竹、德阳三县界。每岁祈蚕者,四方云集,皆获灵应。宫观诸化,塑女子之像,披马皮,谓之马头娘,以祈蚕桑焉。《稽圣赋》曰"安有女(《集仙录》六'安有女'作'爱有女人'),感彼死马,化为蚕虫,衣被天下"是也。②

前文所引唐末五代时人杜光庭所撰《墉城集仙录》卷6"蚕女"条下亦载有上引《原化传拾遗》的内容,只是在句首"蚕女者"后增"乃是房星之精也"几字,而在《稽圣赋》前添加"俗云闻其尸于树,

---

① (后魏)贾思勰原著,缪启愉校释:《齐民要术校释》,中国农业出版社1998年版,第316页;(隋)杜台卿:《玉烛宝典(及其他三种)》(《丛书集成初编》本),中华书局1985年版,第129—130页;(唐)释道世著,周叔迦、苏晋仁校注:《法苑珠林校注》,中华书局2003年版,第1904—1905页;(宋)李昉等:《太平御览》,中华书局1960年版,第3399、3676页。

② (宋)李昉等:《太平广记》,中华书局1961年版,第3945页。

谓之桑树，耻化为虫，故谓之蚕"一语，在赋言后则增"《阴阳书》云'蚕与马同类'，乃如是房星所化也"一句。① 五代人马缟《中华古今注》卷下"程雅问蚕"所述女化蚕事则为《搜神记》所载内容之缩写。② 明刻本《绘图三教源流搜神大全》卷3"蚕女"条、道藏本《搜神记》卷6"蚕女"条、元人秦子晋撰《新编连相搜神广记》后集"蚕女"条，③ 以及清人姚福均《铸鼎余闻》卷3"马明王"条、程岱葊《西吴蚕略》"马头娘"条所载，则为上引《原化传拾遗》相关内容之缩写。④ 比照可知，唐以来文献所载"蚕女"故事与《搜神记》所载"女化蚕"事梗概大同，只是故事情节上略有改编增益，如故事时代由"太古之时"而明确为"高辛帝时"，蚕女生地定为蜀地，女戏马之语变为其母告誓于众之辞，并安置上蚕女骑此马飞降拜别父母，称自己以孝能致身、心不忘义而被太上授九宫仙嫔的内容等。故事情节虽增添几分道教孝义伦理色彩，然其主体内容与《搜神记》一致，显然后世"蚕女"故事乃是以《搜神记》"女化蚕"故事为基础，经唐代以来道教传说改写而成。⑤ 民俗文化在其长期的流传中，具有主体承继性特点，也会在传播中随时代、地域的变化而呈现变异性的特点。由《搜神记》"女化蚕"到后世文献有关"蚕女"故事的演化过程，亦可窥见此一故事在后世流传中的主体承继性与具体情节变异性特点之一斑。

清代江浙一带民间蚕事生产中，于下蚕后在蚕室中亦有奉祀马头娘之俗。清人程岱葊《西吴蚕略》云："下蚕后，室中即奉马头娘，遇眠，以粉茧香花供奉，蚕毕送之。凡村社间塑马头娘像，严妆坐马上状，若天人，俗称马明王。又塑三女立其下，谓之大姑、二姑、三姑，

---

① （宋）杜光庭：《墉城集仙录》，《四库全书存目丛书·子部》（第258册），齐鲁书社1995年版，第375—376页。
② （五代）马缟：《中华古今注》，商务印书馆1939年版，第39页。
③ 分见佚名《绘图三教源流搜神大全（外二种）》，上海古籍出版社2012年版，第138、432—433、558页。
④ （清）姚福均：《铸鼎余闻》，《藏外道书》（第18册），巴蜀书社1992年版，第36—37页；（清）程岱葊：《西吴蚕略》，《续修四库全书》（第978册），上海古籍出版社2002年版，第153—154页。
⑤ 许凯翔：《〈搜神记·女化蚕〉试析》，《早期中国史研究》（第3卷第1期），2011年，第87—122页。

每年以次把蚕。"① 又，光绪《嘉兴府志》卷10记载嘉兴府蚕神庙中"设木主二：一轩辕黄帝位，一司蚕之神位。庙东隅设马头娘娘像，西隅设大姑、二姑、三姑像，皆附列焉"。② 是知唐以来兴起于蜀地的蚕神马头娘，后世已传播到江浙一带，为乡民蚕事生产中所奉神祇之一。

5. 青衣神

明清时，四川成都等地有以青衣神为蚕神之俗。青衣神，当是由蜀地流传的蚕丛氏传说演化而来。五代宋以来文人笔下多有将蚕事与蚕丛氏相关联的记载，致使明清时当地流传祠青衣神为蚕神之俗。五代蜀人杜光庭所撰《仙传拾遗》云：

蚕丛氏自立王蜀，教人蚕桑，作金蚕数千头，每岁之首，出金头蚕，以给民一蚕，民所养之蚕必繁孳，罢即归蚕于王。巡境内所止之处，民则成市，蜀人因其遗事，每年春置蚕市也。③

据北宋初黄休复所撰《茅亭客话》卷9"鬻龙骨"条所载，蜀有蚕市，每年正月至三月，州城及属县循环一十五处。耆旧相传古蚕蘩氏为蜀主，民无定居，随蚕蘩所在致市居，此之遗风也。④ 蚕蘩氏即蚕丛氏。是蜀人相传蚕丛氏时尚无都邑，随桑林所在，聚其人，教以养蚕缫丝，故曰蚕丛。⑤ 以是之故，后世蜀地民众赋予蚕丛氏教民始蚕之事，并将其奉为蚕神，又因所祠其神衣青衣，故称为青衣神。《路史》卷4"蜀山氏"条下"其妻曰妃，俱葬之"罗苹注：

（南朝齐武帝）永明二年，萧鉴刺益，治园江南，凿石冢，有

---

① （清）程岱葊：《西吴蚕略》，《续修四库全书》（第978册），上海古籍出版社2002年版，第153页。
② （清）许瑶光修，吴仰贤等纂：《光绪嘉兴府志》，《中国地方志集成·浙江府县志辑》（第12册），上海书店出版社1993年版，第250页。
③ （明）陶宗仪等编：《说郛》卷10，中国书店1986年版，第45页。
④ （宋）黄休复：《茅亭客话》，《宋元笔记小说大观》（一），上海古籍出版社2007年版，第449页。
⑤ （晋）常璩著，任乃强校注：《华阳国志校补图注》，上海古籍出版社1987年版，第220页。

椁无棺……有篆云：'蚕丛氏之墓。'鉴责功曹何佇坟之，一无所犯，于上立神，衣青衣，即今成都青衣神也。①

约出明代的道藏本《搜神记》"青衣神"条云：

> 青衣神，即蚕丛氏也。按，传蚕丛氏初为蜀侯，后称蜀王，尝服青衣巡行郊野，教民蚕事，乡人感其德，因为立祠祀之。祠庙遍于西土，罔不灵验，俗既呼之青衣神。②

明陆应阳原纂、清蔡方炳增辑《广舆记》卷17四川眉州"青衣神庙"下亦云："青神，昔蚕丛氏服青衣，教民蚕事，立庙祀之。"③ 此是四川一带民间俗信以蚕丛氏为蚕神者。

6. 蚕花五圣

江浙一带，尚有祀蚕花五圣为蚕神之俗。梁人吴均所撰《续齐谐记》云：

> 吴县张成夜起，忽见一妇人立于宅南角，举手招成，成即就之。妇人曰："此地是君家蚕室，我即是此地之神。明年正月半，宜作白粥，泛膏于上祭我也，必当令君蚕桑百倍。"言绝失之。成如言作膏粥。自此后大得蚕。今正月半作白膏粥，自此始也。④

据此言之，则江南一带所祀之蚕神，虽不知其名，然可知其为女性也。清人杨屾《豳风广义》卷中"祭先蚕图说"云：

> 蚕室备内设先蚕位，不忘本也。历代所祀不同，即如汉祀宛窳

---

① （宋）罗泌：《路史》，《景印文渊阁四库全书·史部》（第383册），台湾商务印书馆1986年版，第22页。
② 佚名：《绘图三教源流搜神大全（外二种）》，上海古籍出版社2012年版，第433页。
③ （明）陆应阳原著，（清）蔡方炳增辑：《增订广舆记》卷17，清康熙二十五年（1686）聚秀堂刻本，第14页。
④ （梁）吴均：《续齐谐记》，《丛书集成新编》（第82册），台北：新文丰出版公司1985年版，第44页。

妇人、寓氏公主，蜀有蚕女马头娘，又有三娘为蚕神者。又，南方祀蚕花五圣者，此后世之溢典也。①

清人程岱葊所撰《西吴蚕略》载湖州一带蚕事赛神之俗云："蚕出火后，始祭神。大眠、上山、回山、缫丝皆祭之，神称蚕花五圣。"②《湖州府志》卷29《舆地略·风俗》亦载：

（湖州百姓）最信五圣，姓氏源委俱无可考。但传其神好矮屋，高广不逾三四尺。而五圣夫妇将佐间亦僧道共处，或塑像，或绘像，凡委巷及屋檐之上大树之下，多建祀之。③

又，据《西吴蚕略》载，嘉庆四年，抚浙中丞以浙西杭嘉湖三府民重蚕桑而请建祠以答神，遂建蚕神庙于东岳宫左，有司祭祀，乡氓虽瞻敬惟度，而蚕时犹不敢亵祀先蚕。④可见，在官方所祀蚕神之外，乡民的蚕事神谱中则存在着鄙俗不典的蚕花五圣。这种官民所祀蚕神不同的现象，在各地蚕事神祇崇拜习俗中应较为普遍。

二 先蚕形象之演化

我国古代先民有祭"先"的习俗。"先"者，即各行各业的创始者。顾炎武《日知录》卷14云："古人每事必祭其始之人，耕之祭先农也，桑之祭先蚕也，学之祭先师也，一也。"⑤是以蚕神之外，与蚕事最密切之神灵，尚有先蚕。王祯《农书》卷20云："先蚕，犹先酒、先饭，祀其始造者。"⑥据史籍所载，先蚕所祀，历来不一。明末清初

---

① （清）杨屾编：《豳风广义》卷中，陕西通志馆1936年印本，第20页。
② （清）程岱葊：《西吴蚕略》，《续修四库全书》（第978册），上海古籍出版社2002年版，第160页。
③ （清）宗源瀚等修，周学濬撰：《同治湖州府志》卷29，同治十三年刊本。
④ （清）程岱葊：《西吴蚕略》，《续修四库全书》（第978册），上海古籍出版社2002年版，第161页。
⑤ （清）顾炎武著，（清）黄汝成集释，栾保群等校点：《日知录集释》，上海古籍出版社2006年版，第854页。
⑥ （元）王祯：《农书》（《国学基本丛书》本），商务印书馆1937年版，第441页。

人孙承泽《春明梦余录》卷 19 云:

> 先蚕之神,或以为苑窊妇人、寓氏公主,或以为黄帝,或以为西陵氏,或以为天驷,历论不一。然蚕,其首马首,其性喜温恶湿,其浴火月,而再养则伤焉,此固与马同出于天驷矣。然天驷可为马祖,而非先蚕者也。蚕,妇人之事。《史记》黄帝娶西陵氏,始蚕。汉祀苑窊妇人、寓氏公主,此或有所传,然其祭设坛,或少牢、或大牢,或一献,或三献,礼必皇后亲享,北齐使公卿祀之,非也。①

清人黄以周所撰《礼书通故》第二十亦论道:

> 《汉旧仪》云:"先蚕之神曰苑窊妇人、寓氏公主。"《唐月令》以为天驷,《路史》《通鉴外纪》又以为黄帝西陵氏。陈祥道云:"蚕其首马首,其性喜温恶湿,其浴火月而再养则伤马,此固与马同出天驷矣。然天驷可谓蚕祖,而非先蚕也。蚕,妇人之事,非黄帝也。《史记》黄帝取西陵氏。而西陵氏始蚕,于志无见。汉祀苑窊妇人、寓氏公主二人,此或有所传然也。"以周案:古人季春荐鞠衣于先帝,不闻祀先蚕。先蚕之人,经传无明文。秦氏《通考》谓当与祭诸先同例,不必求其人以实之。②

由孙、黄二氏所论可知,汉以来历代所祠先蚕,先后有以苑窊妇人及寓氏公主、黄帝轩辕氏、黄帝元妃西陵氏嫘祖、天驷等当之者。然二氏所论历代先蚕变化情况较简,依史籍所载,略陈其演变情况如下。

1. 苑窊妇人

由上文赘引可知,作为蚕事祭祀的对象——先蚕,最早见载于晋人司马彪《续汉书·礼仪志》中,其后干宝《搜神记》以汉以来所祀蚕神宛窊妇人为先蚕。然梁人刘昭注补《续汉书·礼仪志》则引《汉旧

---

① (清)孙承泽著,王剑英点校:《春明梦余录》,北京古籍出版社 1992 年版,第 279—280 页。

② (清)黄以周撰,王文锦点校:《礼书通故》,中华书局 2007 年版,第 955 页。

仪》以蚕神宛窫妇人、寓氏公主释先蚕。是知当时虽已有先蚕之名，然多与蚕神混而言之。

2. 黄帝轩辕氏

曹魏以来，历代官方对先蚕的祭祀时间、地点、规格、地点，及所祀对象多有变化。据《晋书·礼仪志》载，魏文帝黄初七年正月，依周典，命中宫蚕于北郊。及晋武帝太康六年，蚕于西郊，并在蚕室西南建先蚕坛，桑日，皇后未到，太祝令质明以太牢告祠。"蚕于西郊"者，"盖与藉田对其方也"。① 又，《隋书·礼仪志》载，宋孝武大明四年，循晋制，始于台城西白石里，为西蚕设兆域，置大殿，又立蚕观。北齐时，置先蚕坛于桑坛东南，每岁季春，谷雨后吉日，使公卿以一太牢祠先蚕黄帝轩辕氏于坛上，无配，如祀先农。② 是北齐时，以太牢礼祠黄帝轩辕氏为先蚕。

3. 西陵氏嫘祖

与北齐政权大体同时的北周虽亦以太牢礼祠先蚕，但所祠对象则与北齐不同，而是以黄帝元妃西陵氏嫘祖当之。《隋书·礼仪志》载，后周制，皇后率后宫妃嫔及三公夫人等至蚕所，以一太牢亲祭，进奠先蚕西陵氏神。隋筑先蚕坛于宫北三里，高四尺。季春上巳，皇后帅三夫人、九嫔、内外命妇，以一太牢制，币，祭先蚕于坛上，用一献之礼。③ 由此可知，晋至隋，官方祠祭先蚕，典法虽多依晋仪④，然祭祀先蚕之时间、场所方位、所祠对象，以及致祭者亦多有不同。北齐以黄帝轩辕氏为先蚕，北周则以西陵氏为先蚕。

北齐以黄帝轩辕氏为先蚕，不知所依。而北周则以西陵氏为先蚕，此当与黄帝元妃西陵氏为教民始蚕者之传说有关。西陵氏女嫘祖为黄帝妃，其说《世本》《山海经》已有载。《世本》云："黄帝有熊氏娶于西陵氏之子，谓之累祖，产青阳及昌意。"⑤《山海经·海内经》云："黄帝妻雷祖，生昌意。"⑥ "雷祖"即"累祖"，《大戴礼记·帝系》

---

① （唐）房玄龄等：《晋书》，中华书局1974年版，第590页。
② （唐）房玄龄等：《晋书》，中华书局1974年版，第145页。
③ （唐）魏征等：《隋书》，中华书局1973年版，第145—146页。
④ （唐）杜佑：《通典》，中华书局1988年版，第1290页。
⑤ （汉）宋衷注，（清）秦嘉谟等辑：《世本八种》，中华书局2008年版，第3页。
⑥ （晋）郭璞注：《宋本山海经》，国家图书馆出版社2017年版，第245—246页。

《史记·五帝本纪》等作"嫘祖",①《汉书·古今人表》作"絫祖",②《路史·后纪五》则又作"傫祖",并注云:"累、傫、雷,同音嬴。傫、累、嫘、㜲、雷省,非是。"③其实皆一人而异写也。黄帝有四妃,西陵氏女嫘祖为黄帝元妃,说见《史记·五帝本纪》:"黄帝居轩辕之丘,而娶于西陵之女,是为嫘祖。嫘祖为黄帝正妃。"黄帝元妃西陵氏嫘祖为始教民育蚕织丝之说,不知起于何时。陶宗仪《说郛》卷10引五代蜀人马鉴《续事始》云:"黄帝西陵氏始养蚕为丝。《礼记》享元蚕,即西陵氏也。"④又,南宋罗泌《路史》卷14《后纪五》"命西陵氏劝蚕稼"下其子罗苹注:"《皇图要览》云:'伏羲化蚕,西陵氏养蚕。'故《淮南王蚕经》云:'西陵氏劝蚕稼。'亲蚕始此。"⑤元代王祯《农书》卷1亦云:"《淮南王蚕经》云:'黄帝元妃西陵氏,始蚕。'盖黄帝制作衣裳,因此始也。"⑥《淮南王蚕经》,《汉书·艺文志》未见著录,《旧唐书·经籍志》《新唐书·艺文志》均载有《蚕经》一卷,然不著撰人。宋代仁宗时官修书目《崇文总目》农家类有"《淮南王养蚕经》三卷",《宋史·艺文志》则作一卷,题淮南王撰,其或即王祯《农书》所引之《淮南王蚕经》。王仁俊《玉函山房辑佚书续编》"子部·艺术类"亦载有"《蚕经》一卷,(汉)刘安撰"。此虽明言为淮南王刘安所撰,其所辑则仅"西陵氏劝蚕稼"一句,乃是从《路史·后纪五》所采。⑦由该书书名流变来看,该书虽题淮南王刘安撰,恐与其无关,应是民间流传的、作于北宋初期以前的一种蚕书。⑧《皇图要览》亦不载其撰者,罗苹征引其说,推测该书当不晚于北宋。是以宋以来文献多有西陵氏嫘祖始蚕之说。如刘恕《通鉴外纪》云:"西陵氏之

---

① (清)王聘珍撰,王文锦点校:《大戴礼记解诂》,中华书局1983年版,第127页;(汉)司马迁:《史记》,中华书局1959年版,第10页。
② (汉)班固:《汉书》,中华书局1962年版,第867页。
③ (宋)罗泌:《路史》,《景印文渊阁四库全书》(第383册),台湾商务印书馆1986年版,第126页。
④ (明)陶宗仪等编:《说郛》卷10,中国书店1986年版,第45页。
⑤ (宋)罗泌:《路史》,《景印文渊阁四库全书》(第383册),台湾商务印书馆1986年版,第123页。
⑥ (元)王祯:《农书》,(《国学基本丛书》本),商务印书馆1937年版,第47页。
⑦ (清)王仁俊辑:《玉函山房辑佚书续编三种》,上海古籍出版社1989年版,第252页。
⑧ 王毓瑚:《中国农学书录》,中华书局2006年版,第53页。

女嫘祖为黄帝元妃，始教民育蚕治丝茧，以供衣服，后世祀为先蚕。"①罗泌《路史》卷14《后纪五》云："（黄）帝之南游，西陵氏殒于道，式祀于行。以其始蚕，故又祀为先蚕。"② 金履祥《资治通鉴前编·卷首》"命元妃西陵氏教民蚕"注云："西陵氏之女嫘祖，黄帝元妃，始教民育蚕治丝茧，以供衣服，而天下无皴瘃之患，后世祀为先蚕。"③北周以黄帝元妃西陵氏为先蚕，或以蚕桑之事本妇女主之，而北齐所祠黄帝轩辕氏与主蚕事者不合，故变以黄帝元妃西陵氏嫘祖当之，或者当时已有西陵氏嫘祖为始蚕者之说，故北周祀其为先蚕。

4. 天驷

唐代及以下，先蚕祭礼多有变化，先蚕则有以天驷当之者。《旧唐书·太宗本纪》云："贞观元年三月癸巳，皇后亲蚕。"④ 又，《新唐书·礼乐志》云："皇后岁祀一，季春吉巳享先蚕，遂以亲桑。"⑤ 据《唐会要》载，此时祠先蚕地点在长安宫北苑中⑥，而非北郊。至唐高宗永徽三年，皇后不亲祠先蚕，命有司享之。《唐会要》卷10云："永徽三年三月七日，制以先蚕为中祠。后不祭，则皇帝遣有司享之，如先农。"然至高宗显庆元年始，又恢复皇后亲蚕之礼。《唐会要》卷10载，显庆元年三月辛巳、总章二年三月癸巳、咸亨五年三月、上元五年三月己巳、上元二年三月丁巳、先天二年三月辛卯、开元二年正月辛巳、乾元二年三月己巳，皇后并亲祠先蚕。⑦ 至于此时官方所祠先蚕，唐李林甫等所撰《月令注》云："季春吉祀〈巳〉，皇后享先蚕。先蚕，天驷也。"⑧ 杜佑《通典》卷46"先蚕"条下自注亦云："季春吉巳，王后享先蚕。先蚕，天驷也。"⑨ 是唐代以天驷为先蚕也。

---

① （宋）刘恕：《资治通鉴外纪》，世界书局1935年版，第8页。
② （宋）罗泌：《路史》，《景印文渊阁四库全书》（第383册），台湾商务印书馆1986年版，第127页。
③ （宋）金履祥撰，（清）清圣祖批：《御批资治通鉴纲目前编》，《景印文渊阁四库全书》（第692册），台湾商务印书馆1986年版，第24页。
④ （后晋）刘昫等：《旧唐书》，中华书局1975年版，第32页。
⑤ （宋）欧阳修、宋祁：《新唐书》，中华书局1975年版，第367页。
⑥ （宋）王溥：《唐会要》，上海古籍出版社2006年版，第299页。
⑦ （宋）王溥：《唐会要》，上海古籍出版社2006年版，第299—300页。
⑧ （唐）李林甫等撰，（清）苉泮林辑：《唐月令注》，商务印书馆1936年版，第12页。
⑨ （唐）杜佑：《通典》，中华书局1988年版，第1288页。

祠先蚕以天驷当之，宋初仍延续其礼，并附汉代故事，以菀窳妇人、寓氏公主为蚕神。而蚕于东郊者，以示春桑生也。《宋史·礼志》云：

> 先蚕之礼久废，真宗从王钦若请，诏有司检讨故事以闻。按《开宝通礼》："季春吉巳，享先蚕于公桑。前享五日，诸与享官散斋三日，致斋二日。享日未明五刻，设先蚕氏神坐于坛上北方，南向。尚官初献，尚仪亚献，尚食终献。女相引三献之礼，女祝读文，饮福、受胙如常仪。"又按《唐会要》："皇帝遣有司享先蚕如先农可也。"乃诏："自今依先农例，遣官摄事。"礼院又言："《周礼》，'蚕于北郊'，以纯阴也。汉蚕于东郊，以春桑生也。请约附故事，筑坛东郊，从桑生之义。坛高五尺，方二丈，四陛，陛各五尺；一壝，二十五步。祀礼如中祠。"[1]

秦观《蚕书·祷神》亦云："卧神之日，升香以祷天驷，先蚕也；割鸡设醴，以祷菀窳妇人、寓氏公主，盖蚕神也。"[2] 可见，宋初仍以天驷为先蚕，而所祷者，则有蚕神菀窳妇人、寓氏公主。

5. 先蚕神

宋初沿袭唐制，以天驷为先蚕。这种礼仪，至宋神宗元丰年间，始有所改变。《宋史·礼志》云：

> 元丰，详定所言：季春吉巳，享先蚕氏。唐《月令注》："以先蚕为天驷。"按先蚕之义，当是始蚕之人，与先农、先牧、先炊一也。《开元享礼》：为瘗坎于坛之壬地。而《郊祀录》载《先蚕祀文》，有"肇兴蚕织"之语，《礼仪罗》又以享先蚕无燔柴之仪，则先蚕非天驷星，明矣。今请就北郊为坛，不设燎坛，但瘗埋以祭，余如故事。[3]

---

[1] （元）脱脱等：《宋史》，中华书局1985年版，第2493—2494页。
[2] （宋）秦观：《蚕书》，商务印书馆1936年版，第3页。
[3] （元）脱脱等：《宋史》，中华书局1985年版，第2494页。

元丰年间详定祠先蚕礼仪，以季春吉巳日享先蚕于北郊，但不设燎坛，而是采用瘗埋的方式祭之。然所祠对象，不再从唐代以天驷为先蚕。原因在于，先蚕为始蚕之人，而非星宿。但所祠者何？史籍亦未明言。其后，徽宗、孝宗时祠先蚕礼又有所变动。《宋史·徽宗本纪》云："（宣和元年）三月甲戌，皇后亲蚕。"①《宋史·礼志》详述其事云："宣和元年三月，皇后亲蚕，即延福宫行礼。其仪：季春之月，太史择日，皇后亲蚕，命有司享先蚕氏于本坛。"②是徽宗时皇后亲蚕，于宫中行礼，而命有司享先蚕于北郊先蚕坛。又，《宋史·礼志》云："宣和重定亲蚕礼，外命妇、宰执并一品夫人升坛侍立，余品列于坛下。六年闰二月，皇后复行亲蚕之礼焉。绍兴七年，始以季春吉巳日享先蚕，视风师之仪。孝宗乾道中，升为中祀。"③是孝宗时又以中祀之礼祠先蚕。

明初亲蚕礼未列祀典，见于记载者，仅洪武二年（1369）二月，命皇后帅内外命妇祠先蚕于北郊。④至明世宗嘉靖年间，始敕礼部以每岁季春、皇后亲蚕于北郊。后改于西苑，未久即罢。《明会典》卷52"亲蚕"条下载，明世宗嘉靖九年（1530）初，建先蚕坛于北郊，以岁春择日，皇后躬祀先蚕，行亲蚕礼。嘉靖十年，以皇后出入不便，改筑先蚕坛于西苑，皇后以仲春致祭。⑤《春明梦余录》卷19亦云："嘉靖十年，召张孚敬、李时诣西苑相地，建土谷坛，并建先蚕坛于仁寿宫侧，毁北郊蚕坛。其礼，以岁仲春择日，皇后祭，用少牢，礼三献，乐六奏，去舞。公主、内外命妇陪祀。"⑥是嘉靖时先建先蚕坛于北郊，以岁春择日，皇后恭祀先蚕。后又毁北郊蚕坛，而于仁寿宫侧建先蚕坛，以仲春择日用少牢礼祠先蚕。

清初未列先蚕祀典。康熙时，立蚕舍丰泽园，始兴蚕绩。雍正十三

---

① （元）脱脱等：《宋史》，中华书局1985年版，第404页。
② （元）脱脱等：《宋史》，中华书局1985年版，第2495页。
③ （元）脱脱等：《宋史》，中华书局1985年版，第2496—2497页。
④ （明）徐光启撰，石声汉校注：《农政全书校注》，上海古籍出版社1979年版，第65页。
⑤ （明）申时行等修：《明会典》（万历朝重修本），中华书局1989年版，第337—338页。
⑥ （清）孙承泽著，王剑英点校：《春明梦余录》，北京古籍出版社1992年版，第279页。

年（1735）河东总督王士俊疏请祀先蚕，以为《周礼》郑注上引房星，以马神为蚕神。蚕、马同出天驷，然天驷可云马祖，实非蚕神。《淮南子》引《蚕经》"黄帝元妃西陵氏始蚕"，其制衣裳自此始。汉祀菀窳妇人、寓氏公主，事本无稽。先蚕之名，礼经不载。有明釐正祀典，百神各依本号，如农始炎帝，止称先农神，则蚕始黄帝，亦宜止称先蚕神。按周制，蚕于北郊。今京师建坛，亦北郊为宜。部议然之。侍郎图理琛奏立先蚕祠安定门外，岁季春吉巳，遣太常卿祀以少牢。未及行。乾隆七年八月，宫中议定亲蚕礼，于西苑东北角建先蚕坛，立蚕室，豫奉先蚕西陵氏神位。仍以季春巳日行亲蚕礼。祭前一日，太常寺官往神库跪拜先蚕西陵氏神位，内务府设皇后及配祀者拜位。祭日，设先蚕西陵氏神位于神坛上，皇后亲祀先蚕。嗣后或躬亲，或官摄，或妃代，并取旨行。此外，地方行省所祭，乾隆五十七年则仅定浙江轩辕黄帝庙蚕神暨杭、嘉、湖属蚕神祠，岁祭列入祀典，祭器则视先农。[①] 可知清乾隆时，除王朝中央行亲蚕礼外，又特定浙江一带地方官方有蚕神祠典。然似以轩辕黄帝为蚕神，而以西陵氏为先蚕也。至于此地乡间民众，虽对官方所祀蚕神瞻敬惟虔，然蚕时犹不敢亵祀，乃以蚕花五圣当之。

综上史籍所载，可总述历代蚕神及先蚕信仰变化情况如下：

第一，商代卜辞虽已有祀蚕神记载，然蚕神形象不明，至郑玄注《周礼》始以天驷为蚕神。出土秦简所载与蚕事生产有关的"帝女"，或为当时所祀蚕神之一。然史料阙如，不知其所指。

第二，据《周礼》《礼记》等所载，周代已于仲春二月蚕事始起时祀蚕神于北郊。其所祀者，汉代学者经注以为是先蚕。然后世所祀教民养蚕织丝的"先蚕"一名，始见于东汉初文献记载。先蚕虽为蚕事生产中崇祀的神灵之一，但其本原为人而非神，只是在后世祭祀信仰中始神格化。

第三，东汉以来，历代官方所祠先蚕原形并不确定，先后有菀窳妇人（晋）、黄帝轩辕氏（北齐）、黄帝元妃西陵氏嫘祖（北周及清乾隆七年以来）、天驷（唐—宋元丰前），以及形象不明的先蚕神（宋元丰—清乾隆七年前）等，并非全以黄帝元妃西陵氏嫘祖为先蚕。《辞

---

① 赵尔巽等：《清史稿》，中华书局1977年版，第2519—2521页。

源》"嫘"字下所收"嫘祖"词条云:"古代传说我国最早养蚕的人,西陵氏女,黄帝元妃。自南朝宋元嘉以来,历代封建王朝设先农坛,皆祀嫘祖为先蚕,或作累祖、雷祖。"①《辞海》"嫘"字下"嫘祖"词条亦云:"嫘祖,一作雷祖、累祖。传为西陵氏之女,黄帝正妃。传说中养蚕治丝方法的创始者。北周以后被祀为先蚕(蚕神)。"②又,《汉语大词典》"嫘"字下所列"嫘祖"词条云:"嫘祖,传说中黄帝元妃,西陵氏女,我国最早养蚕的人。自南朝宋元嘉以来,历代封建帝王设先蚕坛,礼嫘祖为先蚕(蚕神)。一说为行神。"③此类有关"嫘祖"为先蚕的时代诠释均不严谨,有可商处。

第四,历代官方在祭祀蚕神(含先蚕)时,在具体祀地、祀时、祭祀规格等方面的安排上存在着较大的变化。虽然后世多有借鉴前朝祀典而定亲蚕祀典者,但并未形成贯彻始终的祭祀礼仪。

第五,在我国古代官方所祀蚕神之外,各地民间则流传有区域性的蚕神。这一现象,自唐代以来,呈现较明显的发展趋势。而兴于某地的区域性蚕神(如马头娘),在后来的流传中则有对其他地区的蚕神信仰体系产生较大影响的现象,反映出区域文化的交融特点。

第六,在古代的蚕神信仰文化中,蚕神形象经历了由抽象而具体,由神而人的演进过程。这一变化,一方面与秦汉以来王朝大一统局势下对神灵谱系的整合有关,另一方面也与古代先民信仰观由自然神崇拜向祖先神崇拜的转变有关。

---

① 何九盈、王宁、董琨主编:《辞源》(第3版),商务印书馆2005年版,第1042页。
② 夏征农、陈至立主编:《辞海》(第6版彩图本),上海辞书出版社2009年版,第1318页。
③ 罗竹风主编:《汉语大词典》,上海辞书出版社2008年版,第5473页。

第八章

秦简中的鼠害防除术及相关俗信

鼠进入人类生活空间，或咬毁物事，或盗食仓粮，或引发疾病。其对人类危害至深，影响颇远，以天敌、公害视之，自不为过。殷墟甲骨卜辞中有 ![字形] （《屯》3847）、![字形] （《合集》02807）、![字形] （《合集》14118）、![字形] （《英》0174正）等字，① 叶玉森释其为"鼠"字。② 吴其昌以为其形"尖喙、孱身、修尾，皆鼠象也"，故从叶说。③ 其后学者多从之。该字在卜辞中虽用为人名（如"帚鼠"），然由古人造字，既状其形，并状其性论之，则鼠进入人类认知视野，已甚为久远。

商代是否有鼠害？文献无征。周代则已有之，《诗经·魏风·硕鼠》"硕鼠硕鼠，无食我粟"的比拟诉求，《诗经·豳风·七月》"穹窒熏鼠，塞向墐户"的驱鼠之法，均是其证。《礼记·郊特牲》所载蜡祭对象，猫即在列。之所以祭猫，乃是因"迎猫，为其食田鼠也"。因鼠与人类长期共存，难以隔绝、消灭，早期先民在与鼠类长期的共存斗争中，了解到老鼠的生理特征、生活习性，积累了丰富的防治经验，并从而形成内容丰富而独特的鼠文化信仰。

值得注意的是，在出土秦简中，既有秦官方防治鼠害的相关规定和捕鼠情况的记载，也有民间通过鼠的非正常活动现象卜问吉凶，以及利用法术手段驱除鼠患的信仰反映。这些信息为我们了解这一时期的鼠害防治的措施及相关民俗信仰提供了弥足珍贵的第一手资料。

---

① 李宗焜编著：《甲骨文字编》，中华书局2012年版，第591页。
② 叶玉森：《殷虚书契前编集释》卷1，大东书局1933年版，第108页。
③ 吴其昌：《殷虚书契解诂》，武汉大学出版社2008年版，第354页。

第一节　秦简中的鼠害记录及相关法规

在已刊布的《里耶秦简》（一）中，有被称作"鼠券"的简文：

鼠券束。（8—1242）①

还有记录各部门吏员捕鼠情况的简文：

☑□禀人捕鼠☑（8—2467）②
☑□鼠廿。□。（9—625）
库门者捕鼠十☑（9—1062）
仓厨捕鼠十。婴。（9—1128）
仓徒养捕鼠十☑（9—1134）
☑□捕鼠十□得☑（9—1181）
☑捕鼠廿☑（9—1269）
令史南舍捕鼠十☑（9—1646）
丞主舍捕鼠十。就。☑（9—1962）
尉守府捕鼠十。不害。☑（9—2276）
☑少内□鼠☑（9—2882）
令史中捕鼠十。☑（9—3302）③

整理者在《里耶秦简》（一）"前言"中言及此批简中有自题名为"捕鼠计"④者，即指以上捕鼠内容。里耶秦简牍是秦代里耶地方政府的档案文书，此类捕鼠记录，或即8—1242自名为"鼠券"者。而所谓

---

① 陈伟主编：《里耶秦简牍校释》（第1卷），武汉大学出版社2012年版，第298页。
② 陈伟主编：《里耶秦简牍校释》（第1卷），武汉大学出版社2012年版，第471页。
③ 陈伟主编：《里耶秦简牍校释》（第2卷），武汉大学出版社2018年版，第165、248、266、267、273、284、342、400、443、532、568页。
④ 湖南省文物考古研究所编著：《里耶秦简》（一）"前言"，文物出版社2012年版，第3页。

"鼠券束",应是指这些捕鼠记录原是捆束在一起的。①《史记·李斯列传》载李斯"年少时,为郡小吏,见吏舍厕中鼠食不洁,近人犬,数惊恐之。斯入仓,观仓中鼠,食积粟,居大庑之下,不见人犬之忧",由此而有"人之贤不肖譬如鼠矣,在所自处耳"之叹。② 此虽由观鼠之生存境况而感悟个人命运与前途,然实亦反映当时粮仓鼠患之实情。以上这些捕鼠记录,应是对秦里耶地方县级吏员捕鼠实况的真实反映。

从以上里耶秦简资料可知,秦地方政府对吏员捕鼠的情况建有档案文书,说明对于吏员的日常捕鼠行为非常重视。那么,当时是否对吏员有捕鼠的数量规定呢?若完不成规定的捕鼠数,是否要受到相应的惩罚?这一问题,目前尚无确切的秦简资料予以讨论。值得注意的是,2004年11月—2005年1月广州市文物考古研究所等部门发掘南越国宫署遗址时,在一口水井中清理出百余枚南越王赵佗时期的木简,其中编号分别为105、107、110的三枚简简文涉及南越国宫廷内有关捕鼠数是否"中员"及"当笞""不当笞"等内容。原简文云:

大奴虏不得鼠,当笞五十。(105)
□则等十二人,得鼠中员,不当笞。(107)
陵得鼠三,当笞廿。(110)③

"大奴",《汉书·武五子传》"使大奴善以衣车载女子"颜师古注:"凡言大奴者,谓奴之尤长大者也。"④ 依颜说,则大奴指奴隶中身材较为高大魁梧者。出土汉简中多见有"大奴""大婢"之称。如江陵凤凰山168号汉墓出土简牍文字有"市阳五大夫燹自言与大奴良等廿八人,大婢益等十八人""田者男女各四人,大奴大婢各四人",⑤ 湖北荆州高台18号汉墓所出木牍文字有"新安大女燕自言与大奴甲、乙,【大】

---

① 谢坤:《〈里耶秦简〉(贰)札记(一)》,武汉大学简帛网2018年5月17日首发。
② (汉)司马迁:《史记》,中华书局1959年版,第2539页。
③ 范彬彬:《南越国的鼠害》,《大众考古》2020年第11期。
④ (汉)班固:《汉书》,中华书局1962年版,第2764页。
⑤ 湖北省文物考古研究所编:《江陵凤凰山西汉简牍》,中华书局2012年版,第182、185页。

婢妨徙安都"。① 此外尚有"小奴""使奴""使婢""小婢"等，如香港中文大学文物馆藏简牍云："利家大奴一人，大婢一人，小婢一人……""山家大奴一人，大婢一人，使奴一人……""昌邑家大奴一人，大婢一人，使婢一人，小奴一人……""次天家大奴一人，大婢二人，小奴一人，小婢一人……"（132正）"寿禀小子家大奴二人，大婢二人，使奴三人，小奴一人，小婢一人，皂奴一人……"（134正）② 睡虎地秦简《秦律十八种》云："隶臣、城旦高不盈六尺五寸，隶妾、舂高不盈六尺二寸，皆为小。""小隶臣妾以八月傅为大隶臣妾，以十月益食。"③ 研究者指出，汉代以年龄将人区分为大、小和大、使、未使。大指年龄在十四岁以上。汉简中的大男、大女等，有明确的年龄界限，是作为领取口粮、缴纳赋税等的依据。④ 依此而言，大奴、大婢亦与此相类，应指成年奴、婢而言，而非如颜说，指奴、婢中尤长大者。

"笞"作为中国古代刑罚之一种，是用竹板或荆条击打犯人脊背或臀腿以示惩诫。《汉书·刑法志》"笞者，箠长五尺……当笞者笞臀"颜师古注："箠，策也，所以击者也。"又引如淳说云："然则先时笞背也。"⑤《唐律疏议》卷1"笞刑五"下疏云："笞者，击也，又训为耻。言人有小愆，法须惩诫，故加捶挞以耻之。"⑥ "中员"，即达到所要求的定数，此处指符合规定的捕鼠数。⑦ 以上简文内容说，名为"虔"的大奴未捕得老鼠，应处以笞刑五十下；□则等十二人捕鼠符合规定数量，故不笞；名为"陵"者捕鼠三只，应处以笞刑二十下。由未捕鼠者笞五十、捕鼠三只者笞二十推之，南越国宫廷内的相关人员应是以捕鼠五只为规定数量的，是以每少捕鼠一只，相应当处笞刑十。秦律以细密严苛著称，由南越国宫廷内的捕鼠规定来看，秦政府对于吏员的捕鼠

---

① 纪南城凤凰山168号汉墓发掘整理组：《湖北江陵凤凰山168号汉墓发掘报告》，《文物》1975年第9期。
② 陈松长编著：《香港中文大学文物馆藏简牍》，香港中文大学文物馆2001年版，第58—59页。
③ 睡虎地秦墓竹简整理小组编：《睡虎地秦墓竹简》，文物出版社1990年版，第32—33页。
④ 沈刚：《居延汉简语词汇释》，科学出版社2008年版，第7页。
⑤ （汉）班固：《汉书》，中华书局1962年版，第1100—1101页。
⑥ （唐）长孙无忌等：《唐律疏议》，中华书局1983年版，第3页。
⑦ 范彬彬：《南越国的鼠害》，《大众考古》2020年第11期。

第八章 秦简中的鼠害防除术及相关俗信 315

"中员"与否,亦当有类似的惩处立法才是,惜目前文献不足征也。

秦自商鞅变法以来,确立了以耕战为主的国策,极为重视农业生产。变法"行之十年,秦民大说",其后商鞅虽遭车裂之刑而死,然秦法未败,重农政策一直是秦的国策,以至秦始皇东巡时的琅邪台石刻文中亦云:"皇帝之功,勤劳本事;上农除末,黔首是富。"① 近几十年来出土的大批秦简律令中,多有关于农事生产及粮食仓储方面的规定。如睡虎地秦简《秦律十八种》中有关于农田生产立法的《田律》及对国家粮食储存保管规定的《仓律》,②《龙岗秦简》中有关于农民租佃田地与缴纳租税的法律。③ 此外,为确保农民有足够的田间劳作时间,岳麓书院藏秦简中的《徭律》《司空律》《戍律》等还对农业生产和徭役、戍役的关系做出协调,以不误农时,影响农事生产,④ 等等。由此足见秦人对于农业生产的重视。

正因秦人对农事生产及粮食仓储管理的重视,故对鼠类活动的猖獗以及鼠害施虐的问题,秦律中也有相关的防治规定,如睡虎地秦简《法律答问》云:

> 倉鼠穴幾可(何)而當論及訾?廷行事鼠穴三以上訾一盾,二以下誶。鼷穴三當一鼠穴。(152)⑤

按照秦律,仓库里有三个以上的鼠洞,看管粮仓者要被罚一盾,有两个以下鼠洞者,则要被申斥。三个鼷鼠洞可当作一个鼠洞。以上针对粮仓上鼠洞的立法,一方面反映出鼠类危害粮仓的现象较为常见,另一方面也说明秦人对于粮仓鼠害的防治较为重视。

睡虎地秦简《秦律十八种·仓律》中尚有粮仓畜犬以为护卫防鼠的律文规定:

---

① (汉)司马迁:《史记》,中华书局1959年版,第245页。
② 睡虎地秦墓竹简整理小组编:《睡虎地秦墓竹简》,文物出版社1990年版。
③ 中国文物研究所、湖北省文物考古研究所编:《龙岗秦简》,中华书局2001年版。
④ 陈松长主编:《岳麓书院藏秦简》(四),上海辞书出版社2015年版。
⑤ 睡虎地秦墓竹简整理小组编:《睡虎地秦墓竹简》,文物出版社1990年版,第128页。

畜雞離倉。用犬者，畜犬期足。豬、雞之息子不用者，賈（賣）之，別計其錢。(63)①

里耶秦简8—495"仓课志"有"畜彘鸡狗产子课"和"畜彘鸡狗死亡课"等，陈伟等指出，畜鸡见于多种官署。里耶8—495记仓畜鸡，更是睡虎地秦简整理小组解读的直接反证。据此，他疑"畜鸡离仓。用犬者"一句句读当作"畜鸡。离仓用犬者"。狗除祭祀、食用外，还有护卫的作用。《秦律十八种·仓律》特别提到"离仓用犬者，畜犬期足"，大概就是出于这一考虑。②简文说，离仓用犬的，所养犬数以够用为度。

粮仓畜犬的护卫功效，除备盗贼外，乃在于治鼠患。秦汉时期，家养禽畜中，犬承担着捕鼠的任务。《四川汉画像石》一书中收有一通三台郪江崖墓所出被命名为"狗咬耗子"的画像石（见图8-1)③，图中一只狗前肢直撑、后肢弯曲作蹲卧状，嘴中衔着一只老鼠，非常形象逼真地刻画出家犬捕食老鼠的功能。

狗用作粮囤护卫、备盗防鼠的场景，在山东博物馆所藏一通大街汉墓所出粮囤画像石（见图8-2）上也能看到。该通画像石整幅图描绘的是汉代廪食场面，图呈上下两列布局，上列图左起为七个陶缸，在左起第六个陶缸口沿部位趴着一只老鼠，第七个陶缸口沿部位则趴着两只老鼠。下列图左起为四个仓廪，其中第一个仓廪腰部趴着一只老鼠，第二个仓廪顶盖上、下各趴着一只老鼠，而其底部两边则各有一只头朝上、其势欲捕仓廪上之伏鼠的犬。第三个仓廪底部也站着一只

图8-1 汉画像石上的"狗咬耗子"图

---

① 睡虎地秦墓竹简整理小组编：《睡虎地秦墓竹简》，文物出版社1990年版，第35页。
② 陈伟、熊北生：《睡虎地汉简中的券与相关文书》，《文物》2019年第12期。
③ 中国画像石全集编辑委员会编：《中国画像石全集（7）·四川汉画像石》，河南美术出版社2000年版，第31页。

犬。这通画像石上所绘图像栩栩如生地再现了鼠盗粮食及用犬捕鼠护卫粮囤的场景，可看作秦简《仓律》"离仓用犬"以备盗防鼠律令规定的最好注脚。

图 8-2　大街汉墓粮囤画像石①

第二节　秦简中的鼠害防除术及相关俗信

为了应对鼠害，古代先民在与鼠类的长期斗争中，不断创造出形式多样的防治鼠害的方法。如在某些时日中，采用塞穴涂囷法防治鼠害，或通过巫术的手段来驱除或消灭鼠类。此类防治鼠害的方法和相关俗信，在睡虎地秦简、放马滩秦简、周家台秦简以及北大秦简等简文中多有反映。

一　择日塞穴驱鼠法

关沮周家台秦简简文云：

以壬辰、己巳、卯漖囷垤穴，鼠弗穿。(371)②

漖，整理者释为"溉"，用水浇灌。"垤"，整理者引《说文》"垤，螘封也"认为，"垤穴"即蚁穴。曹方向认为"溉"当训为"涤"，即古人所说的"洒扫"。"穴"在这里应指一般的孔穴或专指鼠

---

① 李建雄、李洁：《大街汉墓〈粮囤画像〉研究》，《农业考古》2018 年第 3 期。
② 湖北省荆州市周梁玉桥遗址博物馆编：《关沮秦汉墓简牍》，中华书局 2001 年版，第 135 页。

穴,"埊穴"可能指鼠穴而言,简文"溉囷埊穴"应当包括打扫囷仓和堵塞孔穴两件事。① 宋华强疑"塈囷"当读为"墍囷","墍"训为"涂"。以泥涂谷仓顶、壁,等于给谷仓加了一层硬壳,当然可以防鼠。② 《秦简牍合集》(三)的整理者亦认为简文"塈"当读为"墍"。睡虎地秦简《为吏之道》33 号简"扇(漏)屋涂塈(墍)",整理者指出"涂墍"是用灰泥涂抹房屋。岳麓书院秦简《为吏治官及黔首》76 号简记"涂溉(墍)骚(扫)除"。是简文"塈囷"即涂抹囷仓。③ 张光裕、陈伟武指出,原简于"卯"字前当夺一天干字。"溉"与"埊穴"为并列结构。"埊"当读为"窒",其意即《说文》所说"窒,塞也",与 372 号简使用药物的"已鼠方"相较,此方更具方术意味。④ 按,《尚书·梓材》"若作室家,既勤垣墉,惟其涂墍茨"孔颖达正义云:"'墍'亦涂也,总是以物涂之。"⑤ "墍",《说文·土部》作"墍",并云:"卬涂也。从土、既。"段注:"卬涂,举首而涂之。"⑥ 《汉书·谷永传》"古者,谷不登亏膳,灾娄至损服,凶年不墍涂,明王之制也"颜师古注:"墍,如今仰泥屋也。"⑦ 《齐民要术·杂说》云:"九月治场圃,涂囷仓。"又,张家山汉简《二年律令·奏谳书》云:"臣有(又)诊夫人食室,涂塈甚谨。"塈,整理者读作"墍",并注曰:"墍,《说文》:'仰涂也。'《广雅·释室》:'涂也。'"⑧ "墍"即"墍"字之异体,是此处之"涂塈"即《尚书·梓材》之"涂墍"。则简文的"塈囷"之"塈"可读作"墍",意为涂抹。基此而言,"塈囷"即涂抹仓囷之说可从。

---

① 曹方向:《试说秦简"埊穴"及出土文献所见治鼠措施》,武汉大学简帛网 2009 年 8 月 4 日。
② 宋华强:《放马滩秦简〈日书〉识小录》,《简帛》(第 6 辑),上海古籍出版社 2011 年版,第 75 页。
③ 陈伟主编:《秦简牍合集》(三),武汉大学出版社 2014 年版,第 75 页。
④ 张光裕、陈伟武:《简帛医药文献考释举隅》,《湖南省博物馆馆刊》(第 1 辑),2004 年。
⑤ (汉)孔安国传,(唐)孔颖达正义:《尚书正义》,上海古籍出版社 2007 年版,第 567 页。
⑥ (清)段玉裁:《说文解字注》,中华书局 2013 年版,第 693 页。
⑦ (汉)班固:《汉书》,中华书局 1962 年版,第 3471—3472 页。
⑧ 张家山二四七号汉墓竹简整理小组编著:《张家山汉墓竹简[二四七号墓]》(释文修订本),文物出版社 2006 年版,第 106—107 页。

至于读"埊"为"窒",意为塞,"埊穴"即塞穴。其说可从。《庄子·秋水》云"梁丽可以冲城,而不可以窒穴,言殊器也"成玄英疏:"窒,塞也。言梁栋大可用作攻击城隍,不可用塞于鼠穴,言其器用大小不同也。"① 此处塞鼠穴正作"窒穴"。"卯"字前似非如张、陈二氏之说乃夺一天干字。因为若是偶然现象,似可认为是夺一天干字。但此类时日仅有地支的现象在简牍文献中较为常见。如放马滩秦简《日书》甲种"犬忌"简文云:"犬忌:癸未、酉、庚申、戌、己燔园中犬矢(屎),犬弗尼(昵)。"孙占宇疑"酉"为"癸酉",承上省一"癸"字。"戌"为"庚戌",承上省一"庚"字。又,放马滩秦简《日书》乙种"筑门良日"简文云:"筑南门良日:壬申、午、甲申;西门:戊午、辰、丙午;北门:戊寅、丙寅、甲辰;东门:戊寅、辰、壬寅。"此处"午"亦应为"壬午",承上省一"壬"字。后文两处"辰",皆当为"戊辰",承上省一"戊"字。② 据此,则此处简文"卯"当即"己卯",乃承上"己巳"而省一"己"字。

此条简文是说,选取壬辰、己巳、己卯日涂抹仓囷、堵塞鼠穴,则可使老鼠不能穿越。放马滩秦简《日书》中亦载有几条类似的择日塈囷窒穴以除鼠患的内容。原简文云:

正月壬子寘(填)穴,鼠弗居。(甲71贰)
凡可塞穴置鼠、塈(塈)囷日,雖(唯)十二月子,五月、六月辛卯,皆可以为鼠□方。(甲73贰)
凡可塞穴置鼠、塈(塈)囷日,雖(唯)十二月子☐(乙65壹)③

此条简文原无篇题,整理者将其归入《禁忌》,刘乐贤将其归入《杂吉凶日》,孙占宇则将其单列为一篇,题名《寘(填)穴日》,《秦

---

① (晋)郭象注,(唐)成玄英疏:《庄子注疏》,中华书局2011年版,第315—316页。
② 孙占宇:《天水放马滩秦简集释》,甘肃文化出版社2013年版,第93、117页。
③ 孙占宇:《天水放马滩秦简集释》,甘肃文化出版社2013年版,第92、94、127页。

简牍合集》（四）则题为《填穴》。① 寘，孙占宇引《说文·穴部》"寘，塞也"段注"寘、填同义，填行而寘废矣"及《玉篇·穴部："寘，今作填"认为此即古"填"字。② 是"寘穴"即塞穴。简文说，选取正月的壬子日填塞鼠穴，可使鼠不再居于其中。

置，吴小强、宋华强、孙占宇均认为应读作"窒"，意为阻塞或填塞。③ 曹方向则疑"置鼠"当读为"炽鼠"或"炙鼠"，是熏鼠的意思。④ 此处简文以"塞穴"与"置鼠"相连，塞穴即上引简文中的"垔穴""寘穴"。"塞穴"是为了达到"置鼠"的目的。由语意推之，此处的"置"可读作"寘"。《说文·宀部》："寘，置也。从宀，真声。"《说文·网部》朱骏声通训定声云："置，假借又为寘，即寔字。"《说文·宀部》："寔，止也。从宀，是声。"《易·坎》"寘于丛棘"陆德明释文云："寘，姚作'寔'，寔，置也。张作'置'。"⑤《诗经·魏风·伐檀》"寘之河之干兮"朱熹集传："寘，与置同。"《广韵·寘韵》："寘，止也。"是"置鼠"即"寘鼠"，意即"止鼠"。"塞穴"以"止鼠"，文意正可相谐。"塈（墍）囷"，如上文所释，意即涂抹仓囷。"雖"，孙占宇读为"唯"，句读作"凡可塞穴置鼠、塈（墍）囷日，雖（唯）十二月子。五月、六月辛卯，皆可以为鼠□方"。⑥ 由简文"雖十二月子，五月、六月辛卯，皆可以为鼠"文意来看，此处"雖"字应为转折词，其意为虽然、即使。简文是说，凡可以塞穴止鼠、涂抹仓囷的日子，即使是在十二月子日，五月、六月的辛卯日，皆可以治理鼠害。是此处句读当作"凡可塞穴置鼠、塈（墍）囷日，虽十二月子，五月、六月辛卯，皆可以为鼠□方"。第乙65壹号简简文

---

① 甘肃省文物考古研究所编：《天水放马滩秦简》，中华书局2009年版，第123页；刘乐贤：《简帛数术文献探论》，湖北教育出版社2003年版，第67页；孙占宇：《天水放马滩秦简集释》，甘肃文化出版社2013年版，第92页；陈伟主编：《秦简牍合集》（四），武汉大学出版社2014年版，第32页。
② 孙占宇：《天水放马滩秦简集释》，甘肃文化出版社2013年版，第92页。
③ 吴小强：《秦简日书集释》，岳麓书社2000年版，第276页；宋华强：《放马滩秦简〈日书〉识小录》，武汉大学简帛网2010年2月14日首发；孙占宇：《天水放马滩秦简集释》，甘肃文化出版社2013年版，第95页。
④ 曹方向：《读秦简札记（三则）》，武汉大学简帛网2008年11月11日首发。
⑤ （唐）陆德明撰，张一弓点校：《经典释文》，上海古籍出版社2012年版，第34页。
⑥ 孙占宇：《天水放马滩秦简集释》，甘肃文化出版社2013年版，第95页。

第八章 秦简中的鼠害防除术及相关俗信　321

"子"下字迹磨灭。由残存简文，可知其内容应与第甲73贰号简简文一致。

当然，鼠类善于穿洞为穴，是以除择日外，这里用于涂囷仓或塞鼠穴者，或非一般泥涂之物，而是有所选择。《齐民要术》卷5引《杂五行书》云："取亭部中土涂灶，水、火、盗、贼不经；涂屋四角，鼠不食蚕；涂仓、簟，鼠不食稻；以塞坎，百日鼠种绝。"又引《淮南万毕术》云："狐目狸脑，鼠去其穴。"注曰："取狐两目，狸脑大如狐目三枚，捣之三千杵，涂鼠穴，则鼠去矣。"①《秘传万法归宗》卷4载"断鼠法"云："取狐狸目、脑阴干为末，以犬胆血于庚午日午时合为丸，以塞鼠穴，永不敢出。"②此方当本《淮南万毕术》而又有所发挥。"狐狸目、脑"应为"狐目、狸脑"之讹。又，《本草纲目·土部》云："清明日戌上土，同狗毛作泥，涂房户内孔穴，蛇鼠诸虫永不入。"又曰："神后土，逐月旦日取泥屋之四角，及塞鼠穴，一年鼠皆绝迹。……神后，正月起申顺行十二辰。"③《夜航船·方术部》云："月厌上取土泥塞鼠穴，则鼠远去。"④"亭部"为亭的主要官吏——亭长办公之所。而亭长的主要职责乃在于禁盗贼。《后汉书·百官志》云："亭有亭长，以禁盗贼。本注曰：亭长，主求捕盗贼，承望都尉。"⑤依据交感巫术的原理，"亭部土"自然也就具有禁除盗人物事的鼠类之特殊灵力。"神后土"则是取自神煞所在之地的土。"月厌"者，《御定星历考原》卷4云："《天宝历》：'月厌者，阴建之辰也，所理之方，可以禳灾、祈福、避病。所值之日，忌远行归家、移徙、婚嫁。'《历例》：'地火者，正月起戌，逆行十二辰。'"⑥《钦定协纪辨方书》卷4《义例二》下"月厌"条云："《神枢经》曰：'地火者，月中凶神也。

---

① （后魏）贾思勰原著，缪启愉校释：《齐民要术校释》，中国农业出版社1998年版，第334页。

② （唐）袁天罡、李淳风撰，孙正治点校：《增补秘传万法归宗》，中医古籍出版社2012年版，第216页。

③ （明）李时珍：《本草纲目》（校点本），人民卫生出版社2004年版，第429页。

④ （明）张岱著，李小龙整理：《夜航船》，中华书局2012年版，第358页。

⑤ （南朝宋）范晔：《后汉书》，中华书局1965年版，第3624页。

⑥ （清）李光地等：《御定星历考原》，《四库术数类丛书》（九），上海古籍出版社1991年版，第68页。

其日忌修筑园圃、栽植种莳。'……按，厌建，堪舆家言也。地火，丛辰家言也。然地火即是月厌。"① 是月厌乃数术流派丛辰家神煞名，其所理之方土自亦有其特殊灵力。而狐、狸、狗均有捕鼠之习性，如《庄子·秋水》"骐骥骅骝，一日而驰千里，捕鼠不如狸狌"成玄英疏："狸狌，野猫也。"② 《礼记·郊特牲》载天子蜡祭对象有猫，"迎猫，为其食田鼠也"。此处之"猫"为野猫，即"狸"。《韩非子·扬权》云："使鸡司夜，令狸执鼠，皆用其能。"③《尸子》卷下云："使牛捕鼠，不如猫狌之捷。"又云："鸡司夜，狸执鼠。"④《吕氏春秋·贵当》云："狸处堂而众鼠散。"⑤《论衡·福虚篇》云："犹狸之性食鼠，人有鼠病，吞狸自愈。"⑥《广雅·释兽》"狸，猫也"王念孙《疏证》："狸之捕鼠者曰猫……是猫亦称狸也。"⑦ 今俗呼狸为野猫。又，《吕氏春秋·士容论》云："齐有善相狗者，其邻假以买取鼠之狗。期年乃得之，曰：'是良狗也。'其邻畜之数年，而不取鼠，以告相者。相者曰：'此良狗也，其志在獐麋豕鹿，不在鼠。欲其取鼠也则桎之。'其邻桎其后足，狗乃取鼠。"⑧《千金翼方·禁经下》"禁狗鼠"条下载禁咒辞云："狗不名狗名大黄，皇帝遣汝时，令啮猴与鼠，不令汝啮人伤。"又载"禁狗不吠人法"咒辞云："黄狗子养你遣防贼捕鼠。"又载"禁鼠令出法"咒辞云："速出速出，莫畏猫犬，莫畏咒咀，汝是猫之仇。"⑨ 由此可见，后世选取特殊时日里用涂囷仓、孔穴法灭鼠，所用之物如狐目、狸脑、狗毛等，因其皆为鼠类天敌之身体部分，依据物类相克的原理，这些物事自然也就具有克制鼠类之特殊灵力。

---

① （清）允禄、梅毂成、何国栋等编撰：《钦定协纪辨方书》，台湾古籍出版社2004年版，第151页。
② （晋）郭象注，（唐）成玄英疏：《庄子注疏》，中华书局2011年版，第316页。
③ （清）王先慎撰，钟哲点校：《韩非子集解》，中华书局1998年版，第44页。
④ （战国）尸佼撰，（清）汪继培辑，黄曙辉点校：《尸子》，华东师范大学出版社2009年版，第87、88页。
⑤ 许维遹撰，梁运华整理：《吕氏春秋集释》，中华书局2009年版，第655页。
⑥ 黄晖：《论衡校释》，中华书局1990年版，第264页。
⑦ （清）王念孙撰，张其昀点校：《广雅疏证》（点校本），中华书局2019年版，第884页。
⑧ 许维遹撰，梁运华整理：《吕氏春秋集释》，中华书局2009年版，第677—678页。
⑨ （唐）孙思邈著，李景荣等校释：《千金翼方校释》，人民卫生出版社2014年版，第740—741页。

以上几条择日塞穴涂囷灭鼠的简文，其所述者，乃是一种针对鼠的厌禳术。① 此类择日塞穴涂囷灭鼠法的信仰背景如何？不得而知。但此类观念显与当时社会广为流行的择日风习密不可分，后世亦多有流传。如唐代敦煌一带的防治鼠害法云："三月庚、辛日塞鼠穴，鼠不得入宅。""寅日泥宅舍仓库，鼠不食五谷。"②《卫生易简方》卷10所载"断鼠法"云："每月辰日塞鼠穴，则自无鼠。"又方："遇寅日，以物塞鼠穴，鼠自断。"③《月令采奇》卷1云："上辰日，宜塞鼠穴，绝鼠犯。"④《夜航船·方术部》"方法"条下载："禳鼠日，每月辰日塞穴，鼠当自死。"⑤可见，择日堵塞鼠穴以治鼠患之法在古代较为常见，只是选择特殊时日来进行，从而使得此类防治鼠害法更具神秘性和巫术性。

二　燔熏除鼠法

除了择日塞穴涂囷防治鼠害的方法外，古代先民还利用某些药物以熏法除鼠害。周家台秦简即载有"已鼠方"，其文字云：

> 已鼠方。取大白礜，大如母（拇）指，置晋斧（釜）中，塗而燔之，毋下九日，冶之，以（372）⑥

整理者认为，已鼠方，即除鼠之方法。"晋"读作"煎"，"斧"读作"釜"。张雷、张炯则以此处之"鼠"指鼠瘘，即瘰疬，是颈腋部淋巴结结核。⑦ 按，此方文字上承择日塈囷垔穴法治鼠方，下接"肥牛"方，应属驱鼠法而非治鼠瘘之病方。此外，此方所用物事为"大白礜"。大白礜即礜石，此物大热、有毒，具有杀鼠功效。《山海经·西

---

① 陈伟主编：《秦简牍合集》（四），武汉大学出版社2014年版，第32页。
② 马继兴主编：《敦煌古医籍考释》，江西科学技术出版社1988年版，第234页。
③ （明）王瀠：《卫生易简方》，人民卫生出版社1984年版，第277页。
④ （明）李一楫：《月令采奇》卷1，明万历四十七年（1619）刊本。
⑤ （明）张岱著，李小龙整理：《夜航船》，中华书局2012年版，第357页。
⑥ 湖北省荆州市周梁玉桥遗址博物馆编：《关沮秦汉墓简牍》，中华书局2001年版，第135页。
⑦ 张雷、张炯：《简帛经方医学文献词语校释三则》，《甘肃中医学院学报》2013年第6期；张雷编著：《秦汉简牍医方集注》，中华书局2018年版，第96—97页。

山经》云"(皋涂之山)有白石焉,其名曰礜,可以毒鼠"郭璞注:"今礜石杀鼠。"① 桓谭《新论》云:"譬若巴豆毒鱼,礜石贼鼠。"②《玉篇·石部》云:"礜石出阴山,杀鼠,蚕食则肥。"依此,整理者将"已鼠方"释作除鼠之法是对的。从简文文意看,此方将大如拇指的礜石涂抹在煎釜中加以燔冶来熏除鼠害。

熏除法驱鼠,由来已久。《诗经·豳风·七月》云:"穹窒熏鼠,塞向墐户。"毛传:"窒,塞也。""墐,涂也。"孔颖达疏云:"大寒将至,故穹塞其室之孔穴,熏鼠令出其窟。"③ 朱熹集传云:"室中空隙者塞之,熏鼠使不得穴于其中。"④ 马瑞辰云:"穹谓除治之尽也。《广雅》:'窒、塞,满也。'是知穹窒《传》训穷塞者,谓除治其室之满塞也。《周官·剪氏》'掌除蠹物,以莽草熏之',正此诗熏鼠之事。"⑤ 余培林亦云:"穹窒,谓穷尽室中窒塞之物使空,以备熏鼠也。熏鼠,以烟火熏鼠穴,迫使鼠逃去也。"⑥ 又,《晏子春秋·内篇问上》载晏子"患夫社鼠"之说云:"夫社,束木而涂之,鼠因往托焉,熏之则恐烧其木,灌之则恐败其涂,此鼠所以不可得杀者,以社故也。"⑦《韩非子·外储说右上》亦云:"君亦见夫为社者乎?树木而涂之,鼠穿其间,掘穴托其中。熏之则恐焚木,灌之则恐涂阤,此社鼠之所以不得也。"⑧ 又,《韩诗外传》卷8云:"稷蜂不攻,而社鼠不熏,非以稷蜂社鼠之神,其所托者善也。"⑨《汉书·景十三王传》亦云:"臣闻社鼷不灌,屋鼠不熏。"⑩ 此虽云社鼠不熏、屋鼠不熏,言外之意,它处鼠则常可以熏法除之。《汉书·张汤传》云:"汤为儿守舍。还,鼠盗肉,父怒,笞汤。汤掘熏得鼠及余肉,劾鼠掠治,传爰书,讯鞫论报,并取

---

① 袁珂校注:《山海经校注》,上海古籍出版社1980年版,第30页。
② (汉)桓谭撰,朱谦之校释:《新辑本桓谭新论》,中华书局2009年版,第35页。
③ (汉)毛亨传,(汉)郑玄笺,(唐)孔颖达疏:《毛诗注疏》,上海古籍出版社2013年版,第719页。
④ (宋)朱熹注,赵长征点校:《诗集传》,中华书局2017年版,第143页。
⑤ (清)马瑞辰撰,陈金生点校:《毛诗传笺通释》,中华书局1989年版,第461页。
⑥ 余培林:《诗经正诂》,三民书局1993年版,第291—292页。
⑦ 吴则虞编著:《晏子春秋集释》,中华书局1962年版,第196页。
⑧ (清)王先慎撰,钟哲点校:《韩非子集解》,中华书局1998年版,第322页。
⑨ (汉)韩婴撰,许维遹校释:《韩诗外传集释》,中华书局1980年版,第305页。
⑩ (汉)班固:《汉书》,中华书局1962年版,第2424页。

鼠与肉,具狱磔堂下。"①《宋书·朱修之传》云:"朱修之随右军到彦之北,自河南回。循之留戍滑台,被魏将安颉攻之,围,粮绝,将士熏鼠食之。"②是熏鼠之法,古常用之。

三 祷咒驱鼠法

祷为祭祷,咒乃禁咒。通过祭祷法禳除鼠害,这在北大藏秦简《医方杂抄》及《祠祝之道》所载入蚕种于蚕室前对蚕室进行清理的祝祷辞中得以体现。相关简文云:

> 择良日可以入蠶者,善騒(扫)徐(除)家室内中、堂、呈(廷),已。禹步三,祝曰:(04—258)"空__以__(空矣,空矣,空矣),啻女且下裏(理),三旬而已。裏(理)且偽(蟻),負子裏結。若東鄰移,大者(04—257)毋越(跳),小者毋愚(踴)。啻(帝)女已偽(蟻),遺女(汝)三車蛋(蛹)。"(04—256)③

> 前入蠶,毋令鼠居内中:以脯一朐、酒半桮、黍粟七分升一,即西北陬,朕(餟)脯,祝曰:"啻(帝)女將下作,三(06—004)旬而去。若肥(徘)回(徊)房(仿)皇(徨)於埊,湯(偒)勿與相妨,吾多成,齊(齋)子類糧。"即取黍粟,朕(餟)室中六(L—001)"④

由简文"择良日可以入蚕者,善骚(扫)徐(除)家室内中、堂、呈(廷)"及"前入蚕,毋令鼠居内中"可知,这两条简文内容均是讲在移蚕种入蚕室前对蚕室进行清理时,通过祝祷法以禳除居于蚕室中的鼠类。因鼠耗蚕最甚,危害蚕事生产的整个过程。故在移蚕种于蚕室前,鼠自然成为清理蚕室的祝祷仪式中所要移除的主要目标。祝祷是通

---

① (汉)班固:《汉书》,中华书局1962年版,第2637页。
② (梁)沈约:《宋书》,中华书局1974年版,第1969页。
③ 田天:《北大藏秦简〈医方杂抄〉初识》,《北京大学学报》(哲学社会科学版)2017年第5期。
④ 田天:《北大藏秦简〈祠祝之道〉初探》,《北京大学学报》(哲学社会科学版)2015年第2期。

过向祝祷的对象许愿的方式来达到祝祷目的的仪式,两条简文所载祷辞中的"若东邻移,大者毋越(跳),小者毋恿(踊)。啻(帝)女已伪(蚁),遗女(汝)三车里(蛹)"与"若肥(徘)回(徊)房(仿)皇(徨)于垫,汤(傥)勿与相妨,吾多成,齐(赍)子类粮",前者言若蚕室中的鼠类迁移到东邻,大者不跳,小者不踊,等蚕种三变成蚁,就馈赠给鼠类三车抽丝后的蚕蛹。后者许诺若鼠类移出蚕室,徘徊于野,不妨害蚕事生产,则馈其黍粟以为粮。通过祭祷的仪式移除蚕室中害蚕事的鼠类,反映了古人在面对鼠害时希冀通过满足鼠类的需求以"息事宁鼠"的消极态度。

当然,面对人类的天敌,古人并非总是以消极的祭祷祈求方式对待,有时也借助积极的对抗手段以驱除甚至消灭它们,《论衡·解除篇》所谓"世信祭祀,谓祭祀必有福;又然解除,谓解除必去凶",① 即是对时人此类俗信观念的真实写照。具体到鼠害的防治,古人也常采用解除性质的禁咒法来禳除或消灭鼠类。如北大藏秦简《杂祝方》简文云:

室穴:己丑、辛卯、癸巳,禹步三,曰:"今日己丑,以塞鼠道。牡鼠死,牝鼠歾(朽)。"(M—004)②

室穴,即前文所释之塞穴。己丑、辛卯、癸巳为堵塞鼠穴的吉日。禹步为施术者脚下所踏之法步。《洞神八帝元变经·禹步致灵第四》云:"禹步者,盖是夏禹所为术,召役神灵之行步。此为万术之根源,玄机之要旨。"③ 故"凡作天下百术,皆宜知禹步"④。是以施术者在口念咒辞前,常要连续走三个禹步,称"禹步三"。歾,《说文·歺部》云:"腐也。歾或从木。"段注:"《肉部》曰:'腐,烂也。'今字用'朽'而'歾'废矣。"⑤ 是"歾"之异体作"朽",本意即腐烂、腐朽。《列子·汤问》云:"楚之南有炎人之国,其亲戚死,歾其肉而弃

---

① 黄晖:《论衡校释》,中华书局1990年版,第1041页。
② 田天:《北大藏秦简〈杂祝方〉简介》,《出土文献研究》(第14辑),中西书局2015年版,第16页。
③ 张继禹主编:《中华道藏》(第四册),华夏出版社2004年版,第494页。
④ 王明:《抱朴子内篇校释》,中华书局1985年版,第303页。
⑤ (清)段玉裁:《说文解字注》,中华书局2013年版,第165页。

之，然后埋其骨。"① 此处"歹"字即用其本意。此方将择日塞穴与禁咒仪式相联系，先选择塞穴之吉日，然后脚踏三个禹步，并口中念诵咒辞说，今天是塞鼠穴之吉日己丑，以堵塞老鼠出入的通道。让牡鼠死掉，牝鼠腐烂。

用禁咒术来禳除鼠害，传世文献亦多佐证。如《淮南万毕术》云："被发向北，咒杀巫鼠。"注曰："夜有鼠，巫被发北向咒曰：'老鼠不祥，过者受其殃。'"②《齐民要术》卷5引《龙鱼河图》云："冬以腊月鼠断尾。正月旦，日未出时，家长斩鼠，著屋中，祝曰：'付敕屋吏，制断鼠虫，三时言功，鼠不敢行。'"③《岁时广记》卷5引《杂术》云："腊月捕鼠，断其尾。正月一日日未出时，家长于蚕室祝曰：'制断鼠虫，且不得行。'三祝而置之壁上，永无鼠暴。"④ 又，《四时纂要》卷1"正月"条下云："禳鼠日：此月辰日，塞穴，鼠当自死。又取前月所斩鼠尾，于此月一日日未出时，家长于蚕室祝曰：'制断鼠虫，切不得行。'三祝而置于壁上，永无鼠暴。"⑤ 祝，《说文·示部》："祝，祭主赞词者。"《尚书·无逸》"否则厥口诅祝"孔颖达疏："以言告神谓之祝。"又，《礼记·郊特牲》"诏祝于室"孔颖达疏："祝，呪也。"《诗经·大雅·荡》"侯作侯祝"毛传："祝，诅也。"是"祝"有祝祷义，亦有诅咒义。后几条文字中的"祝"，由祝辞内容看，实际上具有禁咒的性质。

四 其他驱鼠法

鼠类进入人们的生活空间，除了损毁物事、与人争粮外，有时也有怪异现象的发生。睡虎地秦简《日书》甲种《诘》篇即载有一条母鼠抱子逐人及人如何应对的简文内容：

> 人過於丘虛，女鼠抱子逐人，張傘以鄉（嚮）之，則已矣。

---

① 杨伯峻：《列子集释》，中华书局1979年版，第167页。
② （汉）刘安撰，（清）孙冯翼辑：《淮南万毕术》，商务印书馆1939年版，第1页。
③ （后魏）贾思勰原著，缪启愉校释：《齐民要术校释》，中国农业出版社1998年版，第334页。
④ （宋）陈元靓撰，许逸民点校：《岁时广记》，中华书局2020年版，第133页。
⑤ （唐）韩鄂原著，缪启愉校释：《四时纂要校释》，农业出版社1981年版，第18页。

(45背参)①

女鼠，即母鼠。简文意思说，当人经过丘虚时，遇到母鼠抱子追人的情况，可打开随身携带的伞对着它，它就会停止追人。采用"张伞以向之"的办法禳除抱子逐人的母鼠，王子今先生引《赤雅》卷1"丁妇"条"黔面绣额，为花草蜻蜓蛾蜨之状。嫁则荷伞悬履以戒途"、《遁甲演义》卷3"九星卯时克应"条"辅值卯作用时，女人挑伞至，及师巫吹角声葬造，后六十日大发，添人丁，有生气入屋，旺财谷，因女人公事得财帛及田地契字"及《续名医类案》卷30"陆道光治一儿染奇症，四肢坚不屈，光曰：'此非药可疗。'举伞覆之，绕床焚安息沉檀。儿即平复"等文献资料，认为"伞"有辟邪功用。②的确，伞在古代常被巫道方术之士用作法器之一，具有特殊的辟邪灵力。我国一些民族的婚俗中也常用到伞。如贵州从江壮族在结婚之日，男方家派一男一女，男子携带接亲封贴，女子则手持接亲伞到女方家接新娘。水族的女子出嫁，须为新娘打罩头伞。③河南南阳地区民间有些地方至今女子出嫁时，仍有手持红纸伞以辟邪的习俗。

那么，在古人观念中，伞的辟邪灵力源自何处呢？这或者与古人的谐音巫术思维有关。根据模拟巫术的思维原理，相似（如形状、性能或声音等）的物事常常具有同样的功用。这种观念至迟应该在战国时期已存在了，前引岳麓书院藏秦简《占梦书》即云："梦见桃，为有苟忧。""梦见李，为复故吏。"梦象为桃，之所以对应的梦兆为"有苟忧"，乃在于"桃"与"逃"音相谐，且可通用，天长汉墓所出"丙充国"书牍文中即有"幸遗贲且记孺子孟通亡桃事"④。此处"桃"读作"逃"，"亡桃事"即"亡逃事"。⑤又，香港中文大学文物馆藏汉简《日书》第54号简简文云："□□□土令者行至路桃亡，桃亡不归，

---

① 睡虎地秦墓竹简整理小组编：《睡虎地秦墓竹简》，文物出版社1990年版，第215页。
② 王子今：《睡虎地秦简〈日书〉甲种疏证》，湖北教育出版社2002年版，第440页。
③ 凌春辉：《"伞"民俗的文化意蕴及其象征意义》，《广西右江民族师专学报》2002年第1期。
④ 纪春华等：《安徽天长西汉墓发掘简报》，《文物》2006年第11期。
⑤ 何有祖：《天长汉墓所见书牍管窥》，《简帛》（第3辑），上海古籍出版社2008年版，第263页。

而室散为邦□。"① 两处"桃"字，整理者均读作"逃"。甚是。正因"桃""逃"音谐而通，故梦见桃者，预示着有逃亡之忧。而"梦见李，为复故吏"者，乃在于"李"与"吏"音相谐。是以梦见李者，预示着将会恢复原来的吏职。在我国古代婚礼仪式中，常用红枣、花生、桂圆、莲子等物事作为吉祥物，乃在于此四物物名相连与"早生贵子"的谐音相合。而在结婚合卺时，新婚夫妇要吃子孙饺子，煮饺子的人只需煮到三四成熟时便会端给新人食用。新人在吃饺子时，有人专门会问"生不生啊"？新婚夫妇必定答"生"！如此便达到了求子的目的。② 此类俗信就在于把食物生熟的"生"与生子的"生"相联系，由此而生发出婚礼仪式中的求子巫术信仰。在我国各地庆祝春节的年事活动中，人们常喜将绘有莲、鱼图案的门画张贴于门上或家中的一些器物上，即取意于"连年有余"。因"莲"与"连"、"鱼"与"余"音相谐之故。本条简文中用"伞"来禳除抱子逐人的母鼠，应当也是基于此类谐音巫术的思维观念。因"伞"与"散"音相谐。故当母鼠抱子逐人时，用伞向之，即可令其散去，不再逐人。当然，用伞来禳除抱子逐人的母鼠，或者也与伞张开后的形状有关。古有盖天说，相信天圆地方。当伞被张开时，其形圆类天。天覆万物，而张开的伞亦可覆御持伞者，将人置于伞的保护之下，起到辟除邪魅、防御卫身功效。这种认知类似于马王堆汉墓帛书《养生方》所载行宿于途中时，于地上"周画中"③（即在地上画圆圈）即可具有铜墙铁壁般避御邪魅功效的观念。

第三节　秦简中的鼠类活动与吉凶占卜

人们也常根据老鼠爬上门户，或咬食门户、衣服等现象来占卜吉凶。睡虎地秦简《日书》甲种《衣》篇所附"鼠襄户"简文云：

---

① 陈松长编著：《香港中文大学文物馆藏简牍》，香港中文大学文物馆2001年版，第31页。此条简文中的两处"亡"字，原释文作"之"，刘国胜改释作"亡"。说见刘国胜《港中大馆藏汉简〈日书〉补释》，《简帛》（第1辑），上海古籍出版社2006年版，第343页。
② 张紫晨：《中国巫术》，上海三联书店1990年版，第157页。
③ 裘锡圭主编：《马王堆汉墓简牍帛书集成》（六），中华书局2014年版，第60—61页。

鼠襄户，見之，入月一日二日吉，三日不吉，四日五日吉，六日不吉，七日八日吉，九日恐。廿二日廿三日吉，廿四日恐，廿五日廿六日吉，廿七日恐，廿八日廿九日吉。(28 正貳—29 正貳)①

襄，整理者注："《书·尧典》传：'上也。'"又认为简文无"十日至廿一日"，恐有脱文。刘乐贤从之，认为《日书》中的入月某日或入某月某日都是以序数记日，当理解为每月第某日或某月第某日。古人常以鼠的行为占卜吉凶，此是以每月第几日见到鼠上窗户以判别吉凶。据文例，"廿二日廿三日吉"前当有"十日十一日吉，十二日恐（或不吉），十三日十四日吉，十五日恐，十六日十七日吉，十八日恐，十九日廿日吉，廿一日恐"。该篇吉凶日的排列很有规律，总是连续两天吉，第三天不吉（或恐），看来，它与一般的动物占卜已有了明显的区别。②王子今则认为，"鼠襄户"或可释为"鼠攘户"，以为鼠的行为可以预示吉凶的意识，确实影响久远。而由秦简简文中"凡入月五日，月不尽五日……"类似语例来看，此段简文未必有脱文。③按，《论语·雍也》云："子曰：'谁能出不由户？何莫由斯道也？'"是户为人们出入之通道。《说文·户部》云："户，护也。半门曰户。"《急就篇》卷3"门户井灶虎圂京"颜师古注："大曰门，小曰户。"④《玉篇·户部》："户，所以出入也。一扉曰户，两扉曰门。"⑤《玄应音义》卷14"户扉"注引《字书》云："一扉曰户，两扉曰门。又在于堂室曰户，在于宅区域曰门。"⑥桂馥义证引《六书精蕴》亦云："户，室之口也。凡室之口曰户，堂之口曰门。内曰户，外曰门。一扉曰户，双扉曰门。"⑦是门、户泛言可通，析言则有两扉为门、单扉为户，堂口曰门、室口曰

---

① 睡虎地秦墓竹简整理小组编：《睡虎地秦墓竹简》，文物出版社1990年版，第186页。
② 刘乐贤：《睡虎地秦简〈日书〉研究》，文津出版社1994年版，第67—68页。
③ 王子今：《睡虎地秦简〈日书〉甲种疏证》，湖北教育出版社2002年版，第126—130页。
④ （汉）史游撰，（唐）颜师古注：《急就篇》，商务印书馆1936年版，第231页。
⑤ （梁）顾野王撰，吕浩校点：《大广益会玉篇》，中华书局2019年版，第377页。
⑥ 徐时仪校注：《一切经音义（三种校本合刊）》，上海古籍出版社2008年版，第299页。
⑦ （清）桂馥：《说文解字义证》，中华书局2017年版，第1034页。

户等之别。战国秦汉时期的"五祀"即以门、户为祭祀对象,《礼记·月令》"其祀户"孔颖达疏:"户是人之出入,户则有神。故《祭法》注'七祀'云:'小神,居人之间,司察小过,作谴告者尔'"①而窗户则称"牖"或"窻"。《说文·片部》:"牖,穿壁以木为交窻也。"《汉书·龚舍传》"为床室中户西南牖下"颜师古注:"牖,窗也。"②帛书《五十二病方》载疗治"殷(瘢)者"方,其文字云"傅之,居内【中】,塞窗闭户"。③是窗、户为居室之不同部分。故释简文"户"为窗户,显不妥。此处"户"当指门户之户而言。又,"襄"字有"上"义,亦有"攘"义。前者如《尚书·尧典》"荡荡怀山襄陵"孔安国传:"襄,上也。"《尚书·皋陶谟》"日赞赞襄哉"陆德明释文:"襄,上也。"《玉篇·衣部》:"襄,上也。"后者如《逸周书·谥法》"辟地有德曰襄"朱右曾集训校释:"襄,攘也。"④释"襄"为"上",意为老鼠爬上门户,于文意通畅。若释为"攘",是"鼠襄户"为老鼠在门户上开辟地盘,显于文意不合。

此外,由简文内容推之,"鼠襄户"乃是以鼠在某月中某日爬上门户的现象来占断吉凶。一月三十日中,谁也不敢保证老鼠只会在一月中的一日到九日、廿二日到廿九日间会有爬上户的现象,而不会在一月中的十日到二十日间出现爬上门户的行为。由此来看,整理者疑简文脱"十日至廿一日",有其合理处。

鼠类习性昼伏夜出,昼常居于洞穴之中,于夜间出来活动。因此,当人们偶然看到鼠类爬上门户这种极为少见的现象时,必然会因其不常见而骇异,以为此类现象是某种征兆之预示,故借此以占断吉凶。从简文所示来看,吉凶日的排列确实很有规律。至于其所依据信仰原理,目前尚难为解。

又,放马滩秦简《日书》乙种《鼠占》篇简文云:

大赤言曰:"鼠食户以□,其室空虚,取土地以逄之,得财及

---

① (汉)郑玄注,(唐)孔颖达正义:《礼记正义》,上海古籍出版社2008年版,第606页。
② (汉)班固:《汉书》,中华书局1962年版,第3086页。
③ 裘锡圭主编:《长沙马王堆汉墓简帛集成》(五),中华书局2014年版,第273页。
④ (清)朱右曾:《逸周书集训校释》,商务印书馆1937年版,第94页。

肉，□□有□殹。鼠食寇〈冠〉则□，食□则有央（殃），食领则有朋。"（121贰）①

此条简文虽残泐不全，然由可释简文来看，其是以老鼠咬啮门户或服饰之冠、领等现象来占卜吉凶。

《史记·孝武本纪》"祠天神上帝百鬼，而以鸡卜"集解引《汉书音义》曰："持鸡骨卜，如鼠卜。"②《汉书·艺文志》所载"筮龟家"有"《鼠序卜黄》二十五卷"，王先谦补注引沈钦韩说曰："《抱朴子·对俗篇》'鼠寿三百岁，满百岁则色白，善凭人而卜，名曰仲，能知一年中吉凶及千里外事。'"③《论衡·遭虎》云："人家之有鼠也，伏匿希出，非可常见也。命吉居安，鼠不扰乱；禄衰居危，鼠为殃变。"④是"鼠卜"者，当是以鼠类非正常之"殃变"现象以卜吉凶。《汉书·五行志》及其后正史《五行志》中多载有以鼠类之非常现象预示、占断吉凶者，《开元占经》卷116《兽占》中亦多载鼠的一些活动对应的吉凶征兆。如引京房说云："鼠无故穿殿上及室中，邑舍空。""鼠啮冠，即其身死，若有丧。""鼠啮衣背上，唯有丧。"又引《地镜》云："鼠啮人衣，有斗争事。"⑤又，《三国志·魏书·武文世王公传》云："世俗以为鼠啮衣者，其主不吉。"⑥《太平御览》卷911引《百怪书》云："鼠咋人衣领，有福。"⑦咋，《汉书·东方朔传》"孤豚之咋虎"颜师古注："咋，啮也。"以上所引，与简文所说鼠"食□则有央（殃），食领则有朋"语意多有相似处。交相对比，简文"鼠食寇〈冠〉则□，食□则有央（殃），食领则有朋"一句中，"则"后或可补"死"字，而"食"后或可补"衣"字。简文前一句是对鼠食户现象对应的吉凶的占断，而后一句则是对鼠咬食人冠、衣、领现象对应吉凶的占断。

---

① 孙占宇：《天水放马滩秦简集释》，甘肃文化出版社2013年版，第148页。
② （汉）司马迁：《史记》，中华书局1959年版，第478页。
③ （清）王先谦：《汉书补注》，上海古籍出版社2008年版，第3059页。
④ 黄晖：《论衡校释》，中华书局1990年版，第711页。
⑤ （唐）瞿昙悉达：《开元占经》，九州出版社2012年版，第1108—1109页。
⑥ （晋）陈寿：《三国志》，中华书局1959年版，第580页。
⑦ （宋）李昉等：《太平御览》，中华书局1960年版，第4036页。

第九章

秦汉简帛文献中的"禹步"及其流变

第一节 秦汉简帛文献资料中的"禹步"

东晋著名医家、道士葛洪所撰《抱朴子内篇·登涉》云:"凡作天下百术,皆宜知禹步。"① 约撰于东晋时期的《洞神八帝元变经·禹步致灵第四》亦云:"禹步者,盖是夏禹所为术,召役神灵之行步,以为万术之根源,玄机之要旨。"② 若二者所言不虚,则至迟在东晋时,禹步已被巫道术士广泛应用于各种法术仪式中,成为他们作法时的标准法步了。

随着秦汉简帛文献资料的不断面世,其中所载"禹步"已被广泛应用于疗疾、出行、祠先农、禳除鼠害、导引养生、求子等民众日常生活、生产活动中,说明至迟在秦汉时期,禹步已是巫道术士,甚至普通民众日常法术活动中常用的法步。

一 "禹步"与疗疾

生、老、病、死是人生之常态,没有人不生病。在各种超灵力的物事作祟致疾观念的支配下,古代先民在面对疾病时,除了寻求药物疗治外,通过借助巫道术士惯用的祝祷祈禳仪式来除灾愈病,就是再正常不

---

① 王明:《抱朴子内篇校释》(增订本),中华书局1985年版,第303页。
② 张继禹主编:《中华道藏》(第4册),华夏出版社2004年版,第494页。

过的了。因此，在巫术性疗疾活动中，禹步是施术者不可或缺的肢体行为。在关沮周家台 30 号秦墓所出病方、马王堆汉墓帛书《五十二病方》、悬泉汉简所载医方，以及老官山汉墓所出医方等简帛医方资料中，多见有"禹步"在疗疾仪式中的使用。

1. 里耶秦简医方中的"禹步"

里耶秦简中载有一些医方，其中一条疗治"暴心痛"疾的医方文字云：

> 治暴心痛方：令以□屋在□□□□□取其□□草蔡长一尺，□□三折，尃（傅）之病者心上。(8-876)

方勇指出，"三"字前所缺当为"禹步"二字，且"禹步"当和"三"句读在一起，即指"禹步"的步数。而文中"折"字应单独句读。① 验视木简图版，"三"前所缺二字，上一字模糊不清，无法辨识，但下一字确为"步"字无疑。② 而由周家台 30 号秦墓所出医方、马王堆汉墓帛书《五十二病方》等所载祝由方中多有施术者脚踏"禹步三"的肢体动作来看，此处补作"禹步"二字甚是。里耶秦简中尚载有如下一条医方残简文字：

> 因以左足□踵其心，□子十踵，女子七踵。尝试。勿禁。(8-1376+8-1959)③

刘建民指出，这两枚简文字应接排连读，可构成如下一个完整的医方：

> ·治暴心痛方：令以□屋左□□□□□取其□□草蔡长一尺，禹步三，析傅之病者心上。因以左足□踵其心，男子七踵，女子二

---

① 方勇：《读〈里耶秦简（壹）〉札记（一）》，武汉大学简帛网 2012 年 4 月 28 日。
② 湖南省文物考古研究所编著：《里耶秦简》（一），文物出版社 2012 年版，第 124 页。
③ 陈伟主编：《里耶秦简牍校释》（第 1 卷），武汉大学出版社 2012 年版，第 240、318 页。

七踵。嘗試，毋禁。（8-876+8-1376+8-1959）①

值得注意的是，在四川成都老官山汉墓所出医简《六十病方》中，简223所载内容亦是"治心暴痛"的，该医方文字云：

五十八。治心暴痛。屑林（椒）覆一升，以酒一杯龠（飲）·其一曰：比屋左榮，以左手取其木若草蔡長尺，即禹步三。折，置病者心上。因以左足徐踵之，男七、女二七，已。已試。·其一曰：令病者東首臥，從北方禹步三，曰：……②

对比可知，这两条医方所治为同一种疾病。虽在文字表述上略有出入，但主要内容则几乎一致。其不同处，应是医方在承袭传抄中所致。基此，不但可证方、刘二氏所论至确，亦可据此将上引里耶秦简医方文字订补如下：

·治暴心痛方：令以【比】屋左【榮，以左手】取其【木若】草蔡長一尺，禹步三，折，傅之病者心上。因以左足【徐】踵其心，男子七踵，女子二七踵。嘗試，毋禁。（8-876+8-1376+8-1959）③

由简文内容可知，在疗治暴心痛疾时，疗疾者在对患者病体部位采取模拟性踩踏前，有脚踏三个禹步的仪式。而上引老官山汉墓医方所载另一方中，施术者先让病患者东首卧，然后施术者从北方起，脚踏三个禹步，接着再口诵祝祷辞。

---

① 刘建民：《读〈里耶秦简（壹）〉医方简札记》，《简帛》（第11辑），上海古籍出版社2015年版，第113页。

② 赵怀舟、和中浚、李继明、任玉兰、周兴兰、王一童：《老官山汉墓医书〈六十病方〉采众方而成》，载"2016出土医学文献研究国际研讨会"论文，上海中医药大学中医文献研究所，2016年。

③ 刘建民：《读〈里耶秦简（壹）〉医方简札记》，《简帛》（第11辑），上海古籍出版社2015年版，第113页。按，"令以"二字后所缺，原简图版模糊不清，无法辨析，今据老官山医方暂补作"比"；"屋左"二字后，原整理者释文所缺字有五个。然检视该简原图版，所缺字应为四个，此与老官山医方所载此处文字字数亦正合；"取其"后所缺二字，老官山医方作"木若"，可据补。"左足"后所缺一字亦可据补作"徐"。

此外，在四川成都老官山汉墓所出医简《六十病方》中，简230、233所载医方中也有"禹步"。①

2. 关沮周家台30号秦墓出土医方中的"禹步"

（1）已齲方：見東陳垣，禹步三步，曰："皋，敢告東陳垣君子，某病齲齒，笱（苟）令某齲已，請獻驪牛子母。"前見地瓦，操；見垣有瓦，乃禹步，已，即取垣瓦貍（埋）東陳垣止（址）下。置垣瓦下，置牛上，乃以所操瓦蓋之，堅貍（埋）之。所謂"牛"者，頭蟲也。（326-328）

（2）已齲方：以叔（菽）七，稅（脫）去黑者。操兩瓦，之東西垣日出所燭，先貍（埋）一瓦垣止（址）下，復環禹步三步，祝曰："嘑（呼）！垣止（址），笱（苟）令某齲已，予若叔（菽）子而徹之齲已。"即以所操瓦而蓋□。（329-330）

（3）已齲方：見車，禹步三步，曰："輔車=（車車）輔，某病齒齲，笱（苟）能令某齲已，令若毋見風雨。"即取車𨍳（轄），毋令人見之，及毋與人言。操歸，匿屋中，令毋見=（見，見）復發。（332-334）

（4）病心者，禹步三，曰："皋！敢告泰=山=（泰山，泰山）高也，人居之。□□之孟也，人席之。不智（知）歲實，赤隗獨指，搵某叚（瘕）心疾。"即兩手搵病者腹："而心疾不智（知）而咸䥕。"即令病心者南首臥，而左足踐之二七。（335-337）

（5）操杯米之池，東鄉（嚮），禹【步三】步，投米，祝曰："皋！敢告曲池，某癰某波（破）。禹步擣房樑，令某癰數去。"（338-339）

（6）禹步三，汲井，以左手袤〈牽〉繘，令可下免甕（甕）叩下免繘甕（甕），左操杯，鯖甕（甕）水；以一杯盛米，毋下一升。前置杯水女子前，即操杯米，禹步【三步】，祝曰："皋！敢告鬻。"□步，投米地，祝投米曰："某有子三旬，疾生。"即以

---

① 和中浚等：《老官山汉墓〈六十病方〉与马王堆〈五十二病方〉比较研究》，《中医药文化》2015年第4期；梁繁荣、王毅主编：《揭秘敝昔遗书与漆人：老官山汉墓医学文物文献初识》，四川科学技术出版社2016年版，第128页。

左手撟杯水歓（飲）女子，而投杯地，杯汩□（340-344）

（7）馬心：禹步三，鄉（嚮）馬祝曰："高山高郭，某馬心天，某爲我已之，並□侍之。"即午畫地，而冣（撮）其土，以靡（摩）其鼻中。（345-346）

（8）北鄉（嚮），禹步三步，曰："嘑（呼）！我智（知）令＝某＝瘧＝（令某瘧，令某瘧）者某也。若笱（苟）令某瘧已，□＝□＝□言若"（376）①

以上是治疗龋齿、病心、马心、疟等疾病的祝由方。施术者在念诵祝祷辞前或其后，均有脚踏三个禹步的形体动作，以求获得特殊之法力。

3. 马王堆汉墓帛书《五十二病方》中的"禹步"

（1）一，湮汲一音（杯）入臭蠱中，左牽（拯—承）之，北鄉＝（嚮，嚮）人禹步三，問其名，即曰："某＝（某。某）年□，今□。"歓（飲）之，音〈言〉曰："疾【去疾】巳（已），徐去徐巳（已）。"即覆臭蠱，去之。（97-98）

（2）一，以月晦日＝（日日）下餔時，取由（塊）大如雞卵者，男子七，女子二七。先【以】由（塊）置室後，令南北列□，以晦往之由（塊）所，禹步三，道南方始，取由（塊）言曰｛由言曰｝："今日月晦，靡（磨）尤（疣）北。"由（塊）一靡（磨）一，二【七】。巳（已）靡（磨）。置由（塊）其處，去，勿顧。靡（磨）大者。（105-107）

（3）一，【禹】步三，湮汲，取棓（杯）水歓（噴）鼓三，曰："上有□【□□□□□□□】鐵銳某□【□□□】□歓（飲）之而復（覆）其棓（杯）。（169-170）

（4）蕢（癲）：操柏杵，禹步三，曰："賁（噴）者一襄胡，漬（噴）者二襄胡，漬（噴）者三襄胡。柏杵白穿一，毋（無）一。□【□】獨有三。賁（噴）者橦（撞）若以柏杵七，令某蕢

---

① 湖北省荆州市周梁玉桥遗址博物馆编：《关沮秦汉墓简牍》，中华书局2001年版，第129—136页。

（癩）毋（無）一。"必令同族抱，令癪（癩）者直東鄉（嚮）悤（窗），道外戉橦（撞）之。（208—210）

（5）一，庳（痹），以月十六日始毀，禹步三，曰："月與日相當。""日與月相當。"各三；"父乖母強，等與人產子，獨產癪（癩）亢，乖巳（已），操段石殸（擊）而母。"即以鐵椎戉段之二七。以日出爲之，令癪（癩）者東鄉（嚮）。（212—213）

（6）一，令癪（癩）者北首臥北鄉（嚮）廡中，禹步三，步嘑（呼）曰："吁！狐廘。"三；"若暓（智—知）某病狐父囗"（223）

（7）癃：取【囗囗】羽釦二，汛二，禹步三，【漫】汲一音=（杯，杯）入囗囗（374）

（8）魅：禹步三，取桃東枳（枝），中別爲囗囗囗之倡而弅門、戶上各一。（452）①

以上疗治蚖、癪（癩）等疾的巫术性医方中，施术者在念诵咒辞前亦常须脚踏三个禹步以作法。至于治疗癃、魅病等疾时，施术者虽未念诵咒辞，但在举行疗疾的相关巫术仪式时，也常要脚踏三个禹步以获取特殊的法力。

4. 悬泉汉简所载医方中的"禹步"

入厕，禹步三。祝曰：入則謂厠哉，辰，病與惡入，疾去毋顧。（Ⅱ0214③：71）②

由简文内容"病与恶入，疾去毋顾"一语观之，这也是一条巫术性的疗疾医方，施术者在祝祷前，也有"禹步三"的形体动作。

基上所引几批简帛医方来看，在巫术性祝由疗方中，施术者在疗治相关疾病的巫术性仪式中，脚下常有走三个"禹步"的肢体动作。这说明，"禹步"在战国秦汉时期的巫术性疗疾活动中，是疗疾者常须采用的标准法步。

---

① 裘锡圭主编：《长沙马王堆汉墓简帛集成》（五），中华书局2014年版，第233、235、245、252、253、255、282、296页。

② 胡平生、张德芳编撰：《敦煌悬泉汉简释粹》，上海古籍出版社2001年版，第182页。

二 "禹步"与出行

对于正常人来说,出行是日常生活中不可避免之事。然在古代交通条件落后、人类抗拒自然界不虞之事的能力又较为有限的情况下,古人对于走出自己熟悉的空间而进入另一陌生的地域总是怀有很深的恐惧和不安。江绍原对此论道,"古中国人把无论远近的出行认为一桩不寻常的事。换句话说,古人极重视出行。夫出行必有所为,然无论何所为……总是离开自己较熟悉的地方而去之较不熟悉或完全陌生的地方之谓",因而"对于过分新奇过分不习见的事物和地方,每生恐惧之心,此乃周知之事实,自不劳我们多费笔墨。熟悉的地方,非无危险——来自同人或敌人的,自然的或'超自然'的——然这种危险,在或种程度内是已知的,可知的,能以应付的。陌生的地方却不同:那里不但是必有危险,这些危险而且是更不知,更不可知,更难预料,更难解除的"。[1] 正是基于这样的认知,早期先民在行前,除选择出行吉日令辰及方位、遵从各种禁忌,并祭祀各路神灵以求庇佑外,常也借助某些法术手段来求得心理上的慰藉,以冀出行的平安顺利。作为具有特殊灵力的法步——禹步,在为出行顺利而举行的出行除道仪式中,自然也是施术者不可或缺的肢体行为,这在睡虎地秦简《日书》、放马滩秦简《日书》、内蒙古额济纳所出居延汉简、印台汉简等出土简帛资料所载出行除道仪式中均有所见。

1. 睡虎地秦简《日书》所载出行除道仪式中的"禹步"

(1) 行到邦門囷(閫),禹步三,勉壹步,謼(呼):"皋,敢告曰:某行毋(无)咎,先爲禹除道。"即五畫地,掓其畫中央土而懷之。(甲111背—112背)

(2)【出】邦門,可☐行☐禹符,左行,置,右環(還),日☐☐☐☐右環(還),曰:行邦☐令行。投符地,禹步三,曰:皋,敢告☐符。上車毋顧,上☐(乙102叁—107叁)[2]

---

[1] 江绍原:《中国古代旅行之研究》,商务印书馆1937年版,第5页。
[2] 睡虎地秦墓竹简整理小组编:《睡虎地秦墓竹简》,文物出版社1990年版,第223、240页。

以上两条简文所涉，均是出行者在行至邦门处时，为确保出行者于行途"毋（无）咎"而举行的出行除道仪式。在除道仪式中，出行者在口诵祝祷辞前，均要脚踏三个禹步以作法。

2. 放马滩秦简《日书》所载出行除道仪式中的"禹步"

（1）禹须臾行不得择日：出邑门，禹步三，鄉（嚮）北斗，質畫地，視〈祝〉之曰："禹有直五横，今利行，行毋（無）咎，為禹前除道。"（甲66貳—67貳）

（2）禹须臾行不得择日：出邑门，禹步三，鄉（嚮）北斗，質畫地，視〈祝〉之曰："禹有直五横，今利行，行毋（無）咎，為禹前除道。"（乙165）①

以上两条简文内容一致，所涉乃是出行者在不及选择时日的情况下出行，于邑门举行出行除道的仪式时的具体操作。从内容看，出行除道的仪式也是选在邑门处举行。出行者先脚踏三个禹步，然后面向北斗，于所指定之处画"直五横"，②然后口诵祝祷辞。

3. 内蒙古额济纳汉简所载出行除道仪式中的"禹步"

欲急行，出邑，禹步三，噱睪（皋），祝曰：土五光今日利以

---

① 孙占宇：《天水放马滩秦简集释》，甘肃文化出版社2013年版，第89、177页；陈伟主编：《秦简牍合集》（四），武汉大学出版社2014年版，第30、106页。
② 简文中的"质"字，夏德安认为，该字于此处用作副词，意为"清晰地"（说见夏德安《放马滩日书甲乙种"禹有直五横"与禹治水神话试探》，"中国简帛学国际论坛2012·秦简牍研究"会议论文，武汉大学2012年11月17—19日，第262—280页）；姜守诚训为"地"，属上读，并云"向北斗质"的含义是面向北斗的方向清整出一块场地作为祭坛，并在坛内陈设贡品，施予祭拜［说见姜守诚《放马滩秦简〈日书〉"行不得择日"篇考释》，《鲁东大学学报》（哲学社会科学版）2012年第4期］；孙占宇认为，质为匕首之类的利器，"质画地"即以匕首之类的利器在地上画（说见孙占宇《天水放马滩秦简释释》，甘肃文化出版社2013年版，第89页）；晏昌贵等则疑"质"当读为"胝"。"质画地，即以脚掌长茧处画地［说见陈伟主编《秦简牍合集》（四），武汉大学出版社2014年版，第31页］。按，《史记·建元以来侯者年表》云："（田千秋）至昭帝时病死，子顺代立，为虎牙将军，击匈奴，不至质，诛死，国除。"裴骃《集解》引《汉书音义》云："质，所期处也。"简文所述，虽是出行者在不得择日情况下，为确保出行顺利而进行的除道仪式，但其举行除道仪式的地点，如文中所征引的睡虎地秦简《日书》、额济纳汉简，以及印台汉简《日书》等所示，均在城门处，故其画地所选的位置，也应是较为固定的"所期处"。由是而言，简文中的"质"字亦可解作"所期处"，即城门处所指定的举行除道仪式的地方。

行，行毋死（咎），已辟除道，莫敢義（我）當。獄史、壯者皆道道旁。（2002ESCSF1：2）①

据简文"欲急行"三字文意可知，此条内容也是在事出突然、不及选日情况下出行时，出行者为确保行途顺利而举行的行前除道仪式。比照可知，此条简文所载出行除道仪式的内容，除了无画地动作外，其他如"欲急行""出邑""禹步三""嘵翠（皋）""祝曰"，以及祝辞"今日利以行，行毋死（咎），已辟除道"与上引放简所载急行除道仪式中的"不得择日""出邑门""禹步三""视之曰"以及祝辞"今利行，行毋（无）咎，为禹前除道"等内容几乎如出一辙。其与上引睡虎地秦简第（1）条所载祝祷前的"行到邦门困（阃）""禹步三""謼（呼）"，以及祝辞"某行毋（无）咎，先为禹除道"等内容也基本相同。所不同者，前几条出行仪式中的施术者为未确指的"某"，本条信息则明确记载了出行除道仪式的操作者是一位名叫"光"的士伍，②说明此类出行除道仪式在当时是为一般民众所熟知的、较为普遍流行着的知识，而非仅由具特殊法力的巫道术士所掌握。而由简文内容看，出行者在具体的除道仪式中，也是先要脚踏三个禹步，然后口诵祝辞。

4. 印台汉简《日书》所载出行除道仪式中的"禹步"

即行，之邦門之困（閫），禹步三，言曰："門左、門右、中

---

① 魏坚主编：《额济纳汉简》，广西师范大学出版社2005年版，第284页图版及释文。简文中的"義"字读作"我"，是从赵宠亮《额简释读献疑二则》（载孙家洲主编《额济纳汉简释文校本》，文物出版社2007年版，第134—136页）一文观点；"爨"字读作"皋"及"死"可能是"咎"字之省则从刘乐贤《额济纳汉简数术资料考》（《历史研究》2006年第2期）一文之说。

② 简文中的"土五光"，刘乐贤读作"土五横"，认为古代的出行巫术仪式中除了作"禹步"外，往往还要画"四纵五横"，简文的"土五光"或与此有关。说见氏著《额济纳汉简数术资料考》，《历史研究》2006年第2期。其实这里的"土五"即"士伍"，这是秦汉简牍文献中常见的写法（参见拙撰《〈额济纳汉简〉所见出行巫术浅析》，《殷都学刊》2009年第2期）。"士伍"在秦汉时期应是指无爵或被夺爵的成年庶民［参见郑有国《秦简"士伍"的身份及特征》，《福建文坛》（文史哲版）1991年第6期］。

央君子，某有行，擇道。氣（迄），樂☐"（3）①

此条简文内容所涉，也是在出行时，出行者于邦门阃处举行除道仪式的情况。在出行者念诵祝辞前，也有先脚踏三个禹步的举措。施术者于出行除道仪式中所祈请的对象，为门左、门右、中央君子，这些应是与行道有关的神灵。

5. 其他与出行有关的简文中的"禹步"
（1）里耶秦简中的"禹步"

禹步三，皋！敢告天閵：☐畫天閵自辟，某往見☐☐☐☒如見父，如見母，如見黑，如見白，如見妻，如見子。芻狗二☒（9-474+9-2458 正）②

此段简文残漶严重，内容何指已不甚清晰。然由"某往见"等语推测，大体上亦当与出行有关。施术者在祝祷前，先行三个禹步，然后再发出"皋"的长声，以引起所要交通求助的神灵注意，③接着再口诵祝祷辞。这种祝祷程序，在秦汉时期的祝祷劾禳性巫术仪式中较为普遍。如睡虎地秦简《日书》甲种《梦》篇所载禳除恶梦法云："人有恶梦，觉，乃绎（释）发西北面坐，祷之曰：皋！敢告尔豹骑：某有恶梦……"④前引周家台秦简所载疗治龋齿的祝由方云："见东陈垣，禹步三步，曰：皋！敢告东陈垣君子：某病龋齿……"疗治"病心"方云："禹步三，曰：皋！敢告泰山：泰山高也……"又，疗治"痈"疾的祝由方云："操杯米之池，东向，禹步三，投米，祝曰：皋！敢告曲池，某痈某波（破）……"⑤由此来看，此条简文于"禹步三"三字

---

① 郑忠华：《印台墓地出土大批西汉简牍》，载荆州博物馆编《荆州重要考古发现》，文物出版社2009年版，第204—208页；刘乐贤：《印台汉简〈日书〉初探》，《文物》2009年第10期。
② 廖秋菊：《〈里耶秦简（二）〉9-474+9-2458补释》，武汉大学简帛网2018年5月20日；陈伟主编：《里耶秦简牍校释》（第2卷），武汉大学出版社2018年版，第136—137页。
③ 吕亚虎：《战国秦汉简帛文献所见巫术研究》，科学出版社2010年版，第271页。
④ 睡虎地秦墓竹简整理小组编：《睡虎地秦墓竹简》，文物出版社1990年版，第210页。
⑤ 湖北省荆州市周梁玉桥遗址博物馆编：《关沮秦汉墓简牍》，中华书局2001年版，第130—131页。

后的文字应是祝祷语，而在"皋"前当略掉了"曰""祝曰"或"祷之曰"等字。

（2）马王堆汉墓帛书《养生方》中的"禹步"

> 【一曰】：行宿，自謼（呼）：'大山之陽，天【□□，□】□先【□】，城郭不完，□以金關。'即禹步三，日以產荆長二寸周畫〈畫〉中。（191）
>
> 【一曰】：行欲毋足痛者，南鄉（嚮），禹步三，曰：'何水不越，何道不枯，氣（乞）我□□末。'即取突墨【□□】□□□内（納）履中。（196—197）①

由帛书文字内容看，第一条是有关出行过程中行宿于道以卫身的法术。施术者在口诵祝祷辞后，脚踏三个禹步，然后用长二寸的新鲜荆条在地上画圈。第二条则是出行过程中为健足疾行目的而举行的巫术仪式。施术者先面向南方，脚踏三个禹步，然后再口诵祝祷辞，再把灶突墨纳入鞋中。施术者相信如此操作，即可获得行道无足痛的效果。

三 "禹步"与农事生产

1. 祠先农仪式中的"禹步"

关沮周家台30号秦墓出土简牍资料中，有一条祠先农以祈丰产的巫术方，祠祀者在相关的祈丰仪式中，有脚踏三个禹步的动作。如简文云：

> 先農：以臘日，令女子市買牛胙、市酒。過街，即行㩱（拜），言曰："人皆祠泰父，我獨祠先農。"到囷下，爲一席，東鄉（嚮），三腏，以酒沃，祝曰："某以壺露、牛胙，爲先農除舍。先農苟（苟）令某禾多一邑，先農桓（恒）先泰父食。"到明出種，即□（趣）邑最富者，與皆出種。即已，禹步三，出種所，曰："臣非異也，農夫事也。"即名富者名，曰："某不能腸（傷）其富，農夫

---

① 裘锡圭主编：《长沙马王堆汉墓简帛集成》（六），中华书局2014年版，第60—61页。

使其徒來代之。"即取朘以歸,到囷下,先侍(持)豚,即言囷下曰:"某爲農夫畜,農夫笱(苟)如□□,歲歸其禱。"即斬豚耳,與朘以並塗囷廥下。恒以臘日塞禱如故。(347-353)①

此段简文内容所涉有二:一为腊日祠祀先农,二为在腊祭的第二天举行的出种仪式。虽活动内容不同,但目的一致,均是为确保来年农事生产顺利并取得好的收成。在腊祭的第二天举行的出种仪式中,施术者到邑中最富者家中,与其一道进行出种仪式。在此过程中,当施术者走出种子储藏的地方时,有脚踏三个禹步,并向农业神灵祈祷的仪式。这是农事巫术仪式中,施术者脚下所要遵从的法步。

2. 禳除鼠害仪式中的"禹步"

(1) 北大藏秦简《杂祝方》简文云:

窒穴:己丑、辛卯、癸巳,禹步三,曰:"今日己丑,以塞鼠道。牡鼠死,牝鼠殅(朽)。"(M—004)②

(2) 北大藏秦简《医方杂抄》云:

擇良日可以入蠱者,善騷(掃)徐(除)家室内中、堂、呈(廷),已。禹步三,祝曰:(04—258)"空══以══(空矣,空矣,空矣),啻女且下裹(理),三旬而已。裹(理)且偊(蟻),負子裹結。若東鄰移,大者(04—257)毋越(跳),小者毋愿(踴)。啻(帝)女已偊(蟻),遺女(汝)三車畺(蛹)。"(04—256)③

以上两条简文内容所涉,都与禳除鼠害有关。其中第(1)条为

---

① 湖北省荆州市周梁玉桥遗址博物馆编:《关沮秦汉墓简牍》,中华书局2001年版,第132页。
② 田天:《北大藏秦简〈杂祝方〉简介》,《出土文献研究》(第14辑),中西书局2015年版,第16页。
③ 田天:《北大藏秦简〈医方杂抄〉初识》,《北京大学学报》(哲学社会科学版)2017年第5期。

择日堵塞鼠道时的巫术仪式，施术者在口诵禁咒前，先有脚踏三个禹步的仪式。类似的禳除鼠类的俗信也见于淮南王刘安所撰《淮南万毕术》，其法云："夜有巫被发北向，禹步，咒曰：'老鼠不祥，过者受其殃。'"① 第（2）条则是在将蚕种移入蚕室时，为驱除蚕室中的鼠类而举行的巫术仪式，施术者在口诵祝祷辞前，也有脚踏三个禹步的动作。

四 "禹步"与养生

张家山汉简《引书》云：

> 熊经以利脢（脄）背，據以利要（腰），禹步以利股閒，前厥以利鼓郗（膝）。②

由简文内容看，这是有关导引养生的肢体动作。"禹步以利股间"，是说通过禹步的动作，有利于股间经脉与肌肉的舒缓。这说明，至迟在汉初的导引养生术中，已借助禹步来达到活动筋骨、益气养生的目的。

五 "禹步"与乞媚道

据陈侃理撰文揭示，北大藏秦简被命名为《白囊》的篇章，其后几章内容分别讲"气（乞）媚道""气（乞）愿于邦""塞鼠道"等数术。其中第二章"气（乞）媚道"之术，由两支简组成，其内容为：

> 某願气（乞）媚道，即取其樹下土，投小囊中。取土時言曰："願气（乞）足下壤。"以投（M-006）水泉人所没者，言曰："上泉弗＝（勃勃），下泉逢＝（蓬蓬），丈夫觭（倚）立，女子所從。"（M-001）③

---

① （汉）刘安撰，（清）茆泮林补辑：《淮南万毕术》，商务印书馆1939年版，第9页。
② 张家山二四七号汉墓竹简整理小组编著：《张家山汉墓竹简［二十七号墓］》（释文修订本），文物出版社2006年版，第184页。
③ 陈侃理：《北大秦简中的方术书》，《文物》2012年第6期。

田天撰文亦揭示了此篇内容如上文字。① 廖秋菊检视简背交叉墨线指出,以上简文简序于简 M-005+013 和 M-003 之间的划痕并不连贯,似乎漏了一支简。经她调整后的简序及本篇完整简文如下:

某願气(乞)媚道,即取其樹下土,投小囊中。取土時言曰:"願气(乞)足下壤,以投(3/M-006)男女項,令百節索(縮)躄(蹶)。"俛(俛)取土,言如此,盈囊去。(4/M-005)節(即)欲有求也,最(撮)土以徐(塗)。(5/M-013)

己丑日中時,操白囊三,貫連以絲縷。禹步三,之(6/M-003)水泉人所汲者,言曰:"上泉弗=(沸沸),下泉逢=(逢逢),丈夫觭(奇)立,女子所從。"(7/M-001)

容(訟)請气(乞)願於邦:即取人所置甕(甕)盎地土,投小囊中。欲有求也,以(8/M-011)塗(塗)其衣。不得其衣,以塗(塗)門户。人皆愛之。(9/M-008)②

简文所说的"乞媚道",是古代流行的一种通过一定的方法可使自己喜欢的人对自己产生爱恋之情的巫术。汉代后宫女子争宠活动中多有行"媚道"者。如《史记·建元以来侯者年表》载,将陵侯史子回妻宜君"嫉妒,绞杀侍婢四十余人,盗断妇人初产子臂膝以为媚道"。《史记·外戚世家》载,馆陶长公主欲嫁女于景帝长男荣,遭荣母栗姬所拒,乃"日谗栗姬短于景帝曰:'栗姬与诸贵夫人幸姬会,常使侍者祝唾其背,挟邪媚道。'景帝以故望之"。③ 又,《汉书·外戚传》载,汉武帝陈皇后在与卫子夫争宠中曾"挟妇人媚道"。而汉成帝许皇后在宠衰情况下,其姊谒等"为媚道祝谪后宫有身者王美人及凤等"。又,"鸿嘉三年,赵飞燕谮告许皇后、班倢伃挟媚道,祝诅后宫,詈及主上"。④《周礼·天官》载"内宰"之职云:"以妇职之法教九御,使各

---

① 田天:《北大藏秦简〈杂祝方〉简介》,《出土文献研究》(第14辑),中西书局2015年版,第16页。
② 廖秋菊:《北大秦简〈杂祝方〉札记一则》,武汉大学简帛网2018年4月20日首发。
③ (汉)司马迁:《史记》,中华书局1959年版,第1065、1976页。
④ (汉)班固:《汉书》,中华书局1962年版,第3948、3982、3984页。

有属以作二事，正其服，禁其奇衺，展其功绪。"郑玄注："奇衺，若今媚道。"贾公彦疏云："按《汉书》，汉孝文帝时，妇人蛊惑媚道，更相咒诅，作木偶人埋之于地。汉法又有官禁，云'敢行妇道者'，若然，媚道，谓道妖衺巫术以自衒媚，故郑举汉法证经奇衺也。"彭林指出，"官禁"，它本又有作"宫禁"者。"妇道"之"妇"，应为"媚"字之误。① 由是论之，媚道不仅起源甚早，且广为流传。而汉代宫廷内女子争宠的妇人"媚道"，其目的虽与获得帝王宠爱相关，然其所涉除求取帝王宠爱的常规内容外，常还对其他妃嫔甚至帝王大搞祝诅巫术，这在性质上与此处仅利用白囊作为施术工具，通过一定方法与祝祷来影响他人，不牵涉对第三方进行祝诅伤害的媚道术又有所不同。

简文第二部分论道，于己丑日日中时，以丝线将三个白色的囊贯连起来，然后脚踏三个禹步，到人们汲水的水泉处，口中祝祷道："上泉沸沸，下泉逄逄，丈夫奇立，女子所从。"施术者相信，经过此一仪式，大约便可达到"人皆爱之"的目的。基此而论，上引《史记》《汉书》所载汉代的宫廷媚道巫术，施术者在作法时，也应有脚踏三个禹步的行为仪式。这也说明，在当时的媚道巫术中，禹步也是施术者所应操持的法步。

六 "禹步"与求子

《礼记·昏义》云："昏礼者，将合二姓之好，上以事宗庙，而下以继后世也，故君子重之。"这里的"继后世"，即指后代子嗣的繁衍而言。人类自身的繁衍是人类历史得以延续的前提，也是个体的人对其所生存的社会的一种责任。自古以来，中国人便以多子、多福、多寿为人生最大的幸福。而儒家"不孝有三，无后为大""父母生之，续莫大焉"的理念，更将子嗣的繁衍推至极高的位置，成为正常人终身追求的大事。是以在正常情况下无法达到繁衍子嗣的目的时，人们常将希望寄托于某些求子的法术。成都老官山汉墓所出木牍上载有如

---

① （汉）郑玄注，（唐）贾公彦疏，彭林整理：《周礼注疏》，上海古籍出版社 2010 年版，第 251—252、262 页。

下一段文字：

□□□□□□□□【乾】冶，飲之。女子視欲得男者，禹步三，擇日取□……使似其父，毋似其母者，且以半祀以爲不十（丕），三族爲三正。人皆呼□族爲正。拜【起後】……【後】避，使告黃工□□□□三，而更爲之，皆以月望日東方【呼】□鄉（嚮）中央人□祝，旁人皆呼……（206）①

发掘简报指出，此牍文字墨色非常浅，很多字迹模糊，难以辨认，基本可以判定为求子巫术。由简文"女子视欲得男者"及祝辞"使似其父，毋似其母者"等语来看，此段牍文内容确为求子巫术信仰中的求男嗣巫术方。在相关仪式中，施术者在口诵祝祷辞前，有脚踏三个禹步的肢体动作。

上述几批简帛文献资料中，放马滩秦简、睡虎地秦简、周家台秦简、北大藏秦简的抄写年代虽多在战国晚期至秦统一之后，有的甚至晚至秦末二世时，然其内容生成年代当不晚于战国之世。马王堆帛书《五十二病方》的抄写年代，学者以为当不晚于秦汉之际，即应为公元前3世纪末的写本。② 而其成书年代，当不晚于战国时期。③ 由此而论，以上几批简牍文献所载、为后世巫道术士作法时所持之法步——禹步，其源起当不晚于战国之世。而其使用，则已被广泛运用于巫术疗疾、出行除道、农事丰产、禳除鼠害、导引养生、乞媚道以及巫术求子等活动

---

① 成都文物考古研究所：《成都"老官山"汉墓》，《中国文物报》2013年12月20日第4版；成都文物考古研究所等（谢涛等执笔）：《成都市天回镇老官山汉墓》，《考古》2014年第7期。

② 马王堆汉墓帛书整理小组编：《五十二病方》，文物出版社1979年版，第182页。

③ 学术界对帛书《五十二病方》成书年代的讨论，目前众说纷纭，大致有西周或其以前说（参董尚朴《〈五十二病方〉成书史地考》，《中医药学报》1989年第5期；李书田《〈五十二病方〉成书年代考》，《中医函授通讯》1990年第6期），不晚于春秋战国之际说（参马继兴《马王堆医书考释》，湖南科学技术出版社1992年版，第123页）、战国说（参萧佐桃《从〈黄帝内经〉探讨〈五十二病方〉的成书年代》，《马王堆医书研究专刊（1）》，1980年；尚志钧《〈五十二病方〉与〈山海经〉》，《马王堆医书研究专刊（1）》，1980年；张正霞、辛波《帛书〈五十二病方〉成书年代考证》，《文物春秋》2007年第6期）等。以上各家观点虽不一致，但均以为帛书《五十二年病方》的成书年代应不晚于战国时期。

中，成为施术者在具体法术仪式中，脚下所踏的法步。

第二节 "禹步"的源起

通过对以上出土简帛文献资料的梳理，可知禹步的产生时间不应晚于战国时期，而之所以将俗巫方士作法时脚踏的步法称为"禹步"，这应与当时社会广泛存在着的大禹崇拜信仰有关。

一 "禹步"乃禹偏枯之疾所致之步法

大禹因治水劳累而致偏枯之疾的说法，在战国以来的文献中多有所载。如《庄子·盗跖》云："尧不慈，舜不孝，禹偏枯。"成玄英疏："治水勤劳，风栉雨沐，致偏枯之疾，半身不遂也。"① 《荀子·非相》云："禹跳，汤偏。"高亨云："按《尚书大传》：'禹其跳，汤扁。跳者踦也，扁者枯也。'郑注：'其发声也。踦步足不能相过也。偏枯，言汤体半小，象偏枯。'余谓跳、偏皆足跛也。"② 《列子·杨朱》云："禹纂业事讐，惟荒土功，子产不字，过门不入，身体偏枯，手足胼胝。"③ 所谓"偏枯"之疾，即中医所说的半身不遂之病。《黄帝内经素问·生气通天论》"汗出偏沮，使人偏枯"王冰注云："偏枯，半身不随。"④ 《黄帝内经灵素·热病》云："偏枯，身偏不用而痛。"同书《刺节真邪》言此疾乃"虚邪偏容于身半，其入深，内居荣卫，荣卫稍衰，则真气去，邪气独留，发为偏枯"。⑤

禹的偏枯之疾，致使其行走"步不相过"，一步一跬，传世文献对此多有所载。如《吕氏春秋·行论》云："（禹）以通水潦，颜色黧黑，步不相过。"陈奇猷云："然则'步不相过'者，非如常人步行时后足越前足而进，乃双足跳跃而进也。"又，同书《求人》云："（禹）忧其

---

① （晋）郭象注，（唐）成玄英疏：《庄子注疏》，中华书局2011年版，第519页。
② 高亨：《诸子新笺》，山东人民出版社1961年版，第149页。
③ 杨伯峻：《列子集释》，中华书局1979年版，第231页。
④ 郭霭春主编：《黄帝内经素问校注》，人民卫生出版社2013年版，第31页。
⑤ 佚名：《灵枢经》，人民卫生出版社2012年版，第57、131页。

黔首，颜色鳖黑，窍藏不通，步不相过。"陈奇猷云："步不相过者，后足无力迈越前足，是罢之极也。罢同疲。"① 《尸子》论及"禹步"之名与禹偏枯之疾而致其"步不相过"间的关系云："禹于是疏河决江，十年不窥其家，手不爪，胫不生毛，生偏枯之病，步不相过，人曰禹步。"② 《尚书大传》云："禹其跳，汤扁……其跳者，踦也。言皆不善也。"郑玄注："踦，步足不能相过也。"③ 周作人疑禹步之偏枯乃是足疾，他说："《尸子》云禹生偏枯之病。案偏枯当是半身不遂，或是痿痹，但看走法则似不然，大抵还是足疾吧。吾乡农民因常在水田里工作，多有足疾，最普遍的叫做流火，发时小腿肿痛，有时出血流脓始愈，又一种名大脚风，脚背以至小腿均肿，但似不化脓，虽时或轻减，终不能痊愈，患这种病的人，行走蹒跚，颇有禹步之意，或者禹之胫无毛亦正是此类乎。"④ 这是说，禹因治水而常涉山川，致其病足（所谓偏枯之疾），致使其行跛（即步不相过）。

最先将"禹步"与俗巫所操步法相联系者，乃是扬雄《法言·重黎》："昔者姒氏治水，而巫多禹步。"⑤ 其后王肃所撰《帝王世纪》亦云："禹治洪水，手足胼胝。世传禹病偏枯，足不相过，今巫称禹步是也。"⑥ 唐人李轨注《法言·重黎》上引文字曰："姒氏，禹也。治水土，涉山川，病足，故行跛也。禹自圣人，是以鬼神、猛兽、蜂虿、蛇虺，莫之螫耳，而俗巫多效禹步。"⑦ 在上古传说中，禹因治水有功而被早期先民所推崇，是他们心目中的圣人。因此，在早期先民的信仰观念中，像禹这样的圣人是连鬼神、猛兽、蜂虿、蛇虺等都惧怕的力量。禹因偏枯之疾而致步不相过，一步一跬的步法，也被人们称作"禹步"，并自然地被赋予特殊的灵力，从而为世俗巫师们所效仿，成为他们作法时所操之法步。焦循《易余籥录》卷 10 云："禹病偏枯，足不

---

① 陈奇猷校释：《吕氏春秋校释》，学林出版社 1984 年版，第 1394、1522 页。
② （战国）尸佼撰，（清）汪继培辑，黄曙辉点校：《尸子》，华东师范大学出版社 2009 年版，第 50 页。
③ （清）皮锡瑞撰，吴仰湘点校：《尚书大传疏证》，中华书局 2022 年版，第 310 页。
④ 周作人：《药味集》，新民印书馆 1942 年版，第 118—119 页。
⑤ 汪荣宝撰，陈仲夫点校：《法言义疏》，中华书局 1987 年版，第 317 页。
⑥ 徐宗元辑：《帝王世纪辑存》，中华书局 1964 年版，第 51 页。
⑦ 汪荣宝撰，陈仲夫点校：《法言义疏》，中华书局 1987 年版，第 317 页。

相过，而巫者效之为禹步。孔子有姊之丧，尚右，二三子亦共而右，郭林宗巾偶折角，时人效之为垫角巾。"① 言外之意，禹因治水之功绩而为世俗所尊崇，故其病偏枯而致"步不相过"之步法被称作"禹步"而为俗巫所效。此一现象，如同孔子弟子因崇仰其师，故而其师有姊之丧而尚右，他们亦不假思虑而仿之"共而右"一般。由上述所论可知，这种对巫者所操之法步——禹步缘由的记述，显然是与早期先民对因治水成功而被人们奉为圣人，并神格化为禹神的崇拜信仰有关。

二 "禹步"乃禹仿鸟禁时步法而作

秦汉以来，随着中国土生土长宗教——道教的蓬勃发展，早期的巫祝方士之术多为道教所吸收，成为道教法术的重要成分。傅勤家对此论道："世界之宗教，皆由原始之信仰而来……即如道教，其义理固本之道家，而其信仰，实由古之巫祝而来，辗转而为秦汉之方士，又演变而成今之道士。然虽在今日，巫祝仍与道士并行不废，且彼此相混合焉。"② 由是之故，在道教的信仰体系中，禹步的源起，虽仍与禹有关，但也有了细微的变化。如约出于东晋时人所撰《洞神八帝元变经·禹步至灵第四》论"禹步"之源起云：

> 禹步者，盖是夏禹所为术，召役神灵之行步。此为万术之根源，玄机之要旨。昔大禹治水，不可预测高深，故设黑钜重望，以程其事。或有伏泉磐石，非眼所及者，必召海若河宗，山神地祇，问以决之。然禹届南海之滨，见鸟禁咒，能令大石翻动。此鸟禁时，常作是步，禹遂摸写其行，令之入术。自兹以还，术无不验。因禹制作，故曰禹步。③

此说以禹步乃禹治水过程中，于南海之滨见鸟禁咒时常作此种步法，于是模仿而得。因为是禹模仿自鸟禁之步而制作，故称"禹步。"传为唐

---

① （清）焦循著，刘建臻整理：《焦循全集》（第11册），广陵书社2016年版，第5461页。
② 傅勤家：《中国道教史》，商务印书馆2011年版，第34页。
③ 张继禹主编：《中华道藏》（第4册），华夏出版社2004年版，第494页。

李淳风注并序的《太玄金锁流珠引》卷1《三五步纲引》云：

> 北斗者是中斗也。中斗九星，下变为九灵，步作九迹，谓之星纲。禹见鸟步星纲，转石木，取蛇食。禹学之三年，术成，能覆九斗，配星于足，以足指物即转，不知手为之。后登剡山岭之巅，有神人谓之曰："足履手指，何以足履，亦使足指。王不见灵鸟足履觜指，禹拜而受。"后得道，驱使神鬼蛟龙虎豹，开决山川，引理江河，分别九州。①

此说将禹步与步斗相融合，并将禹步的三步九迹与北斗九星的构型相配，这显然是北斗崇拜信仰下的产物。然其所述禹步之本，仍是见鸟之转石木取蛇时之步迹而模仿所得。鸟类能操禹步禁而作法，此说在唐宋时人笔下多有所载。如《北梦琐言·佚文》卷四"鹳捕蛇"条下云："南方有鹳食蛇，每遇巨石，知其下有蛇，即于石前，如道士禹步，其石仡然而转，因得以啖。里人学其法者，伺其养雏，缘树以蔑絙缚其巢，鹳必作法而解之，乃铺沙树底，俾足迹所印而仿学之。"② 此条文字亦载于《太平广记》卷463"鹳"条下。③ 似乎不仅鹳能禹步禁蛇，鸩、鹘等鸟禽亦可。如宋人罗愿所撰《尔雅翼》卷16"鸩"条下云："鸩，毒鸟也，似鹰，大如鸮，毛紫黑色，长颈赤喙……食蝮蛇及橡实，知巨石大木间有蛇虺，即为禹步以禁之，或独或群，进退俯仰有度，逡巡石树，为之崩倒，蛇虺无脱者。昔有人入山，见其步法，归向其妻学之，妇正织而机翻。"④ 宋人周去非《岭外代答》卷9云："邕州有禽曰灵鹘，状如啄木而差大，巢于木穴，生子其中。人以木室其穴，鹘至无所归，乃至地禹步，俄而所室跃去，乃得入穴。"又云："邕州溪峒深山有鸩鸟，形如鸦而差大，黑身红目，音如羯鼓，惟食毒蛇。鸩禹步遇蛇，其声邦邦然。蛇入石穴，鸩于穴外禹步，有顷石碎，吞之。"⑤ 又，

---

① 张继禹主编：《中华道藏》（第33册），华夏出版社2004年版，第9—10页。
② （宋）孙光宪著，贾二强点校：《北梦琐言》，中华书局2002年版，第446页。
③ （宋）李昉等：《太平广记》（第10册），中华书局1961年版，第3814页。
④ （宋）罗愿撰，（元）洪焱祖释：《尔雅翼》，中华书局1985年版，第173页。
⑤ （宋）周去非著，杨武泉校注：《岭外代答校注》，中华书局1999年版，第372、374页。

《全宋诗》卷249载梅尧臣“语鸩”诗亦云：“客语南方鸩，啄蛇掀巨石。遂令山中人，多窃禹步迹。谁云不可转，鸟啄犹能掷。”[①] 以上均言鹳、鸩、灵鹘等鸟类能禹步以禁蛇，而人多有仿之者。

鸟类不可能学人类做禹步法，倒是人类常模仿自然界禽畜的动作，华佗所创“五禽戏”即是其证。而称鸟禁之步为“禹步”者，说明这种鸟禁之步与巫者所操禹步有相似处。或是受早期道教经典有关禹步之说的影响，宋人张君房所编《云笈七签》卷61《诸家气法部六》云：“诸步纲起于三步九迹，是谓禹步。其来甚远，而夏禹得之，因而传世，非禹所统也。”[②] “统”者，始也。《周易·乾·彖传》“大哉乾元！万物资始，乃统天”惠栋述曰：“统，始也。”[③] 《公羊传·隐公元年》“何言乎王正月？大一统也”何休解诂：“统者，始也。”[④] 是“非禹所统也”之义，乃言禹步非禹所创始也。至于禹步为何者所创，夏禹又何以得之？此处却并未交代，或其亦信从早期道教典籍所载禹步乃禹仿鸟禁之步而作之旧说，亦未可知。

三　“禹步”乃老君所授之法步

需要提及的是，随着道教的发展，在后期道教经典中，又有禹步为老君所授的说法。如前引传为唐李淳风作注并序的《太玄金锁流珠引》卷2载有“三步九迹图”，并云“此图老君授禹，禹步三步九迹”。该书卷7则有“十二迹禹步法”，云是“太上老君授十二迹禹步于黄帝，尧舜之代授禹，禹传世人也”。[⑤] 元妙宗所撰《太上助国救民总真秘要》卷8所载“禹步斗纲决”亦云：

> 夫禹步者，法乎造化之象，日月运度之行也……然而称禹步者，云大禹治水以成厥功，盖天真授此步诀，以制神召灵，遂因名

① 傅璇琮等主编：《全宋诗》（第5册），北京大学出版社1991年版，第2979页。

② （宋）张君房编，李永晟点校：《云笈七签》，中华书局2003年版，第1355页。

③ （清）惠栋撰，郑万耕点校：《周易述》，中华书局2007年版，第142页。

④ （汉）何休解诂，（唐）徐彦疏：《春秋公羊传注疏》，上海古籍出版社2014年版，第12页。

⑤ （唐）李淳风注：《太玄金锁流珠引》，载张继禹主编《中华道藏》（第33册），华夏出版社2004年版，第14、47页。

禹步耳……经曰：禹步是禹受于太上，而演天纲地纪，出为禹步，求真禁百物。①

《太玄金锁流珠引》不见于唐宋公私书目所录，当系唐宋道教徒伪托之作。二书时代相近，均将禹步归于道教"三清"尊神之一的太上老君所授，显系后世道教徒的托伪之说，自不足据。

四 "禹步"乃巫者曲胫之舞步

以上几种有关禹步源起的说法，除禹步为太上老君所授显系后世道教徒的托伪之说，不足为道外，其他两说皆有其合理之处。如第一说言及禹步是早期巫者对大禹因治水导致偏枯之疾而"步不相过"步法的模仿，因称"禹步"。禹的"步不相过"的跛脚之步能为众巫效仿，透露出大禹在早期巫师的信仰观中，是被他们崇奉为巫者之宗主或祖师，故假其名以神其术。这一点，王晖先生已撰文做了精辟的分析。② 第二说则以"禹步"为大禹模仿鸟禁之步而作。禹步产生的时代虽不至于早至大禹时，但此说至少为我们提供了一些值得注意的信息，即"禹步"或当是早期巫者模仿某种动物的步法而创。关于这一认识，近世学者多有论及。如闻一多认为，我国古代所谓"禹步"，在性质上属于图腾舞，是一种仿效蛇跳的独脚跳舞；③ 于平发挥闻氏说认为，"禹步"是仿蛇步，说明独足之象——"夏"的舞步是"禹步"。禹乐《大夏》是仿效蛇跳的"龙舞"。由《大夏》之"禹步"而想到"夔一足"。神话传说中的"夔"是一足兽，作为以乐舞设祭的乐官，"夔一足"只能说明设祭的乐舞是"足不相过"的独脚舞，此亦说明了"禹步"之"足不相过"并非"禹病偏枯"，而是有意仿夔，故作"龙舞"。也就是说，"禹步"实际上是"夔步"，而"夔步"也是"龙舞"；④ 赵国华据《尸子》所载"禹步"的特点是"步不相过"，联系蜥蜴爬行时的特有

---

① （宋）元妙宗编：《太上助国救民总真秘要》，载张继禹主编《中华道藏》（第30册），华夏出版社2004年版，第364页。
② 王晖：《夏禹为巫祝宗主之谜与名字巫术论》，《人文杂志》2007年第4期。
③ 闻一多：《伏羲考》，上海古籍出版社2006年版，第27页。
④ 于平：《"龙舞"臆断》，《民族艺术》1986年第1期。

动态是后肢不越前肢，便是步不相过。故认为"禹步"就是"蜥蜴步"，是夏人先民以蜥蜴象征男根时，在祈求生殖繁盛的祭祀上，模拟蜥蜴动作的舞蹈；① 周冰认为，此鸟禁咒形式的舞蹈可能有模拟鸟行走和飞翔的动作，禹便将其模仿下来，经过加工再创造，就是司马贞所说的"今巫犹称禹步"了。②

当然，也有一些学者另立新说，认为禹步实际上与禹无关，只是后世巫者假托了禹的名义而已，如胡新生认为，"禹步"一名不过是战国术士的假托，与夏禹毫无关系。联系社会史的背景来分析，禹步只能是春秋战国时代跛者为巫现象盛极一时的环境中形成的一种巫术步法，它的首创者是那些腿脚有残疾的巫师，其直接渊源是跛脚巫师所跳的跛舞。随着跛巫群体的发展，巫术舞中"步不相过"的蹇跛步法逐渐为众多术士所认同。惯于假托的战国术士宣称这种巫术舞步出自夏禹，并将其命名为"禹步"。他进一步指出，在神化跛步、确立"禹步"名称方面，迷信巫术和崇拜夏禹的墨家学派曾起过重要的推波助澜作用，"禹步"这个名称很可能就是由战国中后期的墨家门徒发明的，只有他们才会根据这种夸张做出禹在平治水土时落下蹇跛残疾的推论，也只有他们才能进一步将巫觋的跛脚步法同想象中夏禹的跛脚联系起来；③ 类似观点，刘昭瑞略早已撰文论及。他指出，战国时期，禹这一半神半人者既在社会上有广泛的信仰基础，而当时社会普遍存在的巫师们之所以把自己的许多法术同大禹挂上钩，其中一个重要原因是巫师们对传说中的大禹在心理上的认同。这种认同感的来源，一是禹的半人半神性，二是禹所具有的与巫师一样的生理特征，即我国秦汉以前的文献中记载从事巫术活动的巫师们往往都是有生理缺陷的，也就是说女巫是驼背的，男巫则是跛足的。而战国时关于大禹的传说中，他恰恰具有一般巫师的生理特征。大禹因治水而导致"步不相过"，这种步不相过的步法，为当时的巫师们所效仿。而禹步最早见于墨家后学所著《尸子》中，似乎不是偶然的。禹步得以从战国时开始广泛流行，这和墨家"用夏正"

---

① 赵国华：《生殖崇拜文化论》，中国社会科学出版社1990年版，第288页。
② 周冰：《巫·舞·八卦》，新华出版社1993年版，第84页。
③ 胡新生：《禹步新探》，《文史哲》1996年第1期。

"宗禹"的宗旨及后期墨家对大禹行为想象性模仿应有很大关系。① 两说略不同的是，刘说认为大禹因治水而致"步不相过"的生理特征与战国时期巫师们生理缺陷的特征相合，加之巫师们对传说中本人半神性的大禹在心理上的认同，从而其步法为巫师们所效仿。胡说则认为被后世俗巫神化的"禹步"与大禹无多大关系，乃是战国术士将巫术舞中"步不相过"的蹇跛步法托禹之名而为之。

或是因刘文收在论文集中，不如胡文发表于刊物而较易见到，以致随后的讨论，多见有批胡文而少涉刘文者。如晁天义指出，胡先生将春秋战国之际的普遍现象作为禹步巫术产生的文化背景加以考察，力图揭示二者的内在联系，这值得肯定。但他提出的"禹步源于跛步"一说显然过于牵强，而断言禹步巫术与大禹其人其事绝无关系的说法也将问题简单化了。他认为禹步是战国术士之流创造的具有颇强规范性的模拟巫术，禹步巫术产生于当时大规模的历史人物神话化运动中的大禹崇拜思潮。大禹生理缺陷由简渐繁的过程与大禹的神话化以及大禹崇拜思想的形成同步进行并最终相契合，禹步巫术便形成了。② 李剑国、张玉莲指出，禹步作为巫特有的一种巫舞步法，不论是创自或传自大禹，还是巫借用禹的名义，或是说以禹来附会巫舞，分明都与禹有关。禹步是禹后巫觋的创造，对禹"偏枯"步式的模拟，大约出现于春秋战国时代。巫觋把巫步和大禹扯上关系，这与大禹铸鼎象物的传说有关。巫认为禹有识别禁御魑魅魍魉的能力，俗巫效禹恰是看中禹禁御百物。巫觋主治鬼物，而大禹有此能力；巫舞步施法，而禹偏枯步不相过。因此，巫觋也模拟禹行走步式，而创禹步步法。所谓禹步的起源，正在于此。③ 夏德靠认为，"步"最初是对百物的一种祀典仪式，而这种仪式的祭典化工作是由禹完成的，文献中"铸鼎象物"与"别物上下"就是指这一件事。春秋战国之际，随着巫师阶层特权的丧失，部分巫师流落民间，他们根据民间的实际情况和需求，对由大禹创制的"步"祭进行改造，

---

① 刘昭瑞：《论"禹步"的起源及禹与巫、道的关系》，载中山大学人类学系编《梁钊韬与人类学》，中山大学出版社1991年版，第264—279页。又收入氏著《考古发现与早期道教研究》，文物出版社2007年版，第223—234页。
② 晁天义：《禹步巫术与禹的神化》，《陕西师范大学继续教育学报》2000年第3期。
③ 李剑国、张玉莲：《"禹步"考论》，《求是学刊》2006年第5期。

使之成为具有巫术功能的一套步法。① 以上诸说虽不尽同，但都强调了禹步与大禹有关，以及禹步是春秋战国时巫觋对大禹神话化崇拜观念下的产物的文化背景。

值得注意的是，也有一些学者从原始舞蹈的角度考察禹步的起源。如刘宗迪认为，禹步为巫步，而巫源于舞，巫师之法术伎俩源于原始舞蹈之举手投足，禹步亦不例外，它实在不过是一种舞蹈步态。所谓禹步为"偏枯"、为"跛行"、为"足不相过"等不过是对此舞特有步态的描述。而禹步舞也就是屡见于典籍的商羊舞；② 余健通过对远古时期的壁画及文献中的卐字符的考察，认为这个符号就是对北斗星围绕天心旋转的抽象模拟，周代宫廷舞蹈中的万舞即因舞步象卐字而名，万字步也即"禹步"。"禹步"本乃酋长大巫之舞步，后世因大禹曾舞，而增治水之说以溢美之，实则是禹效巫步。③ 禹步虽然并非一定就是商羊舞或万舞。但将其与舞蹈联系起来，倒是契合古代巫觋以舞通神、娱神至灵的职能。

古代巫者的重要职事之一，便是与神灵交通。巫者在与神灵交通时，常需借助舞蹈以通神至灵，是以巫与舞有着密切的关系。《周礼·春官·宗伯》载"司巫"之职云："掌群巫之政令。若国大旱，则帅巫而舞雩。"郑玄注引郑司农说云："鲁僖公欲焚巫尪，以其舞雩不得雨。"又载"女巫"之职云："掌岁时祓除、衅浴。旱暵则舞雩……凡邦之大灾，歌哭而请。"④《楚辞·九歌·序》云："沅湘之间，其俗信鬼而好祠。其祠，必作歌乐鼓舞以乐诸神。"又，《东皇太一》云："灵偃蹇兮姣服，芳菲菲兮满堂。"王逸注："灵，巫也。偃蹇，舞貌也。菲菲，芳貌。言乃使姣好之巫，被服盛饰，举足奋袂，偃蹇而舞。芬芳菲菲，盈满堂室也。"⑤ 可见，不管是王朝巫职者，还是民间俗巫，接神、通神时，无不以乐舞娱神以通灵。甲骨文有 ᚵ（《合集》07690）、

---

① 夏德靠：《"禹步"起源及其嬗变》，《四川师范大学学报》（社会科学版）2010年第6期。
② 刘宗迪：《禹步·商羊舞·焚巫尪——兼论大禹治水神话的文化原型》，《民族艺术》1997年第4期。
③ 余健：《卐及禹步考》，《东南大学学报》（哲学社会科学版）2002年第1期。
④ （汉）郑玄注：《周礼》，《十三经古注》（三），中华书局2014年版，第500—501页。
⑤ （汉）王逸撰，黄灵庚点校：《楚辞章句》，上海古籍出版社2017年版，第42、44页。

（《合集》15996）、✶（《合集》20975），以及✶（《合集》27062）、✶（《合集》30031）、✶（《合集》31199）等字。① 前三者，其形象人两手持物（所持者或谓牛尾或谓羽）而舞，为"舞"字初文。② 后三者，其形从"雨"从"舞"，隶作"霖"。卜辞中的舞基本上和祭祀、求雨有关。③ 霖，当是祈雨之舞，为"舞"字之异体。《说文·巫部》亦云："巫，祝也。女能事无形，以舞降神者也，象人两褎舞形。"段注："按，'祝'乃'觋'之误。巫觋皆巫也，故觋篆下总言其义。《示部》曰：'祝，祭主赞辞者。'《周礼》巫、祝分职，二者虽相须为用，不得以祝释巫也。"④ 其实早期的巫者，是文化知识的掌握者。他们不仅熟知巫术，也广泛开展着观察天象、探求物产、寻药疗疾、卜筮祭祷、占断吉凶等活动。因此，祝、医、卜、史等皆是其职内之事。至周代，随着巫的社会地位的变化，其职始为巫、祝、医、卜、史等不同职守者分掌之，以是《周礼》于巫、祝分而言之。然二者亦未能全然分割，仍不时相须为用，且不管如何分职，巫、祝所要交通的对象，仍是人们认知观中具有超自然灵力的鬼神。而巫者在交通鬼神时，亦常须藉助于特制规仪的乐舞。王国维曾论及巫与舞的关系时道："歌舞之形，其始于古之巫乎？巫之兴也，盖在上古之世……是古代之巫，实以歌舞为职，以乐神人者也。"⑤ 陈梦家亦云："巫之所事乃舞号以降神求雨，名其舞者曰巫，名其动作曰舞，名其求雨之祭祀行为曰雩。"⑥ 而古代从事巫职者，多是具有特质良品的人。《国语·楚语下》云："古者民神不杂。民之精爽不携贰者，而又能齐肃衷正，其智能上下比义，其圣能光远宣朗，其明能光照之，其聪能听彻之，如是则明神降之，在男曰觋，在女曰巫。"韦昭注："爽，明也。携，离也。贰，二也。齐，一也。肃，敬也。衷，中也。""义，宜也。圣，通也。朗，

---

① 李宗焜编著：《甲骨文字编》，中华书局2012年版，第74—76页。
② 徐中舒主编：《甲骨文字典》，四川辞书出版社2006年版，第630页；于省吾主编：《甲骨文字诂林》，中华书局1996年版，第255—258页。
③ 赵诚编著：《甲骨文简明词典——卜辞分类读本》，中华书局1988年版，第322页。
④ （清）段玉裁：《说文解字注》，中华书局2013年版，第203页。
⑤ 王国维：《宋元戏曲史》，商务印书馆1915年版，第1页。
⑥ 陈梦家：《殷虚卜辞综述》，中华书局1988年版，第600页。

明也。彻，达也。"① 此处的"精爽不携贰""齐肃衷正"是对巫者品行修养的要求，而"智""圣""明""聪"则是对其心智优良的要求。基此而言，战国时期，尽管有腿脚残疾者担任巫师的现象，但这并不是当时从事巫职者的主流。

此外，释"尫"为跛脚之义亦可商。按，"尫"字，古文献中释义主要有二：一指突胸面向天之状。《礼记·檀弓下》"吾欲暴尫而奚若"郑玄注："尫者，面向天。岂天哀而雨之！"②《左传·僖公二十一年》"夏，大旱，公欲焚巫"杜预注："巫尫，女巫也。主祈祷请雨者。或以为尫非巫也，瘠病之人，其面上向。俗谓天哀其病，恐雨入其鼻，故为之旱，是以公欲焚之。"③《吕氏春秋·尽数》"苦水所多尫与伛人"高诱注："尫，突胸仰向疾也。"④ 一指"曲胫"之状，《说文》无"尫"而有"尢""𡯂"字。《说文·尢部》曰："尢，𡯂也、曲胫人也。从大，象偏曲之形。"段注："谓从大而象一胫偏曲之形也。""尢者，古文象形字。𡯂者，小篆形声字……尫见《左传》。《檀弓》郑注释为面向天，或云短小曰尫。本从㞷声，省作尫。"⑤ 则《说文》所收之"𡯂"，即"尫"字。《玉篇·尢部》以"尫"与"尢"同，释从《说文》之说。⑥ 从字形构建上看，"尢"（）、"大"（）二字的基本结构皆为正面人形，不同的是，"尢"为曲一足而立的大人形象，"大"则为正立的大人形象。以尫为曲胫人，此乃是就巫尫曲胫而舞之状言之。《楚辞·九歌·东皇太一》"灵偃蹇兮姣服"王逸注："灵，谓巫也。偃蹇，舞貌也……言乃使姣好之巫，被服盛饰，举足奋袂，偃蹇而舞。"⑦《说文·人部》"偃，僵也"段注："凡仰仆曰偃，引申为凡仰之称。"⑧ 又，《说文·足部》"蹇，跛也，从足，寒省声"段注："《尢部》云：'𡯂，蹇也。'是为转注。𡯂，曲胫也。《易》曰：'蹇，

---

① （三国吴）韦昭注：《国语》，上海古籍出版社1988年版，第560页。
② （汉）郑玄注：《礼记》，《十三经注疏》（五），中华书局2014年版，第921页。
③ （晋）杜预：《春秋经传集解》，《十三经注疏》（六），中华书局2014年版，第1232页。
④ （汉）高诱注，（清）毕沅校：《吕氏春秋》，上海古籍出版社2014年版，第53页。
⑤ （清）段玉裁：《说文解字注》，中华书局2013年版，第499页。
⑥ （梁）顾野王撰，吕浩校点：《大广益会玉篇》，中华书局2019年版，第743页。
⑦ （汉）王逸撰，黄灵庚点校：《楚辞章句》，上海古籍出版社2017年版，第44页。
⑧ （清）段玉裁：《说文解字注》，中华书局2013年版，第385页。

难也.'行难谓之蹇,言难亦谓之蹇……按,各本𢓠作跛,又于蹇篆之上出跛篆云:'行不正也。从足,皮声。一曰足排之。读若彼。'此后人不知跛即𢓠之隶变而增之耳。今删。《曲礼》'立毋跛'郑云:'跛,偏任也。'此谓形体偏任一边,如𢓠者。然凡经传多作跛。"① 《黄帝内经太素》卷11《骨空》"蹇膝伸不屈,治其楗"杨上善注:"伸不得屈,骨病。"② 余云岫云:"盖伸不得屈,碍于举足,故行不能正,是以训为'跛'。'跛'即'𢓠'字,《六书正伪》:'𢓠,曲胫也。'曲胫则脚长短不齐,行立必偏任,故亦不能正,是以'𢓠'亦训'蹇',是蹇与𢓠虽俱为行不正,然蹇为膝伸不能屈所致,𢓠为胫曲不能伸所致,其因不同也。"③ 舞以蜷曲为美,是灵巫偃蹇而舞者,乃是巫者曲胫作一仰一俯之状。这种舞姿,在汉代画像石中较为常见。刘宗迪指出:"巫为舞者,尪亦当然,其字之所以作屈足之形,意在表明此舞为屈一足而舞。"④ 其说诚是。春秋战国时,大禹传说的广泛流行,禹渐而人神化,并为巫者所宗。其"敷土,随山刊木,奠高山大川"以定九州的伟绩,使其步法在巫者心目中,自然颇具特殊灵力。巫者屈一足而舞的步法因与传说中大禹因"偏枯"之疾而致"步不相过"的步法有类似之处,或是二者步法间的相似性,为俗巫假禹之名以神其术提供条件,并称其屈胫而舞之步为"禹步"。《淮南子·修务训》云:"世俗之人,多尊古而贱今,故为道者必托之于神农、黄帝而后能入说。"⑤ 巫者屈足作法之步而称"禹步",正可说是此一文化信仰背景下的产物。

第三节 "禹步"的流变

由以上简帛文献资料的赘引可知,战国秦汉时期,"禹步"已被广

---

① (清)段玉裁:《说文解字注》,中华书局2013年版,第84页。
② (隋)杨上善:《黄帝内经太素》,中医古籍出版社2016年版,第169页。
③ 余云岫编著,张苇航、王育林点校:《古代疾病名候疏义》,学苑出版社2012年版,第73—74页。
④ 刘宗迪:《禹步·商羊舞·焚巫尪——兼论大禹治水神话的文化原型》,《民族艺术》1997年第4期。
⑤ 刘文典撰,冯逸、乔华点校:《淮南鸿烈集解》,中华书局1989年版,第653页。

泛应用于诸如巫术疗疾、出行除道、农事丰产、禳除鼠害、导引养生、乞媚道，以及求子等民生日常生产、生活的行事中，成为施术者在具体的法术仪式中，脚下所踏的法步。而由具体操作内容来看，这些活动的执行者，并未言及必须要由专职巫者来完成，有些明确是由患者或求祷者本人来完成。这说明，"禹步"在当时已是一种为一般人所掌握的法步。然其应用的广泛程度，除以上方面外，尚未达到如《抱朴子内篇·登涉》所说的"凡作天下百术，皆宜知"的地步。

汉魏以降，随着中国本土宗教——道教的兴起，道教徒对早期巫师方士祈祷劾禳之术广泛吸收并改造传布，早期巫者作法时所操之"禹步"，遂成为后世巫道术士之"召役神灵之行步，以为万术之根源，玄机之要旨"的法步。禹步的源起、具体步法等随之也都发生了较大的变化。

一 "禹步"源起流变

由上述讨论可知，早期传世文献中有关"禹步"源起的书写，是与春秋战国时期大禹治水传说的流布密不可分的。对早期巫者而言，大禹是他们所尊崇的宗主。禹因治水而得偏枯之疾，导致其"步不相过"，然其曾"随山刊木，奠高山大川"的功绩，这在巫者认知观中，其"步不相过"的步态自然被赋予了禁御百物的灵力。而巫者曲胫而舞的步法，其在形态上又与大禹"步不相过"的步法有着极大的相似性，致使当时的巫者，为神其术，假托其曲胫之步乃是仿禹步，故称"禹步"。

随着汉魏以降中国道教的蓬勃发展，道教徒对于"禹步"源起的书写，随着大禹被吸收进道教的神灵体系而有所变化。在早期的道教文献中，出现了"禹步"是夏禹在海滨见鸟禁时的步法而仿制，故称"禹步"的说法。其后，伴随着北斗信仰在道教文化中的进一步发展，禹步"步不相过"的偏枯之步也被改造成步罡踏斗的三步九迹之步。禹步乃禹仿鸟禁之步的说法遂又进一步被神化为道教的元始天尊——老君所授，以至于后来的研究者，在战国秦汉简帛文献所载"禹步"史料面世以前，多将"禹步"归于道教徒的发明。[①] 这种有关"禹步"源

---

① 陈国符：《道藏源流考》，中华书局1949年版，第306页；田晓娜主编：《礼仪全书（6）·公共礼仪、民族礼仪、宗教礼仪》，青海人民出版社2003年版，第202页。

起流变的记载，应与道教对早期巫觋术士之法术的吸收和改造密不可分。

二　"禹步"步迹流变

"禹步"的流变，也体现在其步迹的演化上。上引出土简帛文献资料为我们提供的早期"禹步"信息非常简约，仅言及其步法为"禹步三"，即要求施术者在相关仪式中要连走三个"禹步"，仅此而已。而根据《尸子》等文献的记载，早期的"禹步"，其具体步态是"步不相过"。魏代富认为，此种步法是，行者前足既定，后足乃举而并于前足，故云"步不相过"。[①]而传世文献所载最早的"禹步"具体步法，见于东晋道士葛洪所撰《抱朴子内篇》一书中，该书《仙药》篇云：

> 禹步法：前举左，右过左，左就右。次举右，左过右，右就左。次举右，右过左，左就右。如此三步，当满二丈一尺，后有九迹。

又，同书《登涉》篇云：

> 禹步法：正立，右足在前，左足在后，次复前右足，以左足从右足并，是一步也。次复前右足，次前左足，以右足从左足并，是二步也。次复前右足，以左足从右足并，是三步也。如此，禹步之道毕矣。[②]

这两种禹步法，虽均为三步，然三步步法明显不同（如图9-1、图9-2所示）。如《仙药》篇所载"禹步"左右足的位置是，左足在前，右足在后。三个禹步步法分别是，第一步：先举左足前进一步，再举右足过左足前进一步，然后左足再跟进一步并右足；第二步：先举右足前进一步，再举左足过右足前进一步，再举右足前进一步并左足；第三步

---

① （清）汪继培辑，魏代富疏证：《尸子疏证》，凤凰出版社2018年版，第106页。
② 王明：《抱朴子内篇校释》（增订本），中华书局1985年版，第209、302页。

步法与第一步同；《登涉》篇所载"禹步"，左右足的位置则与《仙药》篇所载正好相反，以右足在前，左足在后。三个"禹步"步法分别是，第一步：先出右足，再进左足过右足，再进右足并左足为一步；第二步：先进左足，后出右足过左足，再进左足并右足；第三步与第一步步法相同。可见，这两种步法左右足的起步站立位置及两足跟进的步法恰好相反，且左右足的跟进位置，已非如《尸子》等所载"步不相过"，而是左右相过了。这两种"禹步"，虽在具体出脚及位置上正好相反。但二者间也有相同处，即两种"禹步"法展示的"禹步"均由三组步法组成，亦即一个完整的"禹步"步迹是由三个禹步构成，每个"禹步"的距离为七尺，三个"禹步"共二丈一尺，在地上留下九个足迹，所谓"三步九迹"。① 三个禹步的停留点共六个，加上出发时的正立点，共七个点，其形状正好与北斗七星相一致，此即道教文献中的"步罡踏斗"。"禹步"步法的这一特点，显然与道教文化中的北斗崇拜信仰有关。

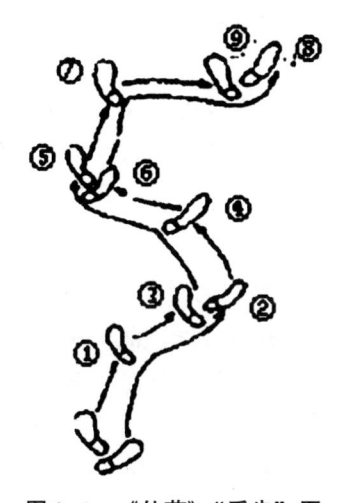

图 9-1　《仙药》"禹步"图 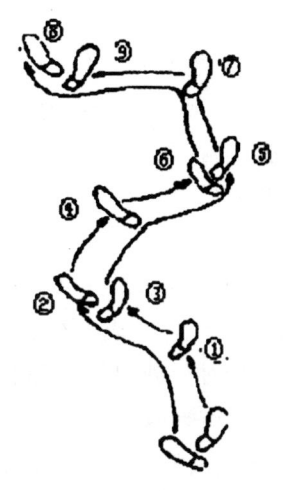　　图 9-2　《登涉》"禹步"图

---

① "三步九迹"之"九迹"，应与东汉以来道教经籍中多所见载的"北斗九星"说（北斗七星外，加辅星和弼星二颗）有关。相关论述参朱磊《中国古代的北斗信仰研究》，文物出版社 2018 年版，第 224—225 页。

星辰信仰是世界范围内普遍存在的原始自然信仰之一。根据甲骨文字资料的记载，中国古代先民对于北斗七星的崇拜信仰可以上溯到商代。而据考古资料所示，早在距今五六千年前的濮阳西水坡45号墓中，似乎已出现北斗信仰的雏形。① 战国秦汉时期，北斗信仰得到进一步发展，不仅当时国家的祭祀系谱中有它的位置，即使在当时社会的厌禳俗信中，北斗也常成为祈请的对象。如《史记·封禅书》载：

> 及秦并天下，令祠官所常奉天地名山大川鬼神可得而序也……而雍有日、月、参、辰、南北斗、荧惑、太白、岁星、填星、[辰星]、二十八宿、风伯、雨师、四海、九臣、十四臣、诸布、诸严、诸逑之属，百有余庙。②

《汉书·郊祀志》载：

> 汉兴之初，仪制未及定，即且因秦故祠。武帝时，幸甘泉，令祠官宽舒等具泰一祠坛……五帝独有俎豆醴进。其下四方地，为腏，食群神从者及北斗。
>
> （平帝时）分群神以类相从为五部，兆天墬之别神：中央帝黄灵后土畤及日庙、北辰、北斗、填星、中宿中宫于长安城之未墬兆。③

可知秦汉时，北斗乃是官方祀典中立庙祭祀的对象。在这样的信仰背景下，北斗自然成为社会民众崇信并祈请的对象，前引睡虎地秦简《日书》甲种所载出行除道仪式中，当施术者走完三个禹步后，即有"向北斗，质画地"的动作。马王堆汉墓所出帛画《太一祝图》，其图及题记内容反映的是太一出行时所要举行的仪式，其祝辞中则有"北斗为正"的内容。④ 在江苏高邮邵家沟汉代遗址所出木牍所载"天地煞鬼

---

① 朱磊：《中国古代的北斗信仰研究》，文物出版社2018年版，第8页。
② （汉）司马迁：《史记》，中华书局1959年版，第1371—1375页。
③ （汉）班固：《汉书》，中华书局1962年版，第1257、1268页。
④ 傅举有、陈松长编著：《马王堆汉墓文物》，湖南出版社1992年版，第35页。

第九章 秦汉简帛文献中的"禹步"及其流变 365

符"的上方,也画着北斗七星并书"北斗君"三字。① 而在东汉时期墓葬所出解注瓶上,也多画有北斗七星图。② 此外,《汉书·息夫躬传》载,息夫躬画北斗七星于匕,夜披发立中庭,向北斗以祝盗。③《汉书·王莽传》载,天凤四年(17)八月,王莽于南郊以五石铜铸成威斗若北斗状,以厌胜众兵。而当地皇四年(23)十月汉兵攻入宫中时,王莽则命天文郎以式盘占星,自己旋席随斗柄而坐,以为如此可转凶为吉。④ 以上信息,可说是对当时社会民众有关北斗信仰俗信的真实反映。及至汉魏,更有了"南斗注生,北斗注死",以及命中"所有祈求,皆向北斗"的观念,⑤ 北斗信仰被赋予了更为丰富、更具灵力的内涵。而早期道教在对巫觋术士相关禁咒祈禳法术继承的过程中,对当时社会普遍流行着的北斗信仰自然不会视而不见,在吸收原始北斗信仰的过程中,与其修道思想相结合,发展出诸多与北斗信仰相关的道法方术,如厌胜法、炼丹术、步罡踏斗、卧斗术等。⑥ 战国以来"步不相过"的"禹步"一变而为"步罡踏斗""三步九迹"的"禹步"步法,也当与早期道教对北斗信仰的发展有关。刘乐贤指出,"道教的'禹步'源于秦汉时期即已流行的'禹步',但战国秦汉时期的'禹步'并不就是道教的'禹步'"。⑦ 其说诚是。

葛洪所撰《抱朴子内篇·仙药》及《登涉》所载"禹步"步法,在后世道教经籍中多有传承。如《千金翼方》卷29《禁经上》引《玉

---

① 江苏省文物管理委员会:《江苏高邮邵家沟汉代遗址的清理》,《考古》1960年第10期。
② 朱磊:《中国古代的北斗信仰研究》,文物出版社2018年版,第61—62页。
③ (汉)班固:《汉书》,中华书局1962年版,第2186页。
④ (汉)班固:《汉书》,中华书局1962年版,第4151、4190页。桓谭《新论·见征》亦载:"王翁好卜筮,信时日,而笃于事鬼神……为政不善,见叛天下。及难作兵起,无权策以自救解,乃驰之南郊告祷……当并入宫日,矢射交集,燔火大起,逃渐台下,尚抱其符命书及所作威斗,可谓弊惑至甚矣!"见(汉)桓谭撰,朱谦之校辑《新辑本桓谭新论》,中华书局2009年版,第15—16页。王翁即王莽,其临终所抱持以求救命的"威斗",乃形似北斗之器具,长二尺五寸,迷信者认为其有驱妖压邪的作用。
⑤ (晋)干宝撰,汪绍楹校注:《搜神记》,中华书局1979年版,第33—34页。按,《搜神记》所集故事,据该书序"有承于前载者"所言,其多为"考先志于载籍,收遗逸于当时"所得。东汉道书《老子中经》已有北斗君为天之侯王,"主制万二千神,持人命籍"之说。故此"南斗注生,北斗注死"信仰当至迟在东汉时期就已发布了。
⑥ 朱磊:《中国古代的北斗信仰研究》,文物出版社2018年版,第234页。
⑦ 刘乐贤:《简帛数术文献探论》,湖北教育出版社2003年版,第292页。

函秘典》云："禹步法：闭气，先前左足，次前右足，以左足并右足，为三步也。"此与《仙药》所载"禹步"法一致。而传为唐人李淳风注并序的《太玄金锁流珠引》卷2《三步九迹图》所载"禹步"（如图9-3所示），其步法则有男女之分。从图示来看，"男子禹步图"步法与《仙药》所载相同，而"女子禹步图"步法则与《登涉》基本一致，二者间或当有内在的传承关系。

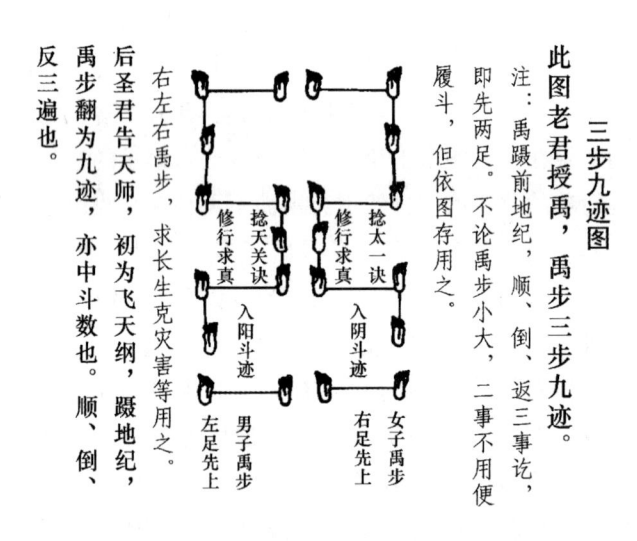

图9-3 "禹步"三步九迹图①

以上道教经典所述"禹步"法在文字表述及具体步法上虽不尽一致，其行"禹步"时的仪式也日趋烦琐。若将上述"禹步"法与《尸子·君治》等所说"步不相过"的"禹步"步法相对照，可以发现，后世道家文献中的"禹步"不但有左右足前后交错的"过"，且已有了男、女性别的步法区别。而在"禹步"作法所祈禳的目的上，如上"三步九迹图"文字所说，其范围又增加了"求长生克灾害"等新内容。

此外，《千金翼方》卷29《禁经上·掌诀法第五》中载有另一种施

---

① （唐）李淳风注：《太玄金锁流珠引》，载张继禹主编《中华道藏》（第33册），华夏出版社2004年版，第14页。

术者作法时的"禹步"法:

> 凡禹步法,移步左右脚前后不同。凡欲作法,必先取三光气又禹步,然后作法验矣。三光者,日、月、星。禹步者,或三步、七步、九步不定。若欲受三光气者,极晴明日向日两脚并立,先所愿事随意多少小咒之,然后取禹步三步也。所欲步时,先举头看日光剩开口吸取日光明,即闭口塞气至三步始得放气也。三步者,从立处两过移两脚时成一步,三步即是六过移脚也。向日光禹步时,左脚先移,右脚后移。若向月星二光禹步时,并右脚先移,左脚在后也,但步数不同耳。若向星禹步时,须满九步也。九步者,向日中三步,更足六步耳,三三步合九步也。星者,即是北斗七星也,星中最须殷勤,所以须九步也。于日月中,或用三步,或所用七步也……日是阳,月与星是阴。又左是阳,右是阴,是故受日气时左脚先移,受月星气时右脚先移也。又向星禹步作九步时,既长久若一气不得度,是以三步作一闭气,则九步即三过闭气也,咒愿亦须三过愿也。又须识北斗下三台星,男识免狱厄,女识免产厄。问曰:虽云两过移两脚成一步,犹未可好,其状云何?释曰:先两脚正并立,先举左脚进前住,次举右脚就左脚处正齐并立,此犹未一步。次第二又先举左脚进往,次举右脚就左脚住,方始成一步也。如此六过,双移两脚成三步,此是步法也。[①]

上文所载"禹步",不但有三步、七步、九步之别,而且将日、月、星三光分为阴阳不同的属性,并根据其阴阳情况而有先举左足还是先举右足的区别。而宋人张君房所编《云笈七签》卷61所载"禹步"法亦云:

> 诸步纲起于三步九迹,是谓禹步。其来甚远,而夏禹得之,因而传世,非禹所以统也。夫三元九星,三极九宫,以应太阳大数。

---

① (唐)孙思邈著,李景荣等校释:《千金翼方校释》,人民卫生出版社2014年版,第721—722页。

其法：先举左，一跬一步，一前一后，一阴一阳，初与终同步，置脚横直互相承如丁字所，亦象阴阳之会也。踵小虚相及，勿使步阔狭失规矩。当握固闭气，实于大渊宫，瞽目自三，临目叩齿存神，使四灵卫己，骑吏罗列前后左右，五方五帝兵马如本位，北斗覆头上，杓在前指，其方常背建击破也。步九迹竟，闭气却退，复本迹又进，是为三反。①

"三元"指人身之元精、元气、元神，又指上元天罡、中元人罡、下元地罡；三极指天、地、人三才至极之道，北斗枢、璇、玑三星即为代表。这种三步九迹的"禹步"法，不仅寓意着三元九星、三极九宫，而且还要求以应太阳大数，并须掌握闭气之法，临目叩齿存神，使四灵卫己以及上应北斗神君之位等。这些讲究，与《抱朴子内篇》所载"禹步"法相比，显然又更进一步复杂化、烦琐化。

另外，在汉魏以降的道教典籍如《洞神八帝元变经》《黄帝太一八门入式秘诀》《太玄金锁流珠引》《太上助国救民总真秘要》等书中也载有各种不同步法的"禹步"，② 文烦不赘列。造成"禹步"这种步法变化分异的原因，或如《洞神八帝元变经·禹步致灵第四》所说，乃是因为"末世以来，好道者众，求者蜂起，推演百端"，以至形成"触类长之，便成九十余条种，举足不同，咒颂各异"③ 的局面。这说明，随着道教文化的发展，道教徒脚下所踏"禹步"，也是在不断发生着演化的。其虽仍有早期"禹步"之名，而其步法则已非战国秦汉时期巫觋术士所踏之"禹步"步法了。

---

① （宋）张君房编，宋永晟点校：《云笈七签》（第3册），中华书局2003年版，第1355页。

② （晋）佚名：《洞神八帝元变经》，载张继禹主编《中华道藏》（第4册），华夏出版社2004年版，第495页；佚名：《黄帝太一八门入式秘诀》，载张继禹主编《中华道藏》（第32册），华夏出版社2004年版，第493页；（唐）李淳风注：《太玄金锁流珠引》，载张继禹主编《中华道藏》（第33册），华夏出版社2004年版，第30、40页；（宋）元妙宗编：《太上助国救民总真秘要》，载张继禹主编《中华道藏》（第30册），华夏出版社2004年版，第364页。

③ 张继禹主编：《中华道藏》（第4册），华夏出版社2004年版，第494—495页。

第十章

秦简中的鬼神精怪及其相关俗信

第一节 引 言

在今天人们的科学认知思维中,所谓的鬼神精怪,不过是精神虚幻下的迷信产物。但在早期先民的认知世界里,这些精神的幻化物却是无处、无时不在,且有着超自然力量的客观存在物。《周礼·春官·大宗伯》载"大宗伯"之职云:"掌建邦之天神、人鬼、地祇之礼,以佐王建保邦国。"具体来说,则为:

> 以吉礼事邦国之鬼神示。以禋祀祀昊天上帝,以实柴祀日、月、星、辰,以槱燎祀司中、司命、风师、雨师。以血祭祭社稷、五祀、五岳,以貍沉祭山林、川泽,以疈辜祭四方百物。以肆、献、祼享先王,以馈食享先王,以祠春享先王,以禴夏享先王,以尝秋享先王,以烝冬享先王。[①]

依此而言,周人祭祀的对象主要是以天神、地祇、人鬼为核心的。周人祭祀谱系中的天神,大体上包括昊天上帝、日月星辰、司中、司命、风师、雨师等天上的超自然力量;地祇当包括社稷、五祀、五岳、山林川泽、四方百物等物事;人鬼则包括先王等所有已死者。

---

① (汉)郑玄注:《周礼》,《十三经古注》(三),中华书局2014年版,第453页。

从文献记载看，我国古代先民的鬼神精怪观念经历了一个不断演进、分化而系统化、谱系化的过程。上古时期，在万物有灵的观念下，人们认知观中的各种超自然物均可称为"鬼"。如《墨子·明鬼下》云："古今之为鬼，非他也，有天鬼，亦有山水鬼神者，亦有人死而为鬼者。"[1] 这里将鬼分作三类，所谓"天鬼"，即后来上升为天神的"鬼"，而"山水鬼神者"即归于地祇类之"鬼"。至于"人死为鬼者"，则有的被崇信为神，有的则仍作为鬼。[2] 又，《庄子·达生》载齐桓公问皇子告敖是否有鬼？其回答道："有。沈有履，灶有髻。户内之烦壤，雷霆处之；东北方之下者，倍阿、鲑蠪跃之；西北方之下者，则泆阳处之。水有罔象，丘有峷，山有夔，野有彷徨，泽有委蛇。"[3] 郭庆藩引各家说指出：沈，当为煁，与灶同类；门户内粪壤之中的鬼名叫雷霆；人宅中东北墙下的鬼名叫倍阿鲑蠪，跃状如小儿，长一尺四寸，黑衣赤帻，带剑持戟。一说倍阿为神名；西北方之下的鬼，豹头马尾，一作狗头，名叫泆阳。一说泆阳为神名；水中之鬼，状如小儿，黑色，赤衣，大耳，长臂，名叫罔象。一说罔象为水神名；丘之鬼名叫峷，其状如狗，有角，身有文彩；山中有夔，大如牛，状如鼓，一足行也；野中有彷徨，其状如蛇，两头，五采；泽中有委蛇，其大如毂。其长如辕，紫衣而朱冠。[4] 这些所谓"鬼"，履、髻为灶神，倍阿、泆阳、罔象等或认为是神名。《国语·鲁语》载孔子之语云："木石之怪曰夔、蝄蜽，水之怪曰龙、罔象。"[5]《淮南子·氾论训》"山出嚣阳，水生罔象"高诱注："罔象，水之精也。"[6] 可见皇子告敖所说的"鬼"，依后来的分类法，有些是神，更多的则是精怪，如罔象、峷、夔、彷徨、委蛇等，这与《礼记·祭法》所说"人死为鬼，此五代之所不变也"的观念尚不一致。本章所要讨论的鬼神精怪，则主要依据《周礼·大宗伯》的分类，是以所论之"鬼"，专指"人鬼"，即《祭法》所谓"人死为鬼"之鬼。"神"，

---

[1] （清）孙诒让撰，孙启治点校：《墨子间诂》，中华书局2001年版，第249页。
[2] 吴康编著：《中国鬼神精怪》，湖南文艺出版社1992年版，第3页。
[3] （清）郭庆藩撰，王孝鱼点校：《庄子集释》，中华书局1961年版，第652页。
[4] （清）郭庆藩撰，王孝鱼点校：《庄子集释》，中华书局1961年版，第652—653页。
[5] （三国吴）韦昭注：《国语》，上海古籍出版社1988年版，第201页。
[6] 刘文典撰，冯逸、乔华点校：《淮南鸿烈集解》，中华书局1989年版，第458页。

指天神。至于精怪，则当如学者所说，乃是动植物之"鬼"，如魍魉魑魅，皆物老化成之物。① 此类超自然的奇特、诡异之物，大体上可归入"山林川泽、四方百物"等属于地祇的范畴。

早期先民头脑中的鬼神精怪是万物有灵观的产物，是人们对现实世界的一种虚幻的、颠倒的认识。鬼神精怪可以说完全囊括了我国古代神秘文化中一切超自然力的物事和它们的行状活动，它们不仅深刻影响着早期先民的思维和行动，即使是在现代文明社会中，也并未完全消失，而是牢固地镶刻在人们的意识深处，不时影响着人们对客观世界和现实现象的正确认识和解读。

从出土秦简资料看，鬼神精怪信仰在当时民众的意识观念及整个社会生产、生活中都有着极为强大的影响。它们进入人类的生活空间，给人类带来各种各样的影响，或毁损财物，或骚扰人，或致人疾病甚至死亡，等等。睡虎地秦简《日书》甲种《诘》篇开篇即云"鬼害民罔（妄）行，为民不羊（祥）"②，该篇更是列举了60余种鬼神精怪以及人们应对这些物事的巫术性方法。对这些资料的梳理和讨论，有助于我们对这一时期人们的思维认知水平、宗教信仰观，以及他们的精神世界状态和应对超自然物事的能力有较为全面的认识。

第二节　秦简中的鬼神精怪

目前刊布的秦简资料，主要有睡虎地秦简、放马滩秦简、周家台秦简、岳麓秦简、里耶秦简、北大藏秦简等。记载鬼神精怪的简文，多属于这几批秦简资料中的数术类文献（如《日书》《占梦书》等），或被归入方技类的病方等。为讨论方便计，我们先将这几批秦简中所见鬼神精怪信息梳理如下。

---

① 赖亚生：《神秘的鬼神世界——中国鬼文化探秘》，人民中国出版社1993年版，第7页。
② 睡虎地秦墓竹简整理小组编：《睡虎地秦墓竹简》，文物出版社1990年版，第212页。

一　睡虎地秦简中的鬼神精怪

睡虎地秦简是1975年冬在湖北云梦睡虎地11号秦墓中发掘出土的一批秦代竹简，总计有1155支（另残片80篇），内容为法律、文书和数术类的《日书》等资料。① 这批资料中记载的鬼神精怪，见于《日书》甲、乙种简文中。

1. 天神：如《日书》甲种中《除》篇的楚人"建除十二神煞"（1正壹—13正壹）和"丛辰十二神煞"（1正贰—13正贰），《岁》篇的"岁"（64正壹—67正壹），《啻（帝）》篇的"啻（帝）"（96正壹—99正壹），《十二支辰忌》篇的"上皇"（101正贰）②，《行》篇的"赤啻（帝）"（128正），《梦》篇的"豹觭"（13背），《门》篇的"天李"（145背）、《门》篇末所附简文中的"雨市（师）"（149背），以及《日书》乙种中的"建除十二神煞"（14—46壹）、"丛辰十二神煞"（47壹—63）、"赤啻（帝）"（136）、"宛奇"（194）等。

2. 地祇：如《日书》甲种《土忌》篇的"土徼"（104正壹）、"土神"（132背—133背）、"地朸"（138背），《门》篇末所附简文中的"田亳主""田大人"（149背），《祠》篇的"室中（又称'内中土'）"（31贰/40贰）、"户"（33贰）、"门"（35贰）、"行"（37贰）、"灶"（39贰）等五祀，《门》篇末所附简文中的"田亳主""田大人"（149背），以及《日书》乙种《行祠》篇中的"常行"（143）、《待行祠》篇的"大常行"及"三土皇"（145）等。

3. 人鬼：如《日书》甲种《病》篇中死而为祟的"父母"（68正贰）、"王父"（70正贰）、"王母"（72正贰）、"外鬼伤（殇）死者"（74正贰）、"外鬼"（76正贰），以及《十二支辰忌》篇的"骄母"（102正贰），《衣》篇后所附简文中的"史先"（125背），《马禖》篇的"先牧"（156背）《嫁子刑》篇末所附简文中的"明鬼"（206壹）、

---

①　睡虎地秦墓竹简整理小组编：《睡虎地秦墓竹简》，文物出版社1990年版，第1页。

②　此处的"上皇"，整理者注以为或指东皇太一，或指帝王，二说均可通。说见睡虎地秦墓竹简整理小组编《睡虎地秦墓竹简》，文物出版社1990年版，第197页。按，东皇太一是中国古代楚地传说中的神祇，也是楚地民众所信仰和祭祀的天神。在出土简牍《日书》中所载、人们经常避忌的，多属人们认知中具有超自然灵力的物事，而少见现实生活中的个体。故本文暂以"上皇"为东皇太一。

"兵死"（217壹/223壹），以及《日书》乙种中的"人伏"（147），为祟的"外鬼父世"（158）、"外鬼"（160/185/187）、"中鬼"（164）、"高王父"（168/178）、"外鬼兄世"（170）、"母世外死"（172）、"王父"（174/181/183/184）、"外鬼父世"（176）、"母世见之"（180）、"伤（殇）死"（185）、"明鬼"（206壹/216壹）、"兵死"（217壹/223壹）等。①

二 天水放马滩秦简中的鬼神精怪

天水放马滩秦简是1986年在甘肃天水市北道区（今麦积区）党川乡境内一处秦汉墓群中所发现，共有461支，内容为数术类的《日书》，②根据其内容又分为甲、乙种，其中乙种《日书》的内容与睡虎地秦简《日书》乙种极为相似。

天水放马滩秦简中的鬼神精怪，主要有"啻（帝）"（乙95壹—乙98壹）、"建除神煞"（乙112壹/乙338—乙364下）、"土星"（乙132壹）、"土禁"（乙133壹）、"土□月"（乙135壹）、"地司空"（乙134壹）、"土杓"（乙136）、"咸池"（乙130/乙139）、"公外""社""位""鬼大父""殇""北公""巫帝""阴""雨公""司命""天□""死者""相莨""大水"（并见乙350+乙192），"上君"（乙260）、"先□"（乙261）、"恒辂公""社"（并见乙278），"外君"（乙269）、"北君""大水""衔"（并见乙265），"田""皋桑焜"（并见乙271），"大父亲""布"（并见乙280），"门""户"（并见乙274），"原死者"（乙276）、"犮""布""室中"（并见乙281）等。③

以上所涉鬼神精怪中，"啻（帝）""建除神煞""咸池""巫帝""雨公""司命"等大概可以归入天神系统，"土星""土禁""土□月""地司空""土杓""社""相莨""大水""田""门""户""室中"

---

① 睡虎地秦墓竹简整理小组编：《睡虎地秦墓竹简》，文物出版社1990年版。
② 这批秦简的性质，学术界争议较大，可参见孙占宇《天水放马滩秦简集释》，甘肃文化出版社2013年版，第1—3页。
③ 孙占宇：《天水放马滩秦简集释》，甘肃文化出版社2013年版。

"北君""衔""布"等可归入地祇系统,① "公外""鬼大父""殇""北公""死者""上君""外君""大父亲""原死者"等可归入人鬼系统。②

三 周家台秦简中的鬼神精怪

周家台秦简是指1993年6月于湖北省荆州市沙市区关沮乡清河村周家台30号秦墓所出的一批简牍资料,其中《日书》中的"线图(四)"部分(简296—308)及"病方及其它"部分载有相关鬼神的信息。如:"上公""兵死""阳"(298壹),"筑囚""行""炊"(299壹),"田祢""木"(301壹),"里祢""冢"(302壹),以及"先农""泰父""农夫"(348—350)等。③

以上鬼神中,"上公""筑囚"等,不详为何种鬼神;"兵死"指死于战事者;"阳"当读为"殇",为夭死者。"炊"即"灶",与"行"同为五祀;"祢"即"社","田祢""里祢"即"田社""里社",为田、里中之社神;"冢"通"塚",墓也;"先农",指古代传说中始教先民耕种的农神;"泰父",即"大父";④"农夫",为与农事有关的神灵。依此,可知"兵死""阳""泰父"为人鬼;"行""炊""田祢""木""里祢""冢""先农""农夫"等属地祇。

---

① 按,"土星""土禁""土□月""地司空""土朾"等是与土功禁忌有关的神灵,"社"为土地神,均属地祇。"相苠",学者疑即"方良",依《周礼·夏官·方相氏》"大丧,先柩,及墓,入圹。以戈击四隅,殴方良"郑玄注"方良,罔两"及《文选·张衡〈东京赋〉》"斩蝼蛇,脑方良"李善注"方良,草泽之神也",则可将"相苠"归入地祇类;"田",即田神;"门""户""室中"(即"中霤")为五祀神灵,战国时期已沦为民间普通民众可以祭祀的对象,属《周礼·大宗伯》所谓"以血祭祭社稷、五祀、五岳,以貍沉祭山林川泽,以疈辜祭四方百物"的范畴,故归于地祇;"北君""衔"见于《潜夫论·巫列》,属于民间禁忌之凶神;"布",研究者以为当指一类主人物灾害的鬼神。这些神灵亦均可归入地祇。以上对各种作祟之鬼神的阐释,可参见孙占宇《天水放马滩秦简集释》(甘肃文化出版社2013年版)第252—258页注释讨论。

② 按,"公外",学者疑是"外公"倒书,并以乙269有"外君",公、君均为尊称而疑外公、外君为一事。说见孙占宇《天水放马滩秦简集释》,甘肃文化出版社2013年版,第218页。

③ 湖北省荆州市周梁玉桥遗址博物馆编:《关沮秦汉墓简牍》,中华书局2001年版。

④ 湖北省荆州市周梁玉桥遗址博物馆编:《关沮秦汉墓简牍》,中华书局2001年版,第125、132页。

四 岳麓秦简中的鬼神精怪

岳麓秦简是指岳麓书院于2007年从香港文物市场回购的一批秦简资料,其中已刊布的《岳麓书院藏秦简》(第一辑)中有一篇被命名为《占梦书》的,其梦象和占辞中涉及一些致人做梦的鬼神。其中有"门""行"(14正)、"死者"(27正)、"覵君"(40正)、"伤""明"(41正)、"疠""租"(42正)、"灶""天阕"(43正)、"兵死""伤"(44正)、"大父""遂"(45正)"父"(46背)等。

整理者认为,"覵"为"窃鬼";"伤"当读为"殇",并引《小尔雅·广名》云"无主之鬼谓之殇";"明"当读为"盟",神名;"兵死",鬼神名;"疠"当读为"厉",山神名;"租"当读为"诅",神名;"阕"当读为"阙"。"天阙"或即天门,当时七舍中门神之别称;"遂",犹道也。"道"于此处当指路神。① 按,"殇"义除指"无主之鬼"外,尚包括未成年而死者。如《仪礼·丧服传》云:"故殇之绖不樛垂,盖未成年也。年十九至十六为长殇,十五至十二为中殇,十一至八岁为下殇,不满八岁以下为无服之殇。"②《逸周书·谥法》"短折不成曰殇,未家短折曰殇"孔晁注:"有知而夭殇也。未家者,未室家也。"③《说文·歺部》亦云:"殇,不成人也。"是知"殇"不管作何解,其均属人鬼无疑。"兵死",指死于兵者。《淮南子·说林训》"战兵死之鬼憎神巫"高诱注:"兵死之鬼,善行病人,巫能祝劾杀之。"王念孙云:"'战'字后人所加。古人所谓兵者,多指五兵而言。兵死,谓死于兵也。《曲礼》曰:'死寇曰兵。'《释名》曰:'战死曰兵,言死为兵所伤也。'《周官·冢人》曰:'凡死于兵者不入兆域。'皆是也。"《论衡·偶会》云:"军工之侯,必斩兵死之头。"④ 是"兵死"乃指死于兵者,为人鬼也。

基上而言,"天阕"属天神类,"明""疠""租""门""行"

---

① 朱汉民、陈松长主编:《岳麓书院藏秦简》(一),上海辞书出版社2010年版,第169—172页。
② (汉)郑玄注:《仪礼》,《十三经古注》(四),中华书局2014年版,第791页。
③ (晋)孔晁注:《逸周书》,商务印书馆1937年版,第207页。
④ (清)王念孙撰,徐炜君等校点:《读书杂志》,上海古籍出版社2014年版,第2355页。

"灶""遂"属地祇类，而"死者""覡君""伤""兵死""伤""大父""父"等属人鬼类。

除以上几批简文所涉鬼神精怪外，在出土秦简资料中，能集中反映当时民众有关鬼神精怪信仰的信息，则见于睡虎地秦简《日书》甲种《诘》篇中。为论述方便计，我们将睡虎地秦简《诘》篇所涉鬼神精怪及其相关信息汇总如表10-1所示。

表10-1所列鬼神精怪多达60余种，若以天神、地祇、人鬼来划分这些超自然力的鬼神精怪的话，其中以"某神"命名者，有大神、上神、状神。"大神"是对重要神灵的泛称，"上神"或即天神，"状神"虽以神名之，实则应为活动于地下的某种精怪。[①] 此外，如作祟的票（飘）风之气、大票（飘）风、票（飘）风、到雷、雷、云气等亦可归入天神类；幼蠱、能言之鸟兽/妖、断而能属之虫豸、神虫、会虫、恒呼人门之狼、恙气、水亡伤（殇）、大魅、地蛊、伪为虫之野火、天火、女鼠、爱母、地虫等生存于地下或地面上的物怪则可归入地祇类。至于"神虫伪为人之鬼""神狗伪为鬼"等，虽以"鬼"称之，实际上也当为物怪，属地祇类；以上简文所见以"某鬼"命名者，有刺鬼、丘鬼、肇鬼、哀鬼、棘鬼、匄鬼、阳鬼、钦鬼、故丘鬼、恃鬼、凶鬼、暴鬼、不辜鬼、粲迓之鬼、饿鬼、遽鬼、□鬼、哀乳之鬼（又名"鬼婴儿"）、夭鬼、疠鬼等。还有一些无具体命名之"鬼"，如"人妻妾若朋友死之鬼""恒夜鼓人门、以歌若哭之鬼""寡人生为鬼""恒为人恶梦之鬼（又名'图夫'）""无故伺人宫之鬼（又名'祖□'）""恒从人游之鬼""入人宫室之鬼""击鼓之鬼""恒从人女与居之鬼""人行而当道以立之鬼""人卧而夜屈其头之鬼"等。此外，如"幼殇"虽不以鬼名之，其实乃指未成年而夭折者，大体上应属于《仪礼·丧服传》中"下殇"（即8—11岁死者）的范围，故亦属人鬼之列。

对于这些超自然力的物事，吴小强曾按品阶高低将其分为上帝与天神、星宿神煞、山川土地神、日常生活神、动物神、祖先神、鬼怪等七个层次。[②] 郝振楠则将其归结为上帝、星宿神煞、日常生活神、人鬼、

[①] 吕亚虎：《战国秦汉简帛文献所见巫术研究》，科学出版社2010年版，第172页。

[②] 吴小强：《略论秦代社会的神秘文化》，《广州师范学院学报》1997年第4期。

第十章　秦简中的鬼神精怪及其相关俗信　377

表10-1　睡虎地秦简《诘》篇所涉鬼神精怪及相关信息

鬼神精怪名	具体行为或状态	危害结果	应对方法	简文编号
刺鬼	人毋故鬼攻之不已	骚扰人	以桃弓、牡棘为矢，羽之鸡羽，见而射之	27背壹—28背壹
丘鬼	人毋故鬼藉其宫	骚扰人	取故丘之土，以为伪人犬，置墙上，五步一人犬，环其宫，鬼来，扬灰击箕以譟之	29背壹—31背壹
肇鬼	人毋故而鬼惑之，善戏人	鬼惑，戏弄人	以桑心为丈（杖），鬼来而击之，畏死矣	32背壹—33背壹
哀鬼	人毋故而鬼取为胶，与人为徒	令人色柏（白）然毋气	以棘椎桃秉（柄）以敲其心	34背壹—36背壹
棘鬼	正立而狸（埋）于居室中	一宅中毋故室人皆疫或死或瞢	屈（掘）而去之	37背壹—39背壹
匃鬼	埋于室中	一宅中毋故室人皆疫，多瞢（梦），瘗死	屈（掘）而去之	40背壹—42背壹
哭人	生为鬼	人毋故一室人皆疫，或死、丈夫子女子隋（堕），或病，颈羸发黄目	以沙人一升埋其春白，以豕肉食哭人	43背壹—46背壹
神狗伪为鬼	恒夜入人室	执丈夫，戏女子，不可得也	以桑皮口口之，烨（炮）而食之	47背壹—49背壹
幼龏（龙）	处人室中	夏大暑毋故而寒	取牡棘烨（炮）室中	50背壹—51背壹
票（飘）风之气	野兽若六畜逢人而言	骚扰人	击以桃丈（杖），绎（释）鄩（廯）而投之	52背壹—53背壹

续表

鬼神精怪名	具体行为或状态	危害结果	应对方法	简文编号
阳鬼	取灶气	灶毋故不可熟食	燔豕矢室中	54 背壹—55 背壹
歓鬼之气	入室中	人之六畜毋故皆死	乃疾囊（攘）瓦以还□□□□已矣	56 背壹—57 背壹
寒风	入人室	独也，它人莫为	酒以沙	58 背壹
鸟兽能言妖	能言，不过三言	骚扰人	多益其旁人	59 背壹—60 背壹
虫多	断而能属		溃以灰	62 背壹
人妻妾若朋友死之鬼	归之	骚扰人	以莎苇、牡蒺枋（柄），热（爇）以寺（待）之	65 背壹—66 背壹
故丘鬼	恒畏人	畏人所	乌矢以鸢（弋）之	24 背贰
蒋鬼	伪为鼠，恒召（诏）人曰："蜃（辰）必以某月日死。"人人酰、瀣、酱、浆中	骚扰人	求而去之	25 背贰—26 背贰
大神		过其时所善人	以大矢矢为完（丸），操禺（过）之，见神以投	27 背贰—28 背贰
凶鬼	恒夜鼓入人门，以歌若哭，入见之	骚扰人	鸢（弋）以乌矢	29 背贰—30 背贰
上神	人若鸟兽及六畜恒行人宫，是上神相	好下乐人	男女未人宫者击鼓备择梁（谋）之	31 背贰—33 背贰

续表

鬼神精怪名	具体行为或状态	危害结果	应对方法	简文编号
神虫	伪为人，恒从男女，见它人而去	骚扰人	以良剑刺其颈	34背贰—35背贰
状神	在人室中	一室人皆毋气以息，不能动作	屈（掘）还泉、有赤豕、马尾大首、烹食之	36背贰—38背贰
会虫	居人室中西壁	一室人皆缩筋	取西南隅，去地五尺，以虫中首、必中虫首、掘而去之	39背贰—41背贰
暴鬼	恒责人，不可辞	骚扰人	以牡棘之剑刺之	42背贰—43背贰
图夫	恒人恶䘲（梦）	觉而弗占	桑丈（杖）奇（倚）户内，复（覆）鬲户外	44背贰—45背贰
鬼	恒从人游	不可以辞	取女笔以拓之	46背贰
阳鬼	乐从之	女子狂痴，歌以生商	以北乡（向）【庯】之辨二七，幡、以灰口食食之	47背贰—48背贰
祖口	出游，人毋故而鬼祠（伺）其宫	不可去	以犬矢投之	49背贰
幼殇	恒蠃（裸）入人宫	骚扰人	以灰渍之	50背贰
游鬼	恒逆人，入人宫	骚扰人	以广灌戴以燔之	51背贰
不辜鬼	处人室中	恒使人生子未能行而死	以庚日日始出时渍门以灰、卒、有祭、十日收祭，襄以白茅、埋野	52背贰—53背贰

续表

鬼神精怪名	具体行为或状态	危害结果	应对方法	简文编号
棨迬之鬼	处人室中	人毋故室皆伤	取白茅及黄土而西（洒）之，周其室	57背贰—58背贰
鬼	入人宫室，勿（忽）见而亡，亡已	骚扰人	以脩（滫）康（糠），寺（待）其来也，沃之	59背贰
恶气	处之	人毋故而发拆若虫及须眉	煮莘（荸）屡以纸（抵）	60背贰—61背贰
饿鬼	恒执匴以人人室，曰"气（饩）我食"	骚扰人	以屡投之	62背贰—63背贰
大票（飘）风	害人	害人	释【屡】以投之	64背贰
水亡伤（殇）	取人赤子	人恒亡赤子	灰室而牢之，县（悬）以䒷，刊之以䒷，则死矣；亨（烹）而食之	65背贰—66背贰
遽鬼	凡邦中之立丛，其鬼恒夜譁（呼）焉	执人以自伐（代）	解衣弗袒人而䙞（搏）者之	67背贰—68背贰
口鬼	居人室中	一室中卧者眯也，不可以居	取桃枱〈柏〉楠（段）四隅中央，以牡椒刀刊其宫墙（墙），譁（呼）之曰："复而衣，趣（趋）出，今日不出，以牡刀皮而衣。"	24背叁—26背叁
大袜（魅）	恒人人室，不可止	骚扰人	以桃梗（梗）击之	27背叁
遽鬼	恒召人出宫	骚扰人	罔譁（呼）其召，以白石投之	28背叁

第十章　秦简中的鬼神精怪及其相关俗信　381

续表

鬼神精怪名	具体行为或状态	危害结果	应对方法	简文编号
鬼婴儿哀乳之鬼	恒人号曰："鼠（予）我食。"	骚扰人	以黄土渍其膺在外者	29背叁—30背叁
地萯（蠚）	居人室中	一室中，卧者答答席以白（陷）	注白汤，以黄土塞	31背叁
天鬼	人毋故鬼有鼠（予）	骚扰人	以水沃之	32背叁
狼	恒讆（呼）人门曰："启吾。"	骚扰人	杀而享（烹）食之	33背叁
鬼	鼓子室中	一室中有鼓音，不见其鼓	以火应之	34背叁
野火偒虫	有蒙虫袭人入室	骚扰人	以火应之	35背叁
不幸鬼	恒未（撩）伤人	骚扰人	以牡棘之剑刺之	36背叁
暴鬼	恒囊（攘）人之畜	骚扰人	以白矢䳄（七）之	37背叁
鬼	恒从人女，与居，曰："上帝子下游。"	骚扰人	自浴以犬矢，系以苇	38背叁
上神	恒胃（谓）人："鼠（予）我而女。"	不可辞。五采，女子死矣	系以苇，则死矣	39背叁—40背叁
天火	燔人宫	不可御	以白沙救之	41背叁
到雷	焚人	不可止	以火大乡（向）之	42背叁

续表

鬼神精怪名	具体行为或状态	危害结果	应对方法	简文编号
雷	攻人	伤害人	以其木击之	43背叁
云气	袭人之宫	骚扰人	以人火乡（向）之	44背叁
女鼠	拘子逐过丘虚之人	骚扰人	张伞以乡（向）之	45背叁
鬼	人行而鬼当道以立	骚扰人	解发备以过之	46背叁
鸟兽	恒鸣人之头	骚扰人	燔攀及六畜毛鬣其止所	47背叁
鬼	屈夜卧人之头	骚扰人	以苦（楛）鞭击之	48背叁
鸟兽虫豸	甚众，独入人室	骚扰人	以苔便（鞭）鞭之	49背叁
妻母	处人室中	人毋故一室人皆箽（垂）廷（涎）	屈（掘）其室中三尺，燔豕矢焉	50背叁—51背叁
㾻鬼	居人室中	一室人皆祥体	燔生桐其室中	52背叁
地虫	闘于下，血上漏	一室血而星（腥）臭	以沙垫之，更为井，食之以喷（霜）、路（露），三日乃能人矣。若不，三月食之若傅之，而非人也，苟以白茅，旦面最（撮）之，果（裹）以贲（奔）而远去之	53背叁—56背叁
票（飘）风	人人宫而有取	不出一岁，家必有恶	乃投以屦，得其所，取盖之中道；若弗得，乃弃其屦于中道	57背叁—59背叁

精怪五大类别。① 其实，若笼统地划分，上帝、星宿神煞可全部归入天神类，而精怪属于四方百物等超自然力，则可归入地祇类。至于"日常生活神"，其所属较为笼统和泛化，应区别对待之。如门、行、灶等五祀神灵属地祇类，日常人们祭祀的祖先神灵则属人鬼类。故上引秦简资料中的各种鬼怪神灵大体上仍不出周人祭祀系统中的天神、地祇、人鬼这三大类。

当然，换个角度讲，上引秦简资料所载各种鬼怪神灵也可大体上分为两类：一类为主观意识下的超自然力，这主要是指想象中的各种神、鬼、精怪，它们属于人们虚幻认识下的产物，如大神、上神，以及各种名目的"鬼"；另一类是指客观存在的，但已被人们神化的物事，这主要指各种动物和自然现象，如动物类的神狗、幼蠱、会虫、地蟄等，自然现象则如雷、云气、寒风、飘风等。它们被早期先民赋予了特殊灵性，从而成为影响人们正常生活、生产的物事。恩格斯曾在《反杜林论》中说："一切宗教都不过是支配着人们日常生活的外部力量在人们头脑中的幻想的反映，在这种反映中，人间的力量采取了超人间的力量的形式。"② 鬼神精怪本是万物有灵观的产物，在早期先民的信仰观中，它们又是对现实世界的反映，只不过是以被歪曲的形态再现世俗生活而已，这一点也可从睡虎地秦简《诘》篇中的各种神灵鬼怪的名字得以证实，如以其形象命名的"粲迓之鬼"，以其习性命名的"游鬼""夭鬼""暴鬼""凶鬼""阳鬼""欥鬼"，以其使人致疾之状态命名的"棘鬼""哀鬼""疠鬼"，以其喜好命名的"刺鬼""肇鬼"，以其居住环境命名的"丘鬼""故丘鬼""待鬼"，以其死亡方式命名的"匀鬼""棠人生为鬼""幼殇""不辜鬼"，以其生活状态命名的"饿鬼""遽鬼"哀乳之鬼等。③ 从以上较为粗疏的归类可以看出，这些比较通俗的鬼名无一不是当时民众对现实社会各种世俗生活认知的反映。从这些鬼神精怪的命名，以及它们的性情喜好来看，秦国社会的鬼神宗教还

---

① 郝振楠：《〈日书〉所见秦人鬼神观念述论》，载葛志毅主编《中国古代社会与思想文化研究论集》（三），黑龙江人民出版社2008年版，第52—69页。
② ［德］恩格斯：《反杜林论》，人民出版社2018年版，第340页。
③ 吕亚虎：《战国秦汉简帛文献所见巫术研究》，科学出版社2010年版，第167—179页。

比较原始，因为原始，所以鬼与人在许多方面都有相通之处，而且鬼神不分。① 而从上述睡虎地秦简《日书》所录各种鬼神精怪的穿衣、饮食、居住、游玩、交友、爱情婚姻以及性生活等方面的情况论之，鬼神世俗化可以说是秦人宗教思维的最大特征。②

第三节　秦简所见鬼神精怪活动的影响

在早期先民信仰观中，鬼神与人类生活于不同的界域中，二者间虽是划分较为清楚的不同世界，却并非处于井水不犯河水的完全隔离状态，而是"任何鬼灵都要不断地与活着的人发生各种联系，不仅由人转化的鬼是如此，自然界转化的各种精灵，也常常以鬼的形式打入人的生活之中"③。此种情况也正如格罗特在论及中国人的鬼魂信仰时所说：

> 在中国人那里，巩固地确立了这样一种信仰、学说、公理，即似乎死人的鬼魂与活人保持着最密切地接触，其密切程度差不多就跟活人彼此的接触一样。当然，在活人与死人之间是划着分界线的，但这个分界线十分模糊，几乎分辨不出来。不论从哪方面来看，这两个世界之间的交往都是十分活跃的，这种交往既是福之源，也是祸之根，因而鬼魂实际支配着活人的命运。④

的确，从出土秦简所载信息对各种鬼神精怪的行为描述来看，人类与他们认知观中的鬼神精怪，二者在活动空间上并非处于完全隔绝的状态。这些具有超自然力的鬼神精怪常常无缘无故侵入人类的生存空间，给人们带来各种骚扰和灾异，深刻影响着人们的生命和财产安全。有学者曾将睡虎地秦简《诘》篇中的鬼怪神灵作祟的结果概括为瘟疫与死亡、

---

① 《日书》研读班：《日书——秦国社会的一面镜子》，《文博》1986年第5期。
② 吴小强：《论秦人宗教思维特征——云梦秦简〈日书〉的宗教学研究》，《江汉考古》1992年第1期。
③ [韩] 文镛盛：《中国古代社会的巫觋》，华文出版社1999年版，第108页。
④ 转引自 [法] 列维·布留尔《原始思维》，丁由译，商务印书馆1987年版，第296—297页。

疾病、失踪、做噩梦、骚扰和戏弄、失常、损失财产七种情况,[1] 这是非常有益的探索。但若再笼统些,可将失踪并入死亡,将做噩梦并入骚扰,将失常并入疾病中。那么,我们可将各种鬼怪神灵的活动给人类带来的影响大致可归为以下三种情况。

一 使人疾病或死亡

早期先民常将疾病的产生归因于鬼神精怪的作祟所致。因此,人们思维认知中的鬼神精怪的活动对他们带来的诸多影响中,最严重、也最为常见者,就是使人患病甚至死亡,这在出土秦简资料中是最为常见的为害结果。如睡虎地秦简《日书》甲种《病》篇简文云:

> 甲乙有疾,父母爲祟……(69 正貳)
> 丙丁有疾,王父爲祟……(70 正貳)
> 戊己有疾,巫堪行,王母爲祟……(72 正貳)
> 庚辛有疾,外鬼傷(殤)死爲祟……(74 正貳)
> 壬癸有疾,母(毋)逢人,外鬼爲祟……(76 正貳)[2]

睡虎地秦简《日书》乙种简文云:

> 子……以有疾,派(辰)少翏(瘳),午大翏(瘳),死生在申,黑肉從北方來,把者黑色,外鬼父葉(世)爲姓(眚)。高王父譴適(謫),豕☒(157—158)
> 丑……【以有】疾,卯少翏(瘳),巳大翏(瘳),死生,脼肉從東方來,外鬼爲姓(眚),巫亦爲姓(眚)。(159—160)
> 卯……以有疾,未少翏(瘳),申大翏(瘳),死生在亥,狗肉從東方來,中鬼見社爲姓(眚)。(163—164)
> 巳……以有疾,申少翏(瘳),亥大翏(瘳),死生在寅,赤肉從東方來,高王父譴姓(眚)。(167—168)

---

[1] 刘乐贤:《睡虎地秦简日书〈诘咎篇〉研究》,《考古学报》1993 年第 4 期。
[2] 睡虎地秦墓竹简整理小组编:《睡虎地秦墓竹简》,文物出版社 1990 年版,第 193 页。

午……有疾，丑少瘳（瘳），辰大瘳（瘳），死生在寅，赤肉從南方來，把者赤色，外鬼兄葉（世）爲姓（祟）。（169—170）

未……以有疾，子少瘳（瘳），卯大瘳（瘳），【死】生在寅，赤肉從南方來，把者【赤】色，母葉（世）外死者爲姓（祟）。（171—172）

申……以有疾，子少瘳（瘳），□大瘳（瘳），死生在辰，鮮肉從西方來，把者白色，王父譴姓爲姓（祟）。（173—174）

戌……以有疾，卯少瘳（瘳），辰大瘳（瘳），死生在酉，鮮肉從西方來，把者白色，高王父爲姓（祟）。（177—178）

亥……以有疾，巳少瘳（瘳），酉大瘳（瘳），死生在子，黑肉從東方來，母葉（世）見之爲姓（祟）。（179—180）①

又，睡虎地秦簡《日書》乙种《有疾》篇簡文云：

甲乙有疾，禺（遇）御於豕肉，王父欲殺生人爲姓（祟）。（181）

丙丁有疾，王父爲姓（祟）。（183）

戊己有疾，巫堪、王父爲姓（祟）。（184）

庚辛有疾，外鬼、傷（殤）死爲姓（祟）。（185）

壬癸□□□□人，外鬼爲姓（祟）。（187）②

以上作祟致疾之人鬼，有疾患者死去的亲属（如高王父、王父、王母、父母、母世、母世外死者等），也有与疾患者无关者（如外鬼、外鬼父世、外鬼兄世、外鬼殤死者、中鬼等），以及无法判断是否与病患者有亲属关系的"殤死者"。上引睡虎地秦简《日书》甲种《诘》篇简文所见致人疾病或死亡者，如"棘鬼"使"一宅中无故而室人皆疫、或死或病"，"匀鬼"使"一宅中无故而室人皆疫，多梦寐死"，"棠人

---

① 睡虎地秦墓竹简整理小组编：《睡虎地秦墓竹简》，文物出版社1990年版，第245—246页。

② 睡虎地秦墓竹简整理小组编：《睡虎地秦墓竹简》，文物出版社1990年版，第246—247页。

生为鬼"使"人无故一室人皆疫，或死或病，丈夫女子堕须赢发黄目"，"大神"善害人，"状神"使人"一室皆无气以息，不能动作"，"会虫"使"一室人皆夙筋"，"阳鬼"使"女子不狂痴，歌以生商"，"縈迓之鬼"使"人无故室皆伤"，"恙气"使"人无故而发拆若虫及须眉"，"水亡殇"常使人赤子死亡，倒雷焚人不可止，雷攻击人，"爰母"使"人毋（无）故一室人皆箠（垂）延（涎）"，"疠鬼"使"一室人皆痒体"，而不辜鬼则使"人生子未能行而死"，等等。

此外，前文所引放马滩秦简《日书》乙种《占病祟除》篇简文所列的祟除对象如公外、社及立、大父及瘍、大遏及北公、巫盇阴雨公、司命、天□、死者、相养者、大水等，① 它们在早期先民的疾病观中也都是致人疾病的作祟者。因此，若人生病，首先要通过占卜来确定疾病是何种超自然灵力作祟所导致，然后再采取相应的祭祷或祟除仪式以消除其带来的疾病。可见，在早期先民观念中，鬼神精怪的活动对人们带来的最常见影响就是致人疾病甚至死亡，这是人们最为恐慌和畏惧的事情，因而也成为日常祭祷解除的主要对象。

二 骚扰人

除作祟致人疾病外，鬼神精怪常常毫无征兆、无缘无故地光顾人类的生存空间，给人们带来各种各样的骚扰。如上引睡虎地秦简《诘》篇中的"刺鬼"无故而攻人不已，"丘鬼"喜欢进入人的房屋，"篷鬼"常无故迷惑人，"哀鬼"常无故纠缠人，伪为鬼的"神狗"常在夜间进入人的房屋抓起熟睡中的男子、调戏睡眠中的女子，"幼蠱"常无故使人房屋在夏天的大热天中变得寒冷，"阳鬼"喜取走人灶中之气而使灶不能做熟饭，"故丘鬼"常常恫吓人，伪为鼠的"祔鬼"常召人，"凶鬼"常在夜间边敲人房门边唱歌或哭泣，"上神"常穿行于人房室中，伪为人的"神虫"常喜欢跟随人，"暴鬼"常喜欢训斥人，"图夫"鬼常使人做噩梦，"祖□"常无故而待在人房中，"幼殇"常裸体进入人的房屋，"游鬼"常喜欢迎着人进入人的房屋中，"饿鬼"常执匵入人家中乞讨，"遽鬼"常夜里呼人欲以代己或召人走出房屋，"□鬼"

---

① 孙占宇：《天水放马滩秦简集释》，甘肃文化出版社2013年版，第218页。

常使人一室中卧者皆眯,"大袜"常进入人家室中,"哀乳之鬼"常向人乞食,"地蠚"使一室中卧着者连同席子陷下去,无名之鬼鼓于室中,野火伪为虫侵袭入人室中,"不辜鬼"常恐吓人,鬼常随人家女子同居,"上神"下娶妻,"云气"袭入人的房室中,"女鼠"喜欢抱着幼子追逐路过丘虚的行人,鬼当道以立于人行道中,鸟兽常鸣叫于人家中,人卧而鬼夜屈其头,鸟兽虫豸成群进入人屋中,等等。

有些鬼神还常使人做噩梦,或者通过梦给人某种预兆。如岳麓书院藏秦简《占梦书》简文说,"故忧未已,新忧又发",这是"门、行为祟"(0012正)的缘故。"梦见羊者,伤(殇)欲食。梦见豕者,明欲食"(1223正),"梦见犬者,行欲食。梦见汲者,疠、租欲食"(1470正),"梦见□□,灶欲食。梦见斩足者,天阙欲食"(0011正),"梦见彭者,兵死、伤(殇)欲食"(0009正),"梦见□□,大父欲食。梦见贵人者,遂欲食"(0013正)等。① 又如睡虎地秦简《日书》中的《梦》篇说,人做了噩梦以后,要祈请食噩梦之神"豹䫃"(或"宛奇")来除去噩梦。②

鬼神精怪常无缘无故进入人类的活动空间而给人们的正常生活带来诸多不便,其活动结果虽然相对于致人疾病或死亡的后果来讲要轻得多,但也常常使人不胜其扰,难得安宁。

三 损财毁物

除骚扰人,或作祟而给人们带来各种疾病甚至死亡外,鬼神精怪进入人类的生存空间也常给人们带来财物方面的损毁,这在睡虎地秦简《诘》篇中也有反映。如"欱鬼之气"使人之六畜无故而皆死,"暴鬼"常抢掠人的畜禽,"天火"燔烧人的房屋、难以预防,飘风入人室中有所取等。鬼怪作祟的这些影响,相对于给人们带来疾患或死亡的为害结果,显然要轻微得多,但即使如此,这些损毁人财物的影响也给人们的正常生活带来诸多不便和困扰。

---

① 朱汉民、陈松长主编:《岳麓书院藏秦简》(一),中西书局2010年版,第157、170—172页。

② 睡虎地秦墓竹简整理小组编:《睡虎地秦墓竹简》,文物出版社1990年版,第210、247页。

第四节　秦简所见应对鬼神精怪的措施

　　由出土秦简相关简文资料所示来看，各种鬼神精怪进入人类的生存空间，多是以作祟者的面孔出现的。它们常给人类带来各种灾异和不祥，轻者让人不爽，重者毁损人的财产，致人疾病甚至死亡。因此，对于这些给人们日常生活带来各种负面影响的作祟者们，人们在行事时，除了主动选择时空方位加以避忌，或通过不时祭祷以求其欢心外，寻求有效的应对驱除之法也是十分自然之事。

　　由出土秦简所载相关信息看，当时民众对待影响他们正常生活及生命财产安全的各种各样的、具有超自然力的鬼神精怪，他们内心充斥着两种不同的情感：一种是因畏惧而生崇拜，将鬼神精怪视为具有超乎人类力量的物事，能左右人们行事的安危吉凶而对其祭拜、祈祷，以祈讨得鬼神的欢心和福佑。这种情感，属于宗教性的。另一种则是在应对自然界超自然力的各种影响的过程中，基于长期经验的积累而建立起来的自信，相信可以通过自身的某些力量来对抗甚至役使各种鬼神精怪，以达到自己的目的。这种情感，可以称作是巫术性的。《论衡·解除》云："世信祭祀，谓祭祀必有福；又然解除，谓解除必去凶。"[1] 在这里，祭祀和解除既是对早期先民对待鬼怪神灵矛盾心理的表达，也是对他们应对各种作祟的鬼神精怪的不同方法的揭示。而这些应对之法，不管是宗教祭祷性的还是巫术攻解性的，都只不过是早期先民在探索天地万物以及人类自身发展的过程中，面对自己无法解释的现象以及强大的异己力量时做出的主观思考。藉此，我们不但可了解当时民众对待鬼神精怪的认知、应对态度和具体措施，也可对他们由此而形成的内容丰富的鬼神信仰有较为全面而清晰的了解，这也有助于我们揭开古人认知观中的鬼神精怪的真实面纱，并对相关的鬼神信仰文化所依据的原理给予较为科学的认知。

　　结合已刊布秦简资料提供的相关信息，可以了解到早期先民在应对

---

[1]　黄晖：《论衡校释》，中华书局1990年版，第1041页。

鬼神精怪时，常运用以下几种应对之策。

一 行事择吉

在古代中国的信仰世界中，早期先民与他们观念中的鬼神精怪等超自然力量相比显得如此渺小，双方间存在着的这种力量不对称现状，使人们在面对想象中的鬼神精怪时常处于被动地位。这迫使早期先民们在日常生活、生产的一切行事中，出于趋吉避凶的本能意识，常在行事的时日方位上采取主动的避忌，以祈不与鬼神精怪发生直接的接触或碰撞。东汉王充所撰《论衡·辨祟》载当时社会民众的此类世俗观念云：

> 世俗信祸祟，以为人之疾病死亡，及更患被罪，戮辱欢笑，皆有所犯。起功、移徙、祭祀、丧葬、行作、入官、嫁娶，不择吉日，不避岁、月，触鬼逢神，忌时相害。故发病生祸，絓法入罪，至于死亡，殚家灭门，皆不重慎，犯触忌讳之所致也。①

这种日常行事的时日方位择吉俗信，在出土秦简《日书》文献中多有反映。如睡虎地秦简《日书》甲种简文内容即反映了当时社会民众的一切行事如土功建筑、出行归往、嫁娶生育、六畜饲养、裁衣冠带、疾病灾异、见人入官等均设置了时日、方位等方面的宜忌。② 天水放马滩秦简《日书》也载有禹须臾行日、禹须臾所以见人日、犬忌、田龙日、为门忌日、筑门良日、塞穴置鼠壂囷日、牝牡月日、臽日、刚柔日、日冲、天干行忌、伐木忌、地支行忌、干支土忌、行忌、四时土忌、五种忌等内容。③ 我们曾从婚姻嫁娶、祈生孕育、死丧葬埋、裁衣佩饰、出行归往、疾病疗治、梦幻占禳、农事艺植等方面对当时人们日常各种行事中的趋吉避凶、重择时日的俗信做了较为全面的梳理和考察，④ 从中亦可为我们展现出时人在日常一切行事时通过选择时日方位

---

① 黄晖：《论衡校释》，中华书局1990年版，第1008页。
② 吴小强：《秦简〈日书〉集释》，岳麓书社2000年版，第300页。
③ 孙占宇：《天水放马滩秦简集释》，甘肃文化出版社2013年版。
④ 吕亚虎：《秦汉社会民生信仰研究——以出土简帛文献为中心》，中国社会科学出版社2016年版。

对鬼神精怪主动避忌的态度。

二 祠祀祭祷

祠祀祭祷,即采取祈祷致祭的方法来取悦鬼神,满足它们的要求,使其不再为祟害人。《新书·道德说》云:

> 人心以为鬼神能与于利害,是故具牺牲、俎豆、粢盛,斋戒而祭鬼神,欲以佐成福,故曰:"祭祀鬼神为此福者也。"①

《论衡·祀义》亦云:

> 世信祭祀,以为祭祀者必有福,不祭祀者必有祸。是以病作卜祟,岁得修祀,祀毕意解,意解病已,执意以为祭祀之助,勉奉不绝。谓死人有知,鬼神饮食,犹相宾客,宾客悦喜,报主人恩矣。②

正因早期先民认为鬼神能给人们带来各种利害,故常以祭祀来取悦鬼神,祈福去祸。从出土战国秦汉简牍文献资料看,当时对于鬼神精怪的祭祀,大体上可分为日常性的祭祀和疾病灾异发生时的祭祷两种情况。前者属于预防性的,后者则属于补救性的。

早期先民相信,鬼神也如人类一样,要过正常的生活,《左传·昭公七年》即谓"鬼有所归,乃不为厉"③,至今在我国许多地区的汉民族中广为流传的阴历十月初一为死去的亲人"送寒衣"的民俗亦是此类认知观念的延续,此所谓"推人事鬼,缘生事死"④者也。因此,除出于报功、修祀目的的祭祀行为外,人们常定期对各种鬼神加以祭祀。通过此类预防性的祭祀,目的在于安抚鬼神,使其不作祟于生者。此诚如学者所说:"活人们给祖先的魂上供食品,给它们送人情,以此来达

---

① (汉)贾谊撰,阎振益、钟夏校注:《新书校注》,中华书局2000年版,第328页。
② 黄晖:《论衡校释》,中华书局1990年版,第1047页。
③ 杨伯峻编著:《春秋左传注》(修订本),中华书局1990年版,第1292页。
④ 黄晖:《论衡校释》,中华书局1990年版,第1065页。

到让它们保证不破坏事物的自然而顺利的历程,不会有任何倒霉的事来扰乱目前的安宁……还有一些谢罪的供物,以平息祖先的魂的愤怒为使命的供物……目的在于通过对魂的安抚而结束纷争的供物,以及诸如此类。"① 在出土秦简《日书》中,即载有祠亲、祠祖父、祠父母的良日等信息。如岳山秦牍《日书》文字云:

祠大父良日,己亥、癸亥、辛丑。②

睡虎地秦简《日书》简文云:

祠父母良日,乙丑、乙亥、丁丑亥、辛丑、癸亥,不出三月有大得,三乃五。(甲78正贰)
祠亲,乙丑吉。(乙148)③

人死为鬼,从此与生者阴阳两隔,分属不同的世界。人们对死去亲人的祭祀,不仅是出于伦理情感的需要,寄托生者对死者的哀思,也是为了防止他们回来作祟于生者。因为在人们的信仰中,不管是无血缘关系的外鬼,还是有血缘联系的内鬼,他们进入生者的世界,常常会给生者带来各种灾异和不祥。这种认知观念,我们在上文相关问题的讨论中已有广泛的考察。为了预防人鬼回来作祟,生者所能采取的最好办法就是定期祭献牲品给他们,以此满足他们的需要,从而减缓其进入生者世界的可能。

除上引简文中所说死去的亲属需要祭祀外,有些外鬼也需要经常祭祀。如睡虎地秦简《日书》甲种简文云:

祠史先龍丙望。(125背)

---

① 转引自[法]列维-布留尔:《原始思维》,丁由译,商务印书馆1997年版,第402页。
② 湖北省江陵县文物局等:《江陵岳山秦汉墓》,《考古学报》2000年第4期。
③ 睡虎地秦墓竹简整理小组编:《睡虎地秦墓竹简》,文物出版社1990年版,第194、244页。

杜主以乙酉死。(149 背)

中国古代有祭"先"的俗信,"先"即各行各业的创始者。《日知录》卷 14 云:"古人每事必祭其始之人,耕之祭先农也,桑之祭先蚕也,学之祭先师也。"[1] 是"史先"或当为史之初创者。简文中的"杜主",据《史记·封禅书》"于杜、亳有三社主之祠、寿星祠;而雍菅庙亦有杜主。杜主,故周之右将军,其在秦中,最小鬼之神者。各以岁时奉祠"[2] 的记载,可知其为当时秦中岁时奉祠之人鬼,其即西周宣王时的杜伯,据说他是被周宣王冤杀的。冤死之鬼常为厉,故后来他的鬼魂不仅射杀宣王,而且常出来作祟。秦中民众岁时奉祠杜主,就是为了讨好他,使其不出来为祟于生者。

人鬼以外的其他神祇也须常加祭祀,睡虎地秦简《日书》简文中即载有祠行、户、门、室中、灶等五祀的良日:

祠行良日,庚申是天昌,不出三歲必有大得。(甲 79 正貳)
祠室中日,辛丑、癸亥、乙酉、己酉,吉。(乙 31—32 貳)
祠户日,壬申、丁酉、癸丑、亥,吉。(乙 33 貳—34 貳)
祠門日,甲申、辰、乙亥、丑、酉,吉。(乙 35 貳—36 貳)
祠行日,甲申、丙申、戊申、壬申、乙亥,吉。(乙 37 貳—38 貳)
祠【竈】日,己亥、辛丑、乙亥、丁丑,吉。(乙 39 貳)
祠五祀日,丙丁竈,戊己内中土,乙户,壬癸行,庚辛□(乙 40 貳)
祠常行,甲辰、甲申、庚申、壬辰、壬申,吉。(乙 144)

以上所祠之行、室中、户、门、灶,即古代的"五祀"。《礼记·曲礼下》:"天子祭天地,祭四方,祭山川,祭五祀,岁遍。诸侯方祀,祭山川,祭五祀,岁遍。大夫祭五祀,岁遍。"郑玄注:"五祀,户、

---

[1] (清)顾炎武著,(清)黄汝成集释,栾保群等校点:《日知录集释》,上海古籍出版社 2006 年版,第 854 页。

[2] (汉)司马迁:《史记》,中华书局 1959 年版,第 1375 页。

灶、中霤、门、行也。"① 何以要祠"五祀"？《礼记·祭法》"王为群姓立七祀"郑玄云："中霤主堂室居处，门、户主出入，行主道路行作……灶主饮食之事。"②《论衡·祭意》云："五祀报门、户、井、灶、室中霤之功。门、户人所出入，井、灶人所欲食，中霤人所托处，五者功钧，故俱祀之。"③《白虎通义·五祀》亦云："五祀者……所以祭何？人之所处出入，所饮食，故为神而祭之。"④ 在周代等级礼制下，神灵设祭有着严格的规制，是以从天子到庶民，所祀对象也自有等差。《礼记·祭法》即云：

> 王为群姓立七祀，曰司命，曰中霤，曰国门，曰国行，曰泰厉，曰户，曰灶。王自为立七祀；诸侯为国立五祀，曰司命，曰中霤，曰国门，曰国行，曰公厉。诸侯自为立五祀；大夫立三祀，曰族厉，曰门，曰行；适士立二祀，曰门，曰行；庶士、庶人立一祀，或立户，或立灶。⑤

但自春秋以降，礼制崩坏，淫祀滥兴，致使"五祀"的等级差别和职能也发生了变化。"五祀"成为"居人之间，司察小过，作谴告者尔"⑥ 的小神，其所司主要关乎"民众饮食起居之至切近者"⑦，故其亦成为普通民众日常奉祀的对象。而秦简所载民众祠"五祀"之良日，

---

① （汉）郑玄注：《礼记》，《十三经古注》（五），中华书局2014年版，第896页。
② （汉）郑玄注：《礼记》，《十三经古注》（五），中华书局2014年版，第1050页。
③ 黄晖：《论衡校释》，中华书局1990年版，第1059页。按，"五祀"之说有三：一为户、灶、中霤、门、行。见《礼记·曲礼下》《礼记·月令》《吕氏春秋》等。郑玄以为此乃殷制；二为司命、中霤、门、行、厉。见《礼记·祭法》。郑玄以为此乃周制；三为门、户、井、灶、室中霤。见《淮南子·时则训》《论衡·祭意》《白虎通·五祀》《汉书·郊祀志》等。出土包山楚简、睡虎地秦简皆以门、户、灶、行、中霤为五祀。由此可见，西汉以前传世文献，多以门、户、灶、行、中霤为五祀，西汉以来，则以门、户、灶、井、中霤为"五祀"。隋、唐时，参用《月令》《祭法》之说，以"行"代"井"。及李林甫复修《月令》，又以"井"代"行"。据《淮南子·时则训》"孟冬之月……其位北方，其日壬癸，盛德在水……其祀井"、《吕氏春秋·孟冬纪》"其祀行"高诱注"'行'或作'井'，水给人，冬水王，故祀之也"之说来看，汉以来以"井"代"行"，应与五行学说的流行有关。
④ （清）陈立撰，吴则虞点校：《白虎通疏证》，中华书局1994年版，第77页。
⑤ （汉）郑玄注：《礼记》，《十三经古注》（五），中华书局2014年版，第1050页。
⑥ （汉）郑玄注：《礼记》，《十三经古注》（五），中华书局2014年版，第1050页。
⑦ （清）孙希旦撰，沈啸寰、王星贤点校：《礼记集解》，中华书局1989年版，第1203页。

正是对此一宗教文化信仰背景发生变化的真实反映。当然，在祠"五祀"的时日选择上所呈现出的"丙丁灶，戊己内中土，乙户，壬癸行，庚辛□"的祠祀对象与十天干时日的搭配关系，这显然又与当时流行的天干五行学说密不可分。

此外，还有疾病灾异发生时的补救性祭祷。此类祭祷，主要因于早期先民相信疾病灾异的发生乃是由于鬼神作祟所致之故。因此，当遇到疾病灾异时，他们通常采取向鬼神祭祷的方式以求祛疾消灾。出土包山楚简、望山楚简、新蔡葛陵楚简、天星观1号墓楚简及江陵秦家嘴1号、13号、99号墓楚简中的"卜筮祭祷"简，即是战国时期楚地先民此类认知观念的真实反映。① 而周家台秦简所载病方中的"已齲方""病心者方""癃方"等通过祝祷法疗治各种疾病，② 睡虎地秦简《日书》甲、乙种《梦》篇中通过向食梦之神祭祷以驱除噩梦，③ 秦骃玉版所载秦曾孙嬴骃因久病不愈而向华大山祭祷，④ 以及传世文献如《仪礼·既夕礼》所谓"（疾病）乃行祷五祀"，⑤《韩非子·外储说右下》所载"秦昭王有病，百姓里买牛而家为王祷……一曰：秦襄王病，百姓为之祷；病愈，杀牛塞祷"，⑥《史记·蒙恬列传》所载"始皇三十七年冬，行出游会稽，并海上，北走琅邪，道病，使蒙毅还祷山川"⑦ 等，也无不是对这一时期所流行的此类性质的祭祷信仰的反映。

总的来说，不管是日常行事择吉，还是疾病灾异时的祠祀祭祷，二

---

① 湖北省荆沙铁路考古队编：《包山楚简》，文物出版社1991年版，第32—37页；湖北省文物考古研究所、北京大学中文系：《望山楚简》，中华书局1995年版，第69—77页；河南省文物考古研究所编著：《新蔡葛陵楚墓》，大象出版社2003年版，第187—231页；晏昌贵：《天星观"卜筮祭祷"简释文辑校》，载丁四新主编《楚地简帛思想研究》（二），湖北教育出版社2005年版，第265—298页；晏昌贵：《秦家嘴"卜筮祭祷"简释文辑校》，《湖北大学学报》2005年第1期。

② 湖北省荆州市周梁玉桥遗址博物馆编：《关沮秦汉墓简牍》，中华书局2001年版，第129—131页。

③ 睡虎地秦墓竹简整理小组编：《睡虎地秦墓竹简》，文物出版社1990年版，第210、247页。

④ 李零：《秦骃祷病玉版的研究》，载袁行霈主编《国学研究》（第6卷），北京大学出版社1999年版，第525—548页。

⑤ （汉）郑玄注：《仪礼》，《十三经古注》（四），中华书局2014年版，第826页。

⑥ （清）王先慎撰，钟哲点校：《韩非子集解》，中华书局1998年版，第335—336页。

⑦ （汉）司马迁：《史记》，中华书局1959年版，第2567页。

者反映的都是古代民众不愿与鬼怪神灵直接对抗的态度。而当人们的主动择吉避忌、虔诚的跪拜祭祷和丰厚的祀牲祭品无法消除那因鬼怪神灵作祟所致的疾病灾异时，人们被迫收起往日对鬼怪神灵的敬畏之情，转而求助于超自然力的法术，奋起反抗以保护自己。《论衡·解除》云："世信祭祀，谓祭祀必有福；又然解除，谓解除必去凶。"[1] 此语很好地阐释了古代民众对待鬼怪神灵的态度变化。而后者，就是下面要讨论的攻解禳除之法。

三 法术禳除

利用巫术性手段，以防御性姿态或积极进攻性态度驱除作祟的鬼神精怪，求得人身财产的安全和生活的安宁，古代民众对待鬼神精怪的这种态度和相关俗信，在睡虎地秦简《日书》甲种《诘》篇中有很好的反映。

睡虎地秦简《诘》篇所载的各种鬼神精怪，其作祟方式和影响各具特色，人们所采取的对付手段也丰富多样。有学者曾将《诘》篇中所载对付作祟之鬼神精怪的方法归为驱逐、祭祀、屠杀、掘土、用药物对付及用火、水、土攻等几种。[2] 其中，祭祷法在上文已有讨论，此不赘述。其他几种方法，我们重加整合梳理如下。

1. 防御驱除

防御驱除法主要是利用一些为鬼神精怪所厌恶或畏惧的物事作为防御性驱除的工具，如牲畜的粪便及毛发（如犬矢、猪矢、六畜毛鬣等）、具有灵力的植物（如牡棘、桑杖、广灌、生桐、白茅等）或矿物（如黄土）等。在早期先民认知观中，这些物事多具有御除鬼神精怪的特殊灵力。

在睡虎地秦简《诘》篇中，采用此法来驱除作祟的鬼神精怪有：丘鬼、幼蛊、阳鬼、欽鬼之气、寒风、能言为妖之鸟兽、归来之鬼、上神、图夫、阳鬼、幼殇、游鬼、不辜鬼、粲迓之鬼、□鬼、哀乳之鬼、恒从人女与居之鬼、上神、逐人之女鼠、当道之鬼、爰母等。如人无故

---

[1] 黄晖：《论衡校释》，中华书局1990年版，第1041页。
[2] 刘乐贤：《睡虎地秦简日书〈诘咎篇〉研究》，《考古学报》1993年第4期。

第十章 秦简中的鬼神精怪及其相关俗信 397

而丘鬼常进入人的居室，可取故丘之土制成人犬形状放置于墙上，环绕房室每五步放置一人一犬，当丘鬼再来时，扬灰、击打簸箕并高声噪呼，丘鬼就不来了；夏大暑时，室中无故而寒冷，这是幼蠱居之的缘故，可取牡棘烧于室中，幼蠱就离开了；阳鬼取走灶中气，让灶无故煮不熟食物时，可在室中燔烧猪屎，阳鬼就不再作祟了；欤鬼之气作祟使人饲养的六畜无故都死掉了，可赶紧碎瓦以环绕房室即可赶走它；寒风进入人室中，可用撒沙子的方法防御驱除；鸟兽能言，这是妖，可多增加旁人，则可使其不再能言；人妻妾或朋友死后，其鬼归来作祟，可取沙苎、牡棘柄点燃后防御；上神伪装成人或鸟兽六畜常穿行于房室中，调戏人，可让未婚男女击鼓敲铎并大声噪呼，它就不来了；图夫鬼常令人做噩梦，醒来后又不能占验，可将桑木杖靠在门内，并将鬴倒扣在门外，它就不来了；阳鬼常喜欢跟从女子，使其痴呆而唱哀思之歌，可取北向廇上二七枚花瓣燔烧后以其灰食病者，阳鬼就离开了；死后未埋葬的幼殇之鬼常赤裸着进入人的房室中，可以灰潰之，它就不来了；游鬼常迎着人进入室中，可用广灌扎为鸢燔烧于室中，它就不来了；不辜鬼居于室中使人常生子未能行而死，可在庚日日出时，以灰潰门，并加以祭祀，十日后将祭品收回，裹以白茅埋于野外，就不会再有殃咎了；粲迓之鬼处于室中令人无故受伤，可取白茅及黄土绕室洒一周，它就不来了；□鬼作祟时，可用桃木棒插于房屋的四周和中央，然后用牡棘做成的刀斫砍房屋的墙壁，并以威胁的言辞驱赶它；哀乳之鬼常向人乞讨，这是因为它的骨骸露于外，可用黄土潰其骨，它就不来了；鬼常跟随人家女子并同住，可用犬屎自沐浴，并系以苇草，它就死了；上神作祟，可系以苇草，它就死掉了；人经过丘虚时，碰到女鼠抱子追逐人，可张伞以向之，它就停止追人了；人行而鬼当道以立，可解散自己的头发过之，它就离开了；爰母居于室中时人无故一家人都垂涎，可于室中燔烧猪屎，它就不再作祟了；疠鬼居于室中使人一家皆疡体，可燔烧桐木于室中，他就不再作祟了；等等。

  防御驱除法重在通过一些有特殊灵力的物事加强自身的防御能力，从而使鬼怪邪魅不能继续为祟于人，或者迫使它们自动离去。采用防御性驱除法对待作祟的鬼神精怪，反映出人类在对待虚无缥缈然又似乎无处不在的、拥有超自然力的鬼怪时，常希望二者之间能和平相处，互不相扰。

2. 攻击禳除

攻击禳除，即主要利用一些为鬼神精怪所畏惧的、具有特殊灵力之物作为武器，采取直接攻击的手段，将其驱赶走或杀死，使其不再为祟，这是早期先民对付鬼怪作祟时最常用、也较具主动性的手段。

在睡虎地秦简《诘》篇中，用攻击禳除法对付的鬼神精怪有：刺鬼、鼜鬼、哀鬼、飘风、故丘鬼、凶鬼、大神、神虫、暴鬼、恒从人游之鬼、祖□、入人宫室之鬼、恙气、饿鬼、遽鬼、大袜、地辟、夭鬼、击鼓之鬼、伪为虫之野火、不辜鬼、倒雷、云气、夜屈人头之鬼等。如对付无故不断攻击人的刺鬼，用富有特殊驱邪灵力的桃木为弓，牡棘为矢，鸡羽为羽，见而射之，它就不再作祟了；对付无故迷惑、戏弄人的鼜鬼，可用桑心做成的木杖击打它；对付无故纠缠人的哀鬼，可用安装着桃木柄的牡棘椎敲它的心，它就不再来了；当飘风之气变作野兽或禽畜逢人而言时，可用桃木杖打它或脱下鞋子来投它，飘风就消失了；故丘鬼常恫吓人、凶鬼常夜里敲击人的房门，均可用茖草做成的箭来射它；对付祟人的大神或喜欢待在人房屋中的祖□，可用犬屎投它；对付入人宫室、忽见而亡之鬼，等其来时，可用潘糠水直接浇它，它就不再作祟；神虫伪为人而跟随人，可用良剑刺击它的颈部；暴鬼常斥责人，可用牡棘剑直接刺它，它就不来了；对付常跟随人的鬼，可用女笔来打它，它就不来了；对付恙气作祟，可用煮后的蕡屦来投它；对付乞讨的饿鬼及大飘风，可用鞋子投掷它；对付欲捉人自代的遽鬼，可解开衣服，直接上前与之搏斗；大袜作祟时，可直接用桃枝击打它。还有如用白石来投掷遽鬼，用白开水浇灌、黄土堵塞的方法对付地辟（蠚），用水浇泼夭鬼，用人鼓来禳除鬼鼓，用人火来对付伪装成虫的野火、到雷以及袭人房屋的云气，用牡棘做成的剑来刺不辜鬼，用箠鞭来击打夜屈人头之鬼及入人室的鸟兽虫豸等。在这里，人们用日常生活中对付仇敌的方法来对付作祟的鬼怪神灵，他们所用的武器也是生活中常用之物，如弓箭、木杖、椎、剑、鞭等，只是这些武器，大多是用具有特殊辟邪驱鬼灵力的桃木、牡棘、桑木等制成，使其显得更具攻击的威力。有些用来驱除鬼怪神灵的武器，则是人们自身所厌弃的污秽之物，如犬屎、猪屎等。用污秽之物作为驱邪除魅的武器，这是古人基于错误的因果律而形成的认识。而用击鼓敲铎噪呼的方法以驱赶作祟的上神，用解开衣服直接上前与之搏斗的方法来对付欲捉人自代的遽鬼，用白石来投掷作祟的遽鬼等，则是现实生活中人与人之间对抗攻击时的手段。

尽管上述鬼怪神灵作祟的方式不同，人们通过武力来驱除作祟者时的方法和使用的工具也各不相同。但从总体上看，攻击禳除法是人类以积极的态度来对抗作祟的鬼神精怪的手段，它反映出早期先民敢于同各种鬼神精怪所代表的超自然力作斗争的英勇精神。

3. 挖掘移除

对付躲藏于房屋中或室中地下作祟的鬼神精怪，人们常采用挖掘移除法来对付它们。其法是先掘其巢穴，然后再将其转移到其他地方，可使其不再为祟。如在睡虎地秦简《诘》篇中，正立而埋于房屋地下的"棘鬼"常使一室人无故皆疫，或死或病。埋于房屋地下的"匂鬼"常使人无故一室皆疫、多梦寐死。人们对付此类作祟者的办法均是"掘而去之"；对居于房室西壁中、使人一室皆凤筋的"会虫"，则是"先以铁椎椯之，必中虫首，掘而去之"；对付常使人生子未行而恒死的"不辜鬼"，只需"潢门以灰，卒，有祭，十日收祭，裹以白茅，埋于野"即可；"地虫"斗于地下，使井水不能食用时，可选取早晨之时，撮取"地虫"活动处的一些沙粒，然后苞之以白茅，裹以远之即可。

此类方法与上述防御辟除法较为相似，均表达了人类想与鬼神精怪和平相处，互不相伤的意愿。然从对待作祟者的态度上看，相对于防御辟除法，挖掘移除法更具有积极进攻性，显示了人类在对抗认知中的超自然力物事时的自信和能力。

4. 屠杀消除

对作祟的鬼神精怪采取屠杀消除的方法，这是睡虎地秦简《诘》篇中所记载的最为坚决的禳除手段。采用此法可收到斩草除根，使其永不为患的效果。如简文说，对付使人恒亡赤子的"水亡伤（殇）"，可在房室内铺上灰把它圈禁住，并在屋内悬挂菌草抓到它，再用菌草砍杀它，然后"亨（烹）而食之"；对付恒呼人门之狼的方法是"杀而烹食之"；对付处于室中作祟的"状神"，则是屈（掘）而烹杀以食之；等等。

用屠杀消除法对付作祟的鬼神精怪，相对于防御驱除、攻击禳除、挖掘移除等手段来说更为坚决、自信，也反映出早期先民在对待作祟的鬼神精怪时必欲除之而后快的另外一种心态。

由上述讨论来看，出土秦简中所记载的鬼神精怪数目庞大，而睡虎地秦简《诘》篇所载对付各种作祟者的方法也是形式多样，有些方法并非单一的使用，而是有防有攻。如对付作祟的"丘鬼"，是先以"伪人犬环其宫"来加强防御，当丘鬼来时，再"阳（扬）灰𣪠（击）箕以𣅔（噪）之"；对待淫人之女的鬼魅，是先"自浴以犬矢"，然后再"𣪠（系）以苇"。这些多是采取先礼后兵、防御自卫与积极进攻相结合的手段，这在上述分类中其实是很难归属的。但不管其方法和手段如何，它们都只不过是人类用来对付敌人、疾病、自然灾害等的手段的翻版而已。

从以上的分析中，我们可以看到，睡虎地秦简《诘》篇简文作为一篇专讲鬼神精怪作祟以及如何应对之法的文献，它告诉人们的不仅仅是各种鬼神精怪如何对人类的生活、生产制造麻烦，带来危害，造成疾病或死亡，更为重要的是，它为我们提供了早期先民对付各种鬼神精怪的方法以及由此而展现出的宗教鬼神观。鬼神精怪在当时民众信仰中的形象，以及人们对付鬼神的手段都发生了根本性的变化。《韩非子·外储说左上》中载有一段画客与齐王有关画物难易的对话，其文云：

> 客有为齐王画者，齐王问曰："画孰最难者？"曰："犬马最难。""孰易者？"曰："鬼魅最易。"夫犬马，人所知也，旦暮罄于前，不可类之，故难。鬼魅无形者，不罄于前，故易之也。①

这段话的大意是说，有形的犬马不易画，因其为人所知，而鬼魅最易画，因其无形可依。是以"图工好画鬼魅而憎画狗马者"，乃因"鬼魅不世出，而狗马可日见也"②之故。但从睡虎地秦简《诘》篇中所描绘的各种鬼神精怪来看，时人信仰世界中的鬼神精怪已失去了往日的神

---

① （清）王先慎撰，钟哲点校：《韩非子集解》，中华书局1998年版，第270—271页。
② 何宁：《淮南子集释》，中华书局1998年版，第933页。

秘色彩。其性格、行为开始人格化，生活趋于世俗化。它们不但有了人的兴趣爱好、饮食习惯，而且常以人的形象出现，成为有形的实体，不再是虚无缥缈、来去无踪的神秘物事。

此外，从鬼神力量的对比上看，鬼神虽然仍比人类强大，但人类可以通过巫术的手段来辟除、驱赶甚至诛杀它们，而不再是单纯依靠祠祀祭祷的手段。尽管睡虎地秦简《诘》篇中记载的大多是人在遭到各种鬼神精怪作祟侵扰后的被动应付办法，但已很少有通过祠祀祭祷的办法来禳除作祟者，这说明人类开始由过去对鬼神的敬畏、避忌态度开始转向通过一定的法术手段来影响、控制他们。鬼神精怪本是早期先民敬畏、祈求的对象。但在睡虎地秦简《诘》篇中，他们却成为人们可以凭借巫术手段来驱除、控制甚至役使的对象。这种变化，也正反映出古代先民在与他们认知观中的超自然力进行抗争时的自信心和能力有了极大提升。

参考文献

一 出土文字资料整理及考释类

白军鹏：《敦煌汉简校释》，上海古籍出版社2018年版。

白于蓝编著：《简牍帛书通假字字典》，福建人民出版社2008年版。

北京大学出土文献研究所编：《北京大学藏西汉竹书墨迹选粹》，人民美术出版社2012年版。

陈邦怀：《殷代社会史料征存》，天津人民出版社1959年版。

陈松长编著：《马王堆简帛文字编》，文物出版社2001年版。

陈松长编著：《香港中文大学文物馆藏简牍》，香港中文大学文物馆2001年版。

陈松长主编：《岳麓书院藏秦简》（四），上海辞书出版社2015年版。

陈松长主编：《岳麓书院藏秦简》（五），上海辞书出版社2017年版。

陈伟主编：《里耶秦简牍校释》（第1卷），武汉大学出版社2012年版。

陈伟主编：《里耶秦简牍校释》（第2卷），武汉大学出版社2018年版。

陈伟主编：《秦简牍合集》（三），武汉大学出版社2014年版。

陈伟主编：《秦简牍合集》（四），武汉大学出版社2014年版。

傅举有、陈松长编著：《马王堆汉墓文物》，湖南出版社1992年版。

甘肃简牍保护研究中心等编：《肩水金关汉简》（一），中西书局2011年版。

甘肃简牍保护研究中心等编：《肩水金关汉简》（二），中西书局2012年版。

甘肃简牍博物馆等编：《地湾汉简》，中西书局2017年版。

甘肃简牍博物馆等编：《肩水金关汉简》（三），中西书局2013年版。
甘肃简牍博物馆等编：《肩水金关汉简》（四），中西书局2015年版。
甘肃简牍博物馆等编：《肩水金关汉简》（五），中西书局2016年版。
甘肃简牍博物馆等编：《悬泉汉简》（一），中西书局2019年版。
甘肃省博物馆、武威县文化馆合编：《武威汉代医简》，文物出版社1975年版。
甘肃省文物考古研究所等编：《居延新简》，文物出版社1990年版。
甘肃文物考古研究所编：《敦煌汉简》，中华书局1991年版。
郭沫若：《卜辞通纂》，《郭沫若全集·考古编》（第2卷），科学出版社1982年版。
郭沫若主编：《甲骨文合集》，中华书局1978—1982年版。
河南省文物考古研究所编著：《新蔡葛陵楚墓》，大象出版社2003年版。
胡平生、张德芳编撰：《敦煌悬泉汉简释粹》，上海古籍出版社2001年版。
湖北省荆沙铁路考古队编：《包山楚简》，文物出版社1991年版。
湖北省荆州市周梁玉桥遗址博物馆编：《关沮秦汉墓简牍》，中华书局2001年版。
湖北省文物考古研究所、北京大学中文系编：《望山楚简》，中华书局1995年版。
湖北省文物考古研究所、随州市考古队编：《随州孔家坡汉墓简牍》，文物出版社2006年版。
湖北省文物考古研究所编：《江陵凤凰山西汉简牍》，中华书局2012年版。
湖南省文物考古研究所编著：《里耶秦简》（一），文物出版社2012年版。
湖南省文物考古研究所编著：《里耶秦简》（二），文物出版社2017年版。
黄永武主编：《敦煌宝藏》（第122、123、131册），新文丰出版公司1986年版。
江学旺编著：《西周文字字形表》，上海古籍出版社2017年版。
荆门市博物馆编：《郭店楚墓竹简》，文物出版社1998年版。

李零：《郭店楚简校读记》，北京大学出版社 2002 年版。

李守奎编著：《楚文字编》，华东师范大学出版社 2003 年版。

李孝定编述：《甲骨文字集释》，"中研院"历史语言研究所 1970 年版。

李学勤主编：《清华大学藏战国竹简》（一），中西书局 2010 年版。

李宗焜编著：《甲骨文字编》，中华书局 2012 年版。

连云港市博物馆、东海县博物馆等编：《尹湾汉墓简牍》，中华书局 1997 年版。

林梅村、李均明编：《疏勒河流域出土汉简》，文物出版社 1984 年版。

刘乐贤：《睡虎地秦简日书研究》，文津出版社 1994 年版。

刘钊等编纂：《新甲骨文编》，福建人民出版社 2009 年版。

罗福颐编：《汉印文字征》，文物出版社 1978 年版。

罗福颐编：《汉印文字征补遗》，文物出版社 1980 年版。

罗振玉、王国维编著：《流沙坠简》，中华书局 1993 年版。

马承源主编：《上海博物馆藏战国楚竹书》（一），上海古籍出版社 2001 年版。

马承源主编：《上海博物馆藏战国楚竹书》（三），上海古籍出版社 2003 年版。

马继兴主编：《敦煌古医籍考释》，江西科学技术出版社 1988 年版。

马继兴：《马王堆古医书考释》，湖南科学技术出版社 1992 年版。

马王堆汉墓帛书整理小组编：《经法》，文物出版社 1976 年版。

马王堆汉墓帛书整理小组编：《老子》，文物出版社 1976 年版。

马王堆汉墓帛书整理小组编：《马王堆汉墓帛书》（四），文物出版社 1985 年版。

马王堆汉墓帛书整理小组编：《五十二病方》，文物出版社 1979 年版。

彭邦炯：《甲骨文医学资料释文考辨与研究》，人民卫生出版社 2008 年版。

裘锡圭主编：《长沙马王堆汉墓简帛集成》（五、六），中华书局 2014 年版。

陕西历史博物馆编：《寻觅散落的瑰宝——陕西历史博物馆征集文物精粹》，三秦出版社 2001 年版。

商承祚：《甲骨文字研究》，天津古籍出版社 2008 年版。

沈刚：《居延汉简语词汇释》，科学出版社2008年版。

睡虎地秦墓竹简整理小组编：《睡虎地秦墓竹简》，文物出版社1990年版。

孙慰祖、徐谷富编著：《秦汉金文汇编》，上海书店出版社1997年版。

孙占宇：《天水放马滩秦简集释》，甘肃文化出版社2013年版。

汤余惠主编：《战国文字编》，福建人民出版社2001年版。

王辉、王伟编著：《秦出土文献编年订补》，三秦出版社2014年版。

王辉编著：《古文字通假字典》，中华书局2008年版。

王辉编著：《秦铜器铭文编年集释》，三秦出版社1990年版。

王子今：《睡虎地秦简〈日书〉甲种疏证》，湖北教育出版社2002年版。

魏坚主编：《额济纳汉简》，广西师范大学出版社2005年版。

魏启鹏、胡翔骅：《马王堆汉墓医书校释》（一、二），成都出版社1992年版。

吴国升编著：《春秋文字字形表》，上海古籍出版社2017年版。

吴九龙释：《银雀山汉简释文》，文物出版社1985年版。

吴其昌：《殷虚书契解诂》，武汉大学出版社2008年版。

吴礽骧、李永良、马建华释校：《敦煌汉简释文》，甘肃人民出版社1991年版。

吴小强：《秦简日书集释》，岳麓书社2000年版。

吴镇烽编著：《商周青铜器铭文暨图像集成》，上海古籍出版社2012年版。

夏大兆编著：《商代文字字形表》，上海古籍出版社2017年版。

萧春源编：《珍秦斋藏金（青铜器卷）》，澳门基金会2006年版。

徐中舒主编：《甲骨文字典》，四川辞书出版社2006年版。

许雄志主编：《秦代印风》，重庆出版社1999年版。

许雄志主编：《秦印文字汇编》，河南美术出版社2001年版。

严健民编著：《五十二病方注补译》，中医古籍出版社2005年版。

严志斌编著：《商金文编》，中国社会科学出版社2016年版。

叶玉森：《殷虚书契前编集释》，大东书局1933年版。

银雀山汉墓竹简整理小组编：《银雀山汉墓竹简》（一），文物出版社1985年版。

于省吾主编:《甲骨文字诂林》,中华书局1996年版。

张德芳、石明秀主编:《玉门关汉简》,中西书局2019年版。

张家山二四七号汉墓竹简整理小组编著:《张家山汉墓竹简[二四七号墓]》(释文修订本),文物出版社2006年版。

张雷编著:《秦汉简牍医方集注》,中华书局2018年版。

张延昌主编:《武威汉代医简注解》,中医古籍出版社2006年版。

赵诚编著:《甲骨文简明词典——卜辞分类读本》,中华书局1988年版。

赵平安、李婧、石小力编著:《秦汉印章封泥文字编》,中西书局2019年版。

中国社会科学院考古研究所编:《居延汉简》,中华书局1980年版。

中国社会科学院考古研究所编:《殷周金文集成》(修订增补本),中华书局2007年版。

中国文物研究所、湖北省文物考古研究所编:《龙岗秦简》,中华书局2001年版。

周一谋、萧佐桃主编:《马王堆医书考注》,天津科学技术出版社1988年版。

朱芳圃编著:《甲骨文文字编》,商务印书馆1933年版。

朱汉民、陈松长主编:《岳麓书院藏秦简》(一),上海辞书出版社2010年版。

朱汉民、陈松长主编:《岳麓书院藏秦简》(三),上海辞书出版社2013年版。

[德]陶安:《岳麓秦简〈为狱等状四种〉释文注释》(修订本),上海古籍出版社2021年版。

[日]关正人监修,[日]佐野荣辉、蓑毛政雄编:《汉印文字汇编》,李忻译,西泠印社出版社2020年版。

二 古籍文献及辑注校释类

(战国)尸佼著,(清)汪继培辑,黄曙辉点校:《尸子》,华东师范大学出版社2009年版。

(汉)班固:《汉书》,中华书局1962年版。

(汉)班固撰,(清)王先谦补注:《汉书补注》,上海古籍出版社2008

年版。

（汉）崔寔撰，石声汉校注：《四民月令校注》，中华书局 2013 年版。

（汉）高诱注，（清）毕沅校：《吕氏春秋》，上海古籍出版社 2014 年版。

（汉）高诱注：《淮南鸿烈解》，商务印书馆 1937 年版。

（汉）韩婴撰，许维遹校释：《韩诗外传集释》，中华书局 1980 年版。

（汉）何休：《春秋公羊经传解诂》，书目文献出版社 1988 年版。

（汉）何休解诂，（唐）徐彦疏：《春秋公羊传注疏》，上海古籍出版社 2014 年版。

（汉）华佗撰，（唐）孙思邈编集：《华佗神方》，中医古籍出版社 1992 年版。

（汉）桓谭撰，朱谦之校释：《新辑本桓谭新论》，中华书局 2009 年版。

（汉）贾谊撰，阎振益、钟夏校注：《新书校注》，中华书局 2000 年版。

（汉）孔安国传，（唐）孔颖达正义：《尚书正义》，上海古籍出版社 2007 年版。

（汉）刘安撰，（清）茆泮林补辑：《淮南万毕术》，商务印书馆 1939 年版。

（汉）刘安撰，（清）孙冯翼辑：《淮南万毕术》，商务印书馆 1939 年版。

（汉）刘熙：《释名》，中华书局 2016 年版。

（汉）刘熙撰，（清）毕沅疏证，（清）王先谦补：《释名疏证补》，中华书局 2008 年版。

（汉）刘向集录：《战国策》，上海古籍出版社 1985 年版。

（汉）毛亨传，（汉）郑玄笺，（唐）孔颖达疏：《毛诗注疏》，上海古籍出版社 2013 年版。

（汉）毛亨传，（汉）郑玄笺，孔祥军点校：《毛诗传笺》，中华书局 2018 年版。

（汉）史游著，曾仲珊校点：《急就篇》，岳麓书社 1989 年版。

（汉）史游撰，（唐）颜师古注，（宋）王应麟补注：《急就篇》，中华书局 1985 年版。

（汉）司马迁：《史记》，中华书局 1959 年版。

(汉) 司马迁撰，[日] 泷川资言考证，杨海峥整理：《史记会注考证》，上海古籍出版社 2015 年版。

(汉) 宋衷注，(清) 秦嘉谟等辑：《世本八种》，中华书局 2008 年版。

(汉) 王符著，(清) 王继培笺，彭铎校正：《潜夫论笺校正》，中华书局 1985 年版。

(汉) 王逸撰，黄灵庚点校：《楚辞章句》，上海古籍出版社 2017 年版。

(汉) 卫宏：《汉官旧仪》，商务印书馆 1939 年版。

(汉) 扬雄撰，(晋) 郭璞注，(清) 戴震疏证：《輶轩使者绝代语释别国方言》，中华书局 1985 年版。

(汉) 扬雄撰，(晋) 郭璞注：《方言》，中华书局 2016 年版。

(汉) 扬雄撰，(宋) 司马光集注，刘韶军点校：《太玄集注》，中华书局 1998 年版。

(汉) 应劭撰，王利器校注：《风俗通义校注》，中华书局 2010 年版。

(汉) 郑玄注，(唐) 贾公彦疏：《仪礼注疏》，上海古籍出版社 2010 年版。

(汉) 郑玄注，(唐) 贾公彦疏：《周礼注疏》，上海古籍出版社 2010 年版。

(汉) 郑玄注，(唐) 孔颖达疏：《礼记正义》，上海古籍出版社 2008 年版。

(汉) 郑玄注：《礼记》，《十三经古注》（五），中华书局 2014 年版。

(汉) 郑玄注：《仪礼》，《十三经古注》（四），中华书局 2014 年版。

(汉) 郑玄注：《周礼》，《十三经古注》（三），中华书局 2014 年版。

(魏) 何晏集解，(梁) 黄侃义疏：《论语集解义疏》，商务印书馆 1937 年版。

(魏) 王弼撰，楼宇烈校释：《周易注》，中华书局 2011 年版。

(魏) 吴普撰，尚志钧等辑校：《吴普本草》，人民卫生出版社 1987 年版。

(三国吴) 韦昭注：《国语》，上海古籍出版社 1988 年版。

(三国吴) 张俨：《太古蚕马记》，《五朝小说大观》，上海文艺出版社 1991 年版。

(晋) 常璩著，任乃强校注：《华阳国志校补图注》，上海古籍出版社

1987 年版。

（晋）陈寿：《三国志》，中华书局 1959 年版。

（晋）陈延之原著，高文柱辑校：《小品方辑校》，天津科学技术出版社 1983 年版。

（晋）杜预：《春秋左传集解》，上海人民出版社 1977 年版。

（晋）杜预注，（唐）孔颖达正义：《春秋左传正义》，北京大学出版社 2000 年版。

（晋）干宝撰，汪绍楹校注：《搜神记》，中华书局 1979 年版。

（晋）葛洪：《葛洪肘后备急方》，人民卫生出版社 1983 年版。

（晋）葛洪原著，（梁）陶弘景增补，尚志钧辑校：《补辑肘后方》，安徽科学技术出版社 1983 年版。

（晋）葛洪撰，胡守为校释：《神仙传校释》，中华书局 2010 年版。

（晋）葛洪撰，周天游校注：《西京杂记校注》，中华书局 2020 年版。

（晋）郭璞注，（清）毕沅校：《山海经》，上海古籍出版社 1989 年版。

（晋）郭璞注，（宋）邢昺疏：《尔雅注疏》，上海古籍出版社 2010 年版。

（晋）郭璞注：《尔雅》，中华书局 2016 年版。

（晋）郭璞注：《宋本山海经》，国家图书馆出版社 2017 年版。

（晋）郭璞著，张宗祥校录：《足本〈山海经〉图赞》，古典文学出版社 1958 年版。

（晋）郭象注，（唐）成玄英疏：《庄子注疏》，中华书局 2011 年版。

（晋）皇甫谧编集，黄龙祥整理：《针灸甲乙经》，人民卫生出版社 2006 年版。

（晋）孔晁注：《逸周书》，商务印书馆 1937 年版。

（晋）徐真人：《增广家用万宝玉匣记秘书》，书目文献出版社 1991 年版。

（晋）佚名：《洞神八帝元变经》，张继禹主编：《中华道藏》（第 4 册），华夏出版社 2004 年版。

（晋）张华撰，范宁校证：《博物志校证》，中华书局 2014 年版。

（隋）杜台卿：《玉烛宝典（及其他三种）》，中华书局 1985 年版。

（隋）杨上善：《黄帝内经太素》，中医古籍出版社 2016 年版。

（梁）顾野王著，顾恒一等辑注：《舆地志辑注》，上海古籍出版社 2011 年版。

（梁）顾野王撰，吕浩校点：《大广益会玉篇》，中华书局 2019 年版。

（梁）沈约：《宋书》，中华书局 1974 年版。

（梁）陶弘景编，尚志钧、尚元胜辑校：《本草经集注》，人民卫生出版社 1994 年版。

（梁）陶弘景集，尚志钧辑校：《名医别录》，人民卫生出版社 1986 年版。

（梁）吴均：《续齐谐记》，《丛书集成新编》（第 82 册），新文丰出版公司 1985 年版。

（梁）萧统编，（唐）李善等注：《六臣注文选》，中华书局 2012 年版。

（梁）宗懔撰，（隋）杜公瞻注，姜彦稚辑校：《荆楚岁时记》，中华书局 2018 年版。

（后晋）刘昫等：《旧唐书》，中华书局 1975 年版。

（后魏）贾思勰原著，缪启愉校释：《齐民要术校释》，中国农业出版社 1998 年版。

（五代）马缟：《中华古今注》，商务印书馆 1939 年版。

（前蜀）杜光庭：《墉城集仙录》，《四库全书存目丛书·子部》（第 258 册），齐鲁书社 1995 年版。

（南唐）张泌：《妆楼记》，商务印书馆 1939 年版。

（辽）行均：《宋本龙龛手鉴》，中国书店 2021 年版。

（唐）长孙无忌等：《唐律疏议》，中华书局 1983 年版。

（唐）陈藏器撰，尚志钧辑释：《〈本草拾遗〉辑释》，安徽科学技术出版社 2004 年版。

（唐）杜佑：《通典》，中华书局 1988 年版。

（唐）房玄龄等：《晋书》，中华书局 1974 年版。

（唐）韩鄂原著，缪启愉校释：《四时纂要校释》，农业出版社 1981 年版。

（唐）瞿昙悉达：《开元占经》，九州出版社 2011 年版。

（唐）李淳风注：《太玄金锁流珠引》，张继禹主编：《中华道藏》（第 33 册），华夏出版社 2004 年版。

（唐）陆德明撰，张一弓点校：《经典释文》，上海古籍出版社 2012 年版。

（唐）欧阳询撰，汪绍楹校：《艺文类聚》，上海古籍出版社 1999 年版。

（唐）释道世著，周叔迦、苏晋仁校注：《法苑珠林校注》，中华书局 2003 年版。

（唐）苏敬等撰，尚志钧辑校：《唐·新修本草》，安徽科学技术出版社 1981 年版。

（唐）孙思邈著，李景荣等校释：《千金翼方校释》，人民卫生出版社 2014 年版。

（唐）王焘撰，高文铸校注：《外台秘要方》，华夏出版社 1993 年版。

（唐）魏征等：《隋书》，中华书局 1973 年版。

（唐）徐坚等：《初学记》，中华书局 1962 年版。

（唐）袁天罡、李淳风撰，孙正治点校：《增补秘传万法归宗》，中医古籍出版社 2012 年版。

（宋）陈彭年：《钜宋广韵》，上海古籍出版社 2017 年版。

（宋）陈言：《三因极一病证方论》，人民卫生出版社 1957 年版。

（宋）陈元靓撰，许逸民点校：《岁时广记》，中华书局 2020 年版。

（宋）戴埴：《鼠璞》（《丛书集成初编》本），商务印书馆 1939 年版。

（宋）丁度等编：《宋刻集韵》，中华书局 2005 年版。

（宋）范晔：《后汉书》，中华书局 1965 年版。

（宋）高承撰，（明）李果定订，金圆、徐沛藻点校：《事物纪原》，中华书局 1989 年版。

（宋）洪兴祖撰，白化文等点校：《楚辞补注》，中华书局 1983 年版。

（宋）黄伯思：《宋本〈东观余论〉》，中华书局 1988 年版。

（宋）黄休复：《茅亭客话》，《宋元笔记小说大观》（一），上海古籍出版社 2007 年版。

（宋）金履祥撰，（清）清圣祖批：《御批资治通鉴纲目前编》，《景印文渊阁四库全书·史部》（第 692 册），台湾商务印书馆 1986 年版。

（宋）李昉等：《太平御览》，中华书局 1960 年版。

（宋）李昉等编：《太平广记》，中华书局 2020 年版。

（宋）刘恕：《资治通鉴外纪》，世界书局 1935 年版。

（宋）陆佃撰，王敏红校点：《埤雅》，浙江大学出版社2008年版。

（宋）罗泌：《路史》，《景印文渊阁四库全书·史部》（第383册），台湾商务印书馆1986年版。

（宋）罗愿撰，（元）洪焱祖释：《尔雅翼》，中华书局1985年版。

（宋）欧阳修、宋祁：《新唐书》，中华书局1975年版。

（宋）彭乘撰，孔凡礼点校：《续墨客挥犀》，中华书局2002年版。

（宋）秦观：《蚕书》（《丛书集成初编》本），商务印书馆1936年版。

（宋）司马光编著：《资治通鉴》，中华书局1956年版。

（宋）司马光等编：《类篇》，中华书局1984年版。

（宋）苏颂撰，尚志钧辑校：《本草图经》，安徽科学技术出版社1994年版。

（宋）孙光宪著，贾二强点校：《北梦琐言》，中华书局2002年版。

（宋）唐慎微撰，尚志钧等校点：《证类本草》，华夏出版社1993年版。

（宋）王楙撰，王文锦点校：《野客丛书》，中华书局1987年版。

（宋）王溥：《唐会要》，上海古籍出版社2006年版。

（宋）王钦若等编著，周勋初等校订：《册府元龟》，凤凰出版社2006年版。

（宋）王应麟撰，栾保群等校点：《困学纪闻》，上海古籍出版社2008年版。

（宋）徐子平：《渊海子平》，海南出版社2002年版。

（宋）姚宽撰，孔凡礼点校：《西溪丛语》，中华书局1993年版。

（宋）佚名撰，孔一校点：《道山清话》，《宋元笔记小说大观》（三），上海古籍出版社2007年版。

（宋）元妙宗编：《太上助国救民总真秘要》，张继禹主编：《中华道藏》（第30册），华夏出版社2004年版。

（宋）张君房编，宋永晟点校：《云笈七签》，中华书局2003年版。

（宋）周去非著，杨武泉校注：《岭外代答校注》，中华书局1999年版。

（宋）朱熹：《仪礼经传通解》，上海古籍出版社2010年版。

（宋）朱熹撰，赵长征点校：《诗集传》，中华书局2017年版。

（元）陈澔注：《礼记集说》，上海古籍出版社2016年版。

（元）宋鲁珍通书，何士泰历法，（明）熊宗立类编：《类编历法通书大全》，《续修四库全书术数类丛书》（第15册），上海古籍出版社2006年版。

（元）脱脱等：《宋史》，中华书局1985年版。

（元）王祯：《农书》（《国学基本丛书》本），商务印书馆1937年版。

（元）无名氏：《居家必用事类全集》，《北京图书馆古籍珍本丛刊》（第61册），书目文献出版社1988年版。

（明）陈继儒：《群碎录》，商务印书馆1936年版。

（明）陈士元：《梦占逸旨》，中华书局1985年版。

（明）方以智：《物理小识》，商务印书馆1937年版。

（明）冯时可：《左氏释》，《景印文渊阁四库全书》（第169册），台湾商务印书馆1986年版。

（明）高濂著，王大淳点校：《遵生八笺》，浙江古籍出版社2017年版。

（明）何乔远辑：《皇明文征》，明崇祯四年（1631）自刻本。

（明）黄省曾：《蚕经》，商务印书馆1936年版。

（明）兰陵笑笑生：《金瓶梅词话全本》，香港三联书店1986年版。

（明）郎瑛：《七修类稿》，上海书店出版社2009年版。

（明）李昌祺：《剪灯余话》，天一出版社1985年版。

（明）李时珍：《本草纲目》（校点本），人民卫生出版社2004年版。

（明）李一楫：《月令采奇》，明万历四十七年（1619）刊本。

（明）凌濛初：《初刻拍案惊奇》，中国文联出版社2001年版。

（明）凌濛初：《二刻拍案惊奇》，中华书局2009年版。

（明）凌濛初：《三刻拍案惊奇》，北京大学出版社1987年版。

（明）陆应阳原著，（清）蔡方炳增辑：《增订广舆记》，清康熙二十五年（1686）聚秀堂刻本。

（明）罗贯中：《三遂平妖传》，中华书局2004年版。

（明）马莳著，王洪图、李云点校：《黄帝内经素问注证发微》，科学技术文献出版社1999年版。

（明）梅膺祚：《字汇》，明万历乙卯（1615）刊本。

（明）齐东野人编演：《隋炀帝艳史》，上海古籍出版社1990年版。

（明）申时行等修：《明会典（万历朝重修本）》，中华书局1989年版。

（明）宋应星：《天工开物》，明崇祯十年（1637）刻本。

（明）陶宗仪等编：《说郛三种》，上海古籍出版社1988年版。

（明）田艺蘅撰，朱碧莲点校：《留青日札》，浙江古籍出版社2012年版。

（明）万民英：《三命通会》，《景印文渊阁四库全书》（第810册），台湾商务印书馆1986年版。

（明）王世贞编集：《艳异编》，太白文艺出版社2000年版。

（明）王㻞：《卫生易简方》，人民卫生出版社1984年版。

（明）谢肇淛撰，韩梅、韩锡铎点校：《五杂组》，中华书局2021年版。

（明）徐光启撰，石声汉校注：《农政全书校注》，上海古籍出版社1979年版。

（明）杨慎：《山海经补注》，中华书局1991年版。

（明）张岱撰，李小龙整理：《夜航船》，中华书局2012年版。

（明）张自烈，（清）廖文英编：《正字通》，中国工人出版社1996年版。

（明）周清源：《西湖二集》，人民文学出版社1989年版。

（明）朱权：《臞仙肘后经》，重庆出版社1994年版。

（清）曹去晶：《姑妄言》，中国文联出版公司1999年版。

（清）陈立撰，吴则虞点校：《白虎通疏证》，中华书局1994年版。

（清）陈士珂辑：《孔子家语疏证》，上海书店1987年版。

（清）程岱葊：《西吴蚕略》，《续修四库全书》（第978册），上海古籍出版社2002年版。

（清）段玉裁：《说文解字注》，中华书局2013年版。

（清）顾嗣立编：《元诗选·初集》，中华书局1987年版。

（清）顾嗣立编：《元诗选·二集》，中华书局1987年版。

（清）顾嗣立编：《元诗选·三集》，中华书局1987年版。

（清）顾炎武著，（清）黄汝成集释，栾保群等校点：《日知录集释》，上海古籍出版社2006年版。

（清）顾炎武撰，徐德明等校点：《左传杜注补正》，上海古籍出版社2012年版。

（清）桂馥：《说文解字义证》，中华书局2017年版。

（清）郭庆藩撰，王孝鱼点校：《庄子集释》，中华书局1961年版。

（清）郭汝聪纂集，黄杰熙评释：《〈本草三家合注〉评释》，山西科学技术出版社1995年版。

（清）何焯著，崔高维点校：《义门读书记》，中华书局1987年版。

（清）洪亮吉撰，李解民点校：《春秋左传诂》，中华书局1987年版。

（清）洪颐煊撰，胡正式、徐三见点校：《经典集林》，《洪颐煊集》（五），上海古籍出版社2018年版。

（清）黄生撰，（清）黄承吉合按，刘宗汉点校：《字诂义府合按》，中华书局1984年版。

（清）黄世仲：《廿载繁华梦》，华夏出版社1995年版。

（清）黄以周撰，王文锦点校：《礼书通故》，中华书局2007年版。

（清）惠栋撰，郑万耕点校：《周易述》，中华书局2007年版。

（清）江永：《礼记训义择言》，商务印书馆1937年版。

（清）焦循撰，沈文倬点校：《孟子正义》，中华书局1987年版。

（清）乐钧：《耳食录》，《笔记小说大观》（第27册），江苏广陵古籍刻印社1984年版。

（清）李道平：《周易集解纂疏》，中华书局1994年版。

（清）李光地等编：《御定星历考原》，《四库术数类丛书》（九），上海古籍出版社1990年版。

（清）梁章钜：《浪迹丛谈·续谈·三谈》，中华书局1981年版。

（清）刘文淇：《春秋左氏传旧注疏证》，科学出版社1959年版。

（清）马瑞辰撰，陈金生点校：《毛诗传笺通释》，中华书局1989年版。

（清）钮琇：《觚賸》，《笔记小说大观》（第17册），江苏广陵古籍刻印社1983年版。

（清）彭定求等编：《全唐诗》，中华书局1960年版。

（清）皮锡瑞撰，吴仰湘点校：《尚书大传疏证》，中华书局2022年版。

（清）蒲松龄著，朱其铠等校注：《全本新注聊斋志异》，人民文学出版社1989年版。

（清）沈秉成著，邓辟疆校注：《蚕桑辑要》，农业出版社1960年版。

（清）沈钦韩：《春秋左氏传补注》，商务印书馆1937年版。

（清）史梦兰著，张建国校注：《全史宫词》，大众文艺出版社1999年版。

（清）苏舆撰，钟哲点校：《春秋繁露义证》，中华书局1992年版。

（清）孙承泽著，王剑英点校：《春明梦余录》，北京古籍出版社 1992年版。

（清）孙希旦撰，沈啸寰等点校：《礼记集解》，中华书局 1989 年版。

（清）孙星衍撰，陈抗等点校：《尚书今古文注疏》，中华书局 2004年版。

（清）孙诒让著，汪少华点校：《周礼正义》，中华书局 2015 年版。

（清）孙诒让撰，孙启治点校：《墨子间诂》，中华书局 2001 年版。

（清）汪继培辑，魏代富疏证：《尸子疏证》，凤凰出版社 2018 年版。

（清）王筠：《说文解字句读》，中华书局 1988 年版。

（清）王筠：《说文释例》，中华书局 1987 年版。

（清）王念孙著，张其昀点校：《广雅疏证》，中华书局 2019 年版。

（清）王念孙撰，徐炜君等点校：《读书杂志》，上海古籍出版社 2014年版。

（清）王聘珍撰，王文锦点校：《大戴礼记解诂》，中华书局 1983 年版。

（清）王韬：《淞隐漫录》，人民文学出版社 1983 年版。

（清）王先谦：《后汉书集解》，中华书局 1984 年版。

（清）王先谦撰，沈啸寰、王星贤点校：《荀子集解》，中华书局 1988年版。

（清）王先慎撰，钟哲点校：《韩非子集解》，中华书局 1998 年版。

（清）王引之撰，虞思征等校点：《经义述闻》，上海古籍出版社 2016年版。

（清）文康：《儿女英雄传》，人民文学出版社 2014 年版。

（清）吴任臣著，栾保群点校：《山海经广注》，中华书局 2020 年版。

（清）夏敬渠：《野叟曝言》，人民文学出版社 2006 年版。

（清）闲斋氏：《夜谭随录》，《笔记小说大观》（第 22 册），江苏广陵古籍刻印社 1983 年版。

（清）萧智汉：《新增月日纪古》，清道光十四年（1834）萧氏听涛山房刻本。

（清）徐灏：《说文解字注笺》，《续修四库全书·经部》（第 227 册），上海古籍出版社 2002 年版。

（清）徐鼒撰，阎振益、钟夏点校：《读书杂释》，中华书局 1997 年版。

（清）宣鼎：《夜雨秋灯录》，齐鲁书社1986年版。

（清）杨屾编著：《豳风广义》，陕西通志馆1936年印本。

（清）姚福均：《铸鼎余闻》，《藏外道书》（第18册），巴蜀书社1992年版。

（清）于鬯著，张华民点校：《香草续校书》，中华书局1963年版。

（清）俞洵庆：《荷廊笔记》，清光绪乙酉年（1885）刻本。

（清）袁枚：《子不语》，上海古籍出版社1986年版。

（清）允禄、梅毂成、何国宗等：《钦定协纪辨方书》，台湾古籍出版社2004年版。

（清）张志聪集注：《黄帝内经灵枢集注》，上海卫生出版社1957年版。

（清）赵吉士：《寄园寄所寄》，大达图书供应社1935年版。

（清）赵翼：《陔余丛考》，中华书局1963年版。

（清）周寿昌：《汉书注校补》，商务印书馆1937年版。

（清）周寿昌撰，许逸民点校：《思益堂日札》，中华书局1987年版。

（清）朱骏声：《说文通训定声》，中华书局1984年版。

（清）朱右曾：《逸周书集训校释》，商务印书馆1937年版。

程树德撰，程俊英、蒋见元点校：《论语集释》，中华书局1990年版。

丁光迪主编：《诸病源候论校注》，人民卫生出版社2013年版。

傅璇琮等主编：《全宋诗》，北京大学出版社1991年版。

高亨：《周易古经今注》（重订本），中华书局1984年版。

高亨：《诸子新笺》，山东人民出版社1961年版。

郭霭春主编：《黄帝内经素问校注》，人民卫生出版社2016年版。

何宁：《淮南子集释》，中华书局1998年版。

黄晖校释：《论衡校释》，中华书局1990年版。

黄灵庚疏证：《楚辞章句疏证》（增订本），上海古籍出版社2018年版。

黄寿祺、张善文：《周易译注》，上海古籍出版社1989年版。

黎翔凤撰，梁运华整理：《管子校注》，中华书局2004年版。

李景荣等校释：《备急千金要方校释》，人民卫生出版社1997年版。

凌耀星主编：《难经校释》，人民卫生出版社2013年版。

刘文典撰，冯逸、乔华点校：《淮南鸿烈集解》，中华书局1989年版。

马继兴主编：《神农本草经辑注》，人民卫生出版社1995年版。

尚志钧校注：《神农本草经校注》，学苑出版社2008年版。
石声汉校注：《农桑辑要校注》，中华书局2014年版。
唐圭璋编著，孔凡礼补辑：《全宋词》，中华书局1999年版。
汪荣宝撰，陈仲夫点校：《法言义疏》，中华书局1987年版。
王利器：《新语校注》，中华书局1986年版。
王利器：《颜氏家训集解》（增补本），中华书局1993年版。
王明：《抱朴子内篇校释》（增订本），中华书局1985年版。
王明编：《太平经合校》，中华书局1960年版。
王天海、王韧：《意林校释》，中华书局2014年版。
吴则虞编著：《晏子春秋集释》，中华书局1962年版。
徐时仪校注：《一切经音义（三种校本合刊）》，上海古籍出版社2008年版。
徐元诰撰，王树民、沈长云点校：《国语集解》，中华书局2002年版。
徐宗元辑：《帝王世纪辑存》，中华书局1964年版。
许维遹撰，梁运华整理：《吕氏春秋集释》，中华书局2009年版。
杨伯峻：《列子集释》，中华书局1979年版。
杨伯峻编著：《春秋左传注》（修订本），中华书局1990年版。
佚名：《黄帝太一八门入式秘诀》，张继禹主编：《中华道藏》（第32册），华夏出版社2004年版。
佚名：《绘图三教源流搜神大全（外二种）》，上海古籍出版社2012年版。
佚名：《新刊阴阳宝鉴克择通书》，《续修四库全书术数类丛书》（第14册），上海古籍出版社2006年版。
佚名撰，王根林等校点：《汉武故事》，《汉魏六朝笔记小说大观》，上海古籍出版社1999年版。
袁珂校注：《山海经校注》，上海古籍出版社1980年版。
张灿玾等主编：《针灸甲乙经校注》，人民卫生出版社1996年版。
张传官：《急就篇校理》，中华书局2017年版。
张纯一撰，梁运华点校：《晏子春秋校注》，中华书局2014年版。
赵尔巽等：《清史稿》，中华书局1977年版。
朱谦之：《老子校释》，中华书局1984年版。

［日］丹波康赖:《医心方》,人民卫生出版社1955年版。
［日］丹波元简:《素问识》,中医古籍出版社2017年版。
［日］森立之著,孙屏等校点:《本草经考注》,学苑出版社2009年版。
［日］竹添光鸿:《左氏会笺》,巴蜀书社2008年版。

三 论著类

《中医学》编辑委员会编著:《中国医学百科全书·中医学》,上海科学技术出版社1997年版。

蔡连章:《古文字基础》,百家出版社2006年版。

常金仓:《周代礼俗研究》,文津出版社1993年版。

陈国符:《道藏源流考》,中华书局1949年版。

陈侃理:《儒学、数术与政治灾异的政治文化史》,北京大学出版社2015年版。

陈梦家:《汉简缀述》,中华书局1981年版。

陈梦家:《殷虚卜辞综述》,中华书局1988年版。

陈槃:《古谶纬研讨及其书录解题》,国立编译馆1991年版。

陈槃:《汉晋遗简识小七种》,上海古籍出版社2009年版。

陈松长等:《岳麓书院藏秦简的整理与研究》,中西书局2014年版。

陈炜湛:《古文字趣谈》,上海古籍出版社2005年版。

陈业新:《灾害与两汉社会研究》,上海人民出版社2004年版。

陈直:《摹庐丛著七种》,齐鲁书社1981年版。

陈直:《居延汉简研究》,中华书局2009年版。

邓启耀:《中国巫蛊考察》,上海文艺出版社1999年版。

邓云特:《中国救荒史》,商务印书馆1937年版。

丁世良、赵放主编:《中国地方志民俗资料汇编·西北卷》,书目文献出版社1989年版。

丁世良、赵放主编:《中国地方志民俗资料汇编·中南卷》,书目文献出版社1991年版。

董莲池:《说文部首形义新证》,作家出版社2007年版。

杜正胜:《从眉寿到长生——医疗文化与中国古代生命观》,三民书局2005年版。

方素梅主编：《中国少数民族禁忌大观》，广西民族出版社1996年版。
傅勤家：《中国道教史》，商务印书馆2011年版。
高亨纂，董治安整理：《古字通假会典》，齐鲁书社1989年版。
高洪兴编：《黄石民俗学论集》，上海文艺出版社1999年版。
胡朴安编：《中华全国风俗志》，上海书店出版社1986年版。
胡文辉：《中国早期方术与文献丛考》，中山大学出版社2000年版。
胡新生：《中国古代巫术》，山东人民出版社1998年版。
吉常宏、吉发涵：《古人名字解诂》，语文出版社2003年版。
江绍原：《中国古代旅行之研究》，商务印书馆1937年版。
姜生、汤伟侠主编：《中国道教科学技术史·汉魏两晋卷》，科学出版社2002年版。
姜守诚：《出土文献与早期道教》，中国社会科学出版社2016年版。
金庸：《神雕侠侣》，广州出版社2002年版。
金庸：《侠客行》，广州出版社2002年版。
金庸：《倚天屠龙记》，广州出版社2002年版。
赖亚生：《神秘的鬼神世界——中国鬼文化探秘》，人民中国出版社1993年版。
李建民主编：《从医疗看中国史》，中华书局2012年版。
李零：《放虎归山》，山西人民出版社2008年版。
李零：《丧家狗——我读〈论语〉》，山西人民出版社2007年版。
李零：《中国方术考》（修订本），东方出版社2001年版。
李零：《中国方术续考》，中华书局2006年版。
李振宏、孙英民：《居延汉简人名编年》，中国社会科学出版社1997年版。
梁繁荣、王毅主编：《揭秘敝昔遗书与漆人：老官山汉墓医学文物文献初识》，四川科学技术出版社2016年版。
梁其姿：《麻风：一种疾病的医疗社会史》，朱慧颖译，商务印书馆2013年版。
梁其姿：《面对疾病——传统中国社会的医疗观念与组织》，中国人民大学出版社2011年版。
林惠祥：《文化人类学》，上海古籍出版社2013年版。

刘晶:《两汉数术原理导论》,暨南大学出版社 2020 年版。

刘乐贤:《简帛数术文献探论》,湖北教育出版社 2002 年版。

刘乐贤:《战国秦汉简帛丛考》,文物出版社 2010 年版。

刘文英:《梦的迷信与梦的探索》,中国社会科学出版社 1989 年版。

刘文英、曹田玉:《梦与中国文化》,人民出版社 2003 年版。

刘昭瑞:《考古发现与早期道教研究》,文物出版社 2007 年版。

鲁西奇:《中国古代买地券研究》,厦门大学出版社 2014 年版。

吕亚虎:《秦汉社会民生信仰研究——以出土简帛文献为中心》,中国社会科学出版社 2016 年版。

吕亚虎:《战国秦汉简帛文献所见巫术研究》,科学出版社 2010 年版。

马叙伦:《说文解字六书疏证》,上海书店出版社 1985 年版。

彭林:《〈周礼〉主题思想与成书年代研究》,中国社会科学出版社 1991 年版。

彭卫、孟庆顺:《历史学的视野——当代史学方法概述》,陕西人民出版社 1987 年版。

钱钟书:《围城》,人民文学出版社 2013 年版。

裘锡圭:《文字学概要》(修订本),商务印书馆 2013 年版。

冉先德主编:《中华药海》,东方出版社 2010 年版。

饶尚宽编著:《春秋战国秦汉朔闰表(公元前 722 年~公元 220 年)》,商务印书馆 2006 年版。

史宗主编:《20 世纪西方宗教人类学文选》,上海三联书店 1995 年版。

宋会群:《中国术数文化史》,河南大学出版社 1999 年版。

孙机:《汉代物质文化资料图说》(增订本),上海古籍出版社 2008 年版。

田望生:《字里乾坤——汉字文化随笔》,华文出版社 2004 年版。

田炜:《古玺探研》,华东师范大学出版社 2010 年版。

王国维:《宋元戏曲史》,商务印书馆 1915 年版。

王家葵:《本草博物志》,北京大学出版社 2020 年版。

王文涛:《秦汉社会保障研究——以灾害救助为中心的考察》,中华书局 2007 年版。

王祥之:《图解汉字起源》,北京大学出版社 2009 年版。

王毓瑚：《中国农学书录》，中华书局 2006 年版。
王子今：《秦汉称谓研究》，中国社会科学出版社 2014 年版。
闻一多：《伏羲考》，上海古籍出版社 2006 年版。
吴康编：《中国鬼神精怪》，湖南文艺出版社 1992 年版。
夏渌：《古文字演变趣谈》，文物出版社 2009 年版。
许进雄：《中国古代社会——文字与人类学的透视》，中国人民大学出版社 2008 年版。
禤健聪：《战国楚系简帛用字习惯研究》，科学出版社 2017 年版。
严世芸、李其忠主编：《新编简明中医辞典》，人民卫生出版社 2007 年版。
晏昌贵：《巫鬼与淫祀——楚简所见方术宗教考》，武汉大学出版社 2010 年版。
杨筑慧：《中国西南民族生育文化研究》，中央民族大学出版社 2006 年版。
姚春鹏：《黄帝内经——气观念下的天人医学》，中华书局 2008 年版。
姚周辉：《神秘的符箓咒语》，广西人民出版社 2004 年版。
余培林：《诗经正诂》，三民书局 1993 年版。
余英时：《东汉生死观》，侯旭东等译，上海古籍出版社 2005 年版。
余云岫编著：《古代疾病名候疏义》，学苑出版社 2012 年版。
张公瑾等主编：《中国各民族原始宗教资料集成：傣族卷·哈尼族卷·景颇族卷·孟——高棉语族群体卷·普米族卷·珞巴族卷·阿昌族卷》，中国社会科学出版社 1999 年版。
张亮采：《中国风俗史》，东方出版社 1996 年版。
张孟伦：《汉魏人名考》，兰州大学出版社 1988 年版。
张儒甫：《汉字解惑》，青海人民出版社 2002 年版。
张勋燎、白彬：《中华道教考古》（第 1 册），线装书局 2006 年版。
张延昌、朱建平编著：《武威汉代医简研究》，原子能出版社 1996 年版。
张紫晨：《中国巫术》，上海三联书店 1990 年版。
赵国华：《生殖崇拜文化论》，中国社会科学出版社 1990 年版。
赵洪联：《中国方技史》（增订本），上海书店出版社 2017 年版。
赵瑞民：《姓名与中国文化》，中央编译出版社 2016 年版。

赵益：《古典术数文献述论稿》，中华书局 2005 年版。

郑振铎：《汤祷篇》，古典文学出版社 1957 年版。

周冰：《巫·舞·八卦》，新华出版社 1993 年版。

周法高：《周秦名字解诂汇释》，中华丛书委员会 1958 年版。

周法高：《周秦名字解诂汇释补编》，中华丛书委员会 1964 年版。

周作人：《药味集》，新民印书馆 1942 年版。

朱磊：《中国古代的北斗信仰研究》，文物出版社 2018 年版。

邹晓丽编著：《基础汉字形义释源——〈说文〉部首今读本义》，中华书局 2007 年版。

［奥］佛罗伊德：《图腾与禁忌》，杨庸一译，中国民间文艺出版社 1986 年版。

［奥］西格蒙德·弗洛伊德：《梦的解析》，周艳红、胡惠君译，上海三联书店 2007 年版。

［德］恩格斯：《反杜林论》，人民出版社 2018 年版。

［德］恩格斯著，中共中央马克思恩格斯列宁斯大林著作编译局编译：《家庭、私有制和国家的起源》，人民出版社 2018 年版。

［德］恩斯特·卡西尔：《神话思维》，黄龙保等译，中国社会科学出版社 1992 年版。

［德］恩斯特·卡西尔：《语言与神话》，于晓等译，生活·读书·新知三联书店 1988 年版。

［法］列维·斯特劳斯：《野性的思维》，李幼蒸译，商务印书馆 1987 年版。

［韩］文镛盛：《中国古代社会的巫觋》，华文出版社 1999 年版。

［荷兰］高罗佩：《秘戏图考》，杨权译，广东人民出版社 1992 年版。

［美］伯尔曼：《法律与宗教》，梁治平译，商务印书馆 2012 年版。

［美］玛格丽特·米德：《三个原始部落的性格与气质》，宋践等译，浙江人民出版社 1988 年版。

［美］威廉·麦克尼尔：《瘟疫与人——传染病对人类历史的冲击》，杨玉玲译，远见天下出版股份有限公司 1998 年版。

［美］威廉·科克汉姆：《医学社会学》，杨辉等译，华夏出版社 2000 年版。

［日］高田忠周：《古籀篇》，大通书局1982年版。

［日］宫冢准：《日本的民俗宗教》，赵仲明译，南京大学出版社2008年版。

［日］井上圆了：《妖怪学讲义录（总论）》，蔡元培译，东方出版社2014年版。

［日］伊藤清司：《〈山海经〉中的鬼神世界》，刘晔原译，中国民间文艺出版社1989年版。

［英］J. G. 弗雷泽：《魔鬼的律师——为迷信辩护》，阎云祥、龚小夏译，东方出版社1988年版。

［英］L. R. 帕默尔：《语言学概论》，李荣等译，商务印书馆1983年版。

［英］李约瑟：《李约瑟中国科学技术史》，刘巍译，第6卷《生物学及相关技术》第6分册《医学》，科学出版社2013年版。

［英］詹·乔·弗雷泽：《金枝——巫术与宗教之研究》，徐育新等译，中国民间文艺出版社1987年版。

四 论文类

（一）论集及刊物论文

《日书》研读班：《日书：秦国社会的一面镜子》，《文博》1986年第5期。

《五十二病方》，［日］赤堀昭、山田庆儿译，载山田庆儿编《新发现中国科学史资料の研究·译注篇》，京都大学人文科学研究所1985年版。

白芳：《秦汉时期"万岁"的社会内涵》，《史学月刊》2008年第8期。

白玉峥：《契文举例校读》，《中国文字》（第52册），1974年。

曹旅宁：《释"徒隶"兼论秦刑徒的身份及刑期问题》，《上海师范大学学报》（哲学社会科学版）2008年第5期。

晁天义：《禹步巫术与禹的神化》，《陕西师范大学继续教育学报》2000年第3期。

陈剑：《马王堆帛书〈五十二病方〉、〈养生方〉释文校读札记》，《出土文献与古文字研究》（第5辑），上海古籍出版社2013年版。

陈久金:《敦煌、居延汉简中的历谱》,载中国社会科学院考古研究所编《中国古代天文文物论集》,文物出版社1989年版。

陈侃理:《北大秦简中的方术书》,《文物》2012年第6期。

陈梦家:《汉简年历表叙》,《考古学报》1962年第2期。

陈伟、熊北生:《睡虎地汉简中的券与相关文书》,《文物》2019年第12期。

陈直:《秦陶券与秦陵文物》,《西北大学学报》(哲学社会科学版)1957年第1期。

陈直:《玺印木简中发现的古代医学史料》,《科学史集刊》1958年第1期。

成都文物考古研究所等(谢涛等执笔):《成都市天回镇老官山汉墓》,《考古》2014年第7期。

董尚朴:《〈五十二病方〉成书史地考》,《中医药学报》1989年第5期。

杜正胜:《从眉寿到长生——中国古代生命观念的转变》,《"中研院"历史语言研究所集刊》(第66本,第2分册),1995年。

段祯、王亚丽:《〈武威医简〉68、86甲乙及唐以前麻风病用药特点讨论》,《中国中医基础医学杂志》2016年第12期。

范彬彬:《南越国的鼠害》,《大众考古》2020年第11期。

方勇:《谈关沮秦简所见秦代的浴蚕术》,《社会科学战线》2018年第3期。

郭沫若:《由寿县蔡器论到蔡墓的年代》,《考古学报》1956年第1期。

郝振楠:《〈日书〉所见秦人鬼神观念述论》,载葛志毅主编《中国古代社会与思想文化研究论集》(三),黑龙江人民出版社2008年版。

何有祖:《天长汉墓所见书信牍管窥》,《简帛》(第3辑),上海古籍出版社2008年版。

和中浚等:《老官山汉墓〈六十病方〉与马王堆〈五十二病方〉比较研究》,《中医药文化》2015年第4期。

黑光:《西安市郊发现秦杜虎符》,《文物》1979年第9期。

胡厚宣:《殷代的蚕桑和丝织》,《文物》1972年第11期。

胡新生:《禹步新探》,《文史哲》1996年第1期。

湖北省江陵县文物局、荆州地区博物馆编：《江陵岳山秦汉墓》，《考古学报》2000年第4期。

湖北省文物考古研究所、随州市曾都区考古队：《湖北随州市周家寨墓地M8发掘简报》，《考古》2017年第8期。

黄今言、温乐平：《汉代自然灾害与政府的赈灾行迹年表》，《农业考古》2000年第3期。

黄丽君：《防闲托守宫——汉唐之间以守宫为方的验淫术》，《史原》2012年第3期。

纪春华等：《安徽天长西汉墓发掘简报》，《文物》2006年第11期。

纪南城凤凰山168号汉墓发掘整理组：《湖北江陵凤凰山168号汉墓发掘报告》，《文物》1975年第9期。

江苏省文物管理委员会：《江苏高邮邵家沟汉代遗址的清理》，《考古》1960年第10期。

姜守诚：《放马滩秦简〈日书〉"行不得择日"篇考释》，《鲁东大学学报》2012年第4期。

金祥恒：《说裯》，《中国文字》（第45册），1972年。

荆州地区博物馆：《江陵王家台15号秦墓》，《文物》1995年第1期。

郎保利：《长平古战场出土三十八年上郡戈及相关问题》，《文物》1998年第10期。

李家浩、杨泽生：《北京大学藏汉代医简简介》，《文物》2011年第6期。

李建雄、李洁：《大街汉墓〈粮囤画像〉研究》，《农业考古》2018年第3期。

李剑国、张玉莲：《"禹步"考论》，《求是学刊》2006年第5期。

李金莲：《女性、污秽与象征：宗教人类学视野中的月经禁忌》，《宗教学研究》2006年第3期。

李金莲、朱和双：《汉文化视野中的月经禁忌与民间信仰》，《中国俗文化研究》（第3辑），巴蜀书社2005年版。

李瑾：《"冥"字与"黾勉"词两者音义关系分析》，《华中师范大学学报》（哲学社会科学版）1987年第3期。

李零：《秦駰祷病玉版的研究》，袁行霈主编《国学研究》（第6卷），北京大学出版社1999年版。

李零：《北大藏秦简〈禹九策〉》，《北京大学学报》（哲学社会科学版）2017年第5期。

李牧：《麻风第一方考》，《中国医史杂志》1995年第2期。

李书田：《〈五十二病方〉成书年代考》，《中医函授通讯》1990年第6期。

李天虹：《楚简文字形体混同、混讹举例》，《江汉考古》2005年第3期。

李天虹、华楠、李志芳：《胡家草场汉简〈诘咎〉篇与睡虎地秦简〈日书·诘〉对读》，《文物》2020年第8期。

梁章池：《中国古代麻风病史事考辨》，《广东皮肤性病防治通讯》1963年第1期。

梁章池、赵文明：《关于中国"疠人坊"起源的考证及其遗址现场的考察》，《中国麻风杂志》1985年创刊号。

凌春辉：《"伞"民俗的文化意蕴及其象征意义》，《广西右江民族师专学报》2002年第1期。

刘国胜：《港中大馆藏汉简〈日书〉补释》，《简帛》（第1辑），上海古籍出版社2006年版。

刘建民：《读〈里耶秦简（壹）〉医方简札记》，《简帛》（第11辑），上海古籍出版社2015年版。

刘乐贤：《睡虎地秦简日书〈诘咎篇〉研究》，《考古学报》1993年第4期。

刘乐贤：《额济纳汉简数术资料考》，《历史研究》2006年第2期。

刘乐贤：《印台汉简〈日书〉初探》，《文物》2009年第10期。

刘瑞明：《帛书〈五十二病方〉"人病马不痫"考证》，《中医文献杂志》2007年第4期。

刘信芳：《〈日书〉驱鬼术发微》，《文博》1996年第4期。

刘远钊：《"万岁"考》，《青海师专学报》1985年第2期。

刘增贵：《秦简〈日书〉中的出行礼俗与信仰》，《"中研院"历史语言研究所集刊》（第72本，第3分册），2001年。

刘增贵：《睡虎地秦简〈日书〉"土忌"篇数术考释》，《"中研院"历史语言研究所集刊》（第 78 本，第 4 分册），2007 年。

刘增贵：《天堂与地狱：汉代的泰山信仰》，《大陆杂志》（第 94 本 5 分册），1999 年。

刘昭瑞：《居延新出汉简所见方术考释》，《文史》（第 43 辑），中华书局 1997 年版。

刘昭瑞：《论"禹步"的起源及禹与巫、道的关系》，载中山大学人类学系编《梁钊韬与人类学》，中山大学出版社 1991 年版。

刘宗迪：《禹步·商羊舞·焚巫尪——兼论大禹治水神话的文化原型》，《民族艺术》1997 年第 4 期。

陆锡兴：《"黄君法行"朱字刻铭砖的探索》，《考古》2002 年第 4 期。

洛阳博物馆：《洛阳西汉卜千秋墓壁画墓发掘简报》，《文物》1977 年第 6 期。

吕亚虎：《〈额济纳汉简〉所见出行巫术浅析》，《殷都学刊》2009 年第 2 期。

吕亚虎：《出土秦律中的俗禁问题》，《江汉论坛》2020 年第 9 期。

吕亚虎：《古文"字"形义构建的民俗学解读》，《陕西师范大学学报》（哲学社会科学版）2020 年第 2 期。

吕亚虎：《秦汉时期对传染性疾病的认知发微——以出土简文所载疠病为例的探讨》，《人文杂志》2020 年第 9 期。

吕亚虎：《秦简中的浴蚕术及其相关俗信发微》，《中国农史》2020 年第 5 期。

吕亚虎：《试论秦汉时期的祠先农信仰》，《江西师范大学学报》（哲学社会科学版）2013 年第 5 期。

吕亚虎：《守宫砂：一种民俗事象的信仰原理及流变考察》，《中国俗文化研究》（第 14 辑），四川大学出版社 2017 年版。

吕亚虎：《数字"七"的巫术性蠡测——以秦汉简帛文献为中心》，《历史教学问题》2012 年第 1 期。

吕亚虎：《说"瘖生"——民俗学视野下的生育禁忌信仰探析》，《东亚汉学研究》（第 8 号），东亚汉学研究会 2018 年版。

吕亚虎：《战国秦汉时期的祠行信仰——以出土简牍〈日书〉为中心的考察》，《陕西师范大学学报》（哲学社会科学版）2014 年第 3 期。

马堃堃等：《中国典籍中"麻风"一词的演变与典故》，《中国科技术语》2013年第5期。

潘白尘：《读张仲景替王仲宣诊病一则有感》，《江苏中医》1957年第2期。

裘锡圭：《马王堆医书释读琐议》，《湖南中医学院学报》1987年第4期。

饶宗颐：《秦简中的五行说与纳音说》，《古文字研究》（第14辑），中华书局1986年版。

尚志钧：《〈五十二病方〉与〈山海经〉》，《马王堆医书研究专刊（1）》，1980年。

宋华强：《放马滩秦简〈日书〉识小录》，《简帛》（第6辑），上海古籍出版社2011年版。

宋杰：《汉代产育风俗探析》，《史学集刊》2010年第4期。

宋杰：《汉代后妃"就馆"与"外舍产子"风俗》，《历史研究》2009年第6期。

孙闻博：《秦及汉初的司寇与徒隶》，《中国史研究》2015年第3期。

孙兆华：《从岳麓简"秦更名令"看秦统一对人名的影响》，《鲁东大学学报》（哲学社会科学版）2016年第2期。

田天：《北大藏秦简〈祠祝之道〉初探》，《北京大学学报》（哲学社会科学版）2015年第2期。

田天：《北大藏秦简〈医方杂抄〉初识》，《北京大学学报》（哲学社会科学版）2017年第2期。

田天：《北大藏秦简〈杂祝方〉简介》，《出土文献研究》（第14辑），中西书局2015年版。

田炜：《玺印人名考（两篇）》，载复旦大学出土文献与古文字研究中心编《出土文献与传世典籍的诠释：纪念谭朴森先生逝世两周年国际学术研讨会论文集》，上海古籍出版社2010年版。

田炜：《新见西汉马病以家钫铭文考释》，《古文字研究》（第28辑），中华书局2010年版。

王春瑜：《"万岁"考》，《历史研究》1979年第9期。

王洪车：《"疠迁所"的历史透视》，《黑龙江史志》2009年第22期。

王晖：《夏禹为巫祝宗主之谜与名字巫术论》，《人文杂志》2007年第4期。

王树芬：《论张仲景诊王仲宣一案的真实性及其价值》，《中华医史杂志》1997年第1期。

王玉兴：《中国古代疫情年表》，《天津中医学院学报》2003年第3期。

王育成：《东汉道符释例》，《考古学报》1991年第1期。

王子今：《说"黔首"称谓——以出土文献为中心的考察》，《出土文献研究》（第11辑），中西书局2012年版。

魏永康：《流变与传承——秦汉时期"伏日"考论》，《古代文明》2013年第4期。

吴荣曾：《汉简中所见的鬼神迷信》，《汉简研究》（第3辑），广西教育出版社1998年版。

吴小强：《论秦人宗教思维特征——云梦秦简〈日书〉的宗教学研究》，《江汉考古》1992年第1期。

吴小强：《略论秦代社会的神秘文化》，《广州师范学院学报》1997年第4期。

夏德靠：《"禹步"起源及其嬗变》，《四川师范大学学报》（社会科学版）2010年第6期。

萧佐桃：《从〈黄帝内经〉探讨〈五十二病方〉的成书年代》，《马王堆医书研究专刊（1）》，1980年。

肖永明：《读岳麓书院藏秦简〈为吏治官及黔首〉札记》，《中国史研究》2009年第3期。

徐中舒：《金文嘏辞释例》，《"中研院"历史语言研究所集刊》（第6本，第1分册），1936年。

许凯翔：《〈搜神记·女化蚕〉试析》，《早期中国史研究》（第3卷第1期），2011年。

晏昌贵：《秦家嘴"卜筮祭祷"简释文辑校》，《湖北大学学报》2005年第1期。

晏昌贵：《天星观"卜筮祭祷"简释文辑校》，载丁四新主编《楚地简帛思想研究》（二），湖北教育出版社2005年版。

晏昌贵：《天星观卜筮祭祷简释文辑校》，载氏著《简帛数术与历史地理论集》，商务印书馆 2010 年版。

扬州博物馆、邗江县图书馆：《江苏邗江胡场五号汉墓》，《文物》1981年第 11 期。

杨新亮、王晓磊：《两汉瘟疫分类的思考》，《内蒙古农业大学学报》（社会科学版）2011 年第 2 期。

杨振红：《汉代自然灾害初探》，《中国史研究》1999 年第 4 期。

叶玉森：《揅契枝谭·甲卷》，《学衡》（第 31 期），1924 年 7 月。

游逸飞：《里耶 8—461 号"秦更名方"选释》，载魏斌主编《古代长江中游社会研究》，上海古籍出版社 2013 年版。

游自勇：《敦煌本〈白泽精怪图〉校录——〈白泽精怪图〉研究之一》，《敦煌吐鲁番研究》（第 12 卷），2011 年。

于平：《"龙舞"臆断》，《民族艺术》1986 年第 1 期。

于省吾：《春秋名字解诂商谊》，《考古》1936 年第 2 期。

余健：《卐及禹步考》，《东南大学学报》（哲学社会科学版）2002 年第 1 期。

张光裕、陈伟武：《简帛医药文献考释举隅》，《湖南省博物馆馆刊》（第 1 辑），2004 年。

张光裕、陈伟武：《战国楚简所见病名辑证》，《中国文字学报》（第 1 辑），商务印书馆 2006 年版。

张剑光、邹国慰：《略论两汉疫情的特点和救灾措施》，《北京师范大学学报》（人文社会科学版）1999 年第 4 期。

张雷、张炯：《简帛经方医学文献词语校释三则》，《甘肃中医学院学报》2013 年第 6 期。

张永山：《汉代历谱》，载薄树人主编《中国科学技术典籍通汇·天文卷》，大象出版社 1998 年版。

张再兴：《殷商西周金文中构字符素"宀"的形体演变》，《汉字研究》（第 1 辑），学苑出版社 2005 年版。

张正霞、辛波：《帛书〈五十二病方〉成书年代考证》，《文物春秋》2007 年第 6 期。

赵平安：《从楚简"娩"的释读谈到甲骨文的"娩幼"》，载李学勤、谢桂华主编《简帛研究二〇〇一》（上），广西师范大学出版社 2001 年版。

赵世超：《铸鼎象物说》，《社会科学战线》2004 年第 4 期。

郑有国：《秦简"士伍"的身份及特征》，《福建文坛》（文史哲版）1991 年第 6 期。

郑忠华：《印台墓地出土大批西汉简牍》，载荆州博物馆编著《荆州重要考古发现》，文物出版社 2009 年版。

钟敬文：《马头娘传说辨》，《钟敬文民间文学论集》（下），上海文艺出版社 1982 年版。

钟益研、凌襄：《我国现已发现的最古医方——〈五十二病方〉》，《文物》1975 年第 9 期。

朱立平：《也谈"万岁"》，《历史研究》1980 年第 1 期。

朱源清：《戏——流行于秦汉时期的方术》，《古籍整理研究学刊》2004 年第 1 期。

[日] 林富士：《试释睡虎地秦简中的"疠"与"定杀"》，《史原》1986 年第 15 期。

（二）学位论文

陈星：《老官山汉墓医简外治法研究》，硕士学位论文，成都中医药大学，2018 年。

陈炫玮：《孔家坡汉简日书研究》，硕士学位论文，"国立"清华大学历史研究所，2017 年。

段伟：《秦汉社会防灾减灾制度研究》，博士学位论文，首都师范大学，2005 年。

刘欣：《马王堆汉墓帛书〈五十二病方〉校读与集释》，硕士学位论文，复旦大学，2010 年。

张文华：《汉代自然灾害的初步研究》，硕士学位论文，陕西师范大学，2001 年。

（三）网络论文

曹方向：《读秦简札记（三则）》，武汉大学简帛网 2008 年 11 月 11 日。

曹方向：《试说秦简"垤穴"及出土文献所见治鼠措施》，武汉大学简帛网 2009 年 8 月 4 日。

陈伟：《读沙市周家台秦简札记》，武汉大学简帛网 2005 年 11 月 2 日。

方勇：《读〈里耶秦简（壹）〉札记（一）》，武汉大学简帛网 2012 年 4 月 28 日。

高一致：《读北大秦简笔记四种》，武汉大学简帛网 2018 年 3 月 4 日。

何有祖：《孔家坡汉简日书所见"鸡血社"浅论》，武汉大学简帛网 2007 年 7 月 3 日。

里耶秦简牍释读小组：《〈里耶秦简（二）〉简牍缀合续表等文读后记》，武汉大学简帛网 2018 年 5 月 15 日。

廖秋菊：《〈里耶秦简（二）〉9-474+9-2458 补释》，武汉大学简帛网 2018 年 5 月 20 日。

廖秋菊：《北大秦简〈杂祝方〉札记一则》，武汉大学简帛网 2018 年 4 月 20 日。

宋华强：《放马滩秦简〈日书〉识小录》，武汉大学简帛网 2010 年 2 月 14 日。

谢坤：《〈里耶秦简〉（贰）札记（一）》，武汉大学简帛网 2018 年 5 月 17 日。

周海锋：《〈里耶秦简〉（二）初读（一）》，武汉大学简帛网 2018 年 5 月 15 日。

周群：《也说孔家坡日书简所见的"鸡血社"》，武汉大学简帛网 2007 年 7 月 9 日。

朱贇斌：《读〈玉门关汉简〉"地节元年历谱"札记》，武汉大学简帛网 2020 年 1 月 5 日。

（四）其他

成都文物考古研究所：《成都"老官山"汉墓》，《中国文物报》2013 年 12 月 20 日第 4 版。

李林山：《张仲景的"五石汤"竟然藏在凉州》，《武威日报》2019 年 1 月 6 日。

夏德安：《放马滩日书甲乙种"禹有直五横"与禹治水神话试探》，"中国简帛学国际论坛 2012·秦简牍研究"会议论文，武汉大学，2012 年。

赵怀舟、和中浚、李继明、任玉兰、周兴兰、王一童：《老官山汉墓医书〈六十病方〉采众方而成》，"2016 出土医学文献研究国际研讨会"论文，上海中医药大学中医文献研究所，2016 年。

后 记

拙著是在我主持的教育部人文社科基金项目"出土简帛文献与中国早期术数信仰研究"（批号：16XJA770003）结项稿基础上略加删订而成。所谓删订，只是将其中考察梦占祈禳信仰的一章内容及有关疠病防控的现代启示的部分，虑及出版经费和编辑意见做了删除，其他部分基本上一仍其旧。

从战国秦汉简帛文献资料入手，结合传世文献资料及其他出土文字资料，对这一时期的社会民生信仰进行专题研究，是我十余年来的主要研究旨趣所在。忆及对出土简帛文献资料的接触，还得从2005年9月随王晖先生在职攻读博士学位谈起。当时适逢王先生申报的教育部哲学社会科学重大课题攻关项目招标课题"中国早期文字与文化研究"（批号：05JZD00029）获批，于是在后来的学位论文选题时，接受了导师的建议，从该项目子课题"早期文字资料与巫术文化研究"着手，将博士学位论文的选题初步定为"出土文字资料所见巫术研究"。然而在相关资料搜集和开题写作中，才发现不仅选题所涉时段长（从殷商到秦汉），而且相关资料也有具体时段上的缺环（两周时期金文资料中相关信息较少）问题，于是将"出土文字资料"范围缩至"出土简帛文献资料"这一领域。2008年6月以"战国秦汉简帛文献所见巫术研究"为题的45万余字的学位论文顺利通过外审和答辩，获评2008年度陕西师范大学优秀博士学位论文和2010年度陕西省优秀博士学位论文，并于2010年12月由科学出版社出版。这算是我在简帛文献领域学习、探索的第一本专著。

2009年10月，我进入西北大学中国思想文化研究所跟随张岂之先生从事博士后研究工作，本拟遵从思想所的研究旨趣，从事思想史领域的研究工作。但最终还是依从本心，延续博士论文的研究方向，选取了从出土简帛文献资料考察秦汉社会民生信仰的主题。究其原因，一者，在于张先生领导下的中国思想研究所倡导学术自由之精神，秉持学问异途而同归理念，故而对在站博士后的研究兴趣和出站报告选题范围不作硬性要求，只是针对选题和研究时加引导而已；二者，不断有新的简帛文献资料被发现和整理刊布，为相关问题的讨论提供新的线索；三者，则主要在于本人生性鲁钝，缺乏不断探索新的研究领域的精神和信心。于是，最终以"出土《日书》与秦汉社会民生信仰研究"为题作为博士后出站报告的选题，并以此选题尝试申报2010年度的教育部人文社科青年基金项目，侥幸获批（批号：10YJC770064）。2012年底，20余万字的博士后报告获得"优秀"考评结果并顺利出站。之后进一步增补扩充到39万余字，于2014年9月完成教育部课题的结项工作，并于2016年12月交由中国社会科学出版社出版。这是我在简帛文献领域学习、探索的第二本专著。

在此期间，岳麓简、清华简、里耶秦简、北大藏秦简及汉简等简帛文献资料陆续整理出版，这些新刊布的及以往刊布的简帛文献资料中所涉数术信仰的内容，值得进一步深入考察。于是，我以"出土简帛文献与中国早期术数信仰研究"为题申报2016年度的教育部人文社科基金项目，幸又获批（批号：16XJA770003）。本项目起初的研究目标，是想以出土战国秦汉简帛术数文献为主，结合传统文献资料以及其他地下考古资料、民族志、民俗学史料，对中国早期数术信仰产生的内在文化成因、理论依据、门类流派，以及它对当时社会民生信仰、后世巫道符咒文化和汉民族民生信仰习俗、民族文化心理所产生的重要影响做全面而深入的考察，以此弥补以往学术界因资料不足而对中国早期数术信仰研究不够全面、深入的现状，并从而进一步探求中国早期数术思想和信仰在我国后世民俗文化发展中的传承性、时代性和变异性特点。然理想很丰满，现实却很骨感。如同我在拙著的"研究思路和方法"部分中所述：由于目前已刊布的战国秦汉简帛数术文献资料数目较多，内容也极为丰富，且每刊布一批简帛文献资料，学术界便会很快发表大量相关的研究成果，这为我们研究出土简帛文献所展现出的早期数术信仰提供重要参考的同时，也极大增加了对出土简帛文献所涉早期数术信仰问题进行全面而系统化的梳理与研究的难度。笔者学识有限，对天文、历法、数学、式法等领域的专门性知识少有接触，加之同时承担王晖先生主持的国家社科基金重大招标项目"关中地区出土西周金文整理与研究"（批号：12&ZD0138）子课题的研究工作，囿于个人精力和项目时限，以致对本项目的研究，并非沿着起初的设想，而只是针对以往的相关研究中存在的问题或不足，或依据新刊布的相关资料所涉内容，对一些感兴趣的问题进行专题性的考察。最终呈现在读者面前的这本小书，就是此一研究课题的结项成果。虽然未能达到预定的研究目标，其中颇多不足和缺憾，但思及这些文字，也是我近几年来夙兴夜寐、一字一句敲出来的。虽无功于学界，也算没有荒废时日，亦可暂充"成果"，聊以自慰吧！

记得当年读胡文辉先生《中国早期方术与文献丛考》一书，其文末代跋题为"搞那些东西有什么用？"，他说："出了这本书，不免会更多地面对这类问题：你搞这些东西，到底有什么用？"其实这些年，身边的师友也不乏有直接问我此类问题的。有的虽未直言，却在言语间不经意流露出些许的不屑。或许在他们看来，历史研究就应着眼于宏大的制度史探索，或立足于服务国家现实发展的需求，而不是把时间、精力浪费在社会民生信仰这类被视作"旁门左道"的微观研究上。事实真是如此吗？吾不善言，亦不欲辨。偷个懒，暂借胡先生代跋文末语以作答：为什么要搞那些东西？因为东西在那里，因为问题在那里！

絮叨这么多，真实想要借此表达的，是诚挚的感谢！感谢这些年来对我项目申报材料予以无私支持的那些匿名评审专家！他们的善举，让我在微薄的薪资收入外，有了一笔较为丰厚的经费资助，能随心购买自己喜欢的书籍。感谢《陕西师范大学学报》《人文杂志》《江汉论坛》《中国农史》《中国俗文化研究》等刊物的责编和审稿专家对项目前期成果的大力支持和指导！没有他们的无私帮扶，我的学术之路不可能走得这么久。感谢那些长期以来给予我一如既往的支持和关心的师友们！他们是我在崎岖的学术道路上奋力前行最大的精神动力。因为太多，又虑遗漏，在此就不一一列举了，一切的感激和感谢，都默默存于内心！也要感谢我的妻子冯丽珍和女儿吕晨晖！为了自己的所谓"事业"，常常让她们失去了必要的陪伴，生活少了许多欢乐，变得乏味和无趣。而因有她们的理解和支持，也才使我沿着这条自己选定的"歧途"奋力前行，无怨无悔！

最后，我要由衷感谢陕西师范大学社科处、历史文化学院的各位领导，以及评定拙著一类资助等次的各位匿名评审专家！在出书不易，出此类书尤为不易的情况下，他们本着扶持人文社科学术发展的良苦用心，愿意划拨宝贵的科研经费全额资助这本无甚实用的小书出版。感谢拙著责编李凯凯先生及负责校对任务的各位工作人员，为使拙著尽可能减少错谬而付出的勤勉和辛劳！

限于本人学力，拙著中冗沓疏漏之处必所难免，敬祈博达君子不吝教之！

吕亚虎

2024 年 6 月 15 日记于居安斋